Kohlhammer

Heide Göttner-Abendroth

Die Göttin und ihr Heros

Die matriarchalen Religionen
in Mythen, Märchen, Dichtung

Erweiterte Neuausgabe

Verlag W. Kohlhammer

Umschlagbild: Der Kessel von Gundestrup mit dem
Bildnis einer Muttergöttin. Foto Privatbesitz

Alle Rechte vorbehalten
© 2011 W. Kohlhammer GmbH Stuttgart
Satz: michon, Niederhofheimer Str. 45 a-c, 65719 Hofheim/Ts.
Umschlag: Gestaltungskonzept Peter Horlacher
Gesamtherstellung:
W. Kohlhammer GmbH, Heßbrühlstraße 69, 70565 Stuttgart
produktsicherheit@kohlhammer.de
Printed in Germany

ISBN 978-3-17-021732-4

Meiner ältesten Tochter Heide Solveig gewidmet

Inhalt

Danksagung 11

Vorwort zur Neuausgabe 12

Einleitung 16

I   Die Göttin und ihr Heros
    Matriarchale Mythologie und ihre Transformationen 30

1   Griechenland 47
1.1   Artemis und Aktaion 47
1.2   Aphrodite und Adonis 51
1.3   Athene und Erechtheus 53

2   Kreta 57
2.1   Demeter und Iakchos 57
2.2   Rhea und Zeus 62
2.3   Hera und Zeus 65
2.4   Hera und Herakles 70

3   Ägypten 74
3.1   Nut/Neith und Re 74
3.2   Hathor und Horus 78
3.3   Isis und Osiris 85

4   Sumer/Babylon 92
4.1   Inanna-Ishtar und Dumuzi-Tammuz 92

5   Kleinasien und Palästina 98
5.1   Die Göttin von Chatal Hüyük 98
5.2   Hebatu und Teshub 100
5.3   Arinna und Telepinu 102
5.4   Kybele und Attis 104
5.5   Atargis und Hadad 108
5.6   Anat und Baal 108
5.7   Heba und Abdiheba / Eva und Adam 113

6	Persien und Indien	114
6.1	Anahita und Mithra	114
6.2	Prithivi und Dyaus Pitar	118
6.3	Sarasvati und Brahma	119
6.4	Devi-Shakti und Shiva	123
6.5	Lakshmi und Vishnu	128
7	Nordwest- und Mitteleuropa	131
7.1	Kelten	132
7.1.1	Dana/Cerridwen/Brigid und Dagda	132
7.1.2	Modron/Morrigain und Bran	136
7.1.3	Erin und Lug	141
7.2	Germanen	145
7.2.1	Jörd–Nerthus mit Heimdall und Loki	145
7.2.2	Freyja und Freyr	154
7.2.3	Frigga und Baldur	159

Transformationen der matriarchalen Mythologie 163

II	**Die Prinzessin und ihre Brüder** **Matriarchale Mythologie in den Zaubermärchen**	180
1	Erste Gruppe: „Die Reichtumsspenderin im Jenseits"	183
1.1	Das erste Beispiel: „Frau Holle"	183
1.2	Das zweite Beispiel: „Hänsel und Gretel"	185
1.3	Das dritte Beispiel: „Aschenputtel"	187
1.4	Das vierte Beispiel; „Einäuglein, Zweiäuglein, Dreiäuglein"	188
2	Gruppe: „Die schenkende Frau im totenähnlichen Zustand"	190
2.1	Das erste Beispiel: „Dornröschen"	190
2.2	Das zweite Beispiel: „Schneewittchen"	193
2.3	Das dritte Beispiel: „Zwölf Brüder / Sieben Raben / Sechs Schwäne"	195
2.4	Das vierte Beispiel: „Brüderchen und Schwesterchen"	198
2.5	Das fünfte Beispiel: „Jungfrau Maleen" oder „Die Prinzessin in der Erdhöhle"	200
3	Gruppe: Die „Heilbringermärchen"	201
3.1	Das erste Beispiel: „Froschkönig"	201
3.2	Das zweite Beispiel: „Die vier kunstreichen Brüder"	205
3.3	Das dritte Beispiel: „Das tapfere Schneiderlein"	208

Transformationen der Zaubermärchen 211

III	Die Herrin und ihr Held
	Matriarchale Mythologie in der Epik des Mittelalters 220

1	Die Artusepik 223
1.1	Das erste Beispiel: Der Ywain-Roman 224
1.2	Das zweite Beispiel: Der Erec-Roman 228
1.3	Das dritte Beispiel: Die Gralsromane um Parcival 233
1.4	Das dritte Beispiel: Der Lancelot-Zyklus und die Arthur-Romane 242

2   Die Tristanerzählungen. 250

3   Die Siegfriedsagen und das Nibelungenlied. 256

Transformationen matriarchaler Mythologie in der Epik 264

Nachwort von Kurt Derungs:
Zur Wirkungsgeschichte von „Die Göttin und ihr Heros" 275

Literatur 301
Bildnachweis 307
Register der mythologischen Namen. 308

Danksagung

Ich betrachte es als große Chance, dass mein Buch „Die Göttin und ihr Heros" durch den Wissenschaftsverlag Kohlhammer, dem ich für die Treue zu meiner Arbeit außerordentlich dankbar bin, neu erscheinen kann. Mein Dank gebührt insbesondere Herrn Schneider für die fortgesetzte Förderung meines Werks in diesem Verlag.

An dieser Stelle danke ich auch Miriam Robbins Dexter, die mein Buch in der englischen Version las. Als hervorragende Kennerin der Quellenlage zu den Göttinnen des später indo-europäisierten Gebiets von Indien bis Europa hat sie mich mit zahlreichen persönlichen Hinweisen für diese Neuerscheinung unterstützt.

Für Ergänzungen der Literaturliste danke ich Christina Schlatter, Bibliothekarin in der Kantonsbibliothek „Vadiana" in St. Gallen, und Marlies Rehermann (Kohlhammer Verlag) für die gute Zusammenarbeit beim Fertigstellen des Manuskripts für den Druck.

Vorwort zur Neuausgabe

Dieses Buch war die erste Arbeit, mit der ich einen kleinen Teil meiner Matriarchatsforschung der Öffentlichkeit vorstellte. Als einundzwanzigjährige Studentin stieß ich auf das Werk „Griechische Mythologie" von Robert von Ranke-Graves, dessen völlig andere Perspektive auf die Geschichte – nämlich die Einbeziehung der matriarchalen Kulturepoche mit ihren Großen Göttinnen – mich seither nicht mehr losließ. Neben meinem offiziellen Philosophiestudium (Wissenschaftstheorie und Logik) studierte ich seitdem für mich allein in den erreichbaren Bibliotheken alles, was mir weitere Auskunft zum Thema Matriarchat und seines Umfelds geben konnte.[1] Mein Weltbild veränderte sich dabei grundlegend. Aber ich konnte es niemandem mitteilen. Denn nichts war in der offiziellen universitären Ausbildung von jenen Werken und den Erkenntnissen, die sie enthielten, zu hören – als gäbe es diese Werke nicht in den eigenen Regalen.

Meine Kenntnis der matriarchalen Gesellschaftsform wurde unterdessen durch fortgesetzte Studien und zahlreiche Reisen immer umfangreicher, und ich beschloss, sie in einem größeren Werk niederzuschreiben, welches „Das Matriarchat" heißen sollte. Aber unterdessen hatte ich eine Familie mit drei kleinen Kindern und kämpfte gleichzeitig an der Universität München darum, meinen Beruf als Philosophin aufzubauen. Die ausgesprochen unfairen Methoden, mit denen das verhindert wurde, politisierten mich.

In dieser Situation fand ich mich seit 1976 überraschend nicht mehr allein. Denn an mehreren Universitäten Westdeutschlands, auch in München, wurden die Frauen im Rahmen der Neuen Frauenbewegung und ihrer Kritik an den herrschenden, patriarchalen Strukturen rebellisch. In einem Kreis von Pionierinnen der feministischen Wissenschaft aus verschiedenen Fachgebieten war ich an der Gründung der Frauenforschung in Westdeutschland beteiligt. Hier wurden Inhalte und Methoden, die mit den Lebenszusammenhängen von Frauen in Gegenwart und Geschichte zu tun hatten, erforscht und nach langen Kämpfen in die offizielle Wissenschaft eingebracht. Zum ersten Mal trug ich meine Gedanken zur Matriarchatsforschung im Rahmen der neuen Frauenforschung vor und fand ein lebhaftes Echo. Die Isolation war durchbrochen, meine Arbeit wurde wertgeschätzt, und ich erkannte deren gesellschaftliche Relevanz.

---

1 „Matriarchat" wird weder von mir noch von einer anderen Matriarchatsforscherin als die Umkehrung zu Patriarchat im Sinn von „Frauen/Mütterherrschaft" verstanden, obwohl dies notorisch-penetrant unterstellt wird. Im Gegensatz dazu sind matriarchale Gesellschaften grundsätzlich genderegalitär, bedürfnisorientiert, ausgleichend und werden durch Konsensbildung geführt (vgl. meine Neudefinition von „Matriarchat", wiedergegeben in der Einleitung dieses Buchs).

Dadurch wurde ich gedrängt, mit der Niederschrift zu beginnen. Aber Matriarchatsforschung war in meinem Kopf unterdessen so umfangreich geworden, dass ich nicht wusste, wo ich anfangen sollte. Ich entschied mich, nicht noch jahrelang an einem großen, akademischen Werk zu arbeiten, sondern mit einem Teilbereich zu beginnen, der matriarchalen Mythologie. Denn ich erkannte, dass in diesen symbolischen Bildersystemen das Denken und die Werte matriarchaler Gesellschaften deutlich aufleuchten, und es schien mir angemessen, mit dem sakralen Weltbild dieser Kulturen anzufangen. So kam es 1980 zur Publikation des Buchs „Die Göttin und ihr Heros. Die matriarchalen Religionen in Mythen, Märchen, Dichtung".

Natürlich konnte ich bei dieser Selbstbeschränkung nicht gleichzeitig Ökonomie, Sozialordnung und Politik des Matriarchats darstellen und die archäologischen Indizien seiner Existenz über (mindestens) acht Jahrtausende erbringen. Diese Schritte wollte ich systematisch in den folgenden Jahren tun. So gab ich im zweiten Buch „Die tanzende Göttin" (1982), das den Kern einer matriarchalen Ästhetiktheorie enthält, Hinweise auf die rituelle Praxis matriarchaler Kulturen, in welcher die matriarchale Mythologie im Jahreszeiten-Zyklus inszeniert und verlebendigt wurde.

In den 90er Jahren des 20. Jahrhunderts konnte ich dann das mir schon lange am Herzen liegende, umfangreiche Werk zum Matriarchat – was die Darstellung der Verbindung seiner Ökonomie, Sozialstruktur, Politik und Kultur betrifft – in seinem ersten Teil verwirklichen. In „Das Matriarchat I. Geschichte seiner Erforschung" (1988) habe ich eine kritische Forschungsgeschichte zu diesem Thema geschrieben und gezeigt, wie wenig die matriarchale Gesellschaftsform verstanden oder erkannt wurde. Zugleich führte ich die spannenden Ansätze dazu aus verschiedenen Wissenschaftsbereichen zusammen. Danach widmete ich mich ein Jahrzehnt lang der Erforschung der noch existierenden matriarchalen Gesellschaften weltweit. Denn ich erkannte, dass mit historischen Studien allein kein Gesamtbild dieser Gesellschaftsordnung gefunden werden kann, die so andersartig ist als die klassisch oder bürgerlich patriarchalen Muster, in denen die meisten Menschen heute leben. Wir können aus der Geschichte nicht mehr erfahren, wie matriarchale Menschen dachten und fühlten, wie ihre sozialen Interaktionen aussahen, wie sie Politik machten und ihre Ökonomie im Einzelnen aufbauten. Die Chance, diese Erkenntnisse zu gewinnen, bot mir hingegen die Ethnologie/Anthropologie, in die ich mich intensiv einarbeitete. So konnte ich – indem ich hier eine wissenschaftskritische Methode und eine zunehmend genauere Definition gebrauchte – lebendige matriarchale Gesellschaften in ihrem Zusammenhang erkennen, deren Kulturen heute jedoch mehr und mehr von der Zerstörung bedroht sind. Ich legte meine Forschung in den beiden Büchern nieder: „Das Matriarchat II,1. Stammesgesellschaften in Ostasien, Indonesien, Ozeanien" (1999) und „Das Matriarchat II,2. Stammesgesellschaften in Amerika, Indien, Afrika" (2000). Der Schatz, den ich dabei hob, lehrte mich das meiste über die matriarchale Lebensform auf allen Ebenen: der ökonomischen, sozialen, politischen und kulturellen. Insofern verdanke ich diesen Gesellschaften mein Wissen, und ich hatte das Glück, durch Forschungsreisen (z. B. zur matriarchalen Gesellschaft der Mosuo in Südchina) und durch Begegnungen mit indigenen matriarchalen WissenschaftlerInnen aus aller Welt, es noch zu vertiefen.

Vor dem Hintergrund dieses erheblich gewachsenen Wissens nahm ich mein erstes Buch zum Thema Matriarchat „Die Göttin und ihr Heros" wieder zur Hand. Es erlebte immerhin über 25 Jahre hinweg fortlaufende Neuauflagen, bis zur 11. Auflage, was das große Interesse an dieser Thematik zeigt. Es war spannend für mich, es nun auf dem gesicherten Boden der modernen Matriarchatsforschung im obigen Sinn zu betrachten und natürlich auf den neuesten Stand zu bringen. Denn geschichtliche Zeugnisse können eine umso deutlichere Sprache sprechen, je mehr wir von der matriarchalen Gesellschaftsform verstehen, die sich durch die Geschichte allein nicht erschließen lässt. Indem ich diese Neuausgabe auf den neuen Stand der Forschung zu dieser Thematik gebracht und damit vollständig überarbeitet habe, sind die vorigen Ausgaben dieses Buchs definitiv überholt. Außerdem beschränkte ich damals der Lesbarkeit zuliebe die wissenschaftlichen Anmerkungen auf ein Minimum; auch das wurde hier geändert. Auf die Methode der Mythenanalyse, mit der ich seit damals bis heute arbeite und die sich als sehr fruchtbar erwies, wird im Text immer wieder hingewiesen und sie wird gezeigt. Deshalb möchte ich dem Buch keine lange methodologische Abhandlung voranstellen. Ein paar Bemerkungen mögen genügen, denn wissenschaftlich geschulte Leser/innen erkennen sie sofort: Ich betrachte Mythen nicht als zeitlich homogene Erzählungen – wie sie meist behandelt werden –, sondern als durch zeitliche Überschichtungen wiederholt umgeformte Gebilde. Um diese Schichten zu erkennen und voneinander zu sondern, bedarf es der Methode der „geistigen Archäologie". Dabei suchte ich nicht einzelne Motive, Symbole oder Konstellationen auf, weil diese ohne ihren Gesamtzusammenhang nicht interpretierbar sind. Sondern ich arbeitete daran, die größeren Muster zu erkennen, in welche diese Einzelzüge eingebettet sind, das heißt, die Strukturen, die zu jeder Schicht gehören und aus denen die Deutungen sich immanent ergeben (synchrone Methode). Zugleich muss bei jeder Mythe die zeitliche Abfolge dieser Schichten berücksichtigt werden, das heißt, die Abfolge von solchen Strukturen. Deshalb zeige ich im zweiten Schritt, wie die aufeinander folgenden Strukturen verändert wurden, ein Prozess, der nach bestimmten Regeln verläuft (diachrone Methode). Diese Transformationsregeln mache ich sichtbar, denn sie geschehen nicht im abstrakten Raum, sondern vor dem Hintergrund der realen sozialpolitischen Veränderungen von verschiedenen geschichtlich-kulturellen Epochen. Deshalb ist die hier angewandte Lesart von Mythen grundsätzlich kulturhistorisch ausgerichtet.

Nach seinem ersten Erscheinen war ich vom Erfolg von „Die Göttin und ihr Heros" völlig überrascht, der dieses Buch über den feministischen Zusammenhang hinaustrug, so dass es auch in Teilen der allgemeinen Öffentlichkeit und in verschiedenen Wissenschaftsbereichen rezipiert wurde (siehe dazu das abschließende Kapitel dieses Buchs „Zur Wirkungsgeschichte" von Kurt Derungs). Erst danach, in dem größeren Werk „Das Matriarchat", konnte ich Schritt für Schritt die komplexe, interdisziplinäre und ideologiekritische Methodik sichtbar machen, die ich eigens für die moderne Matriarchatsforschung entwickelt habe und die meine ganze Arbeit trägt.

Weghof, im März 2011 H. G. A.

Einleitung

Wenn ich im Titel dieses Buchs von „matriarchalen Religionen" spreche, so benötigen diese beiden Begriffe eine Erläuterung, damit verständlich wird, worum es hier geht. Deshalb beschäftigen uns die beiden Fragen: Was ist die matriarchale Gesellschaftsform, und was heißt „Religion" in diesem Zusammenhang?

Moderne Matriarchatsforschung

Zunächst möchte ich in Kürze erläutern, was in der modernen Matriarchatsforschung unter „Matriarchat" verstanden wird. Die traditionelle Matriarchatsforschung hat bereits eine lange Geschichte. Sie begann 1861 mit dem berühmten, kulturhistorischen Werk *Das Mutterrecht* von Johann Jakob Bachofen.[2] Um ein Jahrzehnt ging ihm ein anderes, ebenso berühmtes Werk voraus: die ethnologische Erforschung des damals sehr lebendigen Matriarchats der Irokesen-Liga in Nordamerika durch Henry Lewis Morgan (1851).[3] Danach setzte sich über ein Jahrhundert die Diskussion zu „Mutterrecht" und „Matriarchat" fort, und dieses Thema wurde unter den verschiedensten Gesichtspunkten von philosophischen Schulen und politischen Strömungen gebraucht und missbraucht.[4]

Was an dieser herkömmlichen Matriarchatsforschung und der anschließenden Diskussion am meisten verwundert, ist der Mangel an einer klaren Definition und einer wissenschaftlichen Begründung dieses neuen Wissensgebiets. Das öffnete Tür und Tor für Emotionen und Ideologien, mit denen diese Diskussion von Anfang an belastet war. Immer spielen dabei gängige Klischees vom „Wesen der Frau" eine Rolle, was zeigt, dass die patriarchatskritische Selbstreflexion beim Umgang mit diesem Thema nicht geleistet wurde. Der Grund dafür ist einfach: Wenn Bachofens und Morgans Funde und alles, was danach ans Licht kam, ernst genommen worden wären, hätte das den Zusammenbruch des patriarchalen Weltbilds und der patriarchalen Ideologie bedeutet.

Nachdem ich diesen Zusammenhang erkannt hatte, entschloss ich mich, mithilfe meines philosophischen Instrumentariums der Matriarchatsforschung eine wissenschaftstheoretische Grundlage und moderne Methodologie zu geben. Denn ich halte dieses neue Wissensgebiet für zu wichtig, als dass es in dieser Hinsicht

---

2 Johann Jakob Bachofen: *Das Mutterrecht,* Stuttgart 1861, Neuausgabe in Auswahl durch H. J. Heinrichs, Frankfurt 1975.
3 Lewis Henry Morgan, *League of the Ho-de-no-sau-nee, or Iroquois,* (2 Bände),1851/1871/1877, Neuausgabe New York 1965.
4 Siehe dazu: Heide Göttner-Abendroth: *Das Matriarchat I. Geschichte seiner Erforschung*, Stuttgart 1988–2010 (4.Auflage 2010).

vernachlässigt werden sollte. Ich entwickelte den Grundriss für eine solche Methodologie früh.[5] Doch erst in meinem späteren Hauptwerk – soweit es bis jetzt erschienen ist – entfaltete ich die Methodologie und entwickelte auf dem Boden der Erforschung noch existierender matriarchaler Gesellschaften weltweit eine detaillierte Definition dessen, was die matriarchale Gesellschaftsform ausmacht.[6]

Die wichtigste Aufgabe war dabei, eine Definition des Forschungsbereichs zu geben, die zugleich klar und umfassend genug ist, um ein riesiges Maß an Material widerspruchsfrei zu erfassen. Außerdem wurde ein tragfähiger theoretischer Rahmen entwickelt, der empirisch bestätigte Erklärungen zu liefern in der Lage ist. Das methodische Vorgehen, welches dies zu tragen imstande war, ist grundsätzlich interdisziplinär, das heißt, es schließt alle relevanten soziokulturellen Wissenschaften ein. Das ist notwendig, denn durch die Zerteilung in einzelne wissenschaftliche Disziplinen – die oft ihre Ergebnissen untereinander nicht zur Kenntnis nehmen – wurde und wird dieser gesamtgesellschaftliche Wissensbereich zerstückelt und zugeschüttet. Zweitens ist dieses methodische Vorgehen grundsätzlich ideologiekritisch orientiert, das heißt, es wurde gleichzeitig eine nachvollziehbare, ideologiekritische Methode entwickelt, welche die teils offenen, teils verborgenen Vorurteile patriarchaler Ideologie in den relevanten Wissenschaften enthüllt und in einer Vorurteils-Typologie zusammenfasst.[7] Das ist einerseits wichtig für eine kritische Analyse und Würdigung der bisherigen Forschung zum Thema, andererseits auch dafür, nicht selbst unbewusst solche Vorurteile zu reproduzieren.

Bevor ich jetzt die neue Definition von Matriarchat einführe, sei noch ein linguistischer Hinweis erlaubt. Er ist durchaus in der Lage, das gängigste Vorurteil zu dem Thema zu überwinden, dass es sich bei dieser Gesellschaftsform um die „Herrschaft der Mütter" bzw. der Frauen handelt. Dieses Vorurteil stachelt die Gefühle auf, denn sogleich stellt man sich diese Herrschaft wie die des Patriarchats vor, nur spiegelbildlich umgekehrt. Es handelt sich hier aber nur um die platte Übersetzung der Worts „Matriarchat" parallel zu dem Wort „Patriarchat". Irgendeine Art von Forschung oder Wissen steht nicht dahinter. Obendrein ist diese Übersetzung falsch, denn einseitig und ungenau. Das griechische Wort „arché" hat nämlich zwei Bedeutungen: „Herrschaft" und „Anfang". Dass es auch „Anfang" bedeuten kann, wird bei solchen Ausdrücken wie „Archäologie" oder „Archetyp" oder „Arche Noah" deutlich, die man ja auch nicht als „Lehre von der Herrschaft" oder „Herrschaftstyp" oder „Noahs Herrschaft" übersetzt. Sondern Archäologie wird als die Lehre von den Anfängen (der Menschheitsgeschichte) verstanden, ein Archetyp als ein ursprünglicher Typus und die biblische Arche Noah als ein Neuanfang der Menschheit nach der Sintflut. Wir können daher „Matriarchat" besser übersetzen

---

5   Heide Göttner-Abendroth: „Zur Methodologie der Frauenforschung am Beispiel einer Theorie des Matriarchats", in: *Dokumentation DJI*, München 1978, Tagungspapier.
6   Heide Göttner-Abendroth: *Das Matriarchat II,1. Stammesgesellschaften in Ostasien, Indonesien, Ozeanien*, Stuttgart 1991/1999. Dies.: *Das Matriarchat II,2. Stammesgesellschaften in Amerika, Indien, Afrika*, Stuttgart 2000.
7   Siehe: Heide Göttner-Abendroth: *Das Matriarchat I*, Kap. 1, S. 14–33.

mit „am Anfang die Mütter", was die Sache trifft. Denn nicht nur am Anfang eines jeden Menschenkinds, das geboren wird, steht die Mutter, sondern auch am Anfang der kulturellen Entwicklung der Menschheit standen Gesellschaften, die von Müttern und mütterlichen Werten geprägt waren. Demgegenüber wird „Patriarchat" mit „Herrschaft der Väter" korrekt übersetzt, weil sich erst in dieser späten Gesellschaftsform die Strukturen von Herrschaft, angeführt von einzelnen Männern und ideologisch besetzt von Vatergöttern, herausgebildet haben.

Definition von Matriarchat

Ich gebe nun in Kürze die neue Definition der matriarchalen Gesellschaftsform. Sie konnte nicht im Bereich der Geschichte wirklich fundiert entwickelt werden – dazu ist dort zuviel nur fragmentarisch und von späteren Interpretationen verzerrt vorhanden, was der Phantasie und den Rückprojektionen zuviel Raum gibt. Ich wollte jedoch nicht nur einzelne Teile, sondern diese ganze Gesellschaftsform erfassen. Das führte mich notwendig eine Weile von geschichtlichen Studien weg und in die Ethnologie. Denn nur am lebenden Beispiel ließ sich der Zusammenhang der matriarchalen Gesellschaftsform erkennen, und zwar in allen ihren Bereichen. Diese Studien, denen ich über ein Jahrzehnt nachging, lehrten mich viel und öffneten mir die Augen. Sie ermöglichten es schließlich, anhand dieser langjährigen, vergleichenden Erfahrung konkreter Gesellschaften die umfassende Definition von Matriarchat zu entwickeln. Deshalb entspricht sie den Realien und nicht irgendeiner Ideologie. Nun kann sie wiederum helfen, geschichtliche Muster und Zusammenhänge zu erhellen, die wir aus der Geschichte allein nicht mehr verstehen können.

Sie ist eine strukturelle Definition, denn sie formuliert stichwortartig die Tiefenstruktur der matriarchalen Gesellschaftsform auf allen gesellschaftlichen Ebenen: der ökonomischen, der sozialen, der politischen, der weltanschaulich-kulturellen. Das heißt, sie skizziert die charakteristischen Eigenschaften auf allen diesen Ebenen, die notwendig untereinander zusammenhängen (Struktur). Deshalb müssen diese Eigenschaften zusammen gesehen werden, um die matriarchale Gesellschaftsform zu erfassen.

Auf der ökonomischen Ebene sind Matriarchate meistens, aber nicht ausschließlich, Agrargesellschaften. Es wird Subsistenzwirtschaft mit lokaler und regionaler Unabhängigkeit praktiziert. Land und Häuser sind Eigentum des Clans im Sinn von Nutzungsrecht; Privatbesitz und territoriale Ansprüche sind unbekannt.

Die Güter sind in lebhaftem Austausch, der den Verwandtschaftslinien und Heiratsregeln folgt. Dieses System des Austauschs verhindert, das Güter bei einem einzelnen Clan oder bei einzelnen Personen akkumuliert werden können. Der ethische Wert heißt Verteilung und nicht Akkumulation. Vorteile und Nachteile beim Erwerb von Gütern werden durch soziale Regeln ausgeglichen, z. B. sind wohlhabende Clans bei den zahlreichen, gemeinschaftlichen Festen abwechselnd verpflichtet, das ganze Dorf auf eigene Kosten einzuladen. Das vermindert den

Vorteil dieser Clans reihum und schafft einen ungefähr gleichen Wohlstand zwischen allen Mitgliedern der Gesellschaft. Die schenkenden Clans betrachten es als „Ehre", dies zu tun, und sie gewinnen durch ihr pro-soziales Verhalten Ansehen, was sie in Zeiten der Not schützt.[8]

Auf der ökonomischen Ebene sind Matriarchate daher gekennzeichnet von perfekter Gegenseitigkeit. Ich definiere sie auf dieser Ebene als ökonomische Ausgleichsgesellschaften.

Auf der sozialen Ebene beruhen matriarchale Gesellschaften auf dem Clan. Matriarchale Menschen leben in großen Sippen zusammen, die nach dem Prinzip der *Matrilinearität*, der Verwandtschaft in der Mutterlinie, aufgebaut sind. Der Clanname, die sozialen Würden und politischen Titel werden in der mütterlichen Linie vererbt. Ein solcher Matri-Clan besteht aus mindestens drei Generationen von Frauen: die Clanmutter und ihre Schwestern, deren Töchter und Enkelinnen und die direkt verwandten Männer: die Brüder der Clanmutter, die Söhne und Enkel.

Ein Matri-Clan (oder die Linie eines Matri-Clans) lebt im großen Clanhaus zusammen, das wenige oder sehr viele Personen je nach Größe und architektonischem Stil umfassen kann. Die Frauen leben permanent hier, denn Töchter und Enkelinnen verlassen das mütterliche Clanhaus nicht. Ihre Gatten oder Geliebten kommen in sog. „Besuchsehe" nur über Nacht zu ihnen. Im Clanhaus der Frau sind sie nur Gäste, während sie in ihrem Mutterhaus daheim sind und dort ihre Rechte und Pflichten wahrnehmen. Bei manchen Gesellschaften ziehen sie auch ins Clanhaus der Frau, bleiben aber dort nicht auf Dauer, sondern kehren immer wieder ins Mutterhaus zurück. Man nennt diese Wohnform *Matrilokalität*.

Ob der Geliebte oder Gatte nur über Nacht oder länger im Clanhaus der Frau bleibt, spielt keine Rolle, denn die Kinder gehören immer zum Clan der Mutter. Dort finden sie dauerhafte Geborgenheit, unabhängig von den Liebesangelegenheiten ihrer Mütter. Die Geliebten oder Gatten betrachten diese Kinder niemals als „ihre Kinder", da sie nicht denselben Clannamen tragen wie sie. Hingegen haben die Schwesterkinder denselben Clannamen, deshalb betrachten Männer ihre Nichten und Neffen als „ihre Kinder" und wenden ihnen Fürsorglichkeit und Mitverantwortung zu. Die biologische Vaterschaft in unserem Sinn ist unbekannt oder spielt als sozialer Faktor keine Rolle. Männer üben hingegen bei den Schwesterkindern, für die sie der Mutterbruder sind, eine *soziale Vaterschaft* aus.

Der Clan ist eine relativ unabhängige Wirtschafts- und Lebenseinheit. Damit die einzelnen Clans ein gesellschaftliches Gefüge mit den anderen Clans des Dorfs oder der Stadt bilden können, gibt es eine Reihe von Heiratsregeln, z. B. die Regel der wechselseitigen Heirat zwischen je zwei Clans. Nach solchen kurzdauernden „Heiraten" hat die freie Liebeswahl Vorrang, denn Frauen wie Männer genießen Freiheit in Liebesdingen. Die Wirkung ist, dass alle Mitglieder des Dorfs oder der

---

8   Siehe zur Logik und Ökonomie des Schenkens, wofür matriarchale Gesellschaften die perfekten Beispiele sind: Genevieve Vaughan: *For-Giving. Schenken und Vergeben*, Königstein/Taunus 2008.

Stadt näher oder ferner miteinander verwandt sind. Diese beabsichtigte allgemeine Verwandtschaft stellt ein gegenseitiges Hilfssystem dar. Auf diese Weise wird eine nicht-hierarchisch, sondern horizontal organisierte oder „vernetzte" Gesellschaft geschaffen, die sich als erweiterter Clan mit allen wechselseitigen Hilfsverpflichtungen versteht.

Matriarchate definiere ich daher auf der sozialen Ebene als matrilineare Verwandtschaftsgesellschaften.

Dabei ist zu beachten, dass Matrilinearität weitaus mehr ist als nur „die Weitergabe von Namen und Titeln in der Mutterlinie" (wie Ethnologen es meistens formulieren und die Bedeutung der Matrilinearität herunterspielen). Matrilinearität ist die Grundregel, nach der die ganze Gesellschaft als Verwandtschaftsgesellschaft aufgebaut ist, sie ist sozusagen deren „Rückgrat" und bestimmt ihre Struktur. Wenn in solchen Gesellschaften die Frauen außerdem die wichtigsten Lebensgüter wie Felder, Häuser, Nahrungsmittel verwalten und verteilen, dann sind diese Gesellschaften erst recht mehr als „nur matrilinear". Wenn dieses ökonomische Kriterium hinzu kommt, dann ist die Position der Frauen in ihrem Aktionsbereich sehr stark, weshalb ich diese Gesellschaften als „matriarchal" bezeichne. Charakteristisch ist jedoch, dass die Männer auch ihren eigenen Aktionsbereich haben, der ebenfalls unabhängig ist. Beide Aktionsbereiche werden aufeinander bezogen, und es wird genauestens auf ihre Balance geachtet. Deshalb ist es kein Widerspruch zu sagen, dass diese Gesellschaften „matriarchal" und zugleich „gender-egalitär" sind, denn kein Geschlecht wird ökonomisch oder sozial dem anderen untergeordnet.

Der egalitäre Charakter matriarchaler Gesellschaften kommt besonders *auf der politischen Ebene* zum Ausdruck. Hier sind die Prozesse der Entscheidungsfindung ebenfalls den Verwandtschaftslinien folgend organisiert. Das heißt, die Basis jeder Entscheidungsfindung sind die einzelnen Häuser der Matri-Clans (oder einer Linie eines Matri-Clans). Die Angelegenheiten, die das Clanhaus betreffen, werden von den Frauen und Männern, die hier wohnen, in einem Prozess der Konsensfindung, d. h. durch zuletzt erreichte Einstimmigkeit, entschieden.

Dasselbe gilt für die Entscheidungen, die das ganze Dorf bzw. die Stadt betreffen: Nach dem Rat im Clanhaus treffen sich die Sprecher der einzelnen Clanhäuser im Dorfrat oder Stadtrat. Sie sind keine Entscheidungsträger, sondern nur Delegierte, die miteinander austauschen, was in den einzelnen Clanhäusern beschlossen wurde. Sie halten das Kommunikationssystem im Dorf aufrecht und gehen so lange zwischen Clanrat und Dorfrat hin und her, bis alle Clanhäuser auf Dorfebene den Konsens im Sinn von Einstimmigkeit gefunden haben.

Genauso wird das Konsensprinzip auf regionaler Ebene gehandhabt: Auch hier gehen die Delegierten zwischen Clanrat, Dorfrat und zusätzlich dem regionalem Rat hin und her und tauschen die Informationen aus. Jeder nicht abgeschlossene Vorgang geht zurück bis zu den einzelnen Clanhäusern, damit alle Menschen in die Entscheidungsfindung integriert sind. Von den Clanhäusern werden die Entscheidungen zum Dorfrat getragen und von hier zum regionalen Rat, und dieser

Prozess währt so lange, bis die gesamte Region durch alle Clanhäuser aller Dörfer und Städte ihre Entscheidung im Konsens gefunden hat.

Getragen wird dieses politische System, das eine echte „Basis-Demokratie" darstellt, durch eine hohe kommunikative Kompetenz der Einzelnen und durch ein sehr intelligentes System von Räten. Es ist wohl klar, dass in einer solchen Gesellschaft sich Hierarchien und Klassen nicht bilden können. Ein Machtgefälle zwischen den Geschlechtern oder zwischen den Generationen kann ebenfalls nicht entstehen. Auf der politischen Ebene definiere ich Matriarchate daher als egalitäre Konsensgesellschaften.

Auf der weltanschaulich-kulturellen Ebene kennen matriarchale Gesellschaften keine religiöse Transzendenz mit einem unsichtbaren, ungreifbaren, un-begreifbaren, aber allmächtigen Gott (männlich), demgegenüber die Welt (weiblich) abgewertet wird. Der matriarchale Begriff von Göttlichkeit ist immanent, denn die gesamte Welt wird als göttlich betrachtet, und zwar als weiblich göttlich. Sie ist „Frau Welt", wie es ein altdeutscher Begriff besagt. Dies belegen die archaischen und fortdauernden Vorstellungen von der Göttin als Universum, die Schöpferin ist, und der Mutter Erde, die alles Lebendige hervorbringt. Deshalb besitzt alles Göttlichkeit, jede Frau und jeder Mann, der größte Stern und der kleinste Stein.

In einer solchen Kultur ist alles spirituell. In ihren Festen, die dem Jahreszeitenzyklus folgen, wird auch alles gefeiert: die Natur mit ihren Erscheinungen, die verschiedenen Geschlechter und die verschiedenen Generationen mit ihren je eigenen Fähigkeiten, die verschiedenen Clans mit ihren Aufgaben. Es gilt das Prinzip: Vielfalt ist der Reichtum in der Welt. Es gibt keine Trennung zwischen dem Sakralen und dem Profanen, deshalb ist auch im alltäglichen Leben jede Handlung wie z. B. Säen, Ernten, Kochen, Weben zugleich ein bedeutungsvolles Ritual.

Auf der kulturellen Ebene definiere ich Matriarchate daher als sakrale Gesellschaften und Göttinkulturen.

Damit habe ich die neue, gut fundierte, strukturelle Definition von Matriarchat vorgestellt. Sie vermag ein erstes Bild vom Gefüge der matriarchalen Gesellschaftsform zu vermitteln. Sie ist keineswegs eine bloß theoretische Angelegenheit, was sich zeigt, wenn man den Blick auf konkrete matriarchale Gesellschaften lenkt. Sie lassen sich auf diese Weise viel besser, ja überhaupt erst verstehen – was nicht möglich ist mit Vorstellungen und Begriffen, die aus patriarchalen Zusammenhängen stammen. Diese erzeugen eher eine spezifische Blindheit, indem sie das Besondere und Andersartige der matriarchalen Gesellschaftsform zum Verschwinden bringen. Diese strukturelle Definition von Matriarchat, aus meinen langjährigen Studien hervorgegangen, fand eine schöne Bestätigung und Ergänzung auf meiner Forschungsreise zu dem Volk der Mosuo in Südwest-China.[9] Ebenso wurde sie glänzend bestätigt durch die Vorträge indigener Wissenschaftlerinnen und Wissenschaftler aus heutigen matriarchalen Gesellschaften, die auf den

---

9   Heide Goettner-Abendroth: *Matriarchat in Südchina. Eine Forschungsreise zu den Mosuo*, Stuttgart 1998.

beiden Weltkongressen für Matriarchatsforschung 2003 in Luxemburg und 2005 in den USA zu hören waren (siehe dazu: Heide Göttner-Abendroth: Das Matriarchat I. Geschichte seiner Erforschung, Stuttgart 1988–2010 (4. Auflage 2010).[10] Sobald sie die neue Definition von Matriarchat verstanden, neigten sie dazu, diese als zutreffend für ihre Gesellschaften anzunehmen, weil sie damit deren Andersartigkeit und kulturelle Überlegenheit gegenüber den sie umgebenden patriarchalen Gesellschaften erkennen und politisch betonen konnten.

Struktur von Religion

Die zuletzt skizzierte Ebene der matriarchalen Weltanschauung und Kultur wird uns in diesem Buch besonders beschäftigen, denn auf ihr ist das, was man „Religion" nennt, angesiedelt. Damit komme ich zu der zweiten Frage zurück, die ich anfangs gestellt habe: Was heißt „Religion" im Rahmen der matriarchalen Gesellschaftsform? Das ist keineswegs klar, denn „Re-ligio" meint üblicherweise die „Rückbindung" an einen transzendenten Gott, dessen Existenz nicht erfahren werden kann, sondern geglaubt werden muss. Eine solche Gottesvorstellung ist matriarchalen Kulturen, die von der Göttlichkeit der erfahrbaren Welt ausgehen, jedoch fremd. Kann man deshalb überhaupt von „matriarchalen Religionen" sprechen?

Ich gebrauche diesen Begriff im Zusammenhang mit matriarchalen Kulturen hier nur vorläufig, jedoch mit guten Grund. Ich trete damit der üblichen Herabsetzung der religiösen Vorstellungen und Formen in Stammesgesellschaften entgegen. Ihrer religiösen Weltanschauung wird der Charakter als eigentlicher Religion abgesprochen, weil dieser Begriff für die patriarchalen Großreligionen reserviert ist. Deshalb spricht man hier abschätzig – wenn überhaupt – von „Naturreligionen", die vom primitiven „Animismus" geprägt seien. Wenn Frauen dabei eine Bedeutung haben, wird von „Fruchtbarkeitskult" geredet, als sei die weibliche Hälfte der Menschheit nur mit ihrer Fruchtbarkeit beschäftigt. Das damit einhergehende Weltbild sei „magisch", wobei mit einem völlig verzerrten und negativen Begriff von "Magie" im Sinn von Aberglauben und absurden Praktiken operiert wird, was die „primitive Stufe" dieser Kulturen beweisen soll. Diese herabsetzende Bewertung ist weitverbreitete, christlich-missionarische Propaganda und wird in der allgemeinen Öffentlichkeit gedankenlos wiederholt. Sie kommt ebenfalls in der kolonialistisch geprägten Wissenschaft des 19. Jahrhunderts vor[11] und wird bis heute in schöner eurozentristischer Überheblichkeit von Wissenschaftlern weitergeführt.

Diese Begrifflichkeit ist falsch oder bewusst verfälschend, denn es wird übergangen, dass es sich bei den sog. „Naturreligionen" um zusammenhängende, geis-

---

10 *1. Weltkongresses für Matriarchatsforschung 2003 in Luxemburg*, Stuttgart 2006. Heide Goettner-Abendroth (Hg.): *Societies of Peace. Matriarchies Past, Present and Future. Selected papers of the World Congresses on Matriarchal Studies 2003 and 2005*, Toronto 2009. Siehe auch das sehr aufschlussreiche Buch der indigenen Wissenschaftlerin: Barbara Alice Mann (Seneca-Irokesin): *Iroquoian Women. The Gantowisas*, New York 2000.

11 Siehe als Beispiel: James George Frazer: *Der goldene Zweig*, 2 Bde., Frankfurt 1977.

tige Gebilde von großer Komplexität und gedanklicher Tiefe handelt. Sie stehen darin den bekannten Religionen in nichts nach, im Gegenteil: Sie sind ihnen wegen der Abwesenheit von widernatürlichen Absurditäten, die bei jenen aus religiöser Pflicht geglaubt werden müssen, meistens überlegen. Der entscheidende Unterschied zwischen ihnen und den patriarchalen Großreligionen ist, dass sie keine Transzendenz, keinen Zentralismus und keine Hierarchie kennen, das heißt, keine Machtansprüche ausüben. Dieser Unterschied wertet sie nur in den Augen derjenigen ab, die Transzendenz als höchste Geistesfrucht betrachten – weil niemand sie beweisen oder widerlegen kann – und die patriarchale Herrschaftsstrukturen auch im religiösen Bereich für höherstehend halten. In unseren Augen hingegen sind die matriarchalen Gedankensysteme und die Mythologien und rituellen Formen, in denen sie ausgedrückt werden, genau aus diesem Grund den Religionen in patriarchalen Gesellschaften sogar überlegen. Denn sie achten die Vielfalt und Freiheit der religiösen Ideen und Ausdrucksformen und üben keinen Zwang aus.

Im Gegensatz dazu sind die bekannten Großreligionen von einer dominanten Gruppe institutionalisierte Glaubensrichtungen, und sie werden von patriarchalen Herrschaftsstrukturen (Staat) gestützt, denn sie nützen dieser Herrschaft. Deshalb partizipieren sie an der Macht der Herrschenden und sind von denselben patriarchalen Mustern gekennzeichnet wie die Herrschaftssysteme selbst. Ohne ihre Institutionalisierung in Kirchen, Tempeln, Synagogen, Moscheen, die stets von Hierarchie und Zentralismus gekennzeichnet ist, hätten sie sich nicht zu den heutigen Staats- bzw. Großreligionen entwickeln können. Die weltweite Ausbreitung einiger von ihnen geschah im Gefolge von staatlichen Interessen durch kolonialistische Gewalt und Krieg – so beim Christentum, Islam und bei der militanten Variante des Buddhismus. In allen diesen Religionen ist die Gottesvorstellung männlich und abstrakt, verknüpft mit einem absoluten Wahrheitsanspruch, der in missionarische Intoleranz mündet. Bei einer nicht personifizierten Gottesvorstellung bleibt nur ein leeres Prinzip übrig. Ihr Ritus ist die starre Wiederholung eines vergangenen spirituellen Ereignisses, dem Einmaligkeit zugesprochen wird: der Beginn der Religion durch den Religionsstifter (z. B. Jesus, Mohammed, Buddha). Dieses Ereignis wird in unantastbaren Heiligen Büchern festgehalten (z. B. Bibel, Koran) und mit ebenso unantastbaren Dogmen zementiert.

Das ist die Struktur von Religion – so wie dieser Begriff seit langer Zeit verwendet wird. Er gehört so sehr zum Eigenverständnis der patriarchalen Religionen, die sich diesen Begriff selbst-herrlich seit ein paar Jahrtausenden auf die Fahnen geheftet haben, dass wir ihn am besten dort lassen. Denn er hat nichts mit matriarchalen Werten und matriarchaler Haltung zu tun; diese sind vollständig davon verschieden. Deshalb verwende ich den Begriff „Religion" für die matriarchale kulturelle Ebene nicht.

Begriff von der Göttin

Die „Göttin" ist keine abstrakte Instanz außerhalb der Welt, sondern der gesamte Kosmos und die Erde selbst. Diese Vorstellung von der Göttin ist zugleich universell und konkret. Als „Frau Welt" in ihrer Gesamtheit ist sie universell – das ist den Menschen bewusst –, doch als „Mutter Erde" ist sie bei aller Universalität gleichzeitig lokal. Die Menschen wohnen lokal auf ihr, denn ihre Gemeinwesen liegen in bestimmten, unverwechselbaren Landschaften. Deshalb wird sie als die „Eine mit den tausend Gesichtern" verstanden, was das Zusammenwirken von (nicht abstrakter) Universalität und (nicht provinzieller) Lokalität auf den Punkt bringt. Zugleich wird daran deutlich, dass dieses Weltbild nichts mit „Vielgötterei" zu tun hat – das ist eine spätere, patriarchale Missdeutung.

Da die Göttin die sichtbare, spürbare Welt selbst ist, braucht niemand mittels unglaubwürdiger Dogmen an sie zu „glauben". Kosmos und Erde sind immer da, in Land und Himmel, in den Gestirnen, in den Elementen, in allen Lebewesen, in jedem Menschen. Alles trägt das vielfältige Gesicht der Göttin, in allem wirken ihre vielfältigen Kräfte. Deshalb kann auch alles spontan oder zeremoniell verehrt werden. Das ist kein „Götzendienst" – ein weiterer dieser missionarisch negativen Begriffe –, denn der verehrte Teil steht symbolisch für das Ganze, das dabei nicht aus den Augen verloren wird. Es handelt sich auch nicht um „Animismus", bei dem alles als beseelt gesehen wird, sondern um mehr: In allem lebt das Göttliche, darum wird jede Erscheinung und jedes Wesen geachtet. Die „Eine mit den tausend Gesichtern" entspricht der Vielheit in der Einheit. Vielfalt in der Einheit – statt dogmatischer Vereinheitlichung – gilt als hoher Wert, sie macht in den Augen matriarchaler Menschen den Reichtum der Welt aus.

Göttinverehrung ist daher kollektiv oder individuell gestalteter, künstlerisch-ritueller Ausdruck, in welchem die Kräfte, welche die Welt gestalten und das Leben tragen, gefeiert werden. Matriarchale Mythengefüge werden in den großen Zeremonien und Volksfesten ihrer Kulturen im Zyklus der Jahreszeiten immer wieder neu inszeniert und die mythischen Gestalten verkörpert. Sie folgen einer gewachsenen Tradition, an der alle beteiligt sind und die für kreative Veränderungen offen ist. Sie sind deshalb immer im lebendigen Prozess der Veränderung begriffen. Es gibt keine institutionelle Verankerung mit einer privilegierten Priesterkaste, deren Amtsinhaber gegenüber den tief heruntergestuften „Gläubigen" autoritär auftreten, da sie allein im Besitz der „Wahrheit" und der Interpretationsgewalt sind. Im matriarchalen Kontext ist die „Wahrheit" die aktuelle Ausübung der Verehrung der Welt mit allem, was darin und darauf ist. Diese aktuelle Ausübung ist von Kultur zu Kultur verschieden, sogar von Stadt zu Stadt innerhalb derselben Kultur. Doch Vielfalt ist ein positiver Wert und wird geachtet, deshalb ist matriarchalen Völkern jede Missionierung fremd. Sie kannten und kennen weder den politischen noch den geistigen Imperialismus.

Das ist die Struktur des matriarchalen Weltbilds, und sie ist völlig anders als die Struktur des patriarchalen Weltbilds und seiner Religionen. „Re-ligio" als

„Rückbindung" ist hier nicht nötig. Denn man muss sich nicht an etwas zurückbinden, von dem man schon immer Teil ist, so wie die Menschen Teil von Frau Welt sind, das heißt, sich immer schon darinnen, in der Welt, befinden. Die Rückbindung (Re-ligio) an Gott als eine abstrakte Transzendenz setzt hingegen Trennung von der Welt als Welt-verachtung und Welt-flucht voraus und schließt sie ein, und das ist der Grund für ihre ungeheure Irrationalität. Deshalb lasse ich jetzt den vorläufigen und nur verteidigenden Gebrauch von „matriarchale Religionen" fallen, denn er stellt – nach dieser Analyse – einen Widerspruch in sich dar. Er ist in diesem Zusammenhang unsinnig, aber nicht wegen der Unterlegenheit der matriarchalen Weltsicht, sondern wegen ihrer Überlegenheit. Ich wähle für die matriarchale Weltsicht stattdessen den Begriff „matriarchale Spiritualität", die sich in matriarchalen Mythologien und den entsprechenden rituellen Formen manifestiert. Dieser Begriff bezeichnet den Unterschied zwischen starrem System und lebendigem Prozess.

Ich bin mir dabei bewusst, dass auch der Begriff „Spiritualität" in verzerrter Form vorkommt. Er hat jedoch einen matriarchalen Hintergrund, denn er geht zurück auf den Begriff „Spirits" (Energien, Geistwesen, AhnInnen), wie ihn indigene Kulturen gebrauchen. „Spirits" wirken stets immanent und werden nicht in eine transzendente Welt projiziert. Außerdem wird er in der heutigen internationalen Göttinbewegung von Frauen (und Männern) allgemein gebraucht und längst im matriarchalen Sinn verstanden.[12]

Fruchtbarkeitskult?

Genauso kritisch ist der Begriff „Fruchtbarkeitskult" zur Kennzeichnung von Verehrungsformen der Großen Göttin zu betrachten, ein Begriff, der in der traditionellen Forschung üblich ist. Er ist ebenso abwertend und der Sache nicht angemessen wie die anderen kritisierten Begriffe. Denn erstens sind die matriarchalen Mythengefüge und die dazugehörigen rituellen Formen keine isolierten, dumpfen „Kulte", sondern komplexe Erklärungsmuster der Welt, die späteren philosophischen Systemen entsprechen. Ihre Sprache ist allerdings die der Bilder und Symbole und nicht der Begriffe. Ebenso hängen die verschiedenen rituellen Formen geistig zusammen, was von der bisherigen Forschung nicht wahrgenommen wurde und die Ursache für die verständnislose Zerstückelung in einzelne „Kulte" ist. Zweitens ist damit bereits ausgeschlossen, dass es sich bei diesen „Kulten" in monotoner Wiederholung nur um die Idee der „Fruchtbarkeit" handelt. Warum auch sollten Menschen, denen die Natur für ihre Gemeinwesen alles reichlich gab – im Gegensatz zu unserer destruktiven, spätpatriarchalen Zeit, in der Millionen Menschen verhungern – ständig um die Fruchtbarkeit von Feldern, Herden und sich selbst

---

12   Näheres dazu in meinem Artikel: „Kalliope. Matriarchale Religionen früher und heute", und zur Unterscheidung von Mythologie und Mythos: „Euterpe. Aufgeklärte Mythologie als neue Utopie", beide in: H. Göttner-Abendroth: *Für die Musen,* Frankfurt 1988, S. 36 ff. und 21 ff.

besorgt sein? Hinter der Verehrung der Gebärfähigkeit der Frauen sowie der Regenerationskraft der Natur steht stattdessen der Respekt vor den Mysterien des Lebens, des Todes und der Wiedergeburt. Frauen wurden nicht einfach als „Mütter" verehrt, sondern als jene, die durch ihre Wieder-Gebärfähigkeit den Tod in Leben umwandeln konnten und damit die Garantinnen für die fortdauernde Erneuerung des menschlichen Lebens auf der Erde waren. Dieselbe Verehrung galt im übrigen auch den Tiermüttern. Insofern ist es ein Kult, besser, eine Kultur des Lebens und der ewigen Wiedergeburt durch die Frau. Das lässt eine andere geistige Dimension aufscheinen als der einschränkende Begriff „Fruchtbarkeitskult".

Ebenso wichtig ist zu bedenken, dass es sich in Matriarchaten ebenfalls nicht um einen wie auch immer gearteten „Mutterkult" handelt. Mutterkulte sind die ideologische Verschleierung und Versüßung der brutalen Reduktion der Frau auf ihre bloße Gebärfunktion, was den Zwecken der Bevölkerungspolitik dienen soll. Das ist eine typisch patriarchale Erfindung, z. B. kommt Mutterkult traditionell in der katholischen Kirche und kam jüngst im deutschen Nazi-Reich vor. In den matriarchalen Kulturen geht es um die Verehrung der lebens- und kulturschöpferischen Kräfte der Göttin und der Frau, die vom Leiblichen bis zum Geistigen reichen. Verehrt wurden ihre Vielfalt und Umfassendheit, in die der Mann als Teil des Ganzen integriert war.

Begriff von Magie

Meine letzten kritischen Bemerkungen gelten dem Begriff „Magie". Er wird in der westlichen Zivilisation negativ verstanden als ein Zeichen von Unwissenheit bei rückständigen Völkern, die glauben, durch gewisse die Natur imitierende Praktiken diese beeinflussen zu können. Der Glaube an die Wirksamkeit von Magie scheint in dieser Sichtweise nur darauf zu beruhen, dass solche Völker die Naturgesetze nicht kennen und deshalb mit den falschen Mitteln Veränderungen bewirken wollen. Dieser bei uns eingefleischte Begriff von Magie ist im höchsten Grad abwertend und tendenziös. Er durchzieht die gesamte christliche Religionsgeschichte gemäß der Maxime: Religion ist Glaube, Magie ist Aberglaube. Magie wurde verurteilt, und das hat nicht unwesentlich zum Hexenwahn und zur Ermordung von Tausenden von Frauen in Europa beigetragen, denen magische Praktiken vorgeworfen wurden, die nur vom „Teufel" kommen konnten. Von Kolonialherren und christlichen Missionaren wurden im selben Sinn magische Praktiken den indigenen Völkern unterstellt, um sie als „primitiv" herunterzustufen und mit Recht zu erobern und zu bekehren.

Wenn man jedoch die Weltanschauung matriarchaler Kulturen versteht, erhält man eine Vorstellung davon, was matriarchale Menschen wirklich mit „Magie" meinen. Sie betrachten nicht nur die gesamte Welt als göttlich, sondern sehen auch sich selbst als ein Teil von ihr. Folgerichtig betrachten sie sich selbst als mit allem in der Welt in Verbindung. Sie kennen nicht das abspaltende, dualistische Denken in Gegensätzen von „Mensch" versus „Natur" oder „Geist" versus „Natur" oder „Gesellschaft" versus „Natur", das zur Abwertung der Natur als „toter Materie" geführt hat und ihrer Ausbeutung als bloßer „Ressource" dient. Dieses Denken ist typisch für patriarchale Zivilisationen, insbesondere die westliche, und hat dazu geführt, dass die elementare Tatsache, dass wir alle ein Teil der Natur *sind*, in unserem Bewusstsein nicht mehr vorkommt. Die Folge davon ist, dass diese Zivilisationen die Natur – und sich selbst als Teil von ihr – fortgesetzt zerstören. Matriarchale Menschen sehen es dagegen richtig: Wir sind nicht nur Teil der Natur, sondern stehen tatsächlich mit allem in Verbindung. Wenn alles miteinander in Verbindung ist, kann auch alles wechselseitig aufeinander einwirken.

Für matriarchale Menschen ist die kosmische und irdische Natur in allen ihren Erscheinungsformen eine Göttin, das heißt, ein schöpferisches, geistvolles, beseeltes Gegenüber und keine nur physikalisch beschreibbare Materie. Das gilt sowohl für die äußere wie die innere Natur. Beim Ausüben von Magie treten sie mit der Göttin, der „Einen mit den tausend Gesichtern", durch rituelle Handlungen in Dialog, in eine achtsame und hingebungsvolle Kommunikation. Die rituellen Handlungen beruhen dabei nicht auf dem Denken nach dem Kausalprinzip von Ursache und Wirkung, das heißt, die Menschen erwarten nicht, dass auf eine bestimmte rituelle Handlung automatisch eine bestimmte Antwort vonseiten der Natur erfolgt. Das kausale Denken haben Europäer gemäß ihren eigenen mechanistischen Naturgesetzen in die magischen Rituale fremder Völker lediglich hinein interpretiert. Im Gegensatz dazu verstehen diese die rituelle Handlung als einen bildlichen, symbolischen, empathischen Dialog mit der Göttin Natur, als ein Sich-in-Übereinstimmung-Setzen oder Sich-in-Balance-Bringen mit dem Gefüge des gesamten Lebens. Je besser es gelingt, sich mit dem Wirken der Göttin Natur in Übereinstimmung zu bringen – was selbstverständlich auf vorhergegangener, langer Beobachtung, also konkreter Natur-Erfahrung beruht –, desto wirksamer ist der Dialog mit ihr, eben die Magie in diesem Sinne. Dieser Dialog richtet sich sowohl an die äußere Natur, z. B. bei Wettermagie, wie an die innere Natur, z. B. bei schamanischen Heilungen. Dabei werden äußere und innere Natur nie als völlig voneinander getrennt betrachtet, was logisch ist, wenn Menschen sich als Teil der Welt sehen.

Die magischen Techniken entsprechen diesem Begriff von Magie. Sie sind in der Regel Ekstase-Techniken,[13] wobei „Ekstase" hierbei kein unkontrolliertes Delirium meint. Die authentische Ekstase ist ein vollkommenes Zusammenwirken aller menschlichen Fähigkeiten, der geistigen, der emotionalen, der leiblich-expressiven, in momentaner, höchster Entfaltung. In diesen magischen Momenten gehen Menschen mit allen ihren Kräften gleichzeitig, in äußerst gesteigerter Form, in Dialog mit der göttlichen Natur. Der äußere Ausdruck dafür ist sehr häufig der Tanz, und zwar in seiner ältesten Bedeutung: Tanz als Gebet.[14]

---

13   Mircea Eliade: *Schamanismus und archaische Ekstasetechnik*, Frankfurt 1980.
14   Heide Göttner-Abendroth: *Die tanzende Göttin. Prinzipien einer matriarchalen Ästhetik,* München 1982–2001 (6. Auflage 2001). Dies.: *Magie in matriarchalen Kulturen,* Vortrag auf der Bad Wildun-

Damit ist klar geworden, dass sich matriarchale Spiritualität und Magie nicht trennen lassen. Magie ist die praktische Ausübung dieser Spiritualität, und beide zusammen machen das magische Weltbild aus. Das magische Weltbild ist eines, das von der wechselseitigen Bezogenheit aller Kräfte, Erscheinungen und Wesen, eben der innigen Verflochtenheit der gesamten Welt, ausgeht und diese Bezogenheit durch menschliche Handlungen bewusst und aktiv verstärkt.

Zu diesem Buch

In diesem Buch geht es nun um die Darstellung der matriarchalen Mythologien und des magischen Weltbilds in den Göttinkulturen von Indien über Westasien und Ägypten bis zum mittelmeerischen Raum und Europa. Es ist das weite geographische Gebiet, das später durch die eindringenden, indoeuropäischen Völker patriarchalisiert wurde. Die viel älteren Göttinkulturen aus diesem großen Gebiet werden aus den verschiedenen Überlieferungen erschlossen. Da alle diese Mythologien jedoch erst in patriarchaler Zeit aufgezeichnet wurden, sind sie entsprechend überformt, uminterpretiert und verzerrt. Dennoch lässt sich durch sorgfältige, vergleichende Analyse die matriarchale Grundstruktur in diesen Mythologien erkennen. Ebenso lassen sich die magischen Zeremonien erkennen, mit denen diese Mythologien als große Feste im Zyklus der Jahreszeiten in Szene gesetzt wurden (zur Methode siehe auch die Bemerkungen im „Vorwort").

Die matriarchalen Mythologien stellen die Grundlage aller späteren Religionen in dem genannten kulturellen Raum dar. Ich werde deshalb auch zeigen, auf welche Weise die Struktur matriarchaler Mythologie in den verschiedenen Ländern durch die patriarchale Eroberung und Herrschaftsbildung verzerrt wurde, um patriarchale Religionen zu bilden. Diese Veränderungen laufen nach bestimmten Regeln ab, denn es handelt sich um systematische Transformationen der älteren Struktur. Solche Transformationsregeln verweisen auf die gesellschaftlichen Funktionen der Verzerrung, auf die soziale „Notwendigkeit", ein Weltbild für neue Zwecke zu verändern und es dadurch zu ideologisieren. Hier sehen wir den Beginn des ideologischen Eingriffs gesellschaftlicher Kräfte in kulturelle Inhalte. Zugleich entwickelt sich bei den Unterdrückten aber auch ein kritisches Element gegen die neue Gesellschaftsform, das sich gelegentlich in visionären Bildern einer neuen Zeit jenseits des Patriarchats ausdrückt.

Das macht den ersten Teil dieses Buchs aus. In seinem zweiten und dritten Teil folge ich dem Gedanken, dass die Göttinkulturen mit ihren Mythologien und ihrer rituellen Praxis nach dem patriarchalen Umbruch nicht gänzlich untergegangen sind. Sie lebten, abgedrängt in Subkulturen und in geographische Randkulturen, noch lange durch die patriarchalen Jahrtausende weiter. Ich kann ihre Spuren im begrenzten Rahmen dieses Buchs nicht überall verfolgen, jedoch möchte ich es in zwei Bereichen unternehmen: in den internationalen sog. „Zaubermär-

---

ger Psychotherapie-Tagung März 2004, publiziert als CD, Akademie HAGIA, Winzer 2004.

chen" und in jenen Teilen der epischen Dichtung des europäischen Mittelalters, die eine Rückbeziehung auf mythologische Elemente haben. Diese zwei Bereiche sind ein Beleg für meine These von der Fortdauer einer „matriarchalen Opposition" in der späteren patriarchalen Epoche. Die Struktur matriarchaler Mythologie wird hier verdeckt, aber nicht weniger bewusst gehandhabt. Dies erkennen wir an dem bewussten Kampf dagegen, welcher im Fall der Märchen, ganz analog zu den Mythen, zu Verzerrungen führt, die bestimmten Transformationsregeln folgen. Im Fall der Epik führt er zu Umdeutungen und Neuinterpretationen, die mit ihren Regeln die Absicht offenbaren, die alten matriarchalen Werte in diesen Stoffen dem neuen christlich-patriarchalen Weltbild anzupassen. Damit werden wenigstens einige Nachwirkungen der langen matriarchalen Epoche in patriarchalen Gesellschaften für Europa deutlich. Matriarchale Traditionen werden wieder sichtbar, welche diese spätere Zeit – wenn auch verurteilt und abgeschoben, verdrängt und vergessen – bis heute durchziehen.

Bei dieser Kurzbeschreibung meines Vorgehens ist deutlich geworden, dass ich mit diesem Buch keine rein ideen- und symbolgeschichtliche Religionsstudie anstrebe. Denn ich beziehe mich bei jedem Schritt auf den sozialen und ökonomischen Hintergrund der matriarchalen Gesellschaften zurück, aus denen die verschiedenen Mythologien stammen. Eine große Hilfe ist mir dabei meine anhand noch lebender matriarchaler Gesellschaften gewonnene, eingehende Kenntnis dieser Gesellschaftsform, ein Wissen, ohne das sich viele geschichtliche, matriarchale Elemente gar nicht herausfinden ließen oder nicht richtig gedeutet werden könnten.

Ich hoffe, dass durch meine Arbeit ein Prozess in Gang gesetzt werden kann, der unsere abgerissene oder unbewusst gewordene Verbindung zu früheren kulturellen Epochen wiederherzustellen vermag und damit unser Geschichts- und Weltbild um die verdrängten Teile erweitern kann.

I Die Göttin und ihr Heros
Matriarchale Mythologie und ihre Transformationen

In der Einleitung habe ich den Rahmen angegeben, in dem diese Studie steht, nämlich das weite Feld der modernen Matriarchatsforschung, die auf einer genauen strukturellen Definition von „Matriarchat" beruht. Matriarchale Spiritualität (statt „Religion") drückt sich in verschiedenen Mythologien und den dazu gehörenden rituellen Formen aus. Sie sind das Feld unserer Untersuchung.

Ich habe in der Einleitung auch die allgemeinsten Grundzüge angegeben, welche die weltanschaulich-kulturelle Ebene der matriarchalen Gesellschaftsform charakterisieren, und habe Matriarchate auf dieser Ebene als sakrale Gesellschaften und Göttinkulturen definiert. Die wenigen Bemerkungen, die ich dort machen konnte, sind allerdings nicht ausreichend, um konkrete Mythen auf ihren matriarchalen Hintergrund hin analysieren zu können. Es ist deshalb notwenig, für die weltanschaulich-kulturelle Ebene eine gesonderte strukturelle Definition zu entwickeln. Sie wird in dem *Strukturschema matriarchaler Mythologie* gegeben. Dieses Schema erfasst ziemlich viel, jedoch gehe ich nicht davon aus, dass es nicht durch weiterführende Forschung ergänzt werden könnte.

Strukturschema matriarchaler Mythologie

Dieses Strukturschema formuliert seinerseits die Tiefenstruktur der matriarchalen Mythologie für den angegebenen weiten Raum von Indien über den Mittelmeerraum bis Europa. Auch hier muss alles, was es enthält, zusammen gesehen werden, um zu verstehen, was matriarchale Mythologie ausmacht. Es ist das geistige Werkzeug, mit dem einzelne Mythen der einzelnen kulturellen Regionen auf ihren matriarchalen Hintergrund hin analysiert werden können. Obwohl es hier der Klarheit wegen vorangestellt wird, habe ich es keineswegs abstrakt gefunden und würde es nun dem Untersuchungsbereich überstülpen. Ganz im Gegenteil hat es sich allmählich aus meiner durch viele Jahre erworbenen Kenntnis von Mythen und Mythengefügen aus dem genannten, weiten kulturellen Raum herausgeschält. Angeregt wurde meine eigene Mythenforschung durch zwei wichtige Werke in diesem Gebiet, dem von Robert von Ranke-Graves[15] und dem von Edwin O. James.[16]

Ich deute dabei Mythologie *sozialhistorisch,* was romantisierende oder idealistisch-geistesgeschichtliche oder ästhetisierend-formalistische oder psychoanalytische Deutungen etwa im Sinn der (unprüfbaren) Archetypenlehre ablehnt. Eine

---

15 Robert von Ranke-Graves: *Griechische Mythologie. Quellen und Deutung*, Neuausgabe, Reinbek bei Hamburg 1994 (Original *The Greek Myths,* New York 1955).

16 Edwin O. James: *Der Kult der Großen Göttin*, Bern 2003 (Original: *The Cult of the Mother Goddess*, London 1959).

solche sozialhistorische Deutung ist natürlich nicht möglich durch das Studium von Mythologie allein, sondern es wird gespeist aus meiner Kenntnis der matriarchalen Gesellschaftsform, die ich anhand der heute noch existierenden Matriarchate gewonnen habe. Ferner gibt es aus dem kulturellen Raum von Indien über das Mittelmeergebiet bis nach Europa genügend archäologische Quellen, die ein Bild von der frühen kulturellen und sozialhistorischen Praxis ermöglichen (interdisziplinäre Methode).[17] Damit kann Mythologie als Ausdruck komplexer gesellschaftlicher Praxis ernst genommen und zu einer reichen Informationsquelle über die Weltanschauung und Denkweise früher Gesellschaftsformen werden, seien dies nun die Jahrtausende lang dauernde matriarchale Gesellschaftsform oder die später einsetzende frühpatriarchale Gesellschaftsform. Letztere setzt ja die vorhandenen Mythologien fort, auch wenn sie die Mythen uminterpretiert und deren ältere Inhalte verzerrt. Diesen Prozess können wir mitverfolgen.

Das Strukturschema matriarchaler Mythologie ist das Kernstück meiner weiteren Untersuchung. Die Muster matriarchaler Mythologie folgen einem Dreierschema, in das sich alle Details einbetten lassen.[18] Das Dreierschema dieser Struktur ist doppelt: Einmal bezieht es sich auf die Gestalten, Wohnorte (Regionen), Funktionen und Symbolik der dreifaltigen Göttin. Zum anderen bezieht es sich auf die Gestalten, Funktionen und Symbolik des ihr zugeordneten Heros, der keine eigenen Regionen hat. Männliche Götter gab es in diesem Stadium der Kulturgeschichte nicht. In dem Strukturschema geben die Gestalten Typen an, deren Namen in den konkreten Mythen wechseln. Die zu einer Gestalt gehörende Region und Funktion bleibt dabei immer gleich. Die Symbole haben zwar einen stereotypen Umkreis, innerhalb dessen sind sie aber variabel.

---

17 Siehe für Europa insbesondere das Werk von Marija Gimbutas: *Die Sprache der Göttin. Das verschüttete Symbolsystem der westlichen Zivilisation*, Frankfurt 1995 (Original: *The Language of the Goddess*, San Francisco 1989) [Sprache]. Dieselbe: *Die Zivilisation der Göttin. Die Welt des Alten Europa*, Frankfurt 1996 (Original: *The Civilization of the Goddess*, San Francisco 1991) [Zivilisation].

18 Siehe Ranke-Graves, *Griechische Mythologie.*, insgesamt. siehe Gimbutas: [Zivilisation]. Das Dreierschema in diesem gesamten kulturellen Raum kehrt sogar wieder in der späteren Mythologie der Eroberer, der indoeuropäischen Stämme. Siehe dazu G. Dumézil: *L'Idéologie tripartie des Indo-Européens*, Brüssel 1958.

Göttinstruktur (Triade)

Gestalten	Mädchen Junge Frau	Frau und Mutter	Alte Frau
Regionen	Herrin des Himmels	Herrin von Land und Meer	Herrin der Unterwelt/Anderswelt
Funktionen	Lichtbringerin, Jägerin, Amazone	Schenkerin der Liebe und des Lebens	Schenkerin von Tod und Wiedergeburt, Magie, Wissen und Weisheit
Symbolik: Jahreszeiten	Frühling	Sommer	Herbst und Winter
Symbolik ihrer Region	Universum mit Mond und Sternen, manchmal auch mit der Sonne	Verkörperung ihres Landes	Verkörperung der Höhle der Unterwelt oder der Anderswelt auf dem Meeresgrund
Gestirnssymbol	Sichelmond	Vollmond	Leermond bzw. Schwarzmond
Symbolische Farben	Weiß	Rot	Schwarz
Symbolische Tiere	Tiere des Himmels: Vögel, bes. weiße Vögel. Tiere des Waldes, bes. weiße Hirsche. Kämpferische Tiere: Löwen, Panther, Katzen.	Nahrung schenkende Tiere: Kuh, Ziege, Schaf, Schwein. Tiere, die Liebe und Fruchtbarkeit symbolisieren, bes. Tauben, Bienen.	Unterirdische Tiere: Schlangen, Drachen. Schwarze Tiere und Nachttiere: Eule, Rabe, Krähe. Schwarz-weiße Hunde und Pferde.
Symbolische Gegenstände	Pfeil und Bogen. Wagen mit Löwen oder Hirschen davor.	Der Liebeskelch, der Liebesapfel, das Obstgarten-Paradies. Gegenstände der Liebesmagie: Zaubergürtel und Ringe.	Der Schicksalsfaden und die Spindel, die Schicksalswaage. Der Todesapfel und das Obstgarten-Paradies als Anderswelt.

Herosstruktur (auf die Göttin-Triade bezogen)

Gestalten	(nur eine)		
Funktionen	Initiation durch die Göttin (im Frühling)	Heilige Hochzeit mit der Göttin (im Sommer)	Tod und Wiedergeburt durch die Göttin (im Herbst/Winter)
Typischer Ablauf der Funktionen	Initiation als Vollbringen von magischen Aufgaben („Heiratsaufgaben"): 1. kampflose Variante: Erwerb von Zauberdingen oder Weisheitswettbewerb. 2. Wettkampf-Variante: Wettlauf, Wettfahrt oder Kampf. Varianten des Initiationskampfs: 2.1. Kampf gegen die mythischen Tiere der Göttin. 2.2 Kampf gegen den Amtsvorgänger, d. h. den alten Heroskönig.	Heilige Hochzeit als magisches, kosmisches Ereignis. Präsenz von Liebes- und Lebenssymbolen und an einem paradiesischen Ort.	Tod ist Transformation durch die Göttin, d. h. die Reise durch die Anderswelt bis zur glücklichen Wiedergeburt oder Wiederkehr. Varianten: 1. Tod durch die Göttin selbst in ihrer dritten Gestalt. Wiedergeburt oder Wiedererweckung durch die Göttin in ihrer ersten Gestalt. 2. Tod durch eins der mythischen Tiere der Göttin, bes. durch den Drachen. Der Tod kann auch totenähnlicher Zustand sein wie Scheintod, Ohnmacht, tiefe Verwundung. Wiedererweckung durch die Göttin in ihrer ersten Gestalt, oft als Heilung von Wunden. 3. Tod des alten Königs durch den Amtsnachfolger. Wiederkehr im neuen König.
Symbolik	Sehr variabel, denn von der Erscheinung der Göttin abhängig. Stets hat der Heros das begrenztere Symbol. Zum Beispiel: 1. ist sie das Universum, ist sein Symbol häufig die Sonne (Farben Gold und Rot); 2. verkörpert sie das Land, ist sein Symbol häufig das Wasser oder die Vegetation; 3. ist sie die Unterwelt, ist sein Symbol häufig eins ihrer Unterwelttiere; 4. erscheint sie in Gestalt ihrer heiligen Tiere, ist er oft das männliche Tier.		

Erläuterungen zum Strukturschema matriarchaler Mythologie
Zeitliche Epochen

Dieses Strukturschema ist die strukturelle Definition von „matriarchaler Mythologie". Es geht zurück auf die Analyse schriftlicher Quellen. Das heißt, im Hintergrund stehen die schriftlich überlieferten Mythologien, so wie wir sie vorfinden. Da die Verschriftlichung jedoch in patriarchaler Zeit erfolgte, muss die ältere matriarchale Stufe sorgfältig rekonstruiert werden. Die Methode der Rekonstruktion ist 1. vergleichend, 2. interdisziplinär und 3. ideologiekritisch, was hier patriarchatskritisch meint (siehe dazu die Einleitung).

Die patriarchale Epoche setzte in dem Raum, den wir hier betrachten, in manchen Kulturregionen um ca. 3000–2500 vor u. Z. ein (in Mesopotamien und Ägypten), in manchen Kulturregionen früher (um ca. 4500 vor u. Z. in der Schwarzmeerregion) und in anderen viel später, zum Beispiel erst um 1450 vor u. Z. in Kreta.[19] Das heißt, es gibt keine einheitliche Zahl dafür, sondern die Entwicklungen verliefen in den verschiedenen Regionen sowohl zeitlich wie auch ursächlich höchst unterschiedlich. Was diese Arbeit hier betrifft, so ist die Aufzeichnung der Mythologien noch viel später geschehen. Durch unsere Rekonstruktion kommen wir deshalb lediglich zur letzten Phase der langen matriarchalen Epoche zurück, zur spätmatriarchalen, jedoch nicht zu ihren früheren Phasen. Denn für diese gibt es keine Anhaltspunkte mehr in schriftlichen Quellen, das heißt, auch keine verdeckt überlieferten Mythologien mehr.

Was heißt in diesem Kontext „spätmatriarchal"? Ich gliedere gemäß meinen Forschungen zur matriarchalen Gesellschaftsform ihre geschichtlichen Epochen in eine frühe Zeit mit Mittelpunktsstellung der Frau, die ich mutterzentriert nenne, in eine voll ausgebildete matriarchale Zeit und in eine spätmatriarchale Zeit. Eine matriarchale Überlebensphase gibt es bis heute bei den einzelnen, heute noch existierenden matriarchalen Gesellschaften.

Die frühe mutterzentrierte Zeit umschließt die Kulturen der Altsteinzeit (von 100 000 vor u. Z. an, jüngere Altsteinzeit ca. 40 000–10 00 vor u. Z.); für diese Bezeichnung legen Tausende von Muttergöttin-Statuetten beredtes Zeugnis ab. „Mutterzentriert" ist hier eine vorsichtige Formulierung, denn die Belegsituation für Verwandtschaft und Wohnform ist für die ungeheuer langen und weit zurückliegenden paläolithischen Zeiträume äußerst schwierig. Es können hier, trotz Mittelpunktstellung der Mutter, noch keine matrilinearen und matrilokalen Sippenverbände nachgewiesen werden, die von der Jungsteinzeit an die charakteristischen Eigenschaften des Matriarchats ausmachen und erst dort belegt werden können.

Die voll ausgebildete matriarchale Zeit mit den großen matrilinearen Clans und Clanhäusern, für die dauernde, nicht nur gelegentliche Sesshaftigkeit die Voraussetzung ist, liegt in der Jungsteinzeit mit der Entstehung von Garten- und Feldbau und frühesten Städten (von 10 000 vor u. Z. an, erste Anfänge teilweise

---

19   Siehe Chris Scarre (Hg.): *Weltatlas der Archäologie*, München 1990 (Original *Past Worlds. The Times Atlas of Archaeology*, London 1988).

schon 15 000 vor u. Z.). Die Jungsteinzeit geht gegen Ende in die Kupfersteinzeit, dann in die Bronzezeit über (von 4500 vor u. Z. an). In Kupfersteinzeit und Bronzezeit gibt es bereits Veränderungen, die auf patriarchale Herausforderungen in bestimmten Regionen hinweisen (Entwicklung des Streitwagens und erste kriegerische Überlagerungen). So begannen diese Tendenzen in Südrussland und der Schwarzmeerregion von 4500 an.[20] Um 3000 bis 2500 vor u. Z. geschah dies in Kleinasien, Mesopotamien und Ägypten. Doch in Mittel- und Westeuropa waren solche Ereignisse noch gar nicht angekommen. Das heißt, in weiten Gebieten lebten angestammte, matriarchale Gesellschaften entweder gewandelt oder in vielen Gegenden noch kaum verändert durch diese Epoche weiter. Im bronzezeitlichen Minoischen Kreta währte dies sogar bis 1450 vor u. Z. Deshalb gibt es in der Kupfersteinzeit und Bronzezeit kein verbindliches Datum für alle Kulturzonen, das Bild ist sehr gemischt. Aus diesem Grund bezeichne ich diese beiden Epochen für die meisten Regionen als spätmatriarchale Zeit. Denn es wäre eine maßlose Übertreibung, wegen einzelner und begrenzter Patriarchalisierungsprozesse sie schon „patriarchal" zu nennen.

Zum flächendeckenden Einbruch des Patriarchats mit Krieg und Eroberung überall und als Folge davon der Hierarchisierung der Gesellschaft in Herrenschicht und Unterworfene in vielen Regionen kam es erst in der Eisenzeit, als die Kriegstechnologie erheblich weiter entwickelt war (von ca. 2000 vor u. Z. an). So lange hat es noch gedauert, bis Europa und andere Kontinente überrannt werden konnten. Diese Epoche nenne ich frühpatriarchal, und sie hat in den verschiedenen Mythologien deutliche Spuren hinterlassen. Aber auch dann hat es noch mehr als ein Jahrtausend bis zur Ausbildung des klassischen Patriarchats gedauert.

Der Grund für diese meine Einteilung liegt in der unterschiedlichen Struktur und Erscheinung der Gesellschaftsform in den genannten verschiedenen Epochen, und dafür braucht es jeweils besondere Definitionen. Ich kann jedoch meine Argumente dafür hier nicht weiter darlegen, auch nicht meine Kritik an den heutigen Tendenzen in der Archäologie und anderen Wissenschaften, welche diese verschiedenen Ausprägungen von Gesellschaft zugunsten eines immerwährenden Patriarchats zu verdunkeln versuchen.[21] Meine Darstellung einer Kulturgeschichte der matriarchalen Gesellschaftsform bleibt also noch offen, sie ist der Fortführung meines Hauptwerkes vorbehalten.[22] Dieses Buch „Die Göttin und ihr Heros" ist lediglich eine Mythenanalyse, obwohl die Veränderungen der Gesellschaftsformen notwendig hindurchscheinen. Denn Mythologie steht ja nicht in einem abstrak-

---

20 Marija Gimbutas: [Zivilisation], S. 350 ff.
21 In der heutigen westlichen Wissenschaft wird mit allen Mitteln versucht, die Jungsteinzeit als patriarchal hinzustellen. Das ist ein patriarchaler „backlash" oder Gegenschlag insbesondere gegen Marija Gimbutas, der seit Colin Renfrews Gegentheorie auf breiter Ebene in vielen Facetten abläuft. Ich folge dieser patriarchalen Gegenreformation nicht und werde die Gründe in meinem weiteren Hauptwerk darlegen.
22 Es handelt sich dabei um den kulturhistorischen Teil meines Hauptwerks (nachdem der ethnologische abgeschlossen ist) und stellt die Fortsetzung der Reihe *Das Matriarchat* dar.

ten, leeren Raum. Charakteristisch für alle Phasen der mutterzentrierten oder matriarchalen Kulturentwicklung ist, dass die Frau nicht nur der soziale und kulturelle Mittelpunkt der Gesellschaft ist, sondern dass auch Egalität beider Geschlechter besteht. Genauer gesagt ist überall die Mutter der Prototyp, und mütterliche, egalitäre Werte prägen diese Gesellschaften. In dem allgemeinen Sinn von *mater arché*, d. h. die Mutter als Ursprung, haben sie eine grundlegende Gemeinsamkeit.

Die Belegsituation anhand der Symbolik der Drei

Über die mutterzentrierte paläolithische und die matriarchale neolithische Kulturphase dieser Gesellschaftsform liefert die Archäologie die wichtigsten Indizien – wobei sie allerdings nicht interpretieren kann. Dazu braucht es eine weiterreichende kulturhistorische Interdisziplinarität mit vergleichendem und ideologiekritischem Blick. Die Archäologie erforscht die sog. „schriftlosen" Kulturen, das heißt, solche, deren Symbol- und Schriftzeichen wir nicht mehr lesen können. Großartige Schritte zu deren Entzifferung und Verständnis haben die interdisziplinär arbeitenden Forscherinnen Marie König (Urgeschichtsforscherin) und Marija Gimbutas (Archäologin) getan. Durch die Arbeit dieser beiden Pionierinnen erschließt sich – bei allem ökonomischen und sozialen Wandel der Gesellschaftsform – eine kulturell-spirituelle Kontinuität von der frühesten Zeit bis hin zur spätmatriarchalen Phase.[23]

Marie König hat ihre Forschung insbesondere der altsteinzeitlichen Symbolschrift gewidmet, die sie in den Höhlen der Ile-de-France (Fontainebleau, Frankreich) entzifferte.[24] Marija Gimbutas hingegen entschlüsselte die Symbolschrift vorwiegend auf jungsteinzeitlichen Artefakten, wie Gefäßen, Vasen, steinernen Stelen und Statuetten – von denen allein sie 30 000 untersuchte.[25] Schon seit der mittleren Altsteinzeit mehren sich die Zeichen des symbolisch-rituellen Gebrauchs der Zahl Drei, in Form von drei parallelen Felsritzungen oder drei Punkten, überreichlich als geritzte Dreiecke und als dreieckige Schalensteine. Auf Felszeichnungen aus der jüngeren Altsteinzeit zeigt sich eine Triade von Frauen, verziert mit reichen Ritzungen, die ihren übernatürlichen Charakter ausdrückt (Schieferplatte von Gönnersdorf, Deutschland, Jungpaläolithikum). Eine andere Triade zeigt drei Frauenkörper mit ausgeprägtem Schoßdreieck in drei Phasen der Schwangerschaft. Sie haben zusammen nur einen Kopf, was sie als ebenfalls als übernatürlich ausweist (Abri Bourdois bei Angles-sur-l'Anglin, Frankreich, Jungpaläolithikum).

---

23 Weder Marie König noch Marija Gimbutas verwenden den Begriff „Matriarchat". Bei König kommt er überhaupt nicht vor, und Gimbutas bezeichnet die von ihr erforschten kulturellen Formen als „matristisch". Beide Forscherinnen lehnen den Begriff „Matriarchat" ab, weil sie seine Neudefinition noch nicht kannten und auf den alten, überholten Begriff von „Frauen/Mütterherrschaft" angewiesen waren, der jedoch keine Definition, sondern ein Vorurteil darstellt. Die neue, sachgerechte Definition entspricht genau den Intentionen dieser Forscherinnen.

24 Marie E. P. König: *Das Weltbild des eiszeitlichen Menschen*, Marburg 1954. Dies.: *Am Anfang der Kultur. Die Zeichensprache des frühen Menschen*, Berlin 1973 [Kultur].

25 Marija Gimbutas: [Sprache], insgesamt.

Abb. 1: Göttin mit Mondhorn, sog. „Venus von Laussel", Flachrelief im Kalkstein-Abri von Laussel in der Nähe von Lascaux, Dordogne.

Das Dreieck bedeutet den Mutterschoß, die lebensregenerierende Kraft. Zu Recht bringt es Marie König mit dem Mond und seinen drei Phasen in Zusammenhang. Sein Wachsen, Schwinden und Wiederkehren wurde von den frühen Menschen wohl auch als lebensregenerierende Kraft verstanden, die sich in der Zeit vollzieht. So wurde die Drei auch das Prinzip der Zeit, denn der Mond gibt mit seinen überall sichtbaren, regelmäßigen drei Phasen ein Maß der Zeit.[26] Dieser Zusammenhang von Frau und Mond und Zeit ist deutlich in der weiblichen Mens (ein Mondmonat von 28 Tagen) und in der Schwangerschaft (neun Mondmonate). Aus diesem Zusammenhang entstand der erste Kalender, der Mondkalender mit 13 Monaten (364 Tage plus einem Schalttag alle paar Jahre). Deutlich wird dieser Zusammenhang abgebildet bei dem berühmten Flachrelief der Göttin mit Mondhorn, der sog. „Venus von Laussel" (Abri von Laussel, Dordogne/Frankreich, Jungpaläolithikum): Die Figur weist mit der linken Hand auf ihren schwangeren Leib und hält in der anderen ein Mondhorn mit 13 Strichen (Abb. 1).

Die Symbolik der Drei setzt sich ungebrochen in der Jungsteinzeit fort. Es gibt zahlreiche Varianten der Dreifachlinie auf Göttinstatuetten, Dreieckskammern und dreifache Spiralen in Megalith-Gräbern (New Grange, Irland) dreifache Grundrisse in Kleeblattform von Tempeln (Malta), Dreizahl von Kultobjekten (Chatal Hüyük). Sie weisen alle auf die dreifache Kraft oder Funktion der Göttin hin, deren Symbolsprache Marija Gimbutas in vielen Einzelheiten entziffert und archäologisch belegt hat. Zusammenfassend bezeichnet sie die göttliche Triade als „die Göttin als Lebensspenderin" (Geburt), als „die sich erneuernde Erde" (Fruchtbarkeit und Nahrung) und als „die Göttin von Tod und Wiedergeburt" (Transformation).[27]

In spätmatriarchaler Zeit (Kupfersteinzeit und Bronzezeit) wird die Symbolik der Dreifachen Göttin kontinuierlich weitergeführt, wovon jetzt nicht nur die Archäologie, sondern auch Literatur- und Folklorestudien Zeugnis ablegen. Denn die

---

26 Siehe Marie König: [Kultur], Kap. 3, S. 146–213, bes. S. 181 und 208.
27 Marija Gimbutas: [Sprache], insgesamt, bes. Kap. 11, S. 89–97 und 141–145.

Tiefenstruktur, das heißt, die älteste Schicht in Mythologien und Brauchtümern, die sich teilweise bis heute erhalten haben, spricht eine beredte Sprache – wenn man sie entziffern kann. Hier können wir die Göttin als die Herrin der drei Zonen der Welt: Himmel, Erde und Unterwelt, wiederfinden, und ihre Symbolik erfährt nochmals eine reichere Ausarbeitung. Ihre Gestalten entsprechen ebenfalls den drei Lebensaltern, den drei Jahreszeiten (Herbst und Winter werden zusammen gesehen), den drei Mondphasen und den drei heiligen Farben Weiß-Rot-Schwarz.

Die Bedeutung von Mond und Sonne

Sehr häufig erscheint die Göttin als dreifache Mondgöttin und ist Repräsentantin des Universums, der Urgöttin. Das gilt nicht nur in dem hier genannten kulturellen Raum von Indien über das Mittelmeergebiet bis Europa, sondern auch in vielen anderen Kulturzonen der Welt, wie z. B. Afrika, Nordamerika, Mittel- und Südamerika, Ozeanien. Nicht weniger häufig ist sie auch Göttin des Landes, das sie verkörpert, und damit als Erdgöttin und Göttin der Unterwelt die andere Urgöttin. Sonnengöttinnen sind dagegen selten, es gibt sie vereinzelt in Ostasien, Japan, Ägypten, Kleinasien und im später keltisch-germanischen Raum (Sonnenjungfrauen). Auch Göttinnen einzelner Planeten können eine herausragende Rolle spielen, wie zum Beispiel die sumerisch-babylonische Inanna-Ischtar als Göttin der Venus. Auch diese sind Töchter des Universums, der Urgöttin, und tragen oft selbst den Titel der Großen Himmelsherrin.

Das sporadische Vorkommen dieser Sonnen- und Planetengöttinnen ist eine komplexe Angelegenheit und braucht für jeden einzelnen Fall eine gesonderte Erklärung. Keine Erklärung ist es hingegen zu behaupten, dass es früher nur Mondgötter gab und sämtliche Göttinnen Sonnengöttinnen waren, die erst in patriarchaler Zeit zu Mondgöttinnen gemacht und damit auf eine blasse, von der Sonne abgeleitete Funktion reduziert wurden – wie es der Frau im Patriarchat zukommt. Für eine solche Auffassung gibt es weder archäologische noch mythologische Belege, sie resultiert lediglich aus einem großen Missverständnis. Sie unterstellt die patriarchale Deutung des Monds als „schwach, blass, wankelmütig, vom Licht der Sonne abgeleitet" allen früheren Epochen und übersieht, dass der Mond im matriarchalen Verständnis ganz anders interpretiert wurde.[28] In der matriarchalen Auf-

---

28 Siehe z. B. Gerda Weiler: *Der aufrechte Gang der Menschenfrau*, Frankfurt 1994, S. 206–242, und Silke Gyadu: *Sonnengöttinnen*, Erlangen 2007. – Obwohl ich manche Teile des Werks von Weiler schätze (z. B. ihre Kritik der Jungschen Psychologie), kann ich ihr hier nicht folgen. Denn sie behauptet, dass der Sonnenkalender archaischer sei und der Mondkalender viel später, nämlich patriarchal, und wendet sich damit gegen Marie König, Doris Jonas, Ranke-Graves und andere ForscherInnen. Ihre Belege dafür sind problematisch. So sollen die eiszeitlichen Abbildungen von Stieren mit Mondhörnern die Männlichkeit des Monds beweisen, und es wird bereits für die Altsteinzeit von einem „Mondgott" gesprochen. Erst die patriarchalen Griechen hätten den Mond feminisiert. Die Stiere mit Mondhörnern belegen jedoch nur, dass der Stier als Symboltier der Mondgöttin gesehen wurde, aber nicht, dass er selbst der Mond *ist*. Solche Symboltiere der Mondgöttin gibt es viele, und sie sind nicht immer männlich. So hat Weilers Behauptung, dass es zuerst den Sonnenkalender

fassung steht der Mond als Teil symbolisch für das ganze Universum, für die kosmische Nacht mit den Sternen, die Ur-Schöpferin, die alles hervorbringt. Die Sonne ist zwar auch ein Teil des Universums, wird aber in den meisten Kulturen als vergänglich betrachtet, denn ihr Licht, das am Tag alles überstrahlt, verschwindet jeden Abend bei ihrem Untergang. Dann tritt das Universum mit Mond und Sternen wieder hervor. Es ist ewig, denn die frühen Menschen hatten beobachtet, dass es hinter der Sonne immer da ist – was man z. B. bei einer Sonnenfinsternis deutlich sehen kann. Ewigkeit kommt aber nur der Göttin zu, während Vergänglichkeit ein Merkmal des Menschlichen ist.

Das ist ein Grund dafür, dass in spätmatriarchaler Zeit, als ein männlicher Gefährte an die Seite der Göttin tritt: der Heros oder sakrale König, dieser häufig mit der Sonne assoziiert wird. Denn der Heros verkörpert gegenüber der Göttin nicht den Mann, sondern den sterblichen Menschen. Ebenso ist die Göttin nicht simplifizierend die Frau, sondern sie ist die ewige Natur von Kosmos und Erde, in die der Mensch als vergängliches Wesen eingebettet ist – so wie die Sonne im Universum, für das der Mond als „pars pro toto" steht. Hier tritt der vom Universum bzw. dem Mond abgeleitete Charakter der Sonne deutlich hervor, und dies ist das matriarchale Verständnis. Das Sonnensymbol ist jedoch nicht das einzige Symbol, das den Heros kennzeichnet. Die ihm zugeordneten Symbole sind sehr variabel, denn von der Erscheinung der Göttin abhängig. In jedem Fall kommt dem Heros jedoch das begrenztere Symbol zu, das Vergänglichkeit symbolisiert.

Erst als – mythologisch gesprochen – die Sonne den Mond und die kosmische Nacht verdrängt und sich zum „Vater aller Götter und Göttinnen" aufschwingt, haben wir eine patriarchale Symbolik vor uns. Nun werden Sonnenjungfrauen eingeführt, die nicht mehr als einen blassen Töchterstatus haben (besonders im indoeuropäischen Raum). Sie zu mächtigen Sonnengöttinnen hochzustilisieren, zeugt von Unkenntnis der kulturhistorischen Zusammenhänge. Bei weiterer Patriarchalisierung führt die Entwicklung zu verabsolutierten Sonnengöttern, neben denen keine anderen Götter mehr geduldet werden.

Erst dann wird die Mondgöttin herabgewürdigt, indem sie entweder dämonisiert oder als abhängig hingestellt wird. Doch das ist nicht der einzige Vorgang, durch den die ältere matriarchale Mythologie für ein patriarchales Weltbild überformt und verzerrt wird, wie wir noch sehen werden.

Matriarchales Königin-Königtum

Ein anderes großes Missverständnis ist es zu meinen, dass mit dem Erscheinen des Heroskönigs die matriarchale Kultur zu Ende wäre und nun Hierarchie und Herrschaft beginnen würden. Hier wird das matriarchale Königtum mit dem patriarchalen Königtum in Monarchien verwechselt, wieder eine Rückprojektion aus

---

gab und später im Neolithikum der Mann den Mondkalender einführte, um Macht zu gewinnen, keinerlei sachliche Grundlage, ganz abgesehen von ihrer eigenartigen Auffassung der Jungsteinzeit.

späterer Zeit in die Geschichte. Das matriarchale Königtum hat eine völlig andere Struktur als patriarchales Königtum: Der matriarchale Heroskönig ist immer ein Heiliger König (Sakralkönig oder Priesterkönig) und ohne politische Macht im Sinn von patriarchaler Herrschaft. Er ist außerdem nicht allein, sondern der sakralen Königin (Hohe Priesterin) beigeordnet und gilt als ihr „Sohn". Das muss nicht unbedingt eine direkte Verwandtschaft meinen, sondern bedeutet, dass er zu ihr grundsätzlich im Status des Kinds zur Mutter steht. Das bedeutet andererseits aber keine politische Macht für die Sakralkönigin, wie etwa bei einer patriarchalen Monarchin, auch sie ist nur eine Repräsentantin. Aus der Symbolik, welche diese beiden Repräsentanten umgibt, wird verständlich, was sie repräsentieren: Die Sakralkönigin verkörpert die Göttin, welche die umfassende, schöpferische, mütterliche und nährende Natur ist, während der Heilige König den Menschen repräsentiert, der zur Natur stets in einem Kind-Verhältnis steht. Das bringt keine Hierarchisierung der Frau über den Mann mit sich, denn dies verkennt, was matriarchale Menschen mit „Göttin" meinen: auf keinen Fall dasselbe, was „Gott" im Patriarchat bedeutet.

Daher ist es völlig verfehlt, in die Göttin und ihren Heros das „Frau-Mann-Paar" hinein zu interpretieren, wie dies sehr häufig geschieht.[29] Noch fataler ist es, bei der heiligen Hochzeit von einer „Heiligung der Sexualität" zu reden und zu behaupten, dass durch diese Zeremonie der Mann seine Vaterschaft herausfand. Das ist eine unzulässige Sexualisierung einer archaischen, magischen Zeremonie aus dem heutigen Denkhorizont. Eine solche Missdeutung, wenn auch weit verbreitet, ist nicht durch die matriarchale Mythologie gerechtfertigt und hat nichts mit matriarchaler Kultur zu tun. Außerdem verstand sich der männliche Partner dabei nicht als „Mann" und künftiger „Papa" in unserem Sinn, sondern als Repräsentant seines Volks. Hinzu kommt, dass für ihn die Heilige Hochzeit ein einmaliges Ereignis blieb, denn im nächsten Jahr feierte sein Nachfolger diese Zeremonie mit der Sakralkönigin, welche die Göttin repräsentierte. Wie sollte er daraus seine Vaterschaft oder gar die Vaterlinie ableiten können? Erst unter patriarchaler Herrschaft, die noch keineswegs vorhanden war, konnte die Zeremonie der Heiligen Hochzeit – wie vieles andere aus der matriarchalen Kultur – mit Gewalt pervertiert und zu solchen Zwecken missbraucht werden.

In diesem Sinn von Göttin (Sakralkönigin) und menschlichem Heros (Sakralkönig) übten die beiden Repräsentanten die großen, zentralen Zeremonien im Jahreszeitenzyklus aus. Das war ihre Aufgabe, die ihnen außer spirituellem Ansehen keine Macht über die Menschen bescherte. Deshalb sind matriarchale Königtümer genau gesagt „Königin-Königtümer", wobei die Königin die symbolisch bedeutendere Rolle innehat. Ein hierarchisches Macht- und Herrschaftsgefüge, wie es in patriarchalen Königtümern besteht, kennen matriarchale Kulturen nicht.

---

29 Siehe z. B. Gabriele Meixner, welche dies in ihrem sonst kenntnisreichen Buch als „heterosexuelle Blindheit" in der Matriarchatsforschung missversteht. In: Gabriele Meixner: *Frauenpaare in kulturgeschichtlichen Zeugnissen,* München 1995, S. 9.

Denn sie haben keine Befehlshaber und keinen „Erzwingungsstab", das heißt, Gefolgsleute, die mit Waffengewalt die Befehle durchsetzen können.[30] Sie sind sakrale Kulturen, in denen diesen sakralen Ämtern die größte Bedeutung zugemessen wird, ohne dass daraus politische Macht erfolgte. Denn auch für diese beiden Repräsentanten gelten die Regeln der Clangesellschaft: Sie sind außerhalb der Zeremonien nur Mitglieder ihrer Clans, mit denen sie im Konsens alle Angelegenheiten entscheiden.[31] Die häufig aufgestellte Behauptung, dass mit dem bronzezeitlichen Auftreten des Heroskönigs deshalb eine „Schichtung" und „Patriarchalisierung" der Gesellschaft gegeben sei, ist aus diesen Gründen nicht zu halten. Leider ist sie unter Archäologen und anderen westlichen Wissenschaftlern weit verbreitet, was jedoch mit deren Fixierung auf den Mann als Oberhaupt zu tun hat und zu reichlichen Fehlinterpretationen der frühen Geschichte führt.

Ein anderes höchst problematisches Argument ist damit verbunden, dass diese angebliche „Schichtung" und „Patriarchalisierung" der bronzezeitlichen Gesellschaft ursächlich durch eine höhere Arbeitsteilung in den frühen Stadtkulturen bedingt sei. Dies ist ein weiteres verbreitetes Vorurteil, das auf die Theorie von Friedrich Engels zurückgeht, der mit höherer Arbeitsteilung durch weiter entwickelte Produktionsmittel automatisch die Bildung von Klassen einsetzen sieht.[32] Diesen Automatismus gibt es jedoch nicht. Höhere Arbeitsteilung führt nicht notwendig zu gesellschaftlicher Schichtung und zu Klassen, was an noch existierenden matriarchalen Gesellschaften von hoher Komplexität abgelesen werden kann.[33] Ferner hat die Archäologin Marija Gimbutas in ihrem umfassenden Werk gezeigt, dass die frühen Stadtkulturen in Europa mit hoher Komplexität und Arbeitsteilung keineswegs patriarchal organisiert waren.[34] Im Gegensatz dazu deutet vieles drauf hin, dass die Muster patriarchaler Herrschaft, beginnend in manchen Regionen in der Bronzezeit und flächendeckend erst in der Eisenzeit, sich nicht durch höhere Arbeitsteilung sanft entwickelt haben, sondern durch kriegerische Eroberung von außen entstanden sind. Durch diese Eroberungen wurden komplexe, hochstehende Kulturen zerstört, worauf in der Regel zunächst eine de-kulturierte, d. h. kulturell niedrigere Phase folgte.[35]

---

30 Der Begriff „Erzwingungsstab" stammt von Christian Sigrist, in: Christian Sigrist: *Regulierte Anarchie*, Frankfurt 1979.
31 Siehe dazu die traditionellen Königin-Königtümer aus noch existierenden matriarchalen Gesellschaften z. B. in Asien (Khasi) und Afrika (Akan), die genau diese Struktur aufweisen. In: Heide Göttner-Abendroth: *Das Matriarchat II,1* und *Das Matriarchat II,2*.
32 Friedrich Engels: *Der Ursprung der Familie, des Privateigentums und des Staates*, Berlin 1983 (zuerst erschienen 1884).
33 Siehe dazu Beispiele in: Heide Göttner-Abendroth: *Das Matriarchat II,1* und *Das Matriarchat II,2*. Das beste Beispiel für hohe Komplexität in der Arbeitsteilung bei gleichzeitig egalitär-matriarchalen Mustern ist das große Volk der Minangkabau (Sumatra).
34 Marija Gimbutas: [Zivilisation], insgesamt.
35 Einige weiterführende Gedanken dazu in meinem Aufsatz: Die Entstehung des Patriarchats als Herrschaftsgesellschaft, in: Heide Göttner-Abendroth: *Für Brigida. Göttin der Inspiration*, Frankfurt ²2000.

Ein anderes Problem liegt in der Deutung von Gewalt, die archäologisch nachweisbar für Europa von 5600–5400 vor u. Z. an durch Einwanderung von Südosten aufkommt (Bandkeramiker-Kultur). Dies sei bereits „patriarchal", und sogleich wird die gesamte Epoche als „unfriedlich-patriarchal" bezeichnet. Doch es liegt nur eine Handvoll Beispiele dieser Art für einen Zeitraum von zwei Jahrhunderten Einwanderung und einem Jahrtausend Zusammenleben vor. War dieses Jahrtausend damit insgesamt friedlich oder unfriedlich? Außerdem sollte man bedenken, dass vereinzelte Gewalt als mensch-männliche Schwäche vielleicht einen Streit oder eine Fehde ausmacht, aber noch keinen organisierten Krieg und noch keine auf Krieg beruhende Herrschaft, das heißt, noch kein Patriarchat. Denn Patriarchat ist eine auf organisiertem Krieg und Eroberung, die in Herrschaft münden, gegründete Gesellschaftsform. Kurz gesagt: So unscharf bzw. völlig veraltet der Matriarchatsbegriff ist, der bei solchen Behauptungen gebraucht wird bzw. gegen den man polemisiert, so unscharf ist hier auch der Patriarchatsbegriff.[36]

Grundsätzlich können wir also davon ausgehen, dass matriarchale Stadtkulturen – im Sinn von „Stadtstaaten" oder einem Bund von „Stadtstaaten" – theakratische Gebilde waren, das heißt, Gesellschaften, deren Strukturen auf der Vorstellung von der universalen Göttin beruhen und die nach spirituellen Werten aufgebaut waren. Herrschaftsstrukturen auf dem Boden von Waffengewalt gab es darin nicht. Eine solche Stadtkultur wurde repräsentiert durch ein Priesterinnenkollegium, das aus den Sippenmüttern aller Clans bestand. Die Sakralkönigin oder Hohe Priesterin war in der Regel die Sippenmutter des ältesten, traditionsreichsten Clans. Der Heilige König war ein Verwandter aus dem eigenen Clan – wobei man sich diese Clans sehr groß vorstellen muss. Die Sakralkönigin garantierte in ihrer Person den Zusammenhalt der Stadtkultur, den sie immer wieder durch den Konsens der verschiedenen Clans untereinander bewirkte. Der Heilige König erfüllte außer rituellen auch administrative Aufgaben, mit denen er die Königin unterstützte.

Die Göttinstruktur

Wenn wir nun wieder das Strukturschema matriarchaler Mythologie anschauen, dann erkennen wir darin die Grundzüge des Weltbilds der sehr differenzierten, spätmatriarchalen Gesellschaft. Ich bezeichne dabei diese späte, differenzierte Form nicht als „entwickelt" und die früheren Formen nicht als „einfach", weil diese Begriffe eine indirekte Wertung im Sinn von Entwicklungsstufen enthalten. Jede der verschiedenen kulturellen Phasen der matriarchalen Gesellschaftsform im Verlauf der immensen Zeiträume, mit denen wir es hier zu tun haben, wird als eine eigene und gleichwertige kulturelle Erscheinung in der Menschheitsgeschichte betrachtet.

---

36   Vgl. zur Definition des Begriffs „Patriarchat" Claudia von Werlhof: „Das Patriarchat als Negation des Matriarchats", in: Göttner-Abendroth, Heide (Hg.): *Gesellschaft in Balance*, S. 30–41.

In der „Göttinstruktur" ist das Dreistockwerk-Weltbild der archaischen und antiken Völker zu erkennen, das bis ins Mittelalter allgemein gültige Weltvorstellung war. Bekannt als das „geozentrische Weltbild" geht es konsequent vom Beobachtungsstandpunkt der Menschen aus. Auch wenn es heute durch das naturwissenschaftliche „heliozentrische" oder gar „galaktische" Weltbild ersetzt wurde, ist der Wahrnehmungsstandpunkt der Menschen noch immer die Erde – denn wir leben ja nicht auf der Sonne. In diesem Sinn können wir es auch heute nachvollziehen und verstehen. Im Dreistockwerk-Weltbild ist der Himmel die oberste, lichte Region, die Wohnung der göttlichen Gestirne. Land und Meer sind die mittlere Region, die Welt der Lebewesen, einschließlich der Menschen. Die Unterwelt oder Anderswelt ist die Region unter der Erde oder am Grund des Meeres und der Seen, aus der die geheimnisvollen Kräfte des Todes und der Wiederkehr kommen. Diese dreigegliederte Welt wird vollständig von weiblichen Kräften durchdrungen und bewegt gesehen: Oben wohnt die helle, jugendliche, atmosphärische Göttin, verkörpert in der astralen Mädchengöttin. Sie erscheint als die Weiße Göttin, die Mondgöttin per se, kann aber auch in einigen Fällen Sonnengöttin sein. Hinter ihr steht als Urgöttin das sternenbesäte Universum, die kosmische Schöpferin der Welt. Die Mädchengöttin gilt oft als ihre Tochter und ist deshalb auch Herrin des Himmels.

In der Mitte, Land und Meer bewohnend, steht die Göttin als erwachsene Frau, die mit ihrer erotischen Kraft das Leben auf der Erde und in Gewässern hervorbringt und Menschen und Götter erschafft. Sie ist häufig die Verkörperung des jeweiligen Landes selbst. Hinter ihr steht die andere Urgöttin, die Erde als Mutter alles Lebendigen, deren Töchter die konkreten Landesgöttinnen sind. Wird der Frauengöttin das Symbol des Vollmonds zugeordnet, dann gilt sie in Gestalt des Monds als Tochter des Universums oder auch der Erde, aus der sie rötlich am Horizont wie bei einer Geburt hervorkommt.

In der Unterwelt oder Anderswelt wohnt die dunkle Göttin in Gestalt der weisen Alten Frau, die alles Leben in den Abgrund zieht, es dort auflöst und aus der Tiefe wiederauferstehen lässt. Sie ist die mysteriöse Göttin des Todes und der Wiedergeburt, des ewigen Untergangs und der ewigen Wiederkehr. Sie transformiert alle Wesen und auch sich selbst, denn aus der weisen Alten wird sie zur Wiedergebärerin des Lebens aus der Tiefe. Sie schafft Werden und Vergehen und ist damit die Schicksalsgöttin. Sie hält Orakel, Heilung und Magie in den Händen und verkörpert dadurch Wissen und Weisheit. Ihr Wohnort ist die Unterwelt oder Anderswelt, in der alles verschwindet: die Gestirne am Abend, die Vegetation im Herbst und die Lebewesen im Tod. Diese Abwesenheit wird nicht in ein Jenseits projiziert, sondern wird als eine Reise durch die unsichtbare Tiefe der Erde verstanden. Aus der Tiefe gebiert sie alles wieder herauf, so wie die Vegetation im Frühling und die Gestirne am Morgen aus der Erde steigen. Deshalb ist die dahinter stehende Urgöttin wieder die Mutter Erde. An der Gestalt der dunklen Göttin der Transformation wird am deutlichsten, dass ein wesentliches Kennzeichen der matriarchalen Kultur der Wiedergeburtsglaube ist.

Alle drei Gestalten zusammen bilden nur eine Gottheit, sie sind also nie völlig voneinander zu trennen, sondern sind letztlich nur Aspekte der Einen. Es ist die matriarchale Große Göttin, die erste Dreifaltigkeit. Diese Dreiheit in der Einen wurde offenbar am deutlichsten im Mond mit seinen sich wandelnden drei Phasen gesehen: dem weißen Sichelmond, dem roten Vollmond am Horizont und dem unsichtbaren Leermond oder Schwarzmond, der aus sich selbst die junge, neue Mondsichel hervorzubringen scheint. Das würde erklären, warum dieses Gestirn in vielen Kulturen rings um den Globus zum Symbol für die dreifache Göttin oder die ewig sich wandelnde Göttin wurde.

Die Herosstruktur

Die „Herosstruktur" ist weniger stark gegliedert, denn der Heros repräsentiert den Menschen in seiner Begrenztheit und nicht die kosmische und irdische Natur. Daher ist seine Gestalt einfach und nicht vielfach und erscheint in begrenzteren Symbolen. Die Symbolik, die den Heros umgibt, drückt stets die Vergänglichkeit aus: Ist die Göttin das Universum, dann ist das Symbol des Heros häufig die Sonne, die täglich stirbt und wiedergeboren wird, oder die wechselhafte Atmosphäre, die kommt und geht. Verkörpert die Göttin das Land, so ist das Symbol des Heros oft die Vegetation, die jährlich verwelkt und aus der Göttin wiederkehrt, oder das Wasser, das in der Trockenzeit jährlich versiegt und dann reichlich fließend wiederkommt. Diese und viele andere sind Symbole der Sterblichkeit des Menschen im Gegensatz zur ewigen Natur. Würde die Symbolik von Göttin und Heros im Sinn von Frau und Mann missverstanden (siehe oben), dann würde diese Konstellation auf eine höhere Stellung der Frau und eine niedrige des Mannes hinweisen. Das ist in matriarchalen Gesellschaften aber nicht der Fall, denn sie praktizieren – trotz der natürlichen Verschiedenheit – die Egalität oder Gleichwertigkeit beider Geschlechter. Lesen wir diese Symbolik hingegen richtig als die von Mensch und Natur, dann ist klar, was die großen Zeremonien im Verlauf der Jahreszeiten bedeuten.

Zur Initiation: Es ist die Göttin Natur selbst, die den Menschen in sein Dasein initiiert, indem sie ihn gebiert, sei dies unmittelbar leiblich oder symbolisch im Sinn der Einführung in soziale und spirituelle Würden. Zur Heiligen Hochzeit: Hier geht es nicht um das Heiraten, auch nicht um das Begatten oder die Fruchtbarkeit, das alles sind heutige Fehlinterpretationen (siehe oben). Die „Heilige Hochzeit" (greich. „hieros gamos") meint die symbolische Verbindung aller Polaritäten der Welt in dieser großen Zeremonie. Die grundlegende Verbindung ist die der göttlichen Natur mit ihren Menschenkindern, die jährlich erneuert wird, damit „die Welt nicht auseinander fällt". Zu Tod und Wiedergeburt: Es ist die göttliche Natur, die allen Wesen, auch den Menschen, die Grenzen setzt und sie sterben lässt. In der Anderswelt transformiert sie alle Wesen und bringt sie durch die Wiedergeburt verjüngt hervor. Dieses Naturgesetz der Umwandlung erfährt der Heros als Repräsentant der Menschen an sich selbst.

Diese zentralen Zeremonien wurden nicht nur symbolisch, sondern tatsächlich vollzogen: Die Initiation bedeutet die Verleihung der Königswürde durch die sakrale Königin oder Hohe Priesterin. Die Heilige Hochzeit ist die liebende Verbindung der sakralen Königin mit dem Heroskönig im der oben genannten Bedeutung. Der Tod des Heroskönigs ist seine Reise durch die Anderswelt, die in seiner glücklichen Wiederkehr mündet. Die Zeugnisse reichen dabei von seinem realen Tod mit seiner (geglaubten) realen Wiedergeburt im Nachfolger bis zu seinem symbolischen Tod mit anschließender Wiedererweckung. Wichtig ist in diesem Zusammenhang, dass „Tod" im matriarchalen Weltbild nicht als etwas Endgültiges aufgefasst wird, sondern nur als ein anderer Zustand, der sich gemäß den natürlichen Gesetzen vollzieht und auch wieder auflöst.[37]

In matriarchalen Gesellschaften wird der Wiedergeburtsglaube ganz konkret verstanden. Jedes Mitglied eines Clans ist davon überzeugt, dass es nach dem Tod durch die jungen Frauen des eigenen Clans wiedergeboren wird. In diesem Sinn gelten die Kinder als die wiedergeborenen Ahnen und Ahninnen der Sippe. Frauen werden nicht nur dafür geehrt, dass sie die Lebensschöpferinnen und Ernährerinnen sind, sondern besonders dafür, dass sie die Wiedergebärerinnen sind, also Tod in Leben umwandeln können. Leben und Tod werden dabei als zyklisch sich ständig abwechselnde Prozesse betrachtet. Dieser Hintergrund ist entscheidend, um das Ritual des Herostodes – soweit es real vollzogen wurde – zu verstehen, auch wenn es uns in der zeitgenössischen Denkweise schwer fällt. Der Heros ist kein unfreiwilliges, angsterfülltes Opfer, was der christlich-missionarische Begriff „Menschenopfer" suggeriert, um die Glaubens- und Verehrungsformen anderer Völker herabzusetzen. Es gibt ethnologisch noch greifbare Zeugnisse dafür, dass von seiner Seite dieser Tod als ein ehrenvoller und freiwilliger Gang zur Göttin verstanden wurde, um für das Wohlergehen seines Volks zu bitten.[38] Dieser Gang zur Göttin war eher ekstatisch als angstbesetzt. Die Freiwilligkeit wurde durch vielfältige Auswahlverfahren gewahrt, die in körperlichen und geistigen Wettspielen oder -kämpfen bestanden, den sog. „Heiratsaufgaben". Sie stellen Initiationsriten für einen jungen Mann dar, der Heroskönig werden wollte. Es war keiner gezwungen, an diesen Wettbewerben teilzunehmen oder gar darin zu siegen. Die Reise des Heros in die Unterwelt mündete zuletzt im andersweltlichen Paradies der Göttin, aus dem nach matriarchaler Auffassung die glückliche Wiedergeburt mit Sicherheit erfolgte.

Ein weiterer wichtiger Gedanke in diesem Zusammenhang ist, dass die großen Zeremonien, wie auch jedes kleine Ritual, als Magie im oben definierten Sinn verstanden wurden (zu „Magie" siehe Einleitung). Was im Makrokosmos der Natur geschieht, wird gleichzeitig im Mikrokosmos der Menschenwelt in Szene ge-

---

37 Siehe zum Muster des Heiligen Königs und seiner weiten Verbreitung insbesondere: James George Frazer: *Der goldene Zweig*, 2 Bde., insgesamt.

38 Siehe zum Beispiel in der Kultur der Khasi-Synteng (Indien), in: Heide Göttner-Abendroth: *Das Matriarchat II,1*, Kap. 1.3.

setzt: Wachsen und Werden im Frühling, Höhepunkt der Liebes- und Lebenskraft im Sommer, Welken und Sterben im Herbst, Wiederkehr und Neubeginn im Winter. Denn die Menschen verstanden sich ausdrücklich als ein Teil der Natur, deshalb spiegeln Makrokosmos und Mikrokosmos einander in vielfältigen Entsprechungen. In diesem Sinn sind die jahreszeitlichen Zeremonien eine hochentwickelte Form der Kommunikation mit der Natur. Diese Kommunikation darf nicht abgebrochen werden, um das Gleichgewicht in der Welt zu wahren. Das tritt in den Mythen besonders deutlich hinsichtlich der Zeremonie der Heiligen Hochzeit in Erscheinung: Wird sie verfehlt oder unterlassen, sind alle Verbindungen, welche die Welt zusammenhalten, gestört, und sie fällt buchstäblich auseinander.

Die symbolischen Muster für die Göttin in der mutterzentrierten paläolithischen Epoche und in der matriarchalen neolithischen Epoche sind unterschiedlich, aber dennoch nicht völlig verschieden. Insbesondere die Forschungen von Marie König für die altsteinzeitliche Symbolsprache wie die von Marija Gimbutas für die jungsteinzeitliche Symbolsprache haben sie in großer Deutlichkeit herausgearbeitet (siehe oben). Das Göttliche und das Menschliche erscheinen hier in einer großen Überzahl weiblicher Bilder und Figuren. Frauen erkannten sich als die Garantinnen der Zyklen von Leben, Tod und Wiedergeburt, und es waren vermutlich sie, die daraus die frühesten spirituellen Ideen und kulturellen Äußerungen schufen. Denn in Frauen fließen die lebensschöpferischen Kräfte der göttlichen Natur und die menschliche Begrenztheit zusammen. So erscheinen hier Abbildungen und Figuren von Frauen nicht nur als das zentrale Bild des Menschlichen, sondern sie tragen zugleich die Chiffren für das Göttliche.

Weder die altsteinzeitliche noch die jungsteinzeitliche Symbolik kennen das Zusammenwirken von der Göttin und ihrem menschlichen Heros. Doch sie prägen die Erscheinungsformen der dreifaltigen Göttin noch bis in die spätmatriarchale Bronzezeit – als ihr nun der Heros beigesellt ist – und reichen darüber hinaus im Göttinglauben der unterdrückten Subkulturen und Randkulturen weit in patriarchale Zeiten hinein.

Die jüngste Symbolik der Göttin ist die mit kämpferischer Note bei der Mädchengöttin, wenn sie in Gestalt der Amazone auftritt. Ihr silberner Jagdbogen, ein sehr altes Symbol, wird dann zur Waffe, und die sie begleitenden Tiere wie Löwen und Panther werden zu kämpferischen Tieren. Vermutlich entstand diese Symbolik erst mit dem Aufkommen der Amazonengesellschaften im Widerstand gegen die eindringenden patriarchalen Gesellschaften in manchen Regionen gegen Ende der langen matriarchalen Kulturepoche.

1 Griechenland

Zuerst werden wir die Mythen einiger griechischer Göttinnen analysieren, deren matriarchaler Ursprung allgemein wenig bekannt ist. Obwohl die Gestalten dieser Göttinnen stark patriarchal deformiert sind, kommt uns ihre relativ gute Bekanntheit zu Hilfe.

1.1 Artemis und Aktaion

Zusammenfassung der Mythen[39]

Als kleines Mädchen saß Artemis auf den Knien ihres Vaters Zeus und bat ihn um den Bereich für ihre göttlichen Aktivitäten. Sie wünscht sich zuerst, dass sie immer ein Mädchen bleiben würde (ewige Jungfräulichkeit). Dann wünschte sie sich Pfeil und Bogen und alle Berge der Welt mit den wilden, jagdbaren Tieren darauf; dort wollte sie immer leben. Zeus gewährte es ihr lächelnd und machte sie noch zur Schützerin der Gebärenden und der Kinder, außerdem erhielt sie dreißig Städte, in denen sie verehrt werden sollte.

Artemis sprang von seinen Knien herunter, ging zu den Zyklopen und befahl ihnen, ihr einen silbernen Bogen zu schmieden. Dann ließ sie sich von Pan Jagdhunde schenken. Zuletzt fing sie zwei Paar Hirschkühe ein und spannte sie vor einen goldenen Wagen. So fuhr sie über die Bergspitzen, wenn sie auf Jagd ging. Sie schoss unfehlbar auf wilde Tiere; traf sie aber eine Stadt voll ungerechter Menschen, so tötete sie diese mit ihren Pfeilen.

Einmal geriet der Prinz Aktaion zufällig in die Nähe des Badeplatzes von Artemis und ihren Begleiterinnen. Er versteckte sich, um sie zu beobachten. Als Artemis bemerkte, dass er sie nackt gesehen hatte, verwandelte sie ihn in einen Hirsch und tötete ihn mit einem Pfeilschuss.

Bei der patriarchalisierten olympischen Artemis schimmert in ihrer Mädchengestalt noch immer der erste Aspekt der vorolympischen dreifaltigen Göttin durch. Sie wird als sehr junge, meist mit kurzem Rock bekleidete Jägerin dargestellt, die mit Pfeilen und silbernem Bogen jagt. Sie gilt noch im klassischen Griechenland als Mondgöttin und trägt auf Abbildungen die Mondsichel als Diadem im Haar. Sie verhält sich keusch und unerbittlich – doch nur gegenüber Männern. Ihr Jagdgebiet sind die Wälder und Berge, dort ist sie die Herrin der wilden Tiere (Abb. 2). Sie wird von weißen Hunden begleitet, und oft fährt sie mit ihrem goldenen Wagen, vor den sie weiße Hirschkühe gespannt hat, über die Bergspitzen. Stets hat sie Begleiterinnen, mit denen sie als Wilde Jagd durch die Lüfte saust.

---

[39] Siehe die Angaben der Quellen bei Robert von Ranke-Graves: *Griechische Mythologie*, S. 47 und 73; bei Edwin O. James: *Der Kult der Großen Göttin*, S. 213–215; bei Miriam Robbins Dexter: *Whence the Goddess. A Source Book,* New York/London 1990, S. 115–120.

Abb. 2: Artemis als Herrin der Tiere, Archäologisches Nationalmuseum, Florenz.

Als „Herrin der wilden Tiere" ist Artemis eine sehr archaische Göttin.[40] Sie war zugleich die Schützerin der wilden Wälder und deren Üppigkeit sowie die Göttin der Jagd – worauf alle ihre Attribute hinweisen. Es ist anzunehmen, dass die Jagd der Männer seit der Altsteinzeit unter weiblichem Schutz stand. Denn aus indigenen matriarchalen Gesellschaften ist noch heute bekannt, dass Frauen die Jagd der Männer beaufsichtigt haben und dafür sorgten, dass die Tier-Ahninnen beim Tod ihrer Nachkommen besänftigt und gebeten wurden, wieder junge Tiere in die Welt zu senden.[41] Ferner ist allgemein bekannt, dass seit der Altsteinzeit Frauen für die Riten von Tod und Wiedergeburt zuständig waren.

---

40   Artemis wurde schon in den Linear B Texten des Minoischen Kreta erwähnt (mykenische Periode, ca. 1200 vor u. Z.); Hinweis von Miriam Dexter.

41   Siehe die Tier-Göttinnen des archaischen, jägerischen Volks der Ainu (Japan), welche den Reichtum an Tieren in Wald und Meer senden, sowie die Bräuche des rein weiblichen Otter-Bundes der Irokesinnen (Nordamerika), die das ehrfurchtsvolle Verhalten der Jäger und Fischer gegenüber den

Auch der Name „Artemis Alpheia" weist darauf hin, dass Artemis eine vorolympische Weiße Göttin mit uralter Herkunft ist. Die Artemis Alpheia ist nicht die kindlich-naive Jungfrau, das Relikt, zu dem Artemis in der patriarchalen Mythologie der olympischen Götter schrumpfte. Sie hatte ihren wichtigsten Kultort in Ephesos und war die Hochgöttin der kleinasiatischen, von Amazonen gegründeten Städte. Es war also nicht Vater Zeus, der ihr die Städte schenkte. In Ephesos besitzt sie alle drei Gestalten der triadischen Großen Göttin. Ihr Bildnis zeigt sie nicht als bewaffnete Göttin – was man von einer Amazonen-Göttin erwarten könnte – sondern präsentiert sie als orgiastische Göttin der Liebe und als die „Vielbrüstige", eine mütterliche Göttin des Lebens.

Auf diesen zweiten Aspekt weist auch der Kult der Heiligen Hochzeit hin, der die Artemis von Ephesos mit einem männlichen Begleiter verband, sowie die Symbole Dattelpalme, Wachtel und Biene. Alle sind Zeichen der Fruchtbarkeit der Erde, die Biene ist außerdem ein Symbol der rein weiblichen Bildung von Stadtstaaten, wie es für die Amazonen typisch ist.

Auf den dritten Aspekt weisen ihre Todespfeile (Pest) hin, die sie auf ganze Städte verschoss. Auch ihre Hebammenfunktion als Schützerin der Geburt und der Kinder steht damit in Zusammenhang, denn auf diese Weise sorgte sie für die Wiederkehr des Lebens. Vermutlich galten obendrein ihre weißen Hunde als Unterwelttiere, eine Zuordnung, die mythologisch sehr häufig ist. In dieser dreifaltigen Gestalt ist sie die Göttin von Himmel, Erde und Unterwelt, wobei das Mondsymbol sie auch als Göttin des Universums ausweist, als eine universelle Himmelsherrin.

Ihr typischer Heros ist Aktaion, der verzauberte Hirsch. Sie tötete ihn keineswegs, weil er ihre Nacktheit beim Baden beobachtete: Als orgiastische Göttin der Liebe ist sie immer nackt. Sie tötete ihn auch nicht, weil sie ihre Jungfräulichkeit bedroht fühlte. Dieser Begriff von „Jungfrau" als sexuell unberührtes Mädchen ist eine patriarchal-sexistische Interpretation. „Jungfrau" meinte ursprünglich nicht „keusches Mädchen", sondern „unabhängige, starke, junge Frau", was später auch als Amazone gedeutet wurde. Artemis tötete Aktaion vermutlich rituell eine Jahreszeit nach der Heiligen Hochzeit, die sie als „Hindin" (Hirschkuh) mit Aktaion als „Hirsch" vollzog. Die „Hindin" und der „Hirsch" sind dabei magische Masken, die von der Artemis-Priesterin und dem Heiligen König der Artemis getragen wurden. Seine Tötung in Hirsch-Gestalt durch ihre Pfeile wäre demnach die klassische Form des Todes des Sakralkönigs im Artemis-Kult (Abb. 3). Im nächsten Frühling kehrte sein Nachfolger als neuer Aktaion wieder und verband sich mit der Stammesgöttin bis zu seinem Tod im Herbst – dies scheint das Muster der großen Zeremonien im Jahreszeitenzyklus des Artemiskults gewesen zu sein. Es entzieht sich dabei unserer Kenntnis, ob der Tod des Sakralkönigs real oder symbolisch war.

Tieren überwachen, in: Heide Göttner-Abendroth: *Das Matriarchat II,1*, S. 139 und *Das Matriarchat II,2*, S. 124.

Abb. 3: Artemis tötet Aktaion, Terrakotta, Archäologisches Nationalmuseum, Neapel.

Bemerkenswert ist, dass Artemis als Diana – wie sie in der römischen Mythologie genannt wurde – eine in ganz Europa verehrte Göttin sogar bis ins Mittelalter hinein blieb. Ebenso interessant ist, dass es – vermutlich verbunden mit dem Diana-Kult – sehr alte, allgemein europäische „Hirschspiele" in der Folklore gab, die nach dem oben genannten Muster verliefen und mit einem symbolischen Tod des „Hirsches" im Herbst endeten.[42]

---

42 Miriam Dexter: *Whence the Goddess*, S. 133–134; siehe auch: Otto Höfler: *Siegfried, Arminius und die Symbolik*, Heidelberg 1961. – Höfler weist nach, dass diese europäischen Hirschspiele ihr Pendant in der keltischen Mythologie haben und sogar als ältester Hintergrund der Siegfried-Sagen gelten können (siehe Kap. III dieses Buchs).

1.2 Aphrodite und Adonis

Zusammenfassung der Mythen[43]

Aphrodite tauchte nackt aus dem Schaum des Meeres auf und ritt auf einer Muschelschale zur Insel Zypern, wo sie ihren Kultort errichtete. Wo immer sie den Boden betrat, entsprangen Gras und Blumen. Sie trug einen magischen Gürtel, der jeden, der sie anblickte, mit Liebe zu ihr erfüllte. So erging es den meisten Göttern: Obwohl sie mit Hephaistos verheiratet war, hatte sie nacheinander Ares, Hermes, Poseidon und Dionysos als Liebhaber, sogar Zeus wurde durch die Magie des Gürtels in Versuchung geführt. Sie hatte auch Liebesaffären mit Menschen: Prinzen und Königen erschien sie in einem roten, funkelnden Gewand. Ihr auserkorener Liebling aber war Adonis, der Sohn der schönsten Prinzessin auf der Erde und selbst von außergewöhnlicher Schönheit. Sie rettete ihn als kleines Kind, indem sie ihn in der Unterwelt verbarg. Aber Persephone, die Göttin der Unterwelt, verliebte sich selbst in Adonis und wollte ihn bei sich behalten. So gerieten die beiden verliebten Göttinnen in Streit, bis das Göttergericht entschied, dass Adonis den Sommer über bei Aphrodite, den Winter über aber bei Persephone weilen sollte.

Aber Ares, der Kriegsgott, wurde eifersüchtig und stürzte sich in Gestalt eines wilden Ebers auf Adonis, als dieser in den Bergen jagte. Er spießte ihn vor den Augen Aphrodites auf und tötete ihn. Seinem Blut entsprangen Anemonen, seine Seele stieg in die Unterwelt. Aber Aphrodites Tränen bewirkten bei Zeus, dass Adonis im nächsten Sommer wieder aus der Unterwelt heraufsteigen durfte, um den Sommer über bei ihr zu bleiben.

Die olympische Aphrodite ist ebenfalls bereits patriarchal deformiert und zur charakterlosen Beischläferin verschiedener lüsterner Götter herabgewürdigt. Dabei ist sie wie Artemis von ältester Herkunft und hat noch deutlicher als diese kosmische Funktion.

Noch in der olympischen Version hängen Erotik und die Lebenskraft von Land, Tieren und Menschen allein von ihr ab, und im Sommer erschien sie nackt oder in einem schönen, roten Gewand vor Göttern und Menschen und bezauberte sie mit ihrem magischen Gürtel, der sie unwiderstehlich machte. Der Effekt dieses Gürtels war so groß, dass Hera ihn einmal auslieh, um Zeus zu verführen, und dass Athene und Hera Aphrodite baten, ihn beim Urteil des Paris abzulegen, damit dieser nicht von vornherein parteiisch wählen würde. Bekanntlich wählte Paris dann doch Aphrodite, auch ohne Gürtel. Doch dies ist bereits eine Entstellung, denn diejenige, die wählt und nicht gewählt wird, ist Aphrodite selbst: Sie überreichte

---

43   Siehe die Angaben der Quellen bei Jane Ellen Harrison: *Prolegomena to the Study of Greek Religion*, Original Cambridge 1908, www.general-books.net für Kantonsbibliothek Vadiana, St. Gallen, Quellen zu Aphrodite S. 206–210; bei R. von Ranke-Graves: *Griechische Mythologie*, S. 22/23, 41 und 60; bei E. O. James: *Der Kult der Großen Göttin*, S. 209–212; bei Miriam Robbins Dexter: *Whence the Goddess*, S. 112–115.

Abb. 4: Aphrodite beim Bad, Museo Narrante, Foce del Sele.

ihrem Heiligen König den purpurnen Liebesapfel, der ihm eine Jahreszeit später zum Todesapfel wurde.

Denn sie war als die vorolympische Aphrodite Urania eine archaische Schöpfergöttin. Als Große Göttin mit kleinasiatischer oder sogar mesopotamischer Herkunft war sie Herrin von Land und Meer. Am Anfang aller Zeit tauchte sie nackt aus dem schäumenden Meere, dem Chaos, und ritt oder tanzte auf den Wellen oder glitt auf ihrer Muschel dahin. Sie verwandelte sich in eine Taube und flog über dem Chaos, legte das Welt-Ei, den Vollmond, aus dem, als es zersprang, alle Dinge fielen. Noch in späterer Zeit sagte man von ihr, dass sie sich umgeben von Tauben in die Lüfte erheben konnte.

Das war der parthenogene Schöpfungsakt, darum wird auch Aphrodite „Jungfräulichkeit" zugeschrieben. Außerdem stieg sie nach jeder erotischen Verbindung ins Wasser und erneuerte auf diese Weise ihre „Jungfräulichkeit", d. h. sie verwandelte sich wieder in die Gestalt des ersten Aspekts (Abb. 4). Ihr Kind oder besser: ihre Macht namens Eros war zweigeschlechtlich und goldgeflügelt und galt im spätgriechischen Orphischen Mysterienkult, der ältere Gedanken bewahrte, als das schöpferische Prinzip überhaupt, das den Kosmos in Bewegung setzt und erhält.[44] In der patriarchalen griechischen Vorstellung degenerierte Eros zum albernen, flatterhaften Knaben.

Die Vorstellungen um Aphrodite weisen weit ins jungsteinzeitliche Matriarchat zurück, als die Göttin ohne männlichen Partner wirkte. Im bronzezeitlichen Matriarchat besaß auch sie einen Kult der Heiligen Hochzeit, dessen typischer Heros auf Zypern und den ägäischen Inseln Adonis war. Er gleicht dem kleinasiatischen Attis des Kybele-Kults, und sein Name bedeutet schlicht „Herr".[45] Adonis wurde aber nicht von Ares in Gestalt eines wilden Ebers aus Eifersucht zerrissen, sondern vermutlich tötete Aphrodite ihn in Gestalt einer Bache selbst, als seine Zeit abgelaufen war. Später wurde er von seinem Stellvertreter in Gestalt des Ebers getötet, als die helle Hälfte des Jahres vorbei war und die dunkle Hälfte begann.

---

44 Jane Ellen Harrison: *Prolegomena to the Study of Greek Religion*, Kap. XII; R. von Ranke-Graves: *Griechische Mythologie*, S. 25.
45 E. O. James: *Der Kult der Großen Göttin*, S. 209.

Aphrodite klagte um ihn und suchte ihn überall, sogar in der Unterwelt, wo sie ihn, nur unter anderem Namen, den Winter über behielt. Denn hier offenbart sich ihr dritter Aspekt, und sie heißt nun „Melainis", die „Schwarze", die Schicksals- und Todesgöttin; später wurde sie in diesem Aspekt mit Persephone vermischt.[46] Im nächsten Frühling entsprangen aus dem Blut des Adonis rote Anemonen als Zeichen seiner Wiederkehr. So wechselte Adonis jedes halbe Jahr die Sphären und lebte abwechselnd in der Ober- und Unterwelt, was auf die Vegetations-Heroen Kleinasiens, Palästinas und Mesopotamiens verweist.

1.3 Athene und Erechtheus

Zusammenfassung der Mythen[47]

Nach der prä-hellenischen Version wurde Athene am Ufer des Tritonsees in Libyen geboren. Von dort kam sie über Kreta nach Griechenland. Nach der olympischen Version wurde Athene aus dem Haupt des Zeus geboren. Denn dieser hatte die Göttin der Weisheit, Metis, verschlungen, während sie mit Athene schwanger war. Als er am Tritonsee in Libyen spazieren ging, erfasste ihn ein rasender Kopfschmerz, der so schlimm wurde, dass ein Spalt in seinen Schädel geschlagen werden musste. Heraus sprang die voll bewaffnete, erwachsene Athene mit einem mächtigen Schrei.

Athene ist eine Kriegsgöttin, aber sie liebt die Schlacht nicht, sondern bevorzugt es, Streitereien zu schlichten. Sie lässt stets Milde walten und schenkte den Menschen alle Künste des Friedens: die Pflanzenzucht, die Zähmung der Tiere, die Kochkunst, die Webkunst, den Wagenbau und den Schiffsbau, die Wissenschaft der Zahlen. Sie erfand auch die Musikinstrumente. Wird sie jedoch zum Kampf gezwungen, bleibt sie stets Siegerin, denn sie ist taktisch klüger als ihre Gegner. Athene bevorzugt wie Artemis dauernde Jungfräulichkeit. Einmal versuchte sie der Schmiedegott Hephaistos zu vergewaltigen, aber sie riss sich los, sein Samen spritzte auf die Erde. Das Ergebnis war ein schlangenfüßiges Kind, Erechtheus, das niemand haben wollte. Da entschloss sich Athene mitleidig, es aufzuziehen. Sie versteckte das Kind unter ihrem Panzer und war so zärtlich zu ihm, dass sie für seine Mutter gehalten wurde. Erechtheus wurde später der erste König von Athen.

Die olympische Athene wurde zur gehorsamen Tochter des Zeus, die sogar aus seinem Haupt entsprang, weil Weisheit im Patriarchat nur männlichen Ursprungs sein durfte. Denn in erster Linie ist Athene eine Göttin der Weisheit, was den dritten Aspekt der dreifaltigen Göttin betont.

---

46 R. von Ranke-Graves: *Griechische Mythologie*, S. 61, 4.
47 Siehe die Angaben der Quellen bei Jane Harrison: *Prolegomena to the Study of Greek Religion*, S. 201–205; bei R. von Ranke-Graves: *Griechische Mythologie*, S. 36/37 und 86; bei E. O. James: *Der Kult der Großen Göttin*, S. 207–209; bei Miriam Robbins Dexter: *Whence the Goddess*, a.a. O., S. 118–120.

Abb. 5: Athene im Schlangengewand, Cabinet des Médailles, Paris.

Die vorolympische Athene war die parthenogene Tochter der Weisheit (Metis) oder die Weisheit in Person, die sich selbst hervorgebracht hatte. Dieses matriarchalen Schöpfungsaktes wegen wurde sie später zur „Parthenos", zur „Jungfrau", umstilisiert, was sie im sexistischen Sinn nie war. Allerdings war auch sie die starke junge Frau in Waffen, unbezwingbar selbst vom Kriegsgott Ares, was auf ihren amazonischen Charakter hinweist, den sie vermutlich aus ihrer nordafrikanischen Heimat Libyen mitbrachte.

Noch deutlicher als dieser erste Aspekt der dreifaltigen Göttin ist der dritte Aspekt bei ihr, ablesbar an ihren Weisheitstiteln. So galt sie als Göttin aller Künste und Wissenschaften. Dem dritten Aspekt entspricht auch ihre Beziehung zu Nacht- und Unterwelttieren, denn ihr geweiht waren die Eule, die Krähe und die Pferde. Die schwarze Schlange trägt sie beständig unter ihrem Panzer oder hinter ihrem Schild bei sich oder ist von Schlangen als züngelndem Nimbus (auf älteren Bildern) oder als schlangengefranstem Gewand (auf jüngeren Bildern) umgeben. Stets ist Athene der Schlangen wegen unverkennbar, die sie überall begleiten, denn sie ist: Athene die Schlangengöttin (Abb. 5). Dies stellt eine klare Beziehung zur Schlangengöttin von Kreta her, die auf minoischen Siegeln und in den schönen Fayence-Statuetten von Knossos erscheint.[48]

Das symbolische Tier Schlange verweist auf eine weitere Wissenschaft Athenes, die Medizin. Als Athena Hygieia galt sie als hervorragende Ärztin, denn mit dem Gift der Schlange konnte sie töten und heilen, sogar vom Tod. Das kennzeichnet sie als Göttin mit der Macht über die Unterwelt, denn sie hatte Tod und

---

48 E. O. James: *Der Kult der Großen Göttin*, S. 189–192.

Wiederauferstehung in der Hand. In der Nähe von Athen besaß sie eigene medizinische Kulte. Diese betrieben natürlich nicht nur „Medizin", sondern waren zugleich Stätten des Orakels und der Meditation über die Gesetze des ewigen Kreislaufs, Kosmos und Schicksal genannt.[49] Daher ist Athene auch Schicksalsgöttin und zugleich Göttin der Astronomie/Astrologie, der Kunst, das Schicksal aus den Sternen zu lesen. Bezeichnenderweise soll sie die Maße, die Zahlen, die Mathematik, die Messinstrumente und die Musik als sphärische Harmonie erfunden haben.

Zugleich ist sie Göttin der „Künste", was im Matriarchat nicht abstrakte Ästhetik, sondern praktisch-handwerkliche Fähigkeiten bezeichnet. Daran ist sie in der Tat reich: Sie erfand die Kunst der Veredelung von Pflanzen und brachte die gezüchtete Olive aus Nordafrika nach Griechenland. Dafür wurde ihr die Stadt Athen zugesprochen. Sie galt als Erfinderin der Gartenwerkzeuge Hacke und Rechen und des Pflugs für den Ackerbau. Ebenfalls galt sie als Erfinderin des Jochs für die Ochsen und des Zügels für die Pferde, womit sie die Tiere zähmte. So wurden Gartenbau und Ackerbau, die Grundlagen der matriarchalen Ökonomie, unter Athenes Führung von Frauen ausgeübt, verbunden mit der von ihnen entwickelten Haustierzucht. Typischerweise erfand Athene auch die Tontöpferei und das Kochen, wobei das „Kochen" die Kunst umfasste, Medizin und „Zaubertränke" herzustellen, eine umfangreiche Angelegenheit zwischen Ernährung und Magie. Außerdem galt das Spinnen und Weben als ureigene Domäne Athenes, wobei das „Spinnen" auf ihre Macht als Schicksalsgöttin verweist und das „Weben" auf ihre Macht als Schöpferin, denn sie webte die „Schleier des Lebens".

In der Tat galten Athenes Bildergewebe als unübertreffliche Meisterwerke, und das spiegelt die häusliche Facette der Kultur des Matriarchats. Auch die Schmiedekunst war der Göttin vertraut, vor allem das Schmieden edler Metalle, insbesondere von Silber, woraus kultische Gegenstände gefertigt wurden. Gleichfalls verbunden mit dem Kult sind Athenes verblüffendste Erfindungen: Rad und Wagen und Schiff.[50] Sie wurden kultisch verwendet, um den großen Stein, der die Göttin symbolisierte, oder ihr schweres, steinernes Abbild zu Land und Wasser zu transportieren – eine rituelle Situation in sehr vielen archaischen Göttinnenkulturen. Auf diese Weise wurden die grundlegenden, zivilisatorischen Erfindungen von Athene gemacht, und das heißt in nicht-mythologischer Sprache: von Frauen in matriarchalen Kulturen. Denn alles, was Athene zugeschrieben wurde, spiegelt die matriarchale Ökonomie und Kultur in reich entfalteter Form. Kein Wunder, dass Athene als Ausbund der Weisheit galt, und kein Wunder, dass der patriarchale Zeus sie so rasch und gründlich usurpierte, indem er vorgab, sie aus seinem Kopf geboren zu haben! Im Athen der patriarchalen Periode war es Frauen dann verboten, ein Handwerk (Kunst) oder eine Wissenschaft auszuüben: Handwerker, Künstler und Philosophen mussten Männer sein.

---

49 R. von Ranke-Graves: *Griechische Mythologie*, S. 157, 2.
50 R. von Ranke-Graves: *Griechische Mythologie*, S. 84, 87.

Zusätzlich zu diesem außerordentlichen Reichtum besitzt die Göttin Athene auch den zweiten Aspekt der dreifaltigen Göttin, allerdings nicht mehr in ihrer olympischen Version. Die vorolympische Athene, als Schlangengöttin heimisch in Kreta und im kretisch geprägten Griechenland (pelasgische und mykenische Periode), trug ihren Heros Erechtheus, praktisch wie sie war, in Schlangengestalt stets bei sich. In dieser Gestalt war er noch nicht aus dem Stadium eines phallischen Symbols oder des befruchtenden Windes, der schlangenfüßig dargestellt wurde, herausgewachsen. Darum musste ihn Athene als ihren „Sohn" schützend unter der Aigis oder hinter dem Schild tragen. Erst auf griechischem Boden, in prä-hellenischer Zeit, wurde Erechtheus vermenschlicht und zum ersten Heilige König von Athen. Doch sagte man ihm auch dann noch Schlangenfüße nach.

In der Mythe von Asklepios heißt es, dass dieser von Zeus mit einem Blitz getötet worden sei. Asklepios ist der schlangengestaltige Heros der Göttin der Medizin, und diese ist Athene, womit wir Asklepios als Erechtheus unter einem anderen Namen erkennen können. Sein Tod von der Hand des Zeus ist bereits eine patriarchalisierte Version, denn auf Kreta wurde der Heros von einem „Blitz" der Göttin getötet. Dieser „Blitz" ist ein Synonym für die Labrys, die kretische Doppelaxt in der Hand der Göttin.[51] Später raubte der olympische Zeus der Göttin den „Blitz" und bedrohte und erschlug damit alle, die ihm widerstrebten. So geschah es angeblich auch dem Heros der Medizin, Asklepios, weil dieser gegen Zeus' Willen jemanden vom Tod geheilt hatte.[52] Das ist die patriarchale Persiflage der matriarchalen Mythe von Tod und Wiederkehr.

Bei diesen griechischen Göttinnen ist noch zu erkennen, dass sie ursprünglich die matriarchale, dreifaltige Große Göttin waren, im frühen Stadium sogar unabhängig vom männlichen Geschlecht, im späteren Stadium mit männlichem Partner, der aber nur ein Heros, kein Gott war. Ihre Deformationen in der patriarchalen olympischen Religion sind typisch: Stets wird ein einziger Aspekt aus der Triade betont, und die anderen werden abgeschnitten, um der Göttin die Universalität zu nehmen. Dieser einzige übriggebliebene Aspekt erfährt dann eine Abwertung: So wurde Artemis zum keuschen Schoßtöchterchen des Zeus, Aphrodite zur erhabenen Hetäre und Athene zur göttlichen Hausfrau und kriegerischen Schutzherrin der Stadt Athen, wobei sie alle patriarchalen Helden schützen musste. Diese Wandlungen im Bild der Göttinnen gingen parallel mit den Veränderungen der sozialen Stellung der Frauen im klassischen Griechenland. Wie die Göttinnen wurden sie auf die männlichen Definitionen „Jungfrau", „Hetäre" (Prostituierte) und „Hausfrau" festgelegt. Wenn ihnen noch etwas Spielraum und Mut übrig blieben, dann hatten sie dem Schutz ihrer patriarchalen Söhne und Helden zu dienen.

---

51 R. von Ranke-Graves: *Griechische Mythologie*, S. 150/151.
52 R. von Ranke-Graves: *Griechische Mythologie*, S. 158, 6.

2 Kreta

Kreta, die Insel im östlichen Mittelmeer, liegt im Schnittpunkt der Reisewege zwischen Asien, Afrika und Europa. Darum trafen sich hier die Einflüsse der alten Kulturen aus Westasien und aus Afrika und formten eine ungewöhnliche Erscheinung: die Minoische Kultur. Archäologische Funde lassen darauf schließen, dass die ersten kulturellen Einflüsse um 4000 vor u. Z. von Kleinasien nach Kreta kamen.[53] Als es zur gewaltsamen Vereinigung von Ober- und Unterägypten um 3000 vor u. Z. kam, floh eine große Zahl von Menschen der Libyschen Kultur, die klassisch matriarchal war, aus dem westlichen Nildelta nach Kreta, und bald darauf begann das erste minoische Zeitalter.[54]

Von der Minoischen Kultur Kretas gingen als einer beweglichen Seefahrer-Kultur die reichsten Einflüsse aus, nicht nur auf die ägäischen Inseln, sondern auch auf die Peloponnes und das griechische Festland bis nach Thrakien (Nordostgriechenland), wo überall minoische Handelssiedlungen entstanden. Darüber hinaus war kretischer Einfluss im ganzen Mittelmeerraum zu spüren. Dies sollte nicht unterschätzt werden, obwohl in der patriarchalen Geschichtsschreibung der Blick gebannt auf das patriarchale Griechenland als Anfang des sogenannten „abendländischen Geistes" gerichtet ist.

Hier interessiert jedoch ein anderer Anfang, jener der Kulturen der Großen Göttin. Wenn wir ihre Geschichte rückwärts verfolgen, lässt sich der Weg finden. Denn nicht nur Athene verweist auf Kreta und das matriarchale libysche Nordafrika zurück; noch deutlicher tritt das matriarchale Erbe bei Muttergöttinnen hervor, die zwar griechische Namen tragen, aber nicht griechischer Herkunft sind: Demeter, Rhea und Hera.

2.1 Demeter und Iakchos

Zusammenfassung der Mythen[55]

Demeter ist eine sehr sanfte Göttin. Ihre Tochter ist Kore. Hades, der Gott der Unterwelt, verliebte sich in Kore und entführte sie in sein Reich. Das brachte Demeter tiefen Kummer, sie wanderte über die Erde hin und suchte ihre Tochter überall, aber vergeblich. Nichts konnte sie aufheitern, so sehr ihre Freunde sich auch darum bemühten. Zuletzt verbot sie den Pflanzen zu wachsen, den Bäumen Früchte zu tragen, den Tieren sich zu vermehren, solange, bis alle Menschen gestorben wären. Nicht eher wollte sie ihren Fluch zurücknehmen, als bis Kore aus der Unterwelt zu-

---

53 E. O. James: *Der Kult der Großen Göttin*, S. 95.
54 R. von Ranke-Graves: *Griechische Mythologie*, S. 37, 2.
55 Siehe die Angaben der Quellen bei Jane Ellen Harrison: *Prolegomena to the Study of Greek Religion*, S. 186–190; bei R. von Ranke-Graves: *Griechische Mythologie*, S. 47, 80, 94; bei E. O. James: *Der Kult der Großen Göttin*, S. 217–224; bei Miriam Robbins Dexter: *Whence the Goddess*, S. 124–128.

rückgekehrt wäre. Da ergriff die Götter die Angst vor dem eigenen Untergang, und sie zwangen Hades, Kore freizugeben. Demeter begrüßte Kore freudig in Eleusis und ließ die Erde wieder fruchtbar werden. Aber Kore hatte in der Unterwelt von einem Granatapfel, der Todesfrucht, gekostet und musste deshalb dorthin zurückkehren. Neun Monate im Jahr, in den fruchtbaren Jahreszeiten, durfte sie bei ihrer Mutter auf der Oberwelt bleiben, aber drei Monate im Jahr, wenn die Vegetation verwelkt ist, musste sie in die Unterwelt zu Hades zurückkehren. Dort wurde sie unter dem Namen Persephone die Königin der Unterwelt. Die alte Göttin Hekate überwachte die Einhaltung dieses Vertrages.

Der Sohn der Demeter von ihrem Bruder Zeus war Iakchos (Dionysos). Er war ein Kind mit Hörnern und einer Schlangenkrone und wurde auf den Befehl der eifersüchtigen Hera in Stücke gerissen. Aber seine Großmutter Rhea fügte ihn mitleidig wieder zusammen und versteckte ihn in Gestalt eines Zickleins oder eines Widders in einer Höhle.

Als er erwachsen war, entdeckte er den Wein und verbreitete die Weinkultur in Europa, Nordafrika und Asien. Genauso verbreiteten die anderen Prinzen, welche Demeter den Ackerbau und die Veredelung von Bäumen gelehrt und in ihre Mysterien eingeweiht hatte, auf ihr Geheiß die Agrarkultur in vielen Ländern auf der Erde.

Demeter ist eine sehr alte, aus frühester Zeit stammende Muttergöttin, deren dreifaltige Erscheinung vollständig erhalten blieb. Demeter ist zugleich Kore, die Mädchengöttin, Persephone, die Frauengöttin, und Hekate, die weise Alte. Kore steht für das grüne Getreide, Persephone für die reife Ähre und Hekate für das geerntete Korn. Denn Demeter war eine Getreidegöttin, eine Kornmutter, doch gleichzeitig auch eine Verkörperung der fruchtbaren Erde. Sie war Schutzherrin des Ackerbaus und der Fruchtbarkeit allgemein (Abb. 6).

Als Kore war Demeter die Göttin der erwachenden Vegetation, unter deren Füßen Blumen aufblühten und frisches Gras wuchs. Ihr Emblem ist die rote Mohnblume. Als Frauengöttin vollzog Demeter im dreimal gepflügten Acker die Heilige Hochzeit mit ihrem König, um eine reiche Ernte zu sichern. Zu Beginn der Dürreperiode tötete sie ihn unter dem Namen Persephone, „Zerstörerin",[56] mit einem „Blitz" oder Donnerkeil. Mit großem Klagen stieg sie danach in die Unterwelt hinab, wohin sie ihren toten Heros führte. Denn sie ist die Führerin und nicht die Entführte, wie es die spätere, patriarchale Version der Mythe mit dem indoeuropäischen Gott Hades will. Diese spiegelt lediglich die Gewalt der späteren, hellenischen Götter gegen den alten Kult der Großen Göttin.

Ein Vierteljahr weilte Persephone als Todesgöttin in der Tiefe, doch hatte sie dort keine starke Stellung. Viel mächtiger in dieser unteren Region war die Göttin Hekate, eine alte Titanin; diese war vermutlich die dritte Gestalt Demeters, ihr Todesaspekt als die unfruchtbare Erde. Hekate erscheint selbst als Eine mit drei

---

56 R. von Ranke-Graves: *Griechische Mythologie*, S. 81, 2.

Abb. 6: Demeter mit Ähren, Terrakotta-Skulptur von Augustin Pajou (1730–1809), The Metropolitan Museum of Art, New York.

Gesichtern und ist wie Demeter mit den Unterweltsymbolen Fackeln und Schlangen ausgestattet. Ihre großen „Zauberkräfte", das heißt, ihre magisch-medizinische Macht, ließen sie zur Königin der Heilerinnen und Hebammen, der später sogenannten „Hexen", werden. Sobald das junge Getreide wieder zu sprießen begann, stieg Demeter als Kore zur Freude der Menschen wieder aus der Unterwelt herauf, denn nun war der Fluch der Unfruchtbarkeit der Erde gebannt.

In dieser Dreigestalt ist Demeter eine archaische, matriarchale Vegetationsgöttin, deren Ackerbaumysterien anfänglich ausschließlich in den Händen von Frauen lagen. Wo immer Demeter hinkam, lehrte sie die Völker den Getreideanbau und den Umgang mit dem Pflug. Sie galt als sanft und liebevoll und von unerschöpflicher Gabenfülle wie die immer spendende Erde selbst. Ihre „Söhne" unter mehreren Namen (Triptolemos, Iakchos, Dionysos) waren ihre Heiligen Könige, denen sie später die Verbreitung der Kulturen des Ackerbaus und des Weinbaus auftrug. Ihr Kult, die Eleusinischen Mysterien, in denen es um Tod und Wiedergeburt ging, war in Griechenland bis in patriarchale Zeiten hinein außerordentlich bedeutend. Die Eleusinischen Mysterien existierten noch in römischer Zeit und hatten großen Einfluss in der römisch-hellenistischen Welt (Abb. 7).

Der Demeter-Kult reicht zeitlich weit zurück bis nach Kreta und Nordafrika. Der Mythe nach soll Demeter Griechenland über Kreta erreicht haben. Ihr Tempel in Eleusis steht auf kretisch-mykenischen Fundamenten, ferner sollen die Ackerbaumysterien von Eleusis denen in Knossos auf Kreta sehr geglichen haben.[57] Nach Kreta kam Demeter aus Nordafrika, insbesondere aus dem Nildelta, als es

---

57 R. von Ranke-Graves: *Griechische Mythologie*, S. 83, 14 (Quelle Diodorus Siculus).

Abb. 7: Demeter, Kore und Triptolemos, Nationalmuseum, Athen.

noch libysch war. Denn ihre Mythen haben verblüffende Ähnlichkeit mit denen der Göttin Isis von Altägypten. Auch diese ist eine Verkörperung des fruchtbaren Lands, so wie ihre unterweltliche „Schwester" Nephthys (ihr eigener dunkler Aspekt) eine Verkörperung des unfruchtbaren Lands ist. Auch Isis sendet ihren Heroskönig Osiris aus, um die Menschen auf sanfte Weise den Ackerbau zu lehren. Sein Tod führt bei ihr ebenso zu einer langen, verzweifelten Suche durch viele Länder wie Demeters Suche nach Kore. Obwohl von freundlicher Natur, stößt Isis wie Demeter den Fluch aus, der die Erde unfruchtbar macht und die Götter in Not bringt. Außerdem galt auch Isis als mit außerordentlichen „Zauberkräften" ausgestattet, die mit Tod und Heilung zu tun haben.[58]

Der Name „Iakchos" weist darauf hin, dass ihr typischer Heros Dionysos (römisch: Bacchus) war. Sowohl Triptolemos wie Dionysos waren kindliche oder zumindest sehr junge Heroen – bevor Dionysos zum Gott gemacht wurde. Dionysos galt als Sohn der Semele-Selene-Io, der Mondgöttin in ihren drei Farben Weiß-Rot-Schwarz, doch sowohl Demeter wie auch Persephone werden als seine Mutter genannt.[59] Schon als Säugling wurde er zerrissen und von seiner Großmutter Rhea mitleidig wieder zusammengefügt. Danach soll ihn Persephone versteckt in der Unterwelt aufgezogen haben.

Darin ist das Herosmuster enthalten: Nach der Heiligen Hochzeit mit der Frauengöttin, einem orgiastischen Fest, wurde der jugendliche Heros in Gestalt eines Ziegenböckchens von ihren wilden Priesterinnen, den Mänaden, in Stücke gerissen. Aus seinem Blut entsprang der Granatapfelbaum, der die klassischen Liebes- und Todesfrüchte trägt. Nach seinem Tod weilte er bei seiner Göttin unter dem Namen Persephone in der Unterwelt, wo er „wiederhergestellt", das heißt, für seine Wiederauferstehung vorbereitet wurde. Danach wurde er von seiner Mutter Demeter wiedergeboren, die ihn in ihrer Gestalt als Kore als „Geist des Frühlings" mit sich aus der Unterwelt heraufbrachte.

---

58   Plutarch: *Über Isis und Osiris;* und Veronika Jons: *Ägyptische Mythologie,* Wiesbaden 1968.
59   R. von Ranke-Graves: *Griechische Mythologie*, S. 45.

Die geheimen Eleusinischen Mysterien stellten vermutlich dieses Drama der Jahreszeiten und des Lebenszyklus symbolisch dar: die Heilige Hochzeit der Demeter, den Tod des Iakchos-Dionysos und seine Wiedergeburt als Kind, das von Hirten begeistert begrüßt und aufgenommen wurde. Die Priesterinnenschaft (Mänaden), später Priesterschaft, erfüllte diese Riten in rauschhafter Ekstase. Denn Brot und Wein, die Symbolgaben der Demeter und des Iakchos-Dionysos, waren reichlich vorhanden. In den Zeiten, bevor der Weinbau bekannt war, dienten den Demeter-Priesterinnen als Rauschmittel narkotisierende Pflanzen, Blätter und Pilze oder vergorener Gerstensaft (Bier). Ihnen wurde magische Wirkung zugesprochen: Es waren „Zaubertränke", das heißt, Getränke der göttlichen „Begeisterung", welche die Teilnehmenden der Rituale überkam. Der Name „Eleusis" weist noch darauf hin, denn er bedeutet „Eilythuies", die „rasende Gottheit".[60]

In Kreta war Demeter eine archaische Muttergöttin, die Pflanzen, Tieren und Menschen das Leben schenkte. Die großen Höhlen, Symbol des Leibesinneren der Göttin Erde, waren ihre Kultstätten. Die bedeutendsten waren die Eileithyia-Höhle oder Idäische Höhle im Ida-Gebirge und die Diktische Höhle bei Psychro im Dikte-Gebirge, beide als Kultstätten vom 3. Jahrtausend vor u. Z. bis ins 6. Jahrhundert nach u. Z. in Gebrauch. „Eileithyia" könnte Demeters kretischer Name gewesen sein, sie war eine ekstatische Gottheit, Erdmutter und Göttin der Geburt (vgl. „Eilythuies" und „Eleusis"). Kore, ihrer Mädchengestalt, entspricht die junge, kretische Göttin mit dem Mohnblumenkranz; Mohn ist ein Rauschmittel und wird von Kore gepflückt. In ihrer Gestalt als Unterweltgöttin erscheint sie als die kretische Schlangengöttin.

Ihr Liebhaber und Heros war Zagreus, ein kretischer Kindgott, der auf kretischen Siegelringen erscheint. Seine männliche Kraft wurde außer im Ziegenbock-Symbol auch im Symbol des Widders und des Stiers dargestellt, er trug jeweils die Hörner dieser Tiere. Eine seiner Verwandlungen ist auch der Tiger, das Symboltier des Dionysos. Noch in Griechenland wurde Dionysos als ein Kind mit Hörnern verschiedener Tiere und einer Schlangenkrone beschrieben. So ist er Zagreus-Dionysos, der vermutlich in Kato Zakros an der Ostküste Kretas verehrt wurde. Ganz in der Nähe von Kato Zakros wurde in Palaiokastro ein später aufgezeichneter Hymnus gefunden, der auf diesen Jüngling verweist, der tanzend den Feldern, den Herden und Fischen die neue Lebenskraft verheißt.[61] Der Hymnus ist dem kretischen Jüngling Kronos-Zeus gewidmet, dessen Riten sich jedoch nicht von denen des Dionysos-Zagreus unterschieden haben dürften.

Die Riten seiner Verehrung in Knossos waren, wie schon gesagt, obendrein denen in Eleusis sehr ähnlich. Der Heros in Gestalt eines Zickleins, Widders oder Stiers starb hier durch den „Blitz" der Göttin, die Labrys oder Doppelaxt. Aus seinem Blut erfolgte im Frühling die neue Fruchtbarkeit der Erde: als Granatap-

---

60 R. von Ranke-Graves: *Griechische Mythologie*, S. 82, 6.
61 Jane Harrison: *Themis*, Cambridge, 1912, S. 3 f.; R. von Ranke-Graves: *Griechische Mythologie*, S. 104/105; E. O. James: *Der Kult der Großen Göttin*, S. 204.

Abb. 8: Priesterkönig von Kreta („Lilienprinz"), Relief-Fresko aus dem Palast von Knossos, Archäologisches Museum, Heraklion.

felbaum oder als Hyazinthen und Narzissen. Denn „Hyakinthos" und „Narkissos" sind kretische Namen für den Heros, ebenso wie „Antheus" (Blume) ein Beiname für Dionysos war. Die Narzisse oder blaue Lilie (in Ägypten die Lotosblume) wurde für Kränze der Demeter verwendet und war ein Symbol der Wiedergeburt. Sie formte auch die Krone des jugendlichen Priesterkönigs von Knossos, des sogenannten „Lilienprinzen"[62] (Abb. 8). Nach seinem Tod weilte er in der „Unterwelt", das heißt, in einer der großen, heiligen Höhlen auf Kreta, die den Uterus der Erde darstellen. Dort wurde er von der Erdgöttin zusammengefügt und von ihren Helferinnen verwöhnt. Sie fütterten ihn mit Milch und Honig – heißt es in der Mythe von Dionysos – und verzogen ihn in jeder Hinsicht, bis zu seiner Wiedergeburt.

2.2 Rhea und Zeus

Zusammenfassung der Mythen[63]

Rhea, die Titanin, ist eine Tochter von Gaia, der Erdmutter. Sie heiratete ihren Bruder Kronos und hatte von ihm Hestia, Demeter und Hera, Hades, Poseidon und Zeus als Kinder. Weil Kronos alle ihre Kinder verschlang, versteckte sie Zeus, ihren jüngsten Sohn, in der Diktischen Höhle auf Kreta, im Schoß ihrer Mutter, der Erde. Kronos gab sie statt dessen einen Stein, den er verschluckte.

Zeus wurde in der Höhle zusammen mit Pan, seinem Ziehbruder, mit Milch und Honig gefüttert. Seine goldene Wiege hing hoch in einem Baum, sodass Kronos ihn weder im Himmel noch auf der Erde noch im Meer finden konnte. Nachdem Zeus bei den Hirten auf den Bergen zum Mann herangewachsen war, überlistete er Kronos mit einem üblen Trunk, worauf dieser alle seine Geschwister

---

62 R. von Ranke-Graves: *Griechische Mythologie*, S. 261.
63 Siehe die Angaben der Quellen bei R. von Ranke-Graves: *Griechische Mythologie*, S. 33/34; bei E. O. James: *Der Kult der Großen Göttin*, S. 203–205.

unverletzt erbrach. Diese wählten Zeus zu ihrem Anführer und töteten Kronos schließlich nach einem zehnjährigen Krieg.

Zeus' erste Liebhaberin war seine Mutter Rhea. Als sie ihn in Heiratsdingen unterrichtete, machte er Anstalten, sie zu vergewaltigen. Schnell verwandelte sie sich in eine Schlange. Da verwandelte er sich in eine männliche Schlange und wand sich um sie in einem unlösbaren Knoten. Damit begann er die lange Reihe seiner Liebesabenteuer.

Der olympische Zeus gilt als unsterblich, als Himmelsvater mit dem Blitz in der Hand, mit dem er seine rebellische Familie zügelt. Aber auf Kreta war Zeus ein sterblicher Gott, der jährlich begraben wurde, um stets von Rhea in derselben Höhle in blitzendem Feuer und einem Strom von Blut wiedergeboren zu werden.

Aber natürlich sind alle Kreter, die das sagen, Lügner! Das behaupteten später die patriarchalen Griechen.

Rheas Name ist eine Variante von „He Era", die Erde. Sie ist die große Erdmutter und verkörpert das Land Kreta. Gaia, die Erde, ist ihre eigene Mutter, und ihre berühmteste Tochter ist Hera, deren Name auch „die Erde" bedeuten könnte.[64] Auch Demeter gilt als Rheas Tochter, was auf die große Nähe dieser Göttinnen zueinander hinweist. Es ist letztlich immer dieselbe Göttin in von Generation zu Generation jeweils verjüngter Erscheinung: Gaia – Rhea – Hera/Demeter sind ein und dieselbe, die große Erdmutter Kretas.

Entsprechend gleichen sich ihre Mythen: Jede dieser Göttinnen heiratete ihren Bruder und hatte einen Sohn, beide sind verschiedene Gestalten ihres Heros. Gaia, die Urgöttin Erde, heiratete Uranos, den Himmel, und ihr Sohn war Kronos, der in einem Nachfolgerkampf Uranos kastrierte und ihn auf diese Weise verdrängte. Rhea war die Schwester und Gattin des Kronos und gebar Zeus als Sohn, der Kronos ebenfalls kastrierte und seine Position übernahm. Hera war die Schwester des Zeus und wurde seine Gattin, sie hatte Herakles als Sohn (später der Alkmene zugeschrieben); dieser konnte, obwohl er zum himmlischen, olympischen Zeus hinaufstieg, diesen nicht mehr verdrängen. Die Patriarchalisierung der griechischen Religion unterbricht diesen Fortgang. Auch Demeter war Schwester des Zeus und hatte ihren Sohn Iakchos von ihm empfangen.

Es wäre nun ganz falsch, diese Situation zwischen dem älteren und jüngeren Heros als problematische Vater-Sohn-Beziehung zu verstehen. In matriarchalen Kulturen spielt die Vater-Sohn-Beziehung keine Rolle, denn Vaterschaft war entweder unbekannt, nicht bestimmbar oder unbedeutend. Es gibt noch nicht einmal ein Wort für „Vater", stattdessen übt der Mutterbruder die väterliche Rolle aus. Denn im Rahmen der Matrilinearität gilt der Mutterbruder als am nächsten verwandt mit den Kindern seiner Schwestern, der biologische Erzeuger hingegen nicht, da er nicht denselben Clannamen wie die Kinder trägt.[65] So ist Vorsicht

---

64 R. von Ranke-Graves: *Griechische Mythologie*, S. 35 und 42.
65 Siehe Heide Göttner-Abendroth: *Das Matriarchat II,1* und *II,2*, insgesamt.

angebracht, wenn in Mythen der Begriff „Vater" auftaucht, denn er hat hier keine biologische Bedeutung, sondern bezeichnet den „Vorgänger im Amt" (des Heiligen Königs), und „Sohn" bedeutet „Nachfolger im Amt" (des Heiligen Königs). Genau in diesem Sinn war Uranos für Gaia der königliche Vorgänger, mit dem sie Heilige Hochzeit feierte, und Kronos der königliche Nachfolger, mit dem sie dasselbe tat. Für Rhea war Kronos der Vorgänger, den sie heiratete, und Zeus als Nachfolger ebenfalls ihr Heros. Dasselbe gilt für die vorolympischen Göttinnen Hera und Demeter. In diesem Sinn entschleiern sich die seltsamen Geschichten vom Mord des „Sohns" am „Vater" und von der Hochzeit der Mutter mit dem „Sohn", die in der Mythe von Ödipus wiederkehren und völlig missverstanden bis in die Gegenwart hineinreichen. Es geht hier nicht um ungeheuerliche Mordtaten und Inzeste, sondern lediglich um die zyklische Abfolge der matriarchalen Vorgänger-Nachfolger-Rituale.

Abb. 9: Schlangengöttin von Kreta, Fayence-Statuette aus dem Palast von Knossos, Archäologisches Museum, Heraklion.

Rhea ist die dreifaltige Große Göttin Kretas. In drei Gestalten nährte und pflegte sie den neugeborenen kretischen Zeus: als die Ziegengöttin Amaltheia, die Kuhgöttin Io und die Eschengöttin Adrasteia. Amaltheia, die „Zarte", ist ihre Mädchengestalt, die mütterliche Io ihre Frauengestalt, und Adrasteia, die „Unentrinnbare", ihre Gestalt als weise Alte, die Todes- und Unterweltgöttin.[66] Als uralte Erd- und Orakelgöttin hatte Rhea anfangs wohl gar keinen männlichen Partner, sondern tanzte mit der Schlange (Abb. 9). Die Schlange ist zugleich die Verkörperung des Wassers (Ozeans) wie des Windes, denn mehr als Wind war nach der Ansicht des archaischen Matriarchats nicht nötig, um eine Frau zu schwängern. Später erschien dann ihr Heros, der kretische Zeus, in Gestalt einer riesigen Schlange und paarte sich mit ihr, die sich ebenfalls in eine Schlange verwandelte. Sehr deutlich ist es also Rhea, die im Bild der alten kretischen Schlangengöttin erscheint.

---

66   R. von Ranke-Graves: *Griechische Mythologie*, S. 34.

Ihre Heiligtümer auf Kreta waren ebenfalls die großen Höhlen, besonders die Diktische Höhle. Ihr kretischer Name war vermutlich „Diktyanna", die „Mutter vom Dikte-Gebirge", ein Name von weitreichender Herkunft. Dort gebar sie ihren Heros, den kretischen Zeus, jedes Jahr in einem Strom von Blut und blitzendem Feuer wieder. Auch er war als Kind ständig bedroht, und zwar von seinem Vorgänger Kronos, der ihn fressen (zerreißen) wollte. Doch Rhea täuschte Kronos mit einem Stein und rettete Zeus. So konnte er später Kronos töten und mit Rhea Hochzeit machen, doch danach erschlug sie ihn jährlich selbst mit ihrer Doppelaxt, die ursprünglich wohl aus Feuerstein gewesen war. Dabei hatte er entweder die Gestalt eines Ziegenbocks wie sein Ziehbruder Pan, sein Zwilling, oder die Gestalt eines Widders (Zeus Ammon) oder die Gestalt des in Kreta besonders heiligen Stiers. Auf diesem „Stier" liebte Rhea zu reiten (genauso wie „Europa auf dem Stier"), und ihre Priesterinnen liebten mit ihm ihre akrobatischen Spiele zu spielen, wie das berühmte Relief der „Stierspringerinnen" aus Knossos zeigt. Nach seinem (symbolischen) Tod zog er sich in die Diktische Höhle zurück, und dort wurde er von Rhea in Gestalt der Amaltheia, der göttlichen Ziege, in Gestalt der Io, der göttlichen Kuh, und in Gestalt der Adrasteia, an deren Stelle auch die Bienenkönigin Melissa treten konnte, mit Milch und Honig verwöhnt. Auch er war in dieser „Unterwelt" kindlich und lag in einer goldenen Wiege, bis Rhea ihn wiederauferstehen ließ. Später freuten sich die Hirten auf den umliegenden Bergen, wenn sie ihn als das neue Leben zu Gesicht bekamen, und bei ihnen wuchs er heran.

Wir sehen also die nahe Verwandtschaft von Rhea und dem kretischen Zeus mit Demeter und Dionysos-Zagreus. Dionysos-Zagreus trug in Kreta sogar den Namen „Zeus" als Titel.[67]

2.3 Hera und Zeus

Zusammenfassung der Mythen[68]

Hera ist die Tochter der Rhea und des Kronos. Sie wurde auf Samos oder in der Argolis geboren. Die Jahreszeiten waren ihre Ammen. Nachdem ihr Zwillingsbruder Zeus den Kronos besiegt hatte, warb er um Hera bei Knossos (Kreta) und in der Argolis, jedoch erfolglos. Da half er seinem Erfolg nach, indem er sie vergewaltigte, sodass sie ihn nun, um der Schande zu entgehen, heiraten musste. Alle Götter brachten Hera Gaben zur Hochzeit. Mutter Erde schenkte ihr einen Baum mit goldenen Äpfeln, den Hera in ihren Paradiesgarten weit im Westen, dort wo die Sonne untergeht, pflanzte. Sie ließ den Drachen Ladon sich um den Baum winden, um ihn zu bewachen.

---

[67] Siehe auch die Nacherzählung und Neuinterpretation von Heide Göttner-Abendroth: „Rhea von Kreta", in: *Inanna, Isis, Rhea. Die großen Göttinnenmythen Sumers, Ägyptens und Griechenlands*, Königstein 2004.

[68] Siehe die Angaben der Quellen bei Jane Ellen Harrison: *Prolegomena to the Study of Greek Religion*, S. 210–212; bei R. von Ranke-Graves: *Griechische Mythologie*, S. 42, 45; bei E. O. James: *Der Kult der Großen Göttin*, S. 205–207; bei Miriam Robbins Dexter: *Whence the Goddess*, S. 120–123.

Hera gebar mehrere Gottheiten parthenogen: Ares, Eris, Hephaistos und Hebe. Das wollte Zeus nicht glauben, darum setzte er sie in einen Folterstuhl und zwang sie zu schwören, dass sie nicht die Wahrheit gesagt habe. Auf dem Olymp stritten Zeus und Hera unaufhörlich miteinander. Sie ärgerte sich über seine Untreue und griff zu List und Intrige gegen ihn. Er vertraute ihr nicht und spielte seine Macht gegen sie aus. Einmal wurden seine Arroganz und seine Launenhaftigkeit unerträglich. Da machten alle Olympier unter Heras Leitung einen Aufstand gegen ihn, doch leider ging es übel für sie aus. Zeus konnte sie überwinden und hängte Hera zur Strafe gefesselt am höchsten Punkt des Himmels auf, während er seine rebellischen Söhne zu erniedrigenden Arbeiten auf die Erde schickte.

Hera ist als Tochter der Rhea diese selbst in verjüngter Gestalt. Dementsprechend erschien sie auf Kreta ebenfalls dreifaltig. Sie wurde als die prä-hellenische Große Göttin in Gestalt des Mädchens, der Frau und der Alten auch in der griechischen Argolis (Mykenische Kultur) angebetet.[69] Ihre alten Tempel standen in Argos, auf der Insel Samos und im Hain von Olympia, lange bevor dort ein Zeus-Tempel errichtet wurde.

In ihrem ersten Aspekt erscheint sie auf Kreta als Göttin der Berge und Herrin der wilden Tiere. Sie wohnte auf den Bergesgipfeln oder bei heiligen Steinen und Bäumen.[70] Wilde Tiere und Fabelwesen wie Greife, Sphingen und geflügelte Genien sind ihre Begleiter, am häufigsten aber Löwen oder Löwinnen. Sie flankieren sie, wenn sie auf den Gipfeln steht (Abb. 10).[71] Dieselbe Szene zeigt ein Siegelring von Knossos (Abb. 11). Wir finden sie ebenfalls wieder beim berühmten, teils zerstörten Löwentor von Mykene: Auch hier flankieren zwei Löwen eine Säule, auf der hoch erhoben wahrscheinlich Hera stand. Auf einem anderen Siegelring von Knossos trägt sie einen kurzen Rock und außerdem Lanze und Schild in der Hand; als Herrin der Tiere ist sie Jägerin. Unter diesem Aspekt ist ihr Name „Britomartis", und sie ist in diesem Aspekt mit der ebenso alten Artemis verwandt.

In ihrer zweiten Gestalt war sie die Göttin des Lebens und ihr Symboltier die Kuh, das Tier der Fülle. Hier war sie (wie Rhea) die Kuhgöttin Io mit den wechselnden Farben, was auf ihre Verbindung auch mit dem Mond hinweist. Es sind ihre prächtigen, weißen Mondkuh-Hörner, welche die Firste des Palastes von Knossos krönen, und es sind ihre Farben Weiß-Rot-Schwarz, in denen alle Säulen der Etagen dieses Palastes bemalt waren. Noch in der griechischen Argolis wurde sie die „kuhäugige Hera" genannt, und ihr Heros erschien unweigerlich in Gestalt des kretischen Stiers, ein Symbol der männlichen Kraft.[72]

---

69   R. von Ranke-Graves: *Griechische Mythologie*, S. 43, 6; E. O. James: *Der Kult der Großen Göttin*, S. 206.
70   Siehe die kretischen Siegelringe mit Berg- und Baumheiligtümern der Göttin.
71   Siehe Wandmalereien von Knossos und Thera (Santorin); siehe kretischer Siegelring mit der Göttin auf einem Berggipfel, flankiert von Löwen; gleiches Motiv wohl auch das Löwentor von Mykene, bevor es teilweise zerstört wurde.
72   Miriam Robbins Dexter: *Whence the Goddess*, S. 121.

Abb. 10: Hera, von Löwinnen flankiert, Nationalmuseum, Athen.

Abb. 11: Kretische Göttin auf einem Berg, von Löwinnen flankiert, Abdruck eines Siegelrings aus Knossos.

Ein „Heros" war – wie das Wort schon sagt – ein Heiliger König der Hera. Mit ihm feierte sie als Frauengöttin die Heilige Hochzeit. Sie stand strahlend auf dem Gipfel des Ida-Gebirges, ebenfalls mit einem magischen Gürtel angetan, der sie unwiderstehlich machte: Sofort eilte der kretische Zeus zu ihr. Bei der Hochzeit umhüllte sie das Gebirge mit einer goldenen Wolke, und unter den beiden grünte die Erde auf mit frischen Kräutern und betauten Blumen, Krokussen und Hyazinthen. Dieses Hochzeitsritual, bei dem Hera das Leben auf der Erde hervorbrachte, wurde weithin gefeiert, besonders an den Plätzen in Griechenland, die mit Hera als Großer Göttin seit alter Zeit verbunden waren: Samos, Argos, Mykene, Sparta. Auf Kreta soll in ihrem Schrein bei Knossos ihre Heilige Hochzeit noch bis ins 1. Jahrhundert vor u. Z. gefeiert worden sein (Diodorus).[73]

Danach erlitt ihr Heros den Tod, vermutlich durch die kretische Doppelaxt in der Hand der Göttin, die Labrys. Diese war zugleich Symbol des Monds in seinen drei Phasen: als zunehmender Mond, als abnehmender Mond, als Vollmond, eins der vielen komplexen Symbole der Einen als Dreifaltige (Abb. 12). Nach seinem Tod wurde der Heros in die Idäische Höhle gebracht, die hiesige „Unterwelt", um auf seine Wiedergeburt zu warten. Mit Sicherheit verwöhnte sie ihn auch da mit ihrer Milch, die unsterblich machte. Tod und Wiederauferstehung des Heros bezeichnen ihren dritten Aspekt als Todes- und Orakelgöttin. So unterstanden Hera als Erdgöttin alle Orakel in Kreta und dem prähellenischen Griechenland, auch die berühmtesten von Dodona und Delphi. Dort war ihr als Gefährte und Symbol die riesige Schlange zugeordnet, die Ophion, Python oder Typhon hieß und angeblich ein Wind war. Eine andere Riesenschlange, der Drache Ladon, bewachte Heras Garten mit den goldenen Äpfeln weit im Westen, ihr Apfelparadies und Elysium, wohin sie ihren toten Heros auch schicken konnte. Alle diese Schlangen wurden später vom patriarchalen Zeus und seinen Kollegen getötet, als sie die alten Orakel der Göttin eroberten und sich unterstellten.[74]

In diesem dritten Aspekt ist Hera mit ihrer Schwester Hestia verbunden. Hestia steht als die kretische Haus- und Herdgöttin sowie Schützerin des Heims und der Familie der Göttin Hera nahe, die Schützerin der Frauen, ihrer weiblichen Kraft und ihrer Geburten ist. In jedem Haus wurde Hestia in Gestalt einer lebenden Schlange verehrt, die in einem heiligen Schrein gehalten und liebevoll aus kleinen Schalen gefüttert wurde. Die Schlange war ihr schutzbringender und heilkräftiger Geist, der mit den guten unterirdischen Kräften in Verbindung stand.

Die Mythologie und Verehrung der Hera wanderte von Kreta auf die Peloponnes-Halbinsel, und sie war in der Argolis die Große Göttin der mykenischen Kultur. Ihre Tempel- und Städtegründungen verbreiteten sich von hier aus allmählich über ganz Griechenland, auch Athen ist eine mykenische Gründung. So wurde Hera die bedeutendste Göttin des prä-hellenischen Griechenlands. Der später an-

---

73   E. O. James: Der Kult der Großen Göttin, S. 206.
74   Miriam Robbins Dexter: *Whence the Goddess*, S. 121; R. von Ranke-Graves: *Griechische Mythologie*, S. 161.

Abb. 12: Verehrung der Göttin mit der Doppelaxt, Abdruck eines Siegelrings aus Knossos.

gekommene, patriarchale Himmelsgott Zeus der indoeuropäischen Eroberer hatte allen Grund, auf ihre Macht eifersüchtig zu sein.

Sein Verhalten hatte keine Ähnlichkeit mit dem des kretischen Zeus, des Heros der Hera. Er riss Heras Macht an sich, indem er sie vergewaltigte und zu seiner Ehefrau machte. Das tat er auf brutale Weise: Als er sie bei Knossos und in der Argolis erfolglos umwarb, verwandelte er sich in einen Kuckuck. Doch in dieser Gestalt zerzauste ein Regen sein Gefieder. Hera fand den nassen Vogel und wärmte ihn zärtlich an ihrer Brust. Da nahm er seine wahre Gestalt an und vergewaltigte sie. Die erzwungene Heirat Heras mit Zeus spiegelt die reale Eroberung Kretas und des kretisch-mykenischen Griechenlands wider (um 1200 vor u. Z.), ebenso die Erniedrigung der Göttin und ihres Volks unter die Herrschaft des indoeuropäischen Gottes und seiner Krieger.[75] Von da an schwang Zeus die Doppelaxt, den „Blitz", das heilige Göttinnen-Szepter, das in der Minoischen und Mykenischen Kultur kein Mann berühren durfte. Mit diesem „Blitz" behauptete er seine Oberherrschaft über alle Götter und Menschen.

---

75 R. von Ranke-Graves: *Griechische Mythologie*, S. 42.

2.4 Hera und Herakles

Zusammenfassung der Mythen[76]

Herakles war der Sohn des Zeus und der Königin Alkmene. Zeus hatte Alkmenes Liebe durch eine Täuschung gewonnen, und dieses Liebesabenteuer zog die Eifersucht der Hera nach sich. Sie verhinderte Herakles' rechtzeitige Geburt, was zur Folge hatte, dass Herakles nicht selbst König in seiner Stadt werden konnte. Er musste einem anderen dienen, der, um Herakles zu beseitigen, zwölf nahezu unmögliche Taten von ihm verlangte: Er sollte einen unverwundbaren Löwen töten, die Wasserdrachin Hydra, die neun Köpfe hatte, erschlagen, eine Hirschkuh der Artemis einfangen und einen riesigen Eber fesseln. Ferner sollte er die verwahrlosten Ställe eines Königs in einem Tag säubern, eine Schar Sumpfvögel mit eisernen Schnäbeln und Krallen töten, den berühmten wilden Stier von Kreta einfangen und menschenfressende Stuten bändigen. Damit nicht genug: Er sollte außerdem den Gürtel einer Amazonenkönigin erwerben, das Vieh des Sonnengottes stehlen, die goldenen Äpfel aus Heras Garten holen und den Höllenhund gefangen aus der Unterwelt fortführen.

Herakles vollbrachte alle diese Taten mit dem Beistand der Göttin Athene und wurde dadurch der größte Held aller Zeiten. Nach seinem Tod wurde er von seinem Vater Zeus auf den Olymp geholt, wo er unsterblich bei den Göttern wohnen durfte. Dort soll ihn Hera durch eine „Scheingeburt" als ihren Sohn adoptiert haben, nachdem sie ihn schon als Baby „versehentlich" mit ihrer Milch genährt und damit unsterblich gemacht hatte. Auf dem Olymp liebte sie ihn wegen seines Respekts ihr gegenüber alsbald wie einen eigenen Sohn und verheiratete ihn mit ihrer göttlichen Tochter Hebe.

Der Name „Herakles" bezieht sich eindeutig auf die Große Göttin Hera, denn er bedeutet „Ruhm der Hera". Das war Herakles als der matriarchale Heros in der Tat: Er war der Ruhm seiner Göttin, die er in seinen heldenhaften Taten verherrlichte. So ähnlich drückte es Herakles aus, als er auf dem Olymp angekommen war und seiner angeblichen Feindin Hera gegenübertrat. Hera als seine Feindin ist offensichtlich die patriarchale Version aus der olympischen Religion, denn ursprünglich war Herakles der Sohn der Hera selbst, den sie gebar und mit ihrer göttlichen Milch nährte. In der Argolis war er Heras klassischer Heros. Als „Sohn" des kretischen Zeus war er zugleich dessen unmittelbarer Nachfolger im Amt und hatte nichts mit dem patriarchalen olympischen Zeus zu tun.

Herakles' berühmte zwölf Taten sind in der ältesten Schicht dieser Mythen Heiratsaufgaben, die ihm die Göttin als Vorbedingung für Königswürde und Heilige Hochzeit stellte. Auf der rituellen Ebene sind sie symbolische Kämpfe als Teil des Krönungsrituals, die der Heilige König vollbrachte, um die Göttin in Gestalt der Priesterin oder Sakralkönigin für ein mythisches Jahr zu gewinnen. „Herakles"

---

76 Siehe die Angaben der Quellen bei R. von Ranke-Graves: *Griechische Mythologie*, S. 413, 430/431, 434, 436, 439/440, 442, 444/445, 446, 448, 453/454, 4657466, 473, 479, 526.

bezeichnet hier einen Titel und keine individuelle Person, ebenso wie das Wort „Minos" oder „Zeus" auf Kreta. Es ist der Titel des Heiligen Königs.

Die Heiratsaufgaben des Herakles sind sehr alt, denn sie sind in Mythen, Volkserzählungen und Märchen über den ganzen später indoeuropäischen Raum verbreitet. So ist der klassische Heroenkampf der mit der Riesenschlange oder dem Drachen, dem heiligen Tier der Unterweltgöttin (Herakles gegen die Hydra). Ebenso typisch ist der heroische Kampf mit dem Löwen, einem Tiersymbol der starken, wilden Mädchengöttin (Herakles gegen den Nemeischen Löwen). Sehr bezeichnend ist ebenfalls die Heldentat des Einfangens der Hirschkuh (Hindin) mit dem goldenen Geweih, ein heiliges Tier der Frauengöttin. Herakles gewinnt den Kampf gegen Löwe, Hindin und Schlange. Möglich ist ihm dies aber nur, weil die Göttin ihm in Gestalt der Athene selbst zur Seite steht.

Diese tierische Dreiheit symbolisiert außerdem die drei Jahreszeiten des mythischen Jahres, für dessen Zeitraum Herakles mit seinem Sieg nun die Königswürde erworben hat. Denn alle drei Tiere zu einem Fabelwesen, der Sphinx, vereinigt, sind das Kalendersymbol des dreigeteilten Heiligen Jahres der Göttin. Ganz in diesem Sinn flankieren zwei Sphingen in der Kombination Vogelkopf, Löwenleib, Schlangenschwanz den Thron des Königs oder der Königin in Knossos auf Kreta.

Herakles' Kampf gegen die wilden Stuten ist ebenfalls ein Kampf gegen die Göttin in Pferdemaske. Dagegen sind der erymanthische Keiler oder der kretische Stier als Gegner königliche Vorgänger in Tiermaske, die Herakles überwinden muss, um als Nachfolger gekrönt zu werden. Auch Herakles' Kämpfe mit diversen Riesen haben die Funktion des Vorgänger-Nachfolger-Kampfs. Der Vorgänger erleidet dabei das übliche Schicksal des Heiligen Königs, den Tod, doch kehrt er zyklisch in seinem Nachfolger wieder. Unweigerlich wurde Herakles aber selbst einmal zyklisch zum Vorgänger und erlitt den Tod, wovon seine verschiedenen Unterweltfahrten zeugen: einmal die Reise in eine grausige Unterwelt, wo er wieder mit der Göttin in Gestalt des Höllenhundes kämpfte, und einmal die Reise in Heras Apfelgarten-Paradies weit im Westen, wo eine liebliche Anderswelt liegt. Daraus kehrte er glücklich wieder und wurde sein eigener Nachfolger. So finden wir bei dem kretischen Zeus und bei Herakles als dessen „Sohn" alle Phasen der Herosstruktur wieder: als älteste Phase Tod und Wiedergeburt durch die Göttin selbst (der kretische Zeus); als zweite Phase Kampf mit den mythischen Tieren der Göttin und Rettung aus der Gefahr durch sie selbst (Herakles); als dritte Phase der Vorgänger-Nachfolger-Kampf mit Wiederkehr im Nachfolger (Herakles).

Erst als die Mythen des Herakles patriarchalisiert wurden, gerieten sie zu Schilderungen gewalttätiger Schlachten gegen die Länder und Städte der Göttin. Erst dann wurden auch diese mythischen zwölf Taten zu zerstörerischen Handlungen gegen die Kulte der Göttin und ihre Priesterinnen uminterpretiert. Dies spiegelt die Zeit der Eroberungszüge der Dorer mit ihren vernichtenden Schlägen gegen die matriarchalen Stadtkulturen in ganz Griechenland, Kreta und Kleinasien.

Der Prototyp des Herakles ist der sumerisch-babylonische Held Gilgamesch. Daher ist anzunehmen, dass die Gestalt des Herakles nahöstlicher Herkunft ist. Wie er kämpft auch Gilgamesch gegen den Löwen der Göttin und gegen den Himmelsstier, ebenso gegen ein Fabelwesen, Chumbaba, der die Attribute eines Kalendersymbols hat. Beide Helden tragen Löwenfell und Keule, sie stürmen die Hölle und finden ein Kraut der Unsterblichkeit.[77] Und beide haben das ambivalente Gesicht, dass ihre Mythen in matriarchale Zeit zurückreichen, aber schließlich kräftig patriarchalisiert wurden, was das Motiv ihrer Gegnerschaft zur Göttin zeigt.

Manche Arbeiten des matriarchalen Herakles verweisen auf den Anteil des Mannes an der matriarchalen Ökonomie: Häufig sieht man ihn damit beschäftigt, Gräben zu ziehen, Kanäle zu bauen, Tunnels zu graben zur Entwässerung von Ställen und Sümpfen und zur Bewässerung von trockenem Land. Die Organisation von Erd- und Wasserbauarbeiten, die kollektive Anstrengung erforderten, war die praktische Seite des Amts des Heiligen Königs. Diese waren lebensnotwendig für den Ackerbau in subtropischen Zonen, und sie wurden bald zu kunstvollen Bewässerungssystemen weiterentwickelt, zum Bau von Dämmen und Schleusen, Mauern und Aquädukten. Monumentale Gebilde entstanden auch aus der Kunst der zusammengefügten Riesensteine: die erstaunlichen Gebilde der Megalithkulturen. Wir sehen sie vereinzelt in Monolithen, Menhiren und Obelisken, später aufgetürmt zu Langgräbern und heiligen Schreinen, zu Totenschlössern und gewaltigen Pyramiden. Sumers Zikkurate (Stufentürme) und Ägyptens Grabkammerpyramiden sind die großartigsten Zeugnisse dieser Kunst. Es waren in erster Linie diese Bauten, welche die Jahrtausende überlebten. So waren die Funde der Archäologen notwendig einseitig, und diese, zudem gebannt von den heroischen Monumenten und ohne Blick für die zivilisatorischen weiblichen Künste, entwickelten daraus ihr einseitiges Bild von den frühen Stadtkulturen, aus dem noch heute das Geschichtsverständnis schöpft.

Wir dürfen die Minoische Kultur Kretas als ein schönes Beispiel betrachten, bei dem sich die matriarchale Kultur von frühen Anfängen bis hin zu städtischem Glanz entwickelt hat. Mit ihrer Hilfe können wir uns, wenn wir Bauwerke, Bildwerke, Kleinkunst und Mythologie zusammennehmen, heute ein Bild davon machen, wie eine hochentwickelte matriarchale Kultur ausgesehen hat.

Bei den Göttinnen Kretas und Griechenlands ist uns bereits eine bestimmte Konstellation der Verwandtschaftsbeziehungen aufgefallen: die dominante Mutter-Tochter-Beziehung, die Mutter-Sohn-Beziehung und die Schwester-Bruder-Beziehung; daneben eine nur scheinbare Vater-Sohn-Beziehung, die keine Verwandtschaft ausdrückt, sondern eine Amtsnachfolge bedeutet. Diese Kombination von

---

77 Siehe die deutsche Version des Gilgamensch-Epos von Georg Burckhardt: *Gilgamesch*, Wiesbaden 1958; ferner R. von Ranke-Graves: *Griechische Mythologie*, S. 414; und Miriam R. Dexter, persönliche Kommunikation.

Beziehungen ist typisch matriarchal – was die Erforschung lebender matriarchaler Gesellschaften gezeigt hat.[78]

Bei der grundlegenden Mutter-Tochter-Beziehung sahen wir, wie die Tochtergöttin nahtlos alle Funktionen und alle Macht von der Muttergöttin übernahm (Gaia–Rhea, Rhea–Hera). Gleichermaßen übergab die Priesterin-Königin ihre Aufgaben in Kult, Wissenschaft und Staat an ihre Tochter, die Erbprinzessin, wobei das Prinzip der Ultimogenitur bestimmend war: Die jüngste Tochter erbte. Das galt für alle matriarchalen Frauen: Die Aufgaben in Familie, Haus und Landwirtschaft gingen gleichfalls direkt von der Mutter auf die Tochter über. Dies konnte aber nur Gültigkeit haben, wenn die Tochter am Wohnsitz der Mutter blieb (Matrilokalität).

Deshalb verließ zum Beispiel Ariadne, die Erbprinzessin von Knossos, nach der Fadenaffäre, die zur Tötung des Minotaurus führte, Kreta letzten Endes doch nicht mit dem griechischen Theseus. Sondern auf einer Insel vor der kretischen Küste besann sie sich eines Besseren und verstieß ihren neuen Liebhaber – nicht er sie, wie uns die patriarchalisierte Mythe weismachen will. Denn Dionysos-Zagreus, ihr angestammter Heros-König, war angekommen und erhob seinen berechtigten Anspruch. Zuletzt heiratete sie diesen und kehrte mit ihm nach Knossos zurück, um das Reich ihrer Mutter zu übernehmen, während Theseus traurig unter dem schwarzen Segel nach Athen zurückfuhr.[79]

Die Beziehung zwischen Mutter und Sohn, Schwester und Bruder war ebenfalls innig, denn allein mit seiner Mutter und seinen Geschwistern durch sie betrachtete sich der Mann im Matriarchat als verwandt (Matrilinearität). Wenn er in eine andere Sippe hineinheiratete, so war er dort nur Gast, denn die Geliebte oder Gattin und deren Kinder leiteten ihre Abstammung ebenfalls nur von der Mutter ab. Die einzigen Kinder, mit denen er sich verwandt fühlen konnte und die er mit Stolz betrachtete, waren daher die Kinder seiner Schwester. Diesen vererbte er seinen persönlichen Besitz, falls er welchen hatte (Onkel-Neffen-Beziehung). Noch in anderer Hinsicht war die Schwester von größter Bedeutung: Da allein sie als Erbprinzessin den Thron matrilinear vererbte, konnte ihr Bruder nur am Thron teilhaben, wenn er seine Schwester heiratete. Dies scheint in den archaischen Königshäusern des Vorderen Orients und des Mittelmeerraums üblich gewesen zu sein (siehe Gaia – Uranos, Rhea – Kronos, Hera – Zeus).

Die enge Mutter-Sohn-Beziehung ergibt sich daraus, dass die Mutter als Repräsentantin der Göttin stets die Beschützerin des königlichen Sohns ist, der ohne sie nichts vermag (siehe Gaia–Kronos, Rhea–Zeus, Hera–Herakles).

Bei den gewöhnlichen matriarchalen Clans, bei denen keine Einheirat im eigenen Clan erlaubt ist, hat die Mutterbruder-Schwesterkinder-Beziehung großes Gewicht. Als Onkel-Neffen-Beziehung zeigt sie deutlich das Prinzip der Matrili-

---

78   Siehe Heide Göttner-Abendroth: *Das Matriarchat II,1* und *II,2*, insgesamt.
79   R. von Ranke-Graves: *Griechische Mythologie*, S. 305–316, Quellen S. 312/313.

nearität, denn auch hier können männliche Würden und Titel vom Mutterbruder an den Schwestersohn nur über die Schwester vererbt werden.[80]

3 Ägypten

Wenn wir nun die ägyptische Mythologie betrachten, wollen wir unsere Aufmerksamkeit auf die oben genannten, den Mythen zugrunde liegenden matriarchalen Verwandtschaftsmuster lenken. Sie spielen nicht nur eine Rolle in der Mythologie, sondern – in der vordynastischen Zeit und auch noch im Alten Reich Ägyptens – ebenso in der Gesellschaft, insbesondere im Königshaus.

3.1 Nut/Neith und Re

Zusammenfassung der Mythen[81]
Nut ist die Göttin des Himmels. Als Himmelszelt überwölbt sie mit ihrem Körper die Erde, wobei sie sich mit ihren Fingerspitzen und Zehen auf hohe Gebirge stützt. Ihr Körper ist besät mit Sternen. Anfangs war sie von dem Erdgott Geb nicht getrennt. Aber später trennte ihr Sohn Schu sie von der Erde, und seitdem leuchtet sie.

Nut ist die große Allmutter und hat zahllose Kinder, von denen Isis und Nephthys, Osiris, Horus und Seth die wichtigsten sind. Obendrein ist sie die Mutter von Re, dem Sonnengott, den sie jeden Morgen gebiert und am Abend wieder verschluckt. Nut gilt auch als schöne, sternenübersäte Himmelskuh, die Re jeden Morgen als ihr Sonnenkalb gebiert. Er wächst dann bis mittags zum Stier heran, der seine Mutter begattet. Am Abend stirbt er, um am nächsten Morgen als sein eigener Sohn wiedergeboren zu werden.

Es wird auch erzählt, dass Re tagsüber in der Sonnenbarke über den Himmel fährt und nachts auf den Wassern des nächtlichen Ozeans unterirdisch denselben Weg wieder zurücksegelt. Dabei wird er von Apophis, seinem Feind, bedroht, der in Gestalt einer riesigen Schlange die Sonnenbarke für immer verschlingen will. Jedes Mal muss Re mit ihm kämpfen, doch stets bleibt er Sieger. Apophis siegt nur vorübergehend bei stürmischem Wetter oder bei Sonnenfinsternis.

Nut galt bei den Ägyptern als sehr alte Göttin, älter und weiser als alle übrigen Götter. Sie besitzt Eigenschaften, die sie tatsächlich als eine urtümliche, matri-

---

80   Siehe Heide Göttner-Abendroth: *Das Matriarchat II,1* und *II,2*, insgesamt.
81   Siehe die Angaben der Quellen bei E. O. James: *Der Kult der Großen Göttin*, S. 116–117, 119–120, 121 (Isis und Osiris als Kinder der Nut bezieht sich auf die Enneade von Heliopolis); bei Miriam Robbins Dexter: *Whence the Goddess*, S. 23, 25.

archale Göttin erscheinen lassen, die weit in die vordynastische Zeit am Nil (vor 3000 vor u. Z.) zurückweist. Die Archäologie hat gezeigt, dass der jungsteinzeitliche Ackerbau sich vom Nahen Osten (Mesopotamien, Syrien, Palästina) von 7000 vor u. Z. an ins Nildelta ausbreitete. Hier waren durch die jährliche Nilschwemme – wie an Euphrat und Tigris – beste Bedingungen für Pflanzenzucht und Ackerbau gegeben. Die ältesten Göttinnen am Nil waren in diesem Sinn nicht ägyptisch, sondern stammen aus dem Nahen Osten.

Nut ist die Göttin der Urwasser Nun. Sie selbst ist „Nun", und somit gab es keinen frühen Gott Nun als ihren „himmlischer Gegenspieler", der im patriarchalisierten Ägypten erst erfunden wurde. Sie brachte alles aus sich selbst hervor, auch den ersten schlammigen Urhügel, aus dem die Erde sich bildete. Sie ist als Ur-Mutter ebenso das mit Wasser gefüllte Universum.[82] Nach ihrer Trennung von ihrem Sohn Geb, der Erde, durch ihren Sohn Shu, die Luft, wurde sie der Himmelsozean, auf dem die Sonnenbarke und das Mondboot ihre Bahnen ziehen.

Es heißt von ihr, dass sie seither im Bogen die Erde überwölbt und ihr Körper mit Sternen besät ist. Sie ist die ewige Nacht im All, die Sterne symbolisieren ihren kosmischen Charakter. Nut ist das weibliche Prinzip als Ursprung allen Seins; sie wird deshalb „Mutter der Götter" genannt oder „Diejenige, die Re täglich zur Welt bringt".[83] Ihre archaische Dreifaltigkeit wird deutlich in den Zuschreibungen, dass sie die „Herrin des Himmels" ist, ebenso die „Herrin der Beiden Länder" auf der Erde (Unterägypten und Oberägypten) und außerdem die Herrin der Anderswelt, die im Kosmos gedacht wird. Denn die Toten kehren zu ihr zurück und werden zu Sternen auf ihrem Leib oder ruhen an ihrer sternenübersäten Brust. In diesem dritten Aspekt besaß Nut Flügel, die sie über die Toten ausbreitete.[84]

Das männliche Prinzip Re, die Sonne, wird gegenüber ihrer kosmischen Nacht nur als vorübergehendes Licht betrachtet; er hat nicht teil an ihrer Ewigkeit. Re ist der vergängliche Sohn der ewigen Göttin. Jeden Morgen gebiert sie ihn, lässt ihn über den Himmel fahren, um ihn am Abend wieder zu verschlucken (Abb. 13). Sein Zeichen ist eine einfache Scheibe (Abb. 14). Hier wird deutlich, warum der nächtliche Mond – der in vielen Mythologien als dreifache Göttin erscheint – als genauso ewig betrachtet wurde wie die Sterne im All. Er ist Teil der Nut, der kosmischen Nacht, im Gegensatz zur dauernd schwindenden und wiederkehrenden Sonne. Deshalb galt in der matriarchalen Weltvorstellung der Sonnensohn als abhängig von der Mondgöttin, die so ewig war wie die kosmische Nacht. Erst die patriarchalen Sonnengötter und Sonnenherrscher, die den Ewigkeitsstatus für sich beanspruchten, haben dies geändert.

---

82 Miriam Robbins Dexter: *Whence the Goddess*, S. 23; Veronika Jons: *Ägyptische Mythologie*, S. 22, 30. – Siehe auch die interessanten linguistischen Überlegungen zu Nun-Nut-Neter als „Wasser-Wasser" (Urwasser) von Kurt Derungs: „Die Natur der Göttin", Vorwort zu E. O. James: *Der Kult der Großen Göttin*, S. 23–27.
83 Veronika Jons: *Ägyptische Mythologie*, S.26.
84 E. O. James: *Der Kult der Großen Göttin*, S. 116.

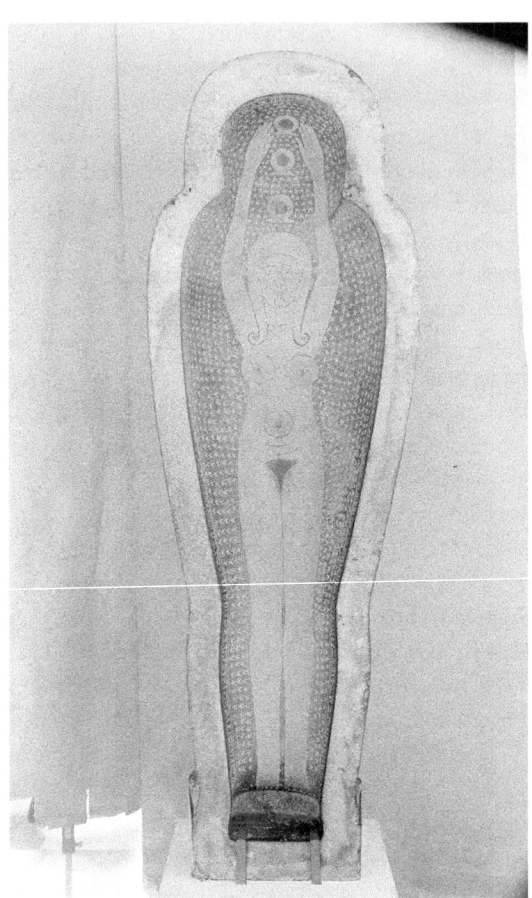

Abb. 13: Nut überspannt mit ausgestreckten Gliedern den Himmel und verschluckt an jedem Abend die Sonne, um sie jeden Morgen wieder zu gebären. Sarkophagdeckel, Musée National du Louvre, Paris.

Abb. 14: Re auf seiner Sonnenbarke, aus dem Thebanischen Totenbuch.

Diese astrale Urmythe wurde durch eine sakrale Tiersymbolik erweitert. Dabei stellte man sich Nut als schöne, weiße Himmelskuh vor, deren Leib ebenfalls mit Sternen besetzt ist (vgl. die Mondkuh Io-Hera). Jeden Morgen gebar sie die Sonne als ihr Kalb, das bis zum Mittag zum goldenen Stier heranwuchs, der seine Mutter begattete. Am Abend starb der Sonnenstier, um am Morgen als sein eigener Sohn wiedergeboren zu werden.[85] Plastischer kann man die Idee der ewigen Wiedergeburt, welche alle matriarchalen Religionen durchzieht, kaum zum Ausdruck bringen.

Aber Re, die Sonne, hat mythologisch gesehen einen anderen Vorgänger: Apophis, die Urschlange, der ewige Feind des Re. Denn Apophis existierte schon, bevor es Re gab. Er lag im Ur-Ozean Nun, bevor sich überhaupt der Sternenhimmel vom Urwasser trennte und Nut die Sonne gebar. Noch immer liegt er in den Tiefen des Unterwelt-Ozeans und versucht, die Sonnenbarke des Re bei ihrer nächtlichen Reise am Weiterfahren zu hindern.[86] Apophis ist in dieser Mythe wohl der unterweltliche Ur-Ozean selbst, der die Sonne allnächtlich verschlingt und nicht mehr freigeben will. Daher wird verständlich, dass er bei Sturm oder Sonnenfinsternis vorübergehend siegt. Denn als Vorgänger des späteren Re, der ihn verdrängte, blieb er dessen Feind – so wie Kronos seinen Nachfolger Zeus als Kind beständig zu verschlingen suchte. Re kämpft sich jedoch stets wieder frei und taucht auf seiner Fahrt aus der Tiefe des Ur-Ozeans wieder auf bzw. wird von seiner himmlischen Mutter wiedergeboren.

Eine ebenfalls archaische, matriarchale Göttin ist Neith, die in der Stadt Saïs im westlichen Nildelta verehrt wurde. Dort hatte sie schon in vordynastischer Zeit (vor 3000 vor u. Z.) ihren Tempel. Auch sie wurde mit dem chaotischen Urwasser identifiziert und brachte sich parthenogen aus sich selbst hervor. Sie hatte aus der Frühzeit die Titel „Große Göttin" und „Mutter aller Götter". Sie galt als Weisheit in Person und Richterin selbst der Götter, deren endlose Gerichtsstreitigkeiten sie schlichtete.[87] In ihren Hymnen erscheint sie als das himmlische Wesen par excellence, die schöpferische Kraft im Himmel, auf der Erde und in der Unterwelt. Sie sei ewig, aus sich selbst erschaffen, sie bringe alles aus dem Nichts hervor, nur durch ihr Denken und ihr Wort: Am Anfang war das Wort – Neith. Von ihr wird auch gesagt, dass sie die Himmelskuh ist und Re gebar, nach ihm die Gottheiten Isis, Osiris, Horus und Sobek (Seth). Sie wurde daher mit Nut, der „Mutter aller Götter", verschmolzen.[88]

Dabei hat sie aber durchaus eine eigene Symbolik. Ihre Kultsymbole sind Schild, Bogen und gekreuzte Pfeile, was sie als archaische Jagdgöttin und „Her-

---

85 Veronika Jons: *Ägyptische Mythologie*, S. 38; E. O. James: *Der Kult der Großen Göttin*, S. 116.
86 Veronika Jons: *Ägyptische Mythologie*, S. 41.
87 Veronika Jons: *Ägyptische Mythologie*, S. 99; Miriam Robbins Dexter: *Whence the Goddess*, S. 25.
88 E. O. James: *Der Kult der Großen Göttin*, S. 120. – Siehe auch die linguistische Verbindung von Nut-Neith-Neter, in: Kurt Derungs: „Die Natur der Göttin", S. 23–27.

rin der Tiere" und spätere kämpferische Göttin ausweist (erster Aspekt).[89] Daran ist ihre libysche Herkunft zu erkennen, denn die Libyer bewohnten einst auch das Nildelta. Sie war offensichtlich die Hochgöttin der matriarchalen libyschen Kultur, die sich später zum libyschen Amazonenreich wandelte, als sich die Libyerinnen gegen die sich ausbreitende Herrschaft der Ägypter verteidigen mussten. Als universelle Mutter zeigt Neith den zweiten Aspekt der dreifaltigen Göttin. Zugleich ist sie auch eine Göttin des Totenreichs (dritter Aspekt). Denn Neith schützte den Sarg und öffnete den Toten den Weg in die Unterwelt. Ihrer großen Weisheit wegen galt sie auch als Erfinderin und Schutzherrin der matriarchalen praktischen Künste: der Kochkunst, der Medizin und der Weberei. Das Weberschiffchen wurde ihr Attribut, und der geheimnisvolle Schleier zu Saïs, ein wundervolles Bildergewebe, verhüllte ihre göttliche Gestalt. Als Weberin mit dem verhüllten Gesicht, die den Toten Gewänder schenkte, erscheint sie als Schicksalsgöttin.[90]

Höchstwahrscheinlich hat sie auch das Schiff, in dem ihr Sohn Re über den Himmel fuhr, erfunden. Denn genau diese Erfindung schreibt man der Göttin Athene zu, die eine Nachfahrin der Neith ist und damit ihr eigenes, religionsgeschichtliches Alter enthüllt. Neith gelangte als die kunst- und erfindungsreiche Göttin, die als Schlange verehrt wurde, nach Kreta und von dort ins mykenische Griechenland, zuletzt als Athene nach Athen. Dabei brachte sie die veredelte libysche Olive mit. Umso schmählicher ist dann das Ende dieser uralten Göttin, nämlich als Weisheit aus dem Haupt des Zeus zu entspringen und die Dienstbotin für seine Ideologie zu werden.

3.2 Hathor und Horus

Zusammenfassung der Mythen[91]

Hathor ist die Tochter von Nut und Re und ebenfalls die Große Göttin, die als Himmelskuh verehrt wurde. Sie galt wie Nut als die Geliebte und Gemahlin des Re und gebar Horus den Älteren. Horus ist aber nicht nur ihr Sohn, sondern auch ihr Gatte. Hathor wurde zur Mutter und Schützerin aller Pharaonen, die mit Horus identifiziert und daher auch als ihre Söhne betrachtet wurden. Sie nährte sie mit ihrer göttlichen Milch im Leben und im Tod und sicherte damit ihre Unsterblichkeit.

Hathor wurde auch „das Auge des Re" genannt. Denn das Auge dieses Gottes (die Sonne) nahm die Gestalt der Hathor an, als er es aussandte, um seine rebellischen Untertanen auf der Erde zu unterjochen. Hathor verwandelte sich in die Gestalt der löwenköpfigen Göttin Sachmet und fuhr wie die sengende, zer-

---

89 Veronika Jons: *Ägyptische Mythologie*, S. 99; E. O. James: *Der Kult der Großen Göttin*, S. 120; Miriam Robbins Dexter: *Whence the Goddess*, S. 25.
90 Veronika Jons: *Ägyptische Mythologie*, S. 99; E. O. James: *Der Kult der Großen Göttin*, S. 120; Miriam Robbins Dexter: *Whence the Goddess*, S. 25.
91 Siehe die Angabe der Quellen bei E. O. James: *Der Kult der Großen Göttin*, S. 118–124; Miriam Robbins Dexter: *Whence the Goddess*, S. 24/25.

störende Kraft der Sonne unter die Menschen, dass sie von Schrecken und Furcht ergriffen wurden. Sie zwang den Menschen nicht nur ihren Willen auf, sondern geriet, nachdem sie einmal Blut geschmeckt hatte, in Raserei. Sie war im Begriff, das ganze Menschengeschlecht im Blutrausch aufzufressen, sodass Re sie mit einer List zügeln musste: Er ließ große Mengen Bier brauen und mit Beeren rot färben. Dieser Trank wurde in der Nacht über das Land gegossen. Als Hathor-Sachmet am nächsten Morgen auszog, um die Menschheit zu vernichten, blieb sie stehen, bewunderte das „Blut" und trank davon. Schnell wurde sie betrunken und zahm, sie gab ihren Plan auf und nahm ihr früheres liebenswürdiges Wesen als Göttin der Schönheit, der Freude, der Musik, der Liebe und der Mutterschaft wieder an.

Hathor galt als die Tochter der Nut. Nahtlos übernahm sie daher deren Eigenschaften: Sie war die große Himmelsgöttin und die sternenübersäte Kuh wie diese, damit ist sie als die universelle Mutter charakterisiert.[92] Zum Zeichen dafür trägt sie stets mächtige Kuhhörner als Krone auf dem Kopf, die Vorbilder der Kuhhörner der Hera von Kreta. Ihre Kuhhornkrone wurde in Ägypten auch „Kara"-Zeichen genannt, was deren astrale Bedeutung enthüllt: Die zweite Silbe „Ra/Re" bedeutet „Sonne", und die erste Silbe „Car" bedeutet „Stein", „Mondhorn" und „Wachstum". So ist die Kuhhornkrone eine Mondhornkrone, zwischen deren beiden Hörnern die Sonnenscheibe ruht.[93]

Ihre Beziehung zu Re ist ebenfalls eng: Sie galt als seine geliebte Tochter, von daher als seine Gattin und als seine Mutter, indem sie ihn in Gestalt des Horus des Älteren (Horus von Edfu) wiedergebar. Beider Sohn soll wiederum Horus der Jüngere gewesen sein.[94]

Hathor ist in diesem zweiten Aspekt nicht nur göttliche Mutter des Horus und aller Pharaonen, in denen sich Horus verkörperte, sondern auch die Schützerin der einfachen Frauen bei Schwangerschaft und Geburt. Deshalb erfreute sie sich großer Verehrung im Volk, und zu ihrem liebenswürdigen Wesen passt es, dass sie auch Göttin der Liebe, der Freude, aller weiblichen Reize einschließlich kostbarer Kleidung, ebenso der Musik, des Tanzes, aller sinnlichen Künste und nicht zuletzt berauschender Getränke war. Auf Bildern trägt sie wunderschöne ägyptische Kragen und das Sistrum, ihr Musikinstrument, in der Hand, das aus einem Kuhschädel entwickelt wurde.[95]

Sie hat jedoch auch dunklere Seiten, denn sie ist sowohl die löwenköpfige, kämpferische Göttin Hathor-Sachmet (erster Aspekt) als auch die Schützerin der Toten (dritter Aspekt). Sachmet wird als furchterregende, blutdürstige Löwengöttin geschildert, welche die Sonnenscheibe mit einer Schlange auf dem Kopf trägt (Abb. 15). Hathor war in dieser Gestalt die Göttin der Sonne in ihrer sengenden,

---

92 Veronika Jons: *Ägyptische Mythologie*, S. 75.
93 Kurt Derungs: „Die Natur der Göttin", S. 28.
94 Veronika Jons: *Ägyptische Mythologie*, S. 75; E. O. James: *Der Kult der Großen Göttin*, S. 118.
95 Miriam Robbins Dexter: *Whence the Goddess*, S. 24; Veronika Jons: *Ägyptische Mythologie*, S. 75, 78.

zerstörerischen Kraft. Sie soll als Sachmet die Verteidigerin der göttlichen Ordnung des Re gewesen sein und den gegen ihn rebellierenden Menschen seine Ordnung aufgezwungen haben. Diese Mythe, die damit endet, dass sie im Blutrausch beinah die ganze Menschheit vernichtet hätte, wenn nicht Re die Löwengöttin betrunken gemacht hätte, sodass sie am Schluss harmlos einschlief, ist stark patriarchal deformiert.

Sie entstand zu der Zeit, als der Sonnengott Re verabsolutiert und zum obersten Vatergott gemacht wurde. Das geschah jedoch nicht ohne Widerstand, wie die Rebellion gegen ihn zeigt. Angeblich sandte er sie als „das Auge des Re" aus, doch dieses Sonnenauge ist sie selbst (siehe Nut-Hathor als Himmelskuh, deren Augen Mond und Sonne sind[96]). So ist es höchst zweifelhaft, dass sie auszog, um seine patriarchale Ordnung zu verteidigen. Höchstwahrscheinlich kämpfte sie gegen ihn, um ihre eigene matriarchale Ordnung zu schützen, wie es die libyschen Amazonen taten, die aus der sengenden Wüste kamen. Die Trunkenheit der Hathor-Sachmet weist eher auf sakrale Trinkfeste hin, die noch in späterer Zeit gefeiert wurden.[97] Sie dürften ursprünglich mit dem Tod des Heros in Zusammenhang gestanden haben. Der Herostod wurde in den Augen der späteren patriarchalen Priester des Re dann zum Vernichtungsakt gegen alle Menschen (gleich Männer) hochstilisiert. So wird die Ordnung, für welche die Anhängerinnen der Sachmet kämpften, wohl die Ordnung der Göttin mit ihrer kosmischen Gesetzmäßigkeit von Tod und Wiedergeburt gewesen sein. Das Bild der Hathor-Sachmet als Löwengöttin weist darauf hin: Denn sie trägt in der Rechten das Szepter, Zeichen der ewigen Ordnung, und in der Linken das Anch, Zeichen des immer wiederkehrenden Lebens. Wie selbstmächtig sie noch in patriarchaler Zeit auftrat, darauf weist der Umstand hin, dass Re nicht wusste, wie er sie bändigen, das heißt, zähmen und unterwerfen sollte. Schließlich griffen er und seine patriarchalen Kumpane zu einer List und stellten sich damit als schlaue Retter der Menschheit hin – ein Gipfel der Verzerrung des wahren Sachverhalts!

Hathor heißt in ihrem dritten Aspekt „Göttin des Westens" (Abb. 16). Hier ist sie wieder die sanfte Göttin, was für sie – wenn ihre Ordnung nicht angegriffen wird – charakteristisch ist. Sie bestimmte die Todesstunde der Menschen und empfing die ankommenden Toten in der Unterwelt, nährte sie an ihren Brüsten und goss Lebenswasser für sie aus. In dieser Gestalt war sie auch die göttliche Kuh und mit einem heiligen Baum verknüpft, meist der Sykomore, aber auch der Dattelpalme.[98] Wie sie die Seelen der Toten mit ihrer Milch stillte, so auch den König während seines Aufenthalts in der Unterwelt – wie es auch Rhea und Hera für den kretischen Zeus in der Unterwelt taten. Auf diese Weise erhielt sie den Pharao, bis er durch Wiedergeburt wieder zum Licht der Oberwelt aufsteigen konnte.

---

96 Veronika Jons: *Ägyptische Mythologie*, S. 46.
97 Veronika Jons: *Ägyptische Mythologie*, S. 102.
98 Veronika Jons: *Ägyptische Mythologie*, S. 78; Miriam Robbins Dexter: *Whence the Goddess,* S. 24.

Abb. 15: Sitzfigur der Göttin Sachmet, Ägyptisches Museum und Papyrussammlung, Berlin.

Abb. 16: Hathor als Göttin des Westens, Theben West, Tal der Könige.

Der genuine Heros der Hathor ist Horus, wie die Sprache schon sagt: „Horus" und „Heros" ist derselbe Begriff. Die Stammsilbe der vielen Varianten von Horus' Namen ist „Har/Hor" (Horus, Haroëris, Harachte, Harmachis). Der Name „Hat-Hor" bedeutet „Haus/Schoß des Horus", denn aus ihr kommt er hervor. Sie trägt ihn in ihrem Uterus, so wie bei ihrer Kuhhornkrone die Sonnenscheibe im Schoß der beiden Mondhörner ruht. Wie ihre Mutter Nut mit ihren Söhnen jeweils deren verjüngte Erscheinung gebar, so gebar auch Hathor mit Re oder Horus dessen jeweils verjüngte Gestalt. Jedes Jahr feierte sie Heilige Hochzeit mit ihm: Die Statuen der Hathor von Dendera und des Horus von Edfu begegneten sich alljährlich bei einer großen Schiffsprozession, die von den Ägyptern auf dem Nil veranstaltet wurde. Danach wurden sie zur „Hochzeit" in den Tempel von Edfu gebracht und das Fest mit großem Pomp gefeiert. Während des Fests fand wohl eine rituelle Hochzeit zwischen einem königlichen Paar statt, bei dem der junge Horus empfangen wurde.[99] Nach diesem Ereignis starb gemäß matriarchaler Auffassung die Horus-Sonne. Dann stand Hathor auf dem Berg des Westens, um ihn in ihren Armen aufzunehmen. Der Sohn, den sie im nächsten Jahr gebar, war seine eigene Wiederkehr, und damit begann alles von vorn.[100]

Der Heilige König Ägyptens, der Pharao, galt als Personifikation des Horus, die Priesterin-Königin dagegen als Personifikation der Hathor. Für die vor-dynastischen und frühen dynastischen Verhältnisse zwischen ihnen sind die archäologischen und schriftlichen Funde in Oberägypten (heute Sudan) sehr aufschlussreich, die sich auf das Reich von Meroë oder Napata beziehen (800 vor u. Z. bis 300 nach u. Z.). Hier hatten sich ältere Formen erhalten, die auf bronzezeitliche matriarchale Muster im Königshaus zurückgehen und auf die Situation auch im frühen Ägypten hinweisen. Solche Muster im Königshaus standen im östlichen Mittelmeerraum und im Nahen Osten keineswegs vereinzelt da. Das Reich von Meroë war immer in der Hand der Kandake, der Priesterin-Königin, sei es als Mutter oder als Schwester, und der Thron vererbte sich matrilinear. Hier konnte ein Mann nur König werden, wenn er von der Königinmutter abstammte und die Erbprinzessin, die Schwester, heiratete; die Königswürde erhielt er nur durch sie.[101] Wir können deshalb annehmen, dass dieselbe Konstellation, wie sie zwischen der matriarchalen Hathor und ihrem Horus bestand, auch für die Priesterin-Königin und den Pharao im frühen Ägypten galt: Die Priesterin-Königin war die Mutter des Pharao, und ihre Tochter war seine Schwestergattin. Der Thron und damit das Land, ob es ein Reich oder nur ein Gau war, wurde auch hier ausschließlich in dieser weiblicher Linie vererbt. Der Pharao konnte seine Würde deshalb nur erlangen, wenn er seine Schwester heiratete bzw. sie ihn erwählte und er das Amt von ihr erhielt.[102] Den er-

---

99 Veronika Jons: *Ägyptische Mythologie,* S. 75; E. O. James: *Der Kult der Großen Göttin,* S. 123/124.
100 Veronika Jons: *Ägyptische Mythologie,* S. 79.
101 Kurt Derungs: „Die Natur der Göttin", S. 29/30.
102 „Sohn" der Königinmutter und „Schwester" des Königs sind hier dehnbare Begriffe, das heißt, es muss keine leibliche Mutter-Sohn- und Schwester-Bruder-Beziehung gemeint sein. In matriarchalen Königshäusern galten auch kollaterale männliche Nachkommen (Neffen) als „Söhne" und kol-

Abb. 17: Hathor säugt als Himmelskuh den jungen Pharao, Archäologisches Nationalmuseum, Florenz.

wählten und eingesetzten König schützte die Schwestergattin dann bei allen Tätigkeiten seines Amts, bis sie ihn am Ende seiner Regierungszeit auf die (symbolische) Andersweltreise schickte oder ein Tier an seiner Stelle getötet wurde.

---

lateral verwandte Frauen (Cousinen) als „Schwestern". Die Heirat fand jedoch stets im eigenen matrilinearen Clan statt.

Wegen dieser Identifikationen der Königinmutter mit der Göttin und des Königs mit ihrem Sohn sehen wir auf Darstellungen Hathor den kleinen Pharao säugen oder ihn als Himmelskuh mit ihrer Milch nähren (Abb. 17). Ihre Milch machte den König unsterblich wie die Milch der Hera den Herakles. Auch den erwachsenen Pharao schützt sie, denn sie steht hinter seinem Thron und breitet ihre Flügel um ihn aus. Dabei hält Hathor in der Linken, der Seite des Herzens, das Anch, das Zeichen des immer wiederkehrenden Lebens, des durch Wandlung ewigen Lebens. Es ist das Symbol für Weiblichkeit, denn das Weibliche ist das Prinzip allen Lebens. In der Rechten hält sie das Zeichen ihrer Ordnung und Macht, das Szepter. Sie hat ihre Macht dem Pharao geliehen, denn auch er trägt Szepter und Anch, allerdings seitenverkehrt. So wird er zum Vermittler zwischen der Göttin und dem Volk. Stolz bezeichneten sich die ägyptischen Pharaonen als „von Hathor erwählt".

3.3 Isis und Osiris

Zusammenfassung der Mythen[103]

Isis wurde als die Gattin des Osiris, ihres Zwillingsbruders betrachtet, den sie schon im Mutterleib liebte. Sie galt als „Große Zauberin", denn sie lehrte Osiris den Ackerbau und Städtebau. Osiris brachte dieses Wissen auf ihr Geheiß den Menschen und regierte im Nildelta. Während seiner häufigen Abwesenheiten in kultureller Mission stromaufwärts regierte Isis das Reich und lehrte die Frauen die Webkunst und die Medizin. Aber ihr ränkesüchtiger Bruder Seth bedrängte sie mit seinen Machenschaften, denn er wollte sie und den Thron haben und die festgesetzte Ordnung ändern.

Durch eine List gelang es Seth, Osiris bei einem Gastmahl zu töten, er lockte ihn in einen Sarkophag und warf diesen in den Nil. Als Isis davon erfuhr, machte sie sich weinend auf den Weg, bis sie in Byblos in Phönizien den Leichnam des Osiris fand. Vom toten Osiris empfing sie durch ihre Zauberkunst ein Kind, ihren Sohn Horus. Sie versteckte den Leichnam in den Sümpfen des Nildeltas, aber Seth bemerkte ihren Fund und zerriss Osiris in viele Teile, die er über das ganze Land verstreute. Isis suchte sie geduldig wieder zusammen, unterstützt von ihrer Schwester Nephthys, der Gattin des Seth, von dem sich Nephthys aber abgewendet hatte. Zuletzt fügte sie den Körper des Osiris neu zusammen, und Nephthys nahm ihn mit sich in die Unterwelt. Seitdem regierte er als König der Unterwelt und richtete gerecht und weise über die Toten.

In einem Papyrusdickicht brachte Isis Horus zur Welt und versteckte ihn vor Seth. Aber Seth kroch als giftige Schlange zu dem Kind und biss es. Isis weinte bitterlich, denn Horus drohte zu sterben und mit ihm die Unschuld in der Welt. Sie wandte sich hilfesuchend an den höchsten Gott Re. Die Sonnenbarke hielt über ihr an: Damit erlosch das Licht in der übrigen Welt, der nun ewige Finsternis drohte,

---

[103] Plutarch: *De Iside et Osiride*. Siehe die Angabe weiterer Quellen bei E. O. James: *Der Kult der Großen Göttin,* S. 120–123; Miriam Robbins Dexter: *Whence the Goddess,* S. 25–28.

sollte Horus nicht genesen. Der Sonnengott beschwor Horus, und dieser wurde gesund.

Als Horus erwachsen war, kämpfte er gegen Seth, um den Tod seines Vaters Osiris zu rächen. In einem wilden Kampf kastrierte Horus den Seth, aber Seth riss das schwache Auge des Horus, den Mond, heraus. Das Augenlicht des Horus wurde jedoch wiederhergestellt. Schließlich sprach das Göttergericht nach langen und wirren Verhandlungen Horus als dem legitimen Erben das Nilreich zu.

Wegen seiner feindseligen Rolle beim Göttergericht ließ Isis den Re durch eine Schlange beißen. Nun konnte er sich selbst nicht heilen. Sie allein kannte das Mittel zur Heilung, vollzog diese aber erst, als Re ihr seinen geheimen Namen und damit seine Macht überantwortet hatte.

Isis ist die bekannteste Göttin Ägyptens, obwohl sie in der Endphase weitgehend eine Verschmelzung mit Hathor darstellt, sodass sie mit dieser verwechselt werden kann. Dabei weist sie in Verbindung mit dem Osiris-Glauben, der ältesten Schicht ihrer Mythen, eigene Wesenszüge auf. Als eine sehr alte, volkstümliche Göttin des nördlichen Nildeltas aus vor-dynastischer Zeit war sie sogar einst vom Osiris-Kult unabhängig. Dieser drang friedlich aus Syrien ein und verschmolz im Delta mit dem Isis-Kult.[104]

Der Name „Isis" geht auf „I-Set" oder „Ua-Set" (Ua Djit, Wadjet, Uto) zurück. „Set" bedeutet heute noch im Arabischen „Frau", was auf die lange Verehrung der Göttin hinweist. Uto war die Schlangengöttin des Deltas, sie ist in den Mythen die Schützerin der Isis bzw. diese selbst. Uto wohnte in den Papyrusdickichten und erfand den Papyrus (das Papier), eine kulturschöpferische Tat. I-Set wurde in der Papyruspflanze verkörpert, die in einer Landschaft von Wasser und Erde gedieh und das Nildelta grünen lässt. Deshalb wurde Isis auch „die Grüne" genannt und trägt auf Abbildungen ein grünes Kleid, das die Fruchtbarkeit der Erde symbolisiert.[105] Das macht deutlich, dass sie eine Erdmuttergöttin ist und das grüne Land am Nil verkörpert. Darauf weist auch ihr Attribut, der Thronsitz, hin, denn dieser war ursprünglich ein heiliger Stein, Symbol der Erdgöttin selbst. In der matriarchalen Megalithkultur der Jungsteinzeit kommen solche Steine als Verkörperung der Erde und der Landschaftsgöttin in ganz Europa und ebenso in den anderen Kontinenten vor. Der König wurde als Sohn der Landschaftsgöttin auf diesem Stein inthronisiert, buchstäblich saß er auf ihrem Schoß und damit auf dem Land. Sie war sein Thronsitz, nur von ihr erhielt er seine Macht und Weisheit.[106] Auch dieser Zusammenhang weist auf das hohe Alter der Göttin Isis hin. Im kretisch-griechischen Raum ist Demeter ihre mythologische Nachfahrin.

---

104 E. O. James: *Der Kult der Großen Göttin,* S. 121; Veronika Jons: *Ägyptische Mythologie,* S. 54, 48.
105 Kurt Derungs: „Die Natur der Göttin", S. 31.
106 Siehe Heide Göttner-Abendroth: *Das Matriarchat II,1*; vgl. auch den „Lia Fail" von Tara, den Krönungsstein in der irischen Mythologie, auf dem der König inthronisiert wurde.

Isis wird auch mit einem anderen archaischen Symbol verknüpft, dem kosmischen Ei, das wiederum den Vollmond symbolisiert.[107] Beide bedeuten Fruchtbarkeit und Lebenskraft. Das Mondsymbol begleitet Isis auch später: Sie wurde mit Thot, dem weisen, auf Papyrus schreibenden Mondgott als ihrem angeblichen „Vater" verknüpft[108] – doch wohl eher war er ihr Kind. Und sie wurde wie Hathor mit der hohen Mondhörnerkrone ausgestattet, die sich in römischer Zeit zu einem Sichelmond-Diadem wandelte.

Osiris war am Anfang ein Hirtengott und wurde in Verbindung mit Isis, der Göttin des Landes, zu einem Gott der Vegetation, insbesondere des Korns. Als Korngott war er verbunden mit dem Ackerbau und ebenso volkstümlich wie Isis. Er ist der archaische Heros-König der Göttin und als ihr Bruder dazu prädestiniert. Die Stadt ihrer Verehrung war Busiris im östlichen Delta, wo Isis einen Tempel aus Schilfrohr besessen haben soll. Sie war es wohl, die Osiris den Ackerbau gelehrt hat (wie Demeter den Triptolemos), denn Isis galt wegen dieser als magisch betrachteten, zivilisatorischen Künste von Anfang an als die „Große Zauberin". Die Ackerbaukultur verbreitete Osiris dann mit sanfter Überzeugungskraft in vielen Gebieten am Nil, er lehrte die Menschen den Anbau von Weizen, Gerste und Wein.[109] Er wurde auch mit den Wassern des Nils in Verbindung gebracht, da es die jährliche Nilschwelle war, die das Land fruchtbar machte und ergrünen ließ. Analog zu Isis im grünen Kleid ist er deshalb oft mit grüner Hautfarbe abgebildet. Sein Schicksal wurde mit dem Kreislauf des bäuerlichen Jahres identifiziert, mit Wachsen, Reifen, Verwelken und Erneuerung der Natur. Sein Tod wurde mit dem Fallen des Nils während der heißen, dürren Jahreszeit in Zusammenhang gebracht und seine Auferstehung mit der Nilschwelle, wenn das Wasser wiederkehrte. Auf diese Weise begattete Osiris jedes Jahr die Göttin Isis, das heißt, das Land Ägypten, wenn sein Wasser die Erde überflutete und fruchtbar machte.[110]

In der Jahreszeit der Dürre wurde er, gemäß einer Naturmythe, von seinem Widersacher Seth, der Personifikation der Unfruchtbarkeit und des Todes, getötet und in Stücke gerissen. Seth brachte als Glutwind aus der Wüste die Dürre und vernichtete die grüne Vegetation. Seth ist jedoch selbst ein sehr alter Gott, und die Wüsten Libyens und Oberägyptens sind seine Heimat. Die Ausbreitung des Ackerbaus und der Regierung des Osiris vom Delta bis nach Oberägypten muss die libyschen und äthiopischen Hirtenstämme gegen ihn aufgebracht haben, denn sie sahen sich aus ihren angestammten Gebieten am Nil verdrängt. So kam es zur „Ermordung" und später zur „Zerstückelung" des Osiris, das heißt, die libyschen Stämme mit ihrem Gott Seth trieben Osiris zum Delta zurück und zerstückelten sein Reich entlang dem Nil. Diese Kämpfe haben sich mehrfach wiederholt, da die

---

107 Kurt Derungs: „Die Natur der Göttin", S. 31.
108 Veronika Jons: *Ägyptische Mythologie*, S. 48.
109 Veronika Jons: *Ägyptische Mythologie*, S. 48, 50.
110 Veronika Jons: *Ägyptische Mythologie*, S. 51.

ägyptische Kultur am Nil dennoch immer mächtiger wurde – wie an den nachfolgenden Streitigkeiten und Schlachten zwischen Horus und Seth zu erkennen ist.[111]

Nach seinem Tod beweinte Isis ihren Heroskönig Osiris bitterlich und suchte ihn überall. Im Boot durchforschte sie die ganze Region und fand schließlich seinen Leichnam. Dank ihrer Zauberkünste empfing sie noch vom toten Osiris ein Kind. Später, als der Leichnam des Osiris von Seth zerrissen worden war, suchte sie seine Einzelteile und setzte sie, in Vorbereitung seiner Auferstehung, wieder zusammen (vgl. Rhea und Dionysos-Zagreus). Zugleich erfand sie die Kunst der Einbalsamierung, um Osiris unsterblich zu machen (Mumifizierung). Sie konnte allerdings das Wichtigste nicht finden, seinen Phallus. Es gibt etliche Varianten darüber, wie sie dieses Problem löste: Sie machte einen künstlichen Phallus aus Lehm oder aus Gold und hauchte ihm Leben ein, oder sie fand „das Kleinod in der Lotosblüte". Die „Lotosblüte" ist ein Synonym für die Vulva, aus der alles Leben geboren wird. Deshalb wird diese Blume zum Symbol für die Wiedergeburt (in Kreta die blaue Lilie). Indem Isis den Phallus des Osiris in der „Lotosblüte" findet, hat sie ihn nicht nur vervollständigt, sondern es ist noch einmal ein Bild der Empfängnis. Es klingt die Vorstellung von der Heiligen Hochzeit an, denn nur so hat Osiris die Chance, als sein eigener Nachfolger wiedergeboren zu werden.[112]

Als mumifizierter Gott wird Osiris der König der Unterwelt und Richter der Toten (Abb. 18). Im Totenreich besitzt er große Macht, denn er wägt die Herzen der Verstorbenen auf der Waage der Gerechtigkeit. Auch hier steht Isis, zusammen mit ihrer Schwester Nephthys, hinter seinem Thron und breitet schützend ihre Arme um ihn aus wie Hathor ihre Flügel um den Pharao. Damit ist ausgedrückt, dass er die Macht des Totenrichters im Auftrag seiner Schwestern, der Landesgöttin Isis und der Unterweltgöttin Nephthys, ausübt. Als vergöttlichter Heroskönig hat er eine Mittelstellung zwischen dem anfangs nicht göttlichen Heros und dem späteren verabsolutierten männlichen Gott inne. Re machte diese religiöse Karriere ganz zu Ende: Vom anfänglichen Sohn und Heros der Nut schwang er sich zum Sonnengott an der Seite der Göttin auf, um sich zuletzt zum absoluten Vatergott zu erheben und seine uranfängliche Mutter zu seiner „Tochter" zu machen – ein typischer Patriarchalisierungsprozess. (Für Re war dieser Glanz allerdings nicht von langer Dauer.) Obwohl Osiris in der Endphase seiner Religion auch zum Gott der Wiederauferstehung wurde und zur Hoffnung jedes Toten, erreichte er nie in das Stadium der Verabsolutierung. Göttin und Gott blieben ein machtvolles, matriarchales Paar.

Auch die Gestalt der Isis entwickelte sich weiter, doch sie verlor trotz ihres zunehmenden Facettenreichtums niemals ihren eigentümlichen, chthonischen Charakter. Als Muttergöttin tritt Isis später besonders als Mutter des wiedergeborenen und verjüngten Osiris in Erscheinung, des Har-Siesis, „Horus als Isis-Sohn", der nicht identisch ist mit Horus, dem Sonnenfalken, dem Sohn der Hathor. Horus

---

111   E. O. James: *Der Kult der Großen Göttin*, S. 115; Veronika Jons: *Ägyptische Mythologie*, S. 62–64.
112   Veronika Jons: *Ägyptische Mythologie*, S. 58; Miriam Robbins Dexter: *Whence the Goddess*, S. 26.

Abb. 18: Osiris als Herr der Unterwelt, Wandmalerei im Grab des Sennodjem, Theben, Ägypten.

als Isis-Sohn ist ein Kindgott (vgl. Iakchos-Dionysos, den kretischen Zeus), und er heißt ausdrücklich Harpokrates, „Horus, das Kind". Wegen seiner kindlichen Züge wurde er von den anderen Göttern, besonders von seinem Widersacher Seth, nicht ganz ernst genommen.[113] Isis erscheint auf den Darstellungen meist als Mutter, die das Horuskind stillt, nachdem sie es in den Sümpfen des Nildeltas gebo-

---

113   Veronika Jons: *Ägyptische Mythologie,* S. 70/71.

ren hat (Abb. 19). Horus ist als das Kind aus ihrer „Lotosblüte" der wiedergeborene Osiris. Dessen Verjüngungsprozess setzt sich noch einmal fort in den vier „Söhnen" des Horus, die ebenfalls aus Isis' „Lotosblüte" geboren wurden; Darstellungen zeigen sie immer winzig aus dieser Blume hervorkommend.[114] Auch das ist ein plastischer Ausdruck für die zyklische Wiedergeburt, wie sie uns schon in der Mythologie von Nut-Hathor und Re begegnete: Osiris, Har-Siesis und die vier Söhne des Horus sind stets der als sein eigener Nachfolger wiedergeborene Osiris, so wie die Vegetation Ägyptens jährlich wiederaufersteht. Entsprechend erscheint ihre Mutter Isis noch in spätester Zeit mit Ähren und Lotosblüten bekränzt – wie ihre mythologische Entsprechung Demeter in Griechenland.

Als Personifikation des Landes Ägypten wurde Isis bald mit dem Sonnenkult des Re und der Pharaonen verknüpft, die Horus als Sonnenfalken verkörperten. Jetzt wurde das ganze Land Ägypten zum Thronsitz des Pharao und Isis dafür das Symbol – wie ihre Hieroglyphe,

Abb. 19: Thronende Isis mit dem Horuskind, Ägyptisches Museum, Kairo.

der steinerne Thronsitz, zeigt. Damit lag ihre Identifikation mit Hathor nahe, und von nun an trug Isis auch Hathors Kuhhörnerkrone. Auch ihre sonstige Ausstattung gleicht auf manchen Bildern vollständig jener der Hathor, bis hin zum prächtigen Kragen und dem Sistrum, sodass man sie für Hathor halten könnte, wenn nicht ihre Hieroglyphe anzeigte, dass sie Isis ist. Ihr eigener Sohn Har-Siesis wurde mit Hathors falkenköpfigem Horus, der Sonne, verschmolzen, obwohl Horus als Sohn der Isis ursprünglich wohl der Mond und nicht die Sonne war. Dieser Horus geleitet nun die Toten zu Osiris, und der tote Pharao wurde mit Osiris identifiziert. Als falkenköpfiger Horus führte er einige Schlachten gegen Seth, um seinen Vater zu rächen. Es gelang Horus mehrfach, Seth zu besiegen, aber er konnte seinen

---

114   Veronika Jons: *Ägyptische Mythologie,* S. 75.

Gegner nicht endgültig überwinden.[115] Dies spiegelt – außer der andauernden Bedrohung Ägyptens durch die Wüstenvölker – den Widerstand der oberägyptischen Stämme gegen die gewaltsame Vereinigung der Beiden Länder unter Pharao Menes der 1. Dynastie (von 3000 vor u. Z. an), nachdem Horus und Seth zuvor ein friedliches Bündnis der beiden Ländern geschlossen hatten.[116] Als Horus schließlich den Thron, sein Erbe von Mutter und Vater, besteigen wollte, war Seth zusammen mit Re wieder sein Gegner vor dem Göttergericht. Die mit List und Tücke geführten Verhandlungen, in die alle Gottheiten einbezogen wurden, spotteten jeder Suche nach Gerechtigkeit und zogen sich endlos lange hin. Zuletzt entschied Osiris, der auf die unausweichliche Gerechtigkeit der Unterwelt verwies, welcher auch die Götter unterworfen waren, zugunsten seines Sohns.[117] Auch dies ist frühe ägyptische Geschichte im Spiegel der Mythen und verweist auf die internen Zwistigkeiten, die mit der Ausbreitung des Osiris-Horus-Kults in ganz Ägypten gegeben waren.

Trotz der Verschmelzung der Isis-Verehrung mit dem Astralkult von Hathor und Re bleibt ihr Verhältnis zur Sonne gespalten. Das wird deutlich bei der Konkurrenz zwischen Isis und Re hinsichtlich der Zauberkraft der Heilung, das heißt, der magischen Kräfte überhaupt. So ist es bereits eine patriarchale Deformation dieser Göttin, dass sie, die „Große Zauberin", angeblich nicht einmal Horus als kleines Kind von einem Schlangenbiss heilen konnte, obwohl sie doch gerade Osiris noch im Tod zeugungsfähig gemacht und ihm ewiges Leben in der Unterwelt verliehen hatte. Ausgerechnet Re musste ihr zu Hilfe kommen, was den Unterordnungsversuch der alten, mächtigen Göttin unter das patriarchale Sonnengott-Prinzip der Ära von Heliopolis zeigt. Doch Isis rächte sich bald an Re, indem sie die Rollen von Hilflosigkeit und Heilung vertauschte – was mit ihrer ältesten Rolle in Übereinstimmung ist. Sie ließ Re von einer Schlange beißen, und niemand außer ihr konnte ihn heilen; sie tat dies aber erst, nachdem er ihr seine Macht übergeben hatte.[118] Auf diese Weise musste der nun „gealterte" Re seine angemaßte Regierung an den jungen Horus abtreten, was die Dominanz der Isis-Verehrung über den Re-Kult im späten Ägypten veranschaulicht.[119]

Die Verehrung der Göttin Isis, die zu allen Perioden der ägyptischen Geschichte bestand, erfreute sich nämlich in der ägyptischen Spätzeit größter Beliebtheit beim Volk, während die Re-Hathor-Religion der Pharaonen im Volk nie sonderlich verankert war. Noch im 6. Jahrhundert nach u. Z. wurde Isis auf der Insel Philae in Oberägypten verehrt.[120] Sie war zum Symbol der den Tod überwindenden, weiblichen Kraft geworden und Osiris – der allmächtige Richter im „Jüng-

---

115 Veronika Jons: *Ägyptische Mythologie*, S. 71.
116 Veronika Jons: *Ägyptische Mythologie*, S. 63.
117 Veronika Jons: *Ägyptische Mythologie*, S. 72, 74.
118 Veronika Jons: *Ägyptische Mythologie*, S. 61; Miriam Robbins Dexter: *Whence the Goddess*, S. 27.
119 Siehe auch die Nacherzählung und Neuinterpretation von Heide Göttner-Abendroth: „Isis von Ägypten", in: *Inanna, Isis, Rhea*.
120 Veronika Jons: *Ägyptische Mythologie*, S. 62.

sten Gericht" – zum Gott der Wiederauferstehung nicht nur des Pharao, sondern aller Menschen. Mit diesen Glaubensinhalten verbreitete sich die Isis-Verehrung in römisch-hellenistischer Zeit im ganzen Mittelmeerraum bis Rom. Dabei blieben weitere patriarchale Deformationen nicht aus. In ihren mittlerweile synkretistisch gewordenen Mythen und Riten hatte die Göttin ihren machtvollen Charakter verloren und sich zur rührenden Ehefrau und larmoyanten Witwe des Osiris und zur aufopferungsvollen Mutter des Horus gewandelt – ein Frauenbild, das in den patriarchalen Gesellschaften und Staaten des römischen Mittelmeerraums erwünscht war. Als diese rührende Mutterfigur, abgebildet beim Stillen des Har-Siesis, wurde sie das Vorbild der christlichen Madonna, denn auf dem Boden der religiösen Isis-Tradition entwickelte sich das frühe Christentum.

4   Sumer/Babylon

Nicht nur von der frühen Kultur Ägyptens ging ein breiter Kulturstrom nach Kreta und von da nach Europa, sondern in gleichem Maß auch aus Vorderasien, insbesondere von den vor-sumerischen Stadtstaaten Mesopotamiens, wie Uruk, Ur, Nippur und anderen. Sie sind die ältere Kultur und haben auch Ägypten beeinflusst. Kreta und damit Europa hat von beiden empfangen, einen Kulturstrom aus Nordafrika und einen aus dem Nahen Osten.

4.1   Inanna-Ishtar und Dumuzi-Tammuz

Zusammenfassung der Mythen[121]

Nachdem Inanna ihren Thron in Uruk begründet hatte, gewann sie die Macht über ganz Sumer, indem sie Enki, den göttlichen Hüter der Gesetzestafeln, betrunken machte, so dass er ihr die Macht gern übergab. Dann erwählte sie auf Anraten ihrer Mutter den Hirten Dumuzi als Gatten, den sie dem Bauern vorzog. Sie feierte im Frühling Heilige Hochzeit mit ihm und machte Dumuzi auf diese Weise zum König von Sumer.

Obwohl sie Herrin des Himmels und der Erde war, entschloss sich Inanna, auch in die Unterwelt hinabzusteigen. Geschmückt mit ihren göttlichen Insignien brach sie zu der gefährlichen Reise auf. Aber am Eingang der Unterwelt wurde sie erkannt und durch die sieben Tore der Hölle geführt; vor jedem Tor musste sie einen Teil ihrer Kleidung und ihres Schmuckes hergeben. In den Tempel in der Tiefe, wo Ereshkigal, die Göttin der Unterwelt, thront, trat Inanna schließlich nackt

---

121   Siehe die Angaben der Quellen bei E. O. James: *Der Kult der Großen Göttin*, S. 105–112; bei Miriam Robbins Dexter: *Whence the Goddess*, S. 16–22; weitere Quellen: Diane Wolkstein: *Inanna, Queen of Heaven and Earth*, New York 1983.

ein. Sobald der Blick der Todesgöttin sie traf, wurde sie ein Leichnam. Als drei Tage vergangen waren, sandte Enki, alarmiert durch Inannas Botin, Lebenswasser und Lebensspeise unter die Erde und rief Inanna ins Leben zurück. Sie durfte wieder auf die Oberwelt steigen unter der Bedingung, einen Ersatz zu schicken. Begleitet von Dämonen der Unterwelt, zog sie in Sumer von Stadt zu Stadt und erlöste die Erde aus ihrer Unfruchtbarkeit. Schließlich überantwortete sie Dumuzi den Dämonen, weil er eine eitle Haltung eingenommen und keinerlei Trauer über ihren Tod gezeigt hatte. Die Dämonen holten ihn in die Tiefe, und nur auf die Bitten seiner Schwester hin durfte er je für ein halbes Jahr, im Frühling und Sommer, das Licht der Oberwelt wieder erblicken. Während dieser Zeit weilte seine Schwester an seiner Stelle in der Unterwelt, das andere halbe Jahr stieg sie wieder hinauf und Dumuzi hinab.

Die Mythe der sumerischen Göttin Inanna mit ihrem Heros Dumuzi, beziehungsweise ihrer babylonischen Fortsetzung Ishtar mit ihrem Heros Tammuz, ist der Prototyp ähnlicher Mythen von der Großen Göttin und ihrem jahreszeitlich sterbenden und wiederkehrenden Heros (siehe Ägypten, Kreta und Griechenland). Denn die Gestalt der Inanna geht auf jungsteinzeitliche Anfänge des Ackerbaus im Nahen Osten und Westasien zurück (von 10 000 vor u. Z. an). Eine der ältesten vor-sumerischen Göttinnen ist Nin-hursag, die „Mutter des Landes", die allen Wesen Leben und Tod brachte. Sie wurde auch Nin-lil genannt, „Herrin der Stürme", die Herrin des Universums, die das Schicksal bestimmte. Ein Berg war ihr Symbol, denn die Natur brachte die neue Vegetation im Frühling zuerst auf den Bergen hervor.[122] Das Wort „Inanna" setzt sich aus der Silbe „In" und „Nin" zusammen, wobei „Nin" (wie das ägyptische „Nun") das Urwasser bedeutet, aus dem alles Leben entstand, sei es als Regen vom Himmel oder als Wasser der großen Ströme Euphrat und Tigris auf der Erde. „In" oder „An" bedeutet „Mutter", was der alteuropäische Göttinname „Anu/Ana/Anna" zeigt. „An" wurde im sich patriarchalisierenden Sumer später zum Himmelsgott „An/Anu" vermännlicht, ebenso wie „Nin" zu einem männlichen Mondgott „Nanna" gemacht wurde. Beide weisen jedoch zurück auf die ursprüngliche Verbindung der Göttin mit dem Himmel und dem Mond.[123]

So ist es folgerichtig, dass Inanna in den ihr gewidmeten Hymnen „Herrin des Himmels und der Erde" genannt wird. Als Himmelsherrin ist ihr Symbol der zunehmende Halbmond. Sie selbst vergleicht ihre heilige Vulva mit einem „Horn", dem „neuen wachsenden Mond" oder „Himmelsschiff".[124] Das andere Himmelssymbol Inannas als Göttin der Liebe ist die Venus als achtstrahliger Morgenstern und Abendstern. Als „Herrin der Erde" ist sie die lebensschaffende Göttin der Fruchtbarkeit und verkörpert das Land Sumer (wie Isis die Personifikation von Ägypten und Rhea die von Kreta ist).

---

122 Miriam Robbins Dexter: *Whence the Goddess,* S. 16.
123 Kurt Derungs: „Die Natur der Göttin", S. 20.
124 Miriam Robbins Dexter: *Whence the Goddess,* S. 21.

Abb. 20: Dumuzi begegnet der Göttin Inanna. Alabaster-Kultvase aus Uruk, oberer Teil, Irak-Museum, Bagdad.

Abb. 21: Inanna hilft ihrem Heros aus dem Berg-Grab heraus. Zeichnung nach dem Abdruck eines sumerischen Rollsiegels aus der Uruk-Zeit.

Enki, dessen Name „Prinz" bedeutet, war wohl ihr ursprünglicher Partner, bevor er zum alten Gott der Wasser und der Weisheit wurde.[125] Wasser und Weisheit gehörten einst zur Göttin, deren Symbol das Schilfrohr als Instrument des Schreibens ist (wie der Papyrus das Symbol der Isis). Als Göttin des Schilfs und der Schreibkunst hieß sie Ni-daba.[126] Später wurde der göttliche Hirte Dumuzi ihr Heroskönig. „Dumuzi" heißt wörtlich „männliches Kind" oder „junger Sohn", denn der Heroskönig wurde als jugendlicher Sohn der Göttin betrachtet (wie auch Horus und Dionysos). Bereits im 4. Jahrtausend vor u. Z. ist das Fest der Heiligen Hochzeit zwischen der Göttin und ihrem Heros, der für das Volk der Göttin steht, für Sumer belegt (Kultvase aus Uruk, Abb. 20).[127] Es wurde im Frühling, wenn sich die Berge und das Land zwischen Euphrat und Tigris mit frischem Grün überziehen, gefeiert.

Am Ende des Vegetationszyklus, wenn die sengende Dürre beginnt und die Todesdämonen umgehen, litt und starb Dumuzi und kam (wie Osiris) in die Unterwelt. Nun weinte und wehklagte die Göttin um ihren Geliebten – wie es anstelle der Inanna Dumuzis Schwester Geshtinanna tut. Eigentlich machte sich nun die Göttin selbst auf, um ihren Heros in der Unterwelt zu suchen, und während dieser

---

125 E. O. James: *Der Kult der Großen Göttin*, S. 106.
126 Miriam Robbins Dexter: *Whence the Goddess*, S. 16; Kurt Derungs: „Die Natur der Göttin", S. 20.
127 Miriam Robbins Dexter: *Whence the Goddess*, S. 20.

Zeit war die Erde unfruchtbar, die Felder öd und leer, die Herden hungrig und durstig. In gewisser Weise tut auch dies Geshtinanna, wenn sie in die Unterwelt steigt, um Dumuzi daraus zu erlösen. Jedoch ist sie Dumuzis Schwester und nicht seine geliebte Göttin aus der Heiligen Hochzeit. Auch Inanna steigt in die Unterwelt, doch in dieser sumerischen Mythe bleibt der Grund dafür unklar. In der späteren akkadischen Version wird der Grund deutlich: Es geht um die Rettung des Heros aus der Unterwelt, den die Göttin wieder mit sich heraufführt, um ein neues fruchtbares Jahr zu beginnen.[128] So sieht man sie auf einem Siegelbild, wie sie, hoch auf dem Gebirge stehend, Dumuzi von oben aus seinem Berg-Grab heraushilft, aus einer Höhle, welche die „Unterwelt" für ihn bedeutet (Abb. 21). Sobald er her ausgekommen ist, scheint die Sonne und beginnt die Vegetation zu sprießen. Nun kann die Heilige Hochzeit auf den von frischen Pflanzen grünenden Bergen unter hohen Zedern erneut gefeiert werden (vgl. Hera und den kretischen Zeus bei ihrer Hochzeit auf dem Ida-Gebirge). Dabei blüht auch der Achtzackstern oder die Achtblattrosette auf, das Zeichen Inannas, wohl ihre „Lotosblüte". Wie Inanna bei dieser Handlung ihre dreifache Krone aus Kuhhörnern trägt, so tat es wohl auch die kretisch-argivische Hera.

Dennoch ist die sumerische Version der Mythe in anderer Hinsicht sehr aufschlussreich: Inanna steigt hier aus Eigenmacht in die Unterwelt hinab, geschmückt mit den Insignien ihrer Würden. An den sieben Toren der Hölle muss sie Stück für Stück davon hergeben und wird immer machtloser. Zuletzt ist sie nackt und wird selbst zum Leichnam, als der Blick Ereshkigals, der Göttin des Todes, sie trifft. Ereshkigal gilt als Inannas ältere „Schwester", es ist aber die Göttin selbst in ihrem dritten Aspekt. Für eine Weile verdunkelt sie als Prinzip des Todes sich hier selbst als Prinzip des Lebens, so verschwindet die Gestalt Inannas hinter der Gestalt der Ereshkigal. Doch das Prinzip des Lebens ist stärker, denn Ereshkigal ist nicht nur Todesgöttin, sondern zugleich Göttin der Wiedergeburt. Nach dem Tod Inannas windet sie sich in Wehen und stöhnt über jeden dabei schmerzenden Körperteil. Die Fliegen, die Enki zur Rettung Inannas mit Lebenswasser und Lebensspeise in die Unterwelt geschickt hat, stöhnen mitfühlend wie Hebammen mit ihr. Aus Dank dafür schenkt ihnen Ereshkigal den Leichnam Inannas, den sie sogleich wiederbeleben.[129] Diese kuriose Situation dürfte wohl eher ein späterer Zusatz sein, denn Ereshkigal gebiert hier Inanna selbst wieder ins Leben hinein. Das entspricht der Göttin im dritten Aspekt: Sie ist die Umwandlerin und transformiert sich selbst vom Tod wieder zum Leben. Sie verlässt als Wiedergeborene die Unterwelt und zieht von Stadt zu Stadt durch Sumer, um das Land aus seiner Dürre und Trostlosigkeit zu erlösen. Damit erkennen wir Inanna als dreifache Große Göttin, denn sie ist Herrin des Himmels, der Erde und der Unterwelt. Dem entsprechen ihre symbolischen Tiere: Ihr ist im ersten Aspekt die Taube zugeordnet

---

128 E. O. James: *Der Kult der Großen Göttin*, S. 108/109.
129 Diane Wolkstein: *Inanna, Queen of Heaven and Earth*; Miriam Robbins Dexter: *Whence the Goddess,* S. 18–20.

wie auch der Löwe, im zweiten Aspekt die Kuh (Kuhhörnerkrone), im dritten Aspekt die Schlange.[130]

Der Hirte Dumuzi wird durch die Verbindung mit der Göttin zum „guten Hirten" des Landes erhoben (vgl. die ägyptischen Pharaonen). Deshalb füttert oder tränkt er auf einem Siegelabdruck Tiere, hier Schafe und Ziegen (Abb. 22). Er tränkt sie mit dem Lebenswasser oder füttert sie vom Lebensbaum mit der Achtblattrosette, das heißt, er gibt ihnen von der Lebensmacht der Inanna, denn Lebenswasser und Achtblattrosette sind ihre Kräfte und Symbole. Gelegentlich erscheint Dumuzi selbst in Gestalt eines Herdentiers, besonders als Widder, auf den Lebensbaum gestützt (vgl. Zeus-Ammon).[131] Mit den Tieren sind natürlich die „Herden der Göttin" gemeint, das Volk von Sumer, für das Dumuzi als König Hüter und Vermittler ist.[132]

Die Vorstellung von der Großen Göttin und ihrem sterbenden und wiederkehrenden Heroskönig setzte sich in späteren Phasen der Kultur in Mesopotamien fort, obwohl diese nicht mehr matriarchal waren. Im Reich von Akkad um 2500 vor u. Z. wurde Inanna zur babylonischen Ishtar und ihr Heros zu Tammuz, deren Mythen denen von Sumer gleichen.[133] Im babylonischen Reich und später im assyrischen Reich schritt die Patriarchalisierung des Zweistromlandes und seiner Kultur rasch voran. Denn Dumuzi-Tammuz, der als Guter Hirte auch gegen Ungeheuer kämpfte, welche die Herdentiere bedrohten, und ebenso gegen die Todesdämonen, wandelte sich nun zu Marduk, dem Helden. Dieser erschlug die Ur-Schöpferin Tiamat, das Urwasser, die in Gestalt einer Wasserdrachin erscheint, und machte sich damit von seinem Ursprung frei.[134] Damit wird er zum patriarchalen Prototyp aller späteren Drachen-Vernichter. Von gleicher patriarchaler Selbstherrlichkeit ist das Gilgamesch-Epos durchzogen, in welchem der Held Gilgamesch die Heilige Hochzeit mit Ishtar verweigert und sich von der Göttin lossagt. Er tötet brutal ihre heiligen Tiere, den Löwen und den Himmelsstier, vernichtet ihren heiligen Berghain und steht zuletzt vor dem Problem des Todes, das er nicht lösen kann. Denn nur die Göttin kann Tod durch Wiedergeburt in Leben verwandeln, aber Gilgamesch hat dies nicht anerkannt. So versucht er, auf eigen Faust den Tod zu überwinden, reist in die Anderswelt – wo er aber als „unweise" abgewiesen wird – und findet das Kraut der Unsterblichkeit, das ihm die Göttin in Gestalt einer Schlange jedoch wegnimmt. Gilgamesch endet in Verzweiflung über den unabwendbaren Tod.[135] Seine Auflehnung gegen ein Schicksal, das er sich selbst bereitet

---

130 Miriam Robbins Dexter: *Whence the Goddess,* S. 20; Kurt Derungs: „Die Natur der Göttin", S. 21.
131 Statue aus Gold, Silber, Muscheln und Lapislazuli (Königsgrab von Ur).
132 Siehe auch die Nacherzählung und Neuinterpretation von Heide Göttner-Abendroth: „Inanna von Sumer", in: *Inanna, Isis, Rhea.*
133 Miriam Robbins Dexter: *Whence the Goddess,* S. 22.
134 Siehe das Schöpfungsepos *Enuma Elish*
135 Siehe das Gilgamensch-Epos, übersetzt von Georg Burckhardt: *Gilgamesch,* Wiesbaden 1958; siehe auch die Nacherzählung und Neuinterpretation von Heide Göttner-Abendroth: „Gilgamesch", in: *Inanna, Isis, Rhea.*

Abb. 22: Dumuzi füttert Tiere vom Lebensbaum der Inanna. Zeichnung nach dem Abdruck eines sumerischen Rollsiegels aus der Uruk-Zeit.

hat, ist daher keineswegs heroisch, sondern unsinnig. Wir sehen hier in der Persiflage der Mythen von der Großen Göttin Inanna-Ishtar bereits die Trostlosigkeit der patriarchalen Todesvorstellung, die keine Wiedergeburt und kein andersweltliches Paradies mehr kennt, sondern nur noch das düstere Reich der Schatten.

Von der frühen Kultur im Zweistromland (was sich noch in Sumer fortsetzt) ist bekannt, dass die rituelle Ebene der mythologischen entsprochen hat – wie es auch im frühen Ägypten, im Minoischen Kreta und im prä-hellenischen Griechenland der Fall war.[136] Alljährlich vermählte sich die Hohe Priesterin als Inanna-Ishtar mit dem König der jeweiligen vor-sumerischen Städte. Sie galten als die irdischen Repräsentanten der Göttin und des Heros, der König trug den Titel „Hirte des Landes" und war der verkörperte Dumuzi-Tammuz. Er galt symbolisch als Sohn der Göttin. Die Göttin-Hohepriesterin schenkte dem König Thron und Amt, denn sie verkörperte das Land (wie Isis in Ägypten), ferner beschützte sie ihn stets während seiner Regierung (wie Hathor-Isis den Pharao).

Zur Feier der Heiligen Hochzeit fand sich der König zur Frühlings-Tagundnachtgleiche, dem sumerischen Neujahrsbeginn, im Tempel der Göttin ein. Dieser stand oben auf einer gewaltigen Stufenpyramide, der Zikkurat, den imposanten Bauwerken der Sumerer. Die Zikkurat symbolisiert den Berg, auf dessen Gipfel die Göttin wohnt. Auch Ishtars Tempel wird als auf einem hohen Berg voll prächtiger Zedern stehend beschrieben, auf dessen Spitze glänzt ihr Tempelturm in blendendem Weiß (siehe Gilgamesch-Epos). Im Tempel auf der Spitze der Zikkurat empfing die Priesterin den König, der ihr Kuchen brachte, „um den Tisch für das Festmahl zu decken".[137] Es fehlte dabei an nichts, denn Fülle und Überfluss gehörten zu den Festen der gabenreichen Göttin, und Musik und Tanz sorgten für ausge-

---

136 Siehe Hymnen, sowie Abbildungen aus einem Heiligtum, vgl. E. O. James: *Der Kult der Großen Göttin*, S. 109.
137 E. O. James: *Der Kult der Großen Göttin*, S. 110.

lassene Freude. Danach zogen sich die beiden Repräsentanten in ein Gemach des Tempels zurück, das aus Zedernholz gebaut und mit Laub geschmückt war. Dort umarmte sie ihn, und er empfing ihre Huld. Damit war die Wiederbelebung des Landes für das neue Jahr gesichert.

Beim Fest von Tod und Wiederkehr werden ursprünglich, wie auch anderswo, reale Königsopfer stattgefunden haben. Im frühen Zweistromland gab es auch folgende Version: Der König wurde in einer Höhle im Gebirge eingeschlossen und musste in dieser „Unterwelt" wie Dumuzi bleiben, bis ihm die Göttin in Gestalt der Hohepriesterin wieder heraushalf. Dies galt als ein Geburtsakt (wie in Kreta). Es folgten Triumphprozessionen und eine theatralisch in Szene gesetzte „kosmische Schlacht", die den Kampf des Heros gegen die Todesdämonen darstellt, die er diesmal überwunden hat. So erlebte der König in zyklischen Jahreszeitenfesten genau die drei Stadien, welche die klassische Herosstruktur ausmachen: Initiation durch die Göttin, Heilige Hochzeit mit ihr, Tod und Wiederkehr durch ihre Kraft.

Im patriarchalisierten Babylon des Reichs von Akkad spielte dann beim Akitu-Fest zu Frühlingsbeginn der König selbst die Hauptrolle, der als verkörperter Marduk die Gestalt des Tammuz verdrängte. Die Schöpfungsgeschichte „Enuma Elish" wurde rezitiert, in der Marduk Tiamat erschlägt, und an einem Tag des mehrtägigen Fests dankte der König ab und zog sich in eine Höhle zurück. Nach seiner Befreiung aus der Höhle durch seinen Sohn wurde er vom Hohepriester wieder eingesetzt. Es folgte eine triumphale Prozession mit der Statue des Marduk, der die Mächte des „Bösen" besiegt hatte. Hier ist die Große Göttin als die eigentliche Handlungsträgerin verschwunden.[138]

5 Kleinasien und Palästina

Kleinasien, besonders seine innere Hochebene von Anatolien, sowie Syrien und Palästina sind Länder mit ältesten matriarchalen Stadtkulturen wie Chayönü, Chatal Hüyük, Muraibit und Jericho (von 9000 vor u. Z. an). Von diesen ist Chatal Hüyük (von 7000 vor u. Z. an) in der Nähe der türkischen Stadt Konya durch archäologische Ausgrabungen besonders berühmt geworden.

5.1 Die Göttin von Chatal Hüyük (Anatolien)

In der jungsteinzeitlichen Stadt Chatal Hüyük sind die bildlichen Zeugnisse für eine frühe und langdauernde Verehrung der Göttin sehr reich: Sie schmückt in großen Relief-Figuren als Göttin in Gebärhaltung die zahlreichen Kulträume Chatal Hüyüks, die in den würfelförmig zusammengefügten Häusern nahezu ein Drit-

---

138 E. O. James: *Der Kult der Großen Göttin*, S. 110–112.

tel aller Räume ausmachen. Ihre stark stilisierte Gestalt mit erhobenen Armen und Beinen ist in beträchtlicher Größe an den Wänden angebracht, ihr Bauchbereich um den Nabel häufig mit magischen Ornamenten geschmückt. Unter ihrem Schoß oder an den Wänden sind auf niedrigen Bänken prächtige Bukranien angebracht, das heißt, Kuh- oder Stierschädel als Symbole ihrer unerschöpflichen Fruchtbarkeit. Kuh oder Stier sind Erdsymbole, deshalb können wir die gebärende Göttin als eine Erdmutter – deren Name nicht überliefert ist – verstehen.[139]

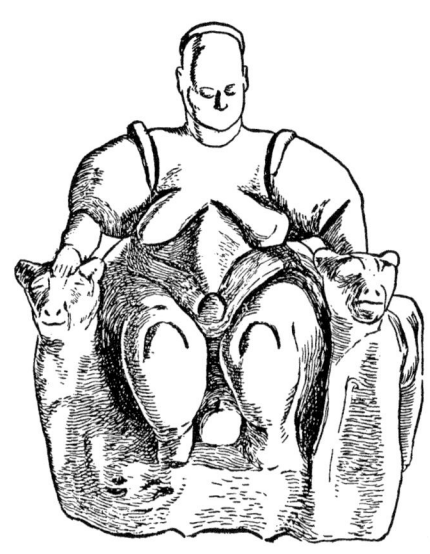

Abb. 23: Gebärende Göttin auf dem Löwinnen-Thron, Terrakotta-Figur aus Chatal Hüyük.

In Wandgemälden begegnet sie uns wieder als Geiergöttin, die über enthaupteten Toten fliegt – das stellt wohl ihren dritten Aspekt als Todesgöttin dar. Das Symbol der Göttin als Geier lebte noch lange weiter, zum Beispiel in der Geiergöttin Nechbet von Oberägypten, die hier die tödliche Macht der Wüste symbolisiert; jedoch hatte sie als Schützerin der Könige und Geleiterin durch die Unterwelt auch wohltätige Eigenschaften. Denn der Tod ist nach matriarchaler Auffassung nie endgültig, sondern mündet nach der Reise durch die Unterwelt stets in die Wiedergeburt.

Vermutlich aus diesem Grund und nicht wegen der bloßen „Fruchtbarkeit" wurde der gebärenden Göttin in Chatal Hüyük soviel Verehrung entgegengebracht: Sie ist die Wiedergebärerin des Lebens aus dem Tod. Das drückt auch die bemerkenswerte Kleinplastik der Göttin auf dem Leopardenthron oder Löwinnenthron aus (Chatal Hüyük, 5500 vor u. Z.). Sie sitzt aufrecht auf einem Thron, dessen beide Lehnen Leoparden oder Löwinnen sind, welche die Göttin stützen. Zwischen ihren fülligen Schenkeln kommt der Kopf des Kinds aus der Vulva hervor (Abb. 23). Sie wurde in einem Getreidebehälter gefunden, was diese Symbolik verstärkt. Denn wie das Getreide im Behälter symbolisch in der Unterwelt ruht, bis es bei der Aussaat in die Erde gelegt wird und bald wieder grünt, genauso bringt die Göttin als Erdmutter jedes Wesen wieder ins Leben zurück.

---

139 Siehe für dies und das Folgende die Ausgrabungsberichte und Bücher von James Mellaart: *Chatal Hüyük, Stadt aus der Steinzeit*, Bergisch Gladbach 1967; derselbe: *The Neolithic of the Near East*, London 1975.

Von 3800 vor u. Z. an ist dann eine Semitisierung Kleinasiens, Nordsyriens und Mesopotamiens spürbar und von ca. 3000 vor u. Z. an indoeuropäischer Einfluss. Doch diese Völker nahmen trotz ihrer kriegerischen Herrscherschicht zahlreiche Elemente der höherstehenden Vorgängerkulturen an, sodass eine kulturelle Verschmelzung entstand. Deshalb hat die Verehrung der Muttergöttin in Anatolien durch die Jahrtausende fortgedauert, wie spätere Göttinnenstatuen und Mythen zeigen. Beispielsweise präsentiert die Statue einer Göttin aus Kanesh (Anatolien) ihren Schoß und ihre Brüste als die heiligen Kräfte der Wiedergeburt und Ernährung des jungen Lebens (um 2000 vor u. Z.). Noch im 8. Jahrhundert vor u. Z. finden wir ein Abbild einer Göttin mit Dattelpalme (Karatepe, Anatolien), die ihren Kindsohn an ihrer Brust nährt. Doch auch in diesen Fällen wissen wir die Namen der Muttergöttinnen nicht.

5.2 Hebatu und Teshub (Hethiter)

Erst in den Felsreliefs von Jasilikaja bei Boghazköy (Anatolien) wird der Name einer Göttin genannt. Diese Reliefs sind an den Wänden eines großartigen Felsentempels angebracht, der sich in der Nähe von Hattushash befand, der ältesten Siedlung und späteren Hauptstadt des Reichs der indoeuropäischen, patriarchalen Hethiter (von 2000 vor u. Z. an). Das vor-indoeuropäische „Land der Hatti" war von den Hethitern erobert und diese alte Stadt in Besitz genommen worden. Das spätere Reich der Hethiter lag im weiten Bogen des Flusses Hals (Kizil Irmak) in der Zentral-Türkei, dehnte sich durch militärische Macht jedoch bis nach Nordsyrien aus, indem es die dortigen Königreiche eroberte (um 1380 vor u. Z.).

Im Fels-Heiligtum von Jasilikaja gibt es Reliefs von zwei Prozessionen von Gottheiten auf der linken und der rechten Wand, die auf der mittleren Wand im hinteren Teil des offenen Raums zusammentreffen. Die Namen der vielen Göttinnen und Götter fehlen oder sind verwittert, bis auf den Namen der zentralen Göttingestalt: Hebatu (Hepatu, Heba). Hebatu war die Große Göttin der Hurriter, eines alten, vor-indoeuropäischen Kulturvolks in Nordsyrien, ansässig im Euphratbogen. Ihr Königreich Mitanni, das unter indoeuropäischer Führung entstand (2. Jahrtausend vor u. Z.), wurde von den Hethitern erobert und vernichtet, jedoch ihre Kultur beeinflusste die Eroberer nachhaltig. So gelangte die hurritische Göttin Hebatu zusammen mit ihrem Partner, dem Wettergott Teshub, in das bedeutendste Heiligtum der Hethiter.[140] Auf dem Haupt-Relief von Jasilikaja trägt sie ein langes, plissiertes Gewand und eine Tiara, eine dreifache Krone, auf ihrem geflochtenen Haar, in der Linken hält sie ein langes Szepter (Abb. 24). Ihr Standplatz ist außergewöhnlich, denn sie steht auf einem Panther oder einer Löwin als dem Symbol ihrer Macht und göttlichen Ordnung (vgl. Hathor-Sachmet von Ägypten) Sie ist damit als die Herrin der universalen Gesetze charakterisiert, denen der Atmosphäregott Teshub als ihr Gatte und Helfer untersteht. Ihm streckt sie ihre rechte Hand

---

140 E. O. James: *Der Kult der Großen Göttin*, S. 145.

Abb. 24: Teshub begegnet der Göttin Hebatu. Hethitisches Felsrelief, Jasilikaja, Vorderasiatisches Museum, Berlin.

entgegen, und er nähert sich ihr, in den Händen Opfergaben. Genauso nähert sich Dumuzi-Tammuz der Inanna-Ishtar, die Hände voll Opferfrüchte, während sie im langen Mantelrock und mit hoher Krone aus Kuhhörnern vor ihm steht (Kultvase aus Uruk).

Teshub wird als Atmosphäregott dadurch kenntlich, dass er leichthin über die demütig niedergebeugten Gipfel der Berge (als Männer mit Mützen dargestellt) schreitet, wie die wechselnden Wetter über die Berggipfel streifen. Ursprünglich war er ebenfalls ein Fruchtbarkeitsheros der Erde, denn er wird auch auf einem Stier stehend abgebildet, seinem Symboltier, mit Blitzen in der Hand, die ihm wohl die Göttin aus ihrem Machtbereich übergeben hatte. Hinter der Göttin steht, auf einem kleineren Panther oder einer Löwin, ihr Sohn, der kindliche Gott. Er ist gekleidet wie Dumuzi in eine kurze Tunika und mit einem kegelförmigen Hut. In der Hand trägt auch er einen „Blitz", eine Doppelaxt, das Zeichen seiner Würde und seines Todes. Sein hurritischer Name ist Sharma. Teshub, der Gatte der Göttin, und Sharma, ihr Sohn, sind das Vorgänger-Nachfolger-Paar, insofern stellen sie als der vergehende und wiederkehrende Gott ein und denselben dar.

Die Szenen auf dem Felsrelief bilden symbolisch die Begegnung und Heilige Hochzeit der Göttin Hebatu mit dem Wettergott ab. So ist zu vermuten, dass beim Neujahrsfest zur Frühlings-Tagundnachtgleiche Prozessionen in der Art dieser Abbildungen stattfanden, bei denen die Königin und der König zusammentrafen, um die Heilige Hochzeit als Erneuerungsritus in der Haupthalle des Heiligtums zu vollziehen.[141] Denn es gibt weitere Bilder, auf denen der König – der auch Armeeführer und oberster Richter war – in seiner sakralen Rolle als Priester in Beziehung zum Wettergott Teshub dargestellt wird. Die Göttin wurde verkörpert durch die Königin, die ihre Priesterin war. Ihre Rolle war nicht unbedeutend, denn sie konnte in der Abwesenheit des Königs die Regierung übernehmen. Außerdem heißt es, dass der König „an der Hand der Göttin gehalten" wurde, was vielleicht mehr als eine Floskel war.[142]

5.3 Arinna und Telepinu (Hethiter)

Zusammenfassung der Mythen[143]

Trostlosigkeit und Hungersnot kamen über die Welt, als Telepinu, der Sohn des Wettergottes, voller Zorn verschwand und alles Getreide mit sich fortnahm. Daraufhin verdorrte die Vegetation, und die Triebe der Bäume vertrockneten, Menschen und Tiere hatten keine Nachkommenschaft mehr. Die Not war so groß, dass das Leben von Menschen und Göttern bedroht war, denn die Götter waren von den Speise- und Trankopfern der Menschen abhängig. Um der Verzweiflung zu entgehen, bereitete der Sonnengott ein Festmahl, zu dem er Tausende von Göttern einlud. Sie aßen unaufhörlich, wurden aber nicht satt, sie tranken riesige Mengen, konnten aber ihren Durst nicht löschen.

Da erinnerte sich der Wettergott Teshub, dass das Unglück begann, als sein Sohn Telepinu sich in ein entferntes Gebirge zurückzog. Nun suchten die Götter Telepinu in den höchsten Bergen, in den tiefsten Tälern und in den Abgründen des Wassers, aber sie fanden ihn nicht. Da fragte Teshub um Rat bei der Göttin Hannahanna, die selbst für Fruchtbarkeit steht. Sie riet Teshub, Telepinu in seiner Stadt zu suchen, aber auch das blieb ohne Erfolg. Da schickte Hannahanna eine Biene aus, die Telepinu irgendwo eingeschlafen fand und ihn in Hände und Füße stach. Das machte Telepinu nur zorniger und entschlossener, alles Leben auf der Erde zu zerstören. Aber die Göttin der Heilkunst heilte ihn von seinem Groll und schickte ihn auf den Flügeln eines Adlers zurück. In diesem Augenblick kehrte die Fruchtbarkeit wieder, die Mutter nährte ihr Kind, das Schaf sein Lämmchen, die Kuh ihr Kalb.

Diese Mythe (die leider unvollständig ist) weist auf das jahreszeitliche Drama hin, das der Heros der Göttin erfährt oder hier sogar herbeiführt. Der Grund für Telepinus Zorn ist nicht bekannt, und eigentlich ist es auch nicht er selbst, der das Verschwinden der Vegetation auf der Erde bewirkt, sondern die Göttin. Sie ist es, die ihren Heros Telepinu in die Anderswelt sendet, wo er einschläft – eine Metapher

---

141 E. O. James: *Der Kult der Großen Göttin*, S. 146/147.
142 E. O. James: *Der Kult der Großen Göttin*, S. 144.
143 Siehe die Quellen bei E. O. James: *Der Kult der Großen Göttin*, S. 149/150.

für den Tod. Sie ist es auch, die in dieser Zeit um ihn trauert und damit alles Leben auf der Erde zurücknimmt.

Das wird klarer, wenn wir die Formulierung, dass Telepinu der „Sohn" des Wettergottes ist, auflösen und seine Mutter suchen. Im übertragenen Sinn kann Telepinu jedoch als Sohn des Wettergottes gelten, denn als Korn- und Vegetations-Heros hängt er natürlich vom Wetter ab. Die hurritische Göttin des Teshub war Hebatu. Doch als der Wettergott hethitisch wurde, stieg er mit dem Stiersymbol zum Hauptgott des Heiligtums von Arinna auf. Folgerichtig wurde seine Gemahlin Arinna, welche die Sonnengöttin des Orts war. Arinna wurde im Hethiter-Reich bedeutend, denn sie wurde als Staatsgöttin verehrt, von der es heißt, dass sie „die Königin des Landes der Hethiter und von Himmel und Erde sei, ebenso die Meisterin der Könige und Königinnen" und dass „sie die Regierung des Königs und der Königin leitet".[144] Die hurritische Göttin Hebatu wurde auf diese Weise mit Arinna verschmolzen und erhielt deren Attribute zugeschrieben.

Damit wäre die Mutter des Telepinu identifiziert, was durchaus Sinn hat. Denn wenn ihr Licht am Himmel zu brennend wird, dann schwindet er wie die Vegetation – ob er darüber zornig ist oder nicht, spielt keine Rolle. Als Folge davon bricht die Dürre herein, die unfruchtbare Zeit, in der nichts wächst und Tiere, Menschen und Götter hungern müssen. Merkwürdigerweise ist es zuerst ein Sonnengott, der die Situation zu ändern versucht. Aber er ist nicht die das neue Wachstum wieder heraufführende Sonnengöttin (die im Hethiter-Reich kaum eine Rolle spielt), deshalb kann er das Schicksal nicht wenden. Die Suche nach Telepinu setzt sich fort, aber er kann nirgends auf der Erde gefunden werden – was logisch ist, denn er weilt in der Unterwelt. Endlich kommt Teshub auf den Gedanken, dass diese Situation nur durch eine Göttin verändert werden kann, die den Vegetations-Heros aus der Unterwelt wiedergebiert, und er fragt Hannahanna. Deren Name bedeutet „Großmutter", und sie ist eine Variante der vor-sumerischen Muttergöttin Nin-tud.[145] Sie ist also nicht Telepinus Mutter, doch ihre verräterische Verwandtschaft mit der vor-sumerischen Kultur wirft ein neues Licht auf Arinna und Telepinu. Arinna ist als Göttin der Himmels und der Erde und des Königtums wohl eine Nachbildung der Inanna-Ishtar, und ihre „Sonne" (falls damit nicht der Venusstern gemeint ist) steht als Teil fürs Ganze, nämlich den Himmel. Sie ist deshalb kaum eine echte Sonnengöttin, denn als solche würde sie im gesamten Kulturraum des Mittelmeeres und Nahen Ostens vereinzelt da stehen. Himmelsgöttinnen gibt es dagegen zahlreich. Der jahreszeitlich schwindende und wiederkehrende Heros Telepinu ist das Nachbild des Dumuzi-Tammuz aus Sumer/Babylon. Die Großmutter Hannahanna weiß Rat und sendet eine Biene aus, um Telepinu wiederzuerwecken – so wie in der sumerischen Mythe zwei Fliegen in die Unterwelt gesandt wurden, um Inanna wieder ins Leben zurück zu holen. Doch schließlich ist es die Heilgöt-

---

144 E. O. James: *Der Kult der Großen Göttin*, S. 148.
145 E. O. James: *Der Kult der Großen Göttin*, S. 230.

tin, wohl eine alte, weise Göttin in der Unterwelt, welche Telepinu transformiert und wieder auf die Oberwelt sendet – so wie Ereshkigal die Inanna wiedergebar.

An dieser vergleichenden Interpretation wird klar, wie diese hethitische Mythe von der Göttin und ihrem Heros im Lauf der Zeit zerstückelt und verzerrt worden ist. Die Götter nehmen fast allen Raum ein, doch – anders als im patriarchalen Griechenland – kämpfen sie nicht gegen die Göttin, sondern scheinen sie eher vergessen zu haben. Erst in der Not erinnern sie sich an sie, mit Erfolg. So können wir auch in dieser späten Zeit noch die drei Aspekte der Großen Göttin wiederfinden, auch wenn sie hier nicht miteinander verbunden vorkommen: Arinna ist die Himmelsgöttin (erster Aspekt), die auch eine kämpferischen Eigenschaft hat. Hannahanna ist eine archaische Göttin der Fruchtbarkeit (zweiter Aspekt), was auch ihr heiliges Tier, die Biene, bezeugt. Die Göttin der Heilkunst schließlich ist die Umwandlerin in der Unterwelt (dritter Aspekt).

5.4 Kybele und Attis (Phrygien)

Zusammenfassung der Mythen[146]

Kybele war eine androgyne Göttin und trat in Gestalt des Hermaphroditen Agdestis auf. Als sie ihre männlichen Organe abtrennte und auf die Erde warf, entstand daraus ein Mandelbaum. Die Früchte dieses Baums aß die Jungfrau Nana, worauf sie schwanger wurde und Attis gebar.

Aber Kybele verliebte sich in Attis und machte ihn wahnsinnig vor Liebe. Unter einer Pinie opferte Attis seine männlichen Organe, aus Liebe zur Göttin und um ihr zu gleichen. Als Folge davon verblutete er und starb. Kybele hüllte den toten Attis in Wolle und beweinte ihn, sie brachte ihn und die Pinie zuletzt in ihre Grotte. In dieser Grotte blieb der Körper des Attis völlig heil und unversehrt, bis er im nächsten Jahr wieder auferstand.

Das bekannteste Paar aus Kleinasien sind Kybele und Attis, Prototypen noch der Aphrodite von Zypern mit ihrem Heros Adonis. Sie waren die Gottheiten der späteren kleinasiatischen Reiche Phrygien und Lydien, doch sie wurde bis nach Thrakien in Nordost-Griechenland verehrt – alles Regionen, deren Sozialordnung noch matriarchal geprägt war. Ihre Herkunft liegt im Nahen Osten. So gab es in Nordsyrien den Kult der hurritischen Göttin Kubaba, der dem der Kybele entsprach. Kubaba galt als Königin des Landes Carchemish und wurde auf einem Löwen sitzend gezeigt.[147] Die Namen der Göttinnen Hebatu und Kubaba haben ihren Nachklang noch im Namen der mythischen Königinmutter von Troja in Kleinasien: Hekuba.[148]

---

146 Siehe die Quellen bei E O. James: *Der Kult der Großen Göttin,* S. 225/226, bei Miriam Robbins Dexter: *Whence the Goddess,* S. 130–132.
147 E. O. James: *Der Kult der Großen Göttin,* S. 230.
148 Siehe Homer: *Ilias*

Abb. 25: Kybele zwischen zwei Löwen thronend, Museo Archeologico Nazionale, Neapel.

Kybele ist ebenfalls die Große Muttergöttin von Kleinasien. Sie thront zwischen zwei Löwen oder auf einem Wagen, den zwei Löwen ziehen (Abb. 25). Rad und Wagen sind vermutlich sakrale Erfindungen der Matriarchate, genauer gesagt: der Frauen, wie der Athene-Mythos schon andeutet. Sie waren ausschließlich Kultgerät wie so vieles; sie dienten als bewegliches Gefährt für die Prozessionen mit dem schweren Stein, der die Göttin symbolisierte, oder ihrem steinernen

Standbild. Darauf weisen viele Göttinnengestalten auf Wagen hin: Kybele auf dem Löwenwagen, Artemis auf dem Hirschwagen, Frigga auf dem Ziegenwagen, Freyja auf dem Katzenwagen, die irische Hirschwagengöttin Liban, die Göttin Nerthus auf dem Kuhwagen, Medea (die Demeter von Korinth) auf dem geflügelten Schlangenwagen. Die Nutzung von Rad und Wagen für profane Zwecke, insbesondere für militärische Zwecke als strategische Streitwagen-Waffe, war ein späterer Einfall, eine typische Idee frühpatriarchaler Völker.

Kybele, deren wichtigster Tempel in Pessinus stand, besaß alle Eigenschaften einer Großen Göttin. Sie ist eine Erdmuttergöttin, mit der die Verehrung der Erde und insbesondere der Bäume verbunden ist. Sie wird selbst häufig in Gestalt einer Pinie symbolisiert (wie die Göttin Daphne auf Kreta in Gestalt eines Lorbeerbaums), und aus ihren Früchten soll Attis, ihr Heros, entstanden sein. Attis war ein jugendlicher Hirtengott und zugleich ein Vegetationsheros und der Geliebte der Kybele. Wie schon beschrieben, erlitt er den Tod, als er unter einer Pinie seine Männlichkeit opferte und verblutete. In einem sehr alten Kybele-Kult pflegten Schafhirten einen der ihren auf dieselbe Weise zu opfern, und noch im späteren Kybele-Kult entmannten sich ihre Priester selbst. Sie wurden dann „Kybeloi" genannt und erhielten Frauenkleider. Denn durch diese Selbstopfer hofften sie, wie Attis, sich der Göttin anzugleichen und die ewige Wiedergeburt zu erlangen.[149]

Kastration als Todesart des Heros ist in der Umgebung der sehr alten Erdgöttin nicht selten. Auch Uranos, Gatte der Gaia, war ein kastrierter Gott und Kronos, sein Nachfolger und Gatte der Rhea, ebenfalls. Dasselbe für Hera und den kretischen Zeus anzunehmen, ist bei der direkten Nachfolge der Hera auf Rhea nicht so abwegig, zumal der kretische Zeus identisch ist mit Dionysos-Zagreus, von dem es heißt, er wurde in Stücke gerissen. Das „in Stücke reißen" ist ein Euphemismus für Kastration, die auch dem Dionysos wie dem Attis in Liebesraserei geschah. In den Riten der Demeter wurden aus Lehm oder Teig nachgebildete Phalli in einer großen Frauenprozession getragen und feierlich bestattet (Thesmophorien), was die Bestattung des Gottes darstellte. Der Heros Adonis – der als Jäger dargestellt wurde, den angeblich ein Eber „zerriss" – erlitt dasselbe Schicksal wie Attis, denn Aphrodite ist selbst eine altorientalische Liebes- und Erdgöttin. Aus dem Blut des Adonis entsprangen Anemonen, aus dem des Attis Veilchen. Auch der ägyptische Osiris wurde „in Stücke gerissen", ursprünglich vielleicht von der Göttin selbst, später von seinem Widersacher Seth. In diesem Licht betrachtet verstehen wir besser, warum Isis nach der Zusammensetzung des Osiris ausgerechnet seinen Phallus nicht wiederfinden kann: Er ist nämlich ein kastrierter Gott.

Die Verehrung von Kybele und Attis weist viele Ähnlichkeiten mit der Verehrung der kretischen Rhea und Dionysos auf (später Demeter-Dionysos-Verehrung). Sie besitzen beide einen wilden, ekstatischen Charakter, der auf ihre archaische Herkunft hinweist. Bei aufreizender Flötenmusik und frenetischen Tänzen wurden Orgien gefeiert, sei es, dass diese die Heilige Hochzeit oder das Selbstop-

---

149 E. O. James: *Der Kult der Großen Göttin*, S. 226.

fer des Attis darstellten. Ferner gab es in beiden Verehrungsformen die sakramentale Mahlzeit, bei der die Teilnehmer sich regenerierten und für eine Weile dem Tod entkamen: Brotessen beim Klang von Trommeln oder aus einer Trommel, Weintrinken beim Klang von Zimbeln oder aus Zimbeln.[150] Korybanten und Satyrn folgten Kybele und Attis, so wie auch Dionysos. Es gab lautstarke, ekstatische Kybele-Prozessionen von Priestern in Frauenkleidern, ähnlich wie Dionysos von den rasenden Mänaden begleitet wurde. (In der Antike galt Phrygien als kretische Niederlassung, was die schon gegebenen neolithischen Ähnlichkeiten zwischen diesen Verehrungsformen noch verstärkte.)

Tod und Wiederkehr des Attis wurden später mithilfe eines Baums symbolisiert, der Pinie oder der Tanne aus dem heiligen Kybelewald. Das Bild des Gottes wurde unter den Baum gestellt, dann wurde dieser gefällt als Zeichen der Kastration und des Todes des Attis, womit der Baum vom Symbol der Göttin zum phallischen Symbol wechselte. Mit Girlanden aus Wollbändern und Veilchen, der Attis-Blume, geschmückt, wurde der Baum in einer Prozession begleitet und unter großem Wehklagen begraben. Drei Tage später wurde er wieder ausgegraben, das symbolisierte die Wiederauferstehung. Die Trauer der Gläubigen verwandelte sich in Freude, weil Attis nun den Tod besiegt hatte. Es folgten Freudenexzesse mit Gastmählern und Trinkgelagen, den Höhepunkt bildete die Heilige Hochzeit. Der Attis-Baum wurde bis zum Ende des Jahres aufbewahrt und dann verbrannt.[151]

Die Mythologie und Verehrung der Kybele breiteten sich überall in Kleinasien, Griechenland und in der römisch-hellenistischen Welt aus und wurden auf den Rat des Sibyllinischen Orakels auch nach Rom gebracht (3. Jahrhundert vor u. Z.). Kybele erhielt als phrygische Magna Mater einen Tempel in Rom auf dem Palatin. Doch die Ausübung der Kybele-Verehrung, bei der ihr von Löwen gezogener Wagen durch die Straßen von Rom geführt wurde, begleitet von gellender, fremdartiger Musik und von den tanzenden, besessenen Priestern in bunten Kleidern, die sich selbst Wunden zufügten, wurde für den Römischen Senat bald zu einem Problem. Diese Rituale der Göttin wirkten auf das Volk ansteckend, das darin etwas fand, was es im patriarchalen, prosaischen Heldenkult der Römer nicht gab. So wurden vom Senat Verbote und Regeln erlassen, um die Kybele-Verehrung einzudämmen, was sie zeitweise isolierte, aber nicht abschaffen konnte.[152]

Es gibt bis heute volkstümliche Bräuche, die auf die Kybele-Verehrung zurückgehen, die zuletzt im ganzen Römischen Reich verbreitet war: so das Errichten des mit Bändern geschmückten Maibaums im Frühling, auch ein phallisches Symbol, manchmal verknüpft mit Maikönigin, Maibräutigam und Maihochzeit (besonders in Bayern). Ebenso wird als Hoffnungssymbol ein geschmückter Weihnachtsbaum voll Girlanden aufgestellt, genau zur Wintersonnenwende, wenn das Kind der Muttergöttin als Geist des neuen Jahres zur Welt kommt (solche Kinder

---

150 E. O. James: *Der Kult der Großen Göttin*, S. 226.
151 E. O. James: *Der Kult der Großen Göttin*, S. 229.
152 E. O. James: *Der Kult der Großen Göttin*, S. 231–237.

sind Attis, Iakchos-Dionysos, aber auch Har-Siesis, das Kind der Isis). Diese Vorstellungen wurden, soweit sie nicht schon vom Frühchristentum absorbiert wurden, später christianisiert.

5.5 Atargatis und Hadad (Syrien)

Auch andere Mythologien und Verehrungsformen von Göttinnen fassten in Rom Fuß; zum Beispiel besaß die Dea Syria aus Nordsyrien einen Tempel auf dem römischen Janiculum. In Syrien, in ihrer Stadt Hierapolis-Bambyce nahe beim Euphrat, hieß sie Atargatis, und dort soll ihr Tempel der größte und reichste von ganz Syrien gewesen sein. Sie galt als eine Göttin der Liebe und des Lebens, eine Erdmutter. Ihr Heros und Geliebter war Hadad, er ist eine weitere Facette des allgemein verbreiteten, kleinasiatischen Atmosphäregottes und wurde zusätzlich mit der Sonne assoziiert. Darstellungen zeigen die Göttin auf einem Löwen oder einem Thron sitzend, der von Löwen gestützt wird. Hadad steht oder sitzt auf einem Stier, in von oben herabsteigenden Strahlen. Um Atargatis sind die Strahlen dagegen aufsteigend und symbolisieren das neue Leben, das aus der Erde hervorgeht. Manchmal wird Hadad als Stier gezeigt, gefangen in den Klauen des Löwen, um die Macht und Überlegenheit der Göttin zu demonstrieren. Dieses Motiv ist alt und sehr weit verbreitet, es stammt schon aus Sumer.[153]

Man kann Atargatis als eine lokale Form von Ishtar-Ashtar betrachten, deren Verehrung schließlich mit jener von Kybele und Attis vollständig verschmolz. Auch um Atargatis gab es ekstatische Orgien zur Musik syrischer Flöten, bei denen sich die Priester peitschten und entmannten. Danach erhielten sie reiche Geschenke von Mehl und Käse und Krügen voll Milch und Wein und legten Frauenkleider an wie die Kybele-Priester, um der Göttin zu gleichen. Atargatis fuhr ebenfalls auf einem von Löwen gezogenen Wagen, auf dem Kopf eine Turmkrone, in der Hand ein Tamburin, begleitet von ihren rasenden Priestern. Sie ist die syrische Magna Mater.[154]

5.6 Anat und Baal (Palästina)

Zusammenfassung der Mythen[155]
Anat ist die Schwestergattin von Baal. Sie wohnt auf den Bergen, und Baal war ihr Atmosphäre-Heros. Er brachte den Wind, den Regen, das Gewitter und förderte die Fruchtbarkeit der Felder. Mot, der Gott der Dürre und Unfruchtbarkeit, war sein Bruder und erbitterter Feind. Um vor ihm sicher zu sein, baute Baal sich einen Himmelspalast ohne Fenster. Doch nun konnte es nicht regnen, so gab Baal nach

---

153 E. O. James: *Der Kult der Großen Göttin*, S. 246/247.
154 E. O. James: *Der Kult der Großen Göttin*, S. 248–250.
155 Siehe die Quellen bei E. O. James: *Der Kult der Großen Göttin*, S. 228–139; bei Miriam Robbins Dexter: *Whence the Goddess*, S. 28–31.

und ließ Jalousien anbringen, damit der Regen auf die Erde gelangen könne, wenn sie hochgezogen waren.

Aber Mot brachte Baal dazu, seinen Palast im Himmel zu verlassen, er ergriff ihn und tötete ihn. Anat suchte Baal verzweifelt und fand ihn tot auf den Weiden. Sie klagte laut, und alle Götter jammerten mit ihr. Dann nahm sie den Leichnam Baals mit in ihre Wohnung und begrub ihn (Unterwelt). Während Baal in der Unterwelt weilte, suchte Anat Mot auf. Sie ergriff ihn, riss ihm das Gewand herunter und forderte ihren Geliebten zurück. Mot gestand, ihn getötet zu haben, indem er Baal im Maul zerquetschte wie das Schaf das reife Getreide. Da schlitzte Anat Mot mit ihrer rituellen Sichel auf, schüttelte ihn durch, zog ihm die Haut ab, drehte ihn durch die Mühle und verstreute sein Fleisch auf den Feldern. Mot überlebte diese Behandlung, weil er der Todesgott ist und nicht sterben kann. Aber er ließ Baal aus der Unterwelt frei, dieser war jedoch vor Schreck noch wie gelähmt und flüchtete sich weinend zu Anat. Sie ermunterte ihn zum Kampf und führte die Schlacht an. Baal und Mot kämpften heftig miteinander, sie bissen sich wie Schlangen, sie stießen sich wie zwei wilde Stiere und traten einander wie Rösser. Zuletzt intervenierte die Sonnengöttin und schickte Mot in die Unterwelt zurück, weil seine Zeit abgelaufen sei. Baal brachte als Sieger das Leben auf die Erde zurück, nun „regneten die Himmel Öl und füllten sich die Wadis mit Honig".

In Palästina wurde der Name der Göttin Ishtar in phönizischer Sprache zu Astarte und in alt-palästinensischer Sprache zu Ashera oder Asheroth.[156] Eine weitere bedeutende Göttin Altpalästinas war Anat; es handelt sich um dieselbe Göttin unter vielen Namen, die auf lokale Ausprägungen zurückgehen. Ihr Partner war El, Bel oder Baal, ein alter Atmosphäregott. Ihre Mythologie ist in den ugaritischen Texten von Ras Shamra bruchstückhaft überliefert.

Anat heißt die „Herrin des Berges", was auf eine archaische Himmelsgöttin hinweist, und so wurde sie später von ihren Anhängerinnen noch als „Königin des Himmels" bezeichnet (erster Aspekt).[157] Baal war ein archaischer Atmosphäre-Heros, der „Reiter auf den Wolken" – bevor er als Gott später sehr dominant wurde. Er hing von Anat ab, denn der Himmel sendet den Regen, der sich in Wolken an den Bergen sammelt. Regen war in Palästina, das keine großen Ströme hat, das lebensspendende Wasser. So ist es naheliegend, dass Baal als Förderer der Fruchtbarkeit der Erde auch zu einem Vegetations-Heros wurde, der die grünen Saaten sprießen lässt. Sein jährlicher Abstieg in die Unterwelt hatte dieselben Konsequenzen wie das Verschwinden des Dumuzi/Tammuz, des Osiris und anderer Wasser- und Vegetations-Heroen. Wie Osiris in Seth hatte auch Baal einen typischen Feind, der ihn zyklisch tötete: Mot, der Gott des Todes zur Jahreszeit der Dürre, der Herr der Unterwelt.

---

156 Kurt Derungs: „Die Natur der Göttin", Vorwort zu E. O. James: *Der Kult der Großen Göttin*, S. 32.
157 E. O. James: *Der Kult der Großen Göttin*, S. 129 und 139; siehe auch C. H. Gordon: *Ugaritic Handbook,* Rom 1947, Nr. 2010, S. 275.

Daraufhin suchte ihn seine Schwestergattin Anat verzweifelt unter Beistand der Sonnengöttin, sie klagte dabei herzerweichend wie schon Isis um den toten Osiris, sie sehnte ihn herbei wie „eine Kuh ihr Kalb oder ein Schaf sein Lamm begehrt".[158] Baal wurde tot – vermutlich „zerrissen" – auf den Weiden aufgefunden, und nun jammerten alle Götter und Göttinnen mit Anat. Sie schrieen „Baal ist tot!" durch die ganze Welt, wie der Ruf „Pan ist tot!" durch die prä-hellenische Welt hallte. (Auch Pan war ein alter Fruchtbarkeitsheros, Sohn und Partner der Rhea, bevor er durch den kretischen Zeus verdrängt wurde.)

Schließlich traf Anat auf Mot, Baals Erzfeind, und zeigte sich als eine sehr aktive Göttin. Sie zwang Mot zu einem Geständnis, und als er ihr eine zynische Antwort gab, behandelte sie ihn genauso wie die Schnitterinnen das reife Getreide: Sie schlitzte ihn mit ihrer rituellen Sichel auf (Mähen), schüttelte ihn durch (Dreschen), zog ihm die Haut ab (zieht die Spreu ab), drehte ihn durch die Mühle (Mahlen), verstreute sein Fleisch auf den Feldern (Säen). Mot als Todesgott konnte dabei nicht sterben, aber er ließ Baal nach dieser Behandlung aus der Unterwelt frei, das heißt, nun konnte in der feuchten Jahreszeit die neue grüne Saat (Baal) wieder sprießen. Dabei dürften Baal und Mot die zwei Seiten desselben Vegetationsheros sein: einmal als das frische, grüne Getreide, einmal als das reife, trockene Getreide, das Anat wie eine Ackerbäuerin behandelte und „sterben" ließ. Schließlich war sie es, die Mots „Fleisch" auf den Feldern verstreute, das heißt, sie säte das trockene Korn aus, damit es im Frühling wieder jung und grün als Baal auferstehen konnte. Dies ist der archaische Kern dieser zyklischen Vegetationsmythe, bevor der Vegetationsheros Baal zum Gott wurde. Anat führt die Reihe der aktiv handelnden Göttinnen (Inanna, Isis und andere) zum Gipfel, denn wie wir in dieser Mythe anschaulich sehen, macht sie auf den Feldern alles selbst. Ebenso werden es die Ackerbäuerinnen, ihre irdischen Töchter, in der Getreidewirtschaft Altpalästinas gemacht haben. Erst später, als Baal als Gott vorherrschend wurde, wurde Anat nur noch als seine Helferin betrachtet.

Abgesehen davon galt Anat als eine Göttin der Liebe und des Lebens und war mit ihrem Heros Baal leidenschaftlich im Kult der Heiligen Hochzeit verbunden. Ihre Vereinigung wurde als die eines Stiers mit einer Kuh geschildert (zweiter Aspekt).[159] Außerdem ging sie in die Unterwelt, wo sie den Todesgott zur Rede stellte und ihn, zusammen mit Baal, schließlich in der kosmischen Schlacht besiegte (dritter Aspekt). Diese Kampfestüchtigkeit der Göttin, die in der ältesten Schicht der Mythe ein Naturgeschehen abbildet und rein spirituell zu verstehen ist, wurde in späteren Schichten der Mythe patriarchal profaniert und als Kriegstüchtigkeit interpretiert. So wurden viele dieser Großen Göttinnen in patriarchaler Zeit zu Kriegs- und Schlachtengöttinnen umgeformt, die im Dienst patriarchaler Götter und Herrscher deren Feinde besiegen mussten: Athene für das patriarchalisier-

---

158 E. O. James: *Der Kult der Großen Göttin*, S. 129 und 131.
159 E. O. James: *Der Kult der Großen Göttin*, S. 129 und 133.

Abb. 26: Ashera, ihre Brüste präsentierend. Tonfigur aus Judäa.

te Athen, ebenso Sachmet für Ägypten, Ishtar für Babylon, Astarte für Phönizien, Anat für Palästina und andere mehr.

Ashera mit ihrem Partner El – der im späteren, patriarchalisierten Pantheon als oberster Gott mit seiner untergeordneten Gemahlin betrachtet wurde – stellt das ältere Paar von Göttin und Heros dar. El gilt als „alt und impotent" und dennoch als „Vater" des jüngeren Götterpaares, was ihn deutlich als einen abgesetzten Vorgänger kennzeichnet. Ashera war ursprünglich auch nicht die Gattin-Tochter von El, sondern eine unabhängige Göttin. Sie gebar eine große Zahl von Gottheiten, weshalb sie als „Schöpferin der Götter" bezeichnet wurde, was auf eine archaische, umfassende Muttergöttin hinweist (Abb. 26).[160] Auch die Form ihrer Verehrung spiegelt dies: Die heiligen Haine der Göttin, Asheroth genannt wie sie selbst, enthielten einen sakralen, schwarzen Stein, „Mazzebah" genannt, der kegel- oder vulvaförmig war. Zudem gab es hier den hölzernen Ashera-Pfeiler, der einen Baum symbolisierte, zusammen mit einem heiligen Baum, außerdem eine Höhle, eine Quelle und einen Feuer-Altar.[161] Diese Elemente weisen auf die Verehrung von Steinen, Bäumen und Höhlen bei allen archaischen Erdmutter-Göttinnen hin, und eine solche ist Ashera ursprünglich gewesen (zweiter und dritter Aspekt). Zugleich wurde die Göttin auf Anhöhen verehrt, was ihren Bezug zum Himmel deutlich macht. So ist auch die Mond-Symbolik bei ihr vorhanden, denn wenn Ashera-Pfeiler dreifach aufgestellt wurden, dann befand sich

---

160 E. O. James: *Der Kult der Großen Göttin,* S. 129 und 134.
161 E. O. James: *Der Kult der Großen Göttin,* S. 136; Kurt Derungs: „Die Natur der Göttin", S.33.

über jedem von ihnen eine Mondsichel. Manchmal war der erste Pfeiler sogar kürzer, der zweite höher, der dritte wieder kürzer, jeder mit einem Mond darüber, so dass hier die drei Mondphasen als Symbol der dreifachen Göttin hervortreten.[162]

Auch die Göttin Anat wurde einst in einem Stein verehrt, worauf ihr Beiname „Betula" hinweist. („Beth" ist ein vor-indoeuropäisches und vor-semitisches Wort und bedeutet „Stein", „Frau", „Schoß".)[163] Im phönizischen Afka, einem alten Heiligtum der Astarte, befand sich ein schwarzer Stein der Astarte-Ashera, ebenso in Sidon, in Byblos und in Askalon. Auch die Aphrodite von Zypern wurde in Kouklia in einem schwarzen Stein verehrt, ebenso die ägyptische Neith in Saïs und die Kybele in Kleinasien; alle diese Göttinnen sind orientalischen Ursprungs. Anat ist dieselbe wie die alt-arabische Göttin Allat. Denn deren Symbole sind ebenfalls der Halbmond mit dem Venusstern, und sie wurde in Mekka in der Kaaba in einem vulvaförmigen, schwarzen Stein, dem „al-Bait", verehrt, bevor ihre Symbole und ihr Name in der Vermännlichung „Allah" vom Islam übernommen wurden.[164]

In Israel wurde Ashera mit Baal als ihrem Heros verbunden. Das Hauptheiligtum von Ashera und Baal stand auf dem Berg Carmel im alten Kanaan (Nordpalästina), wo Hunderte von Priesterinnen und Priestern dienten.[165] Dort kam es zu anhaltenden Konflikten mit dem neuen, monotheistischen Jahwe-Kult der Propheten der israelischen Stämme, der sehr lange brauchte, um sich durchzusetzen (9. Jahrhundert vor u. Z.). Die kanaanitische Göttinverehrung war so stark, dass sich der Wüstengott Jahwe in einen Atmosphäregott verwandeln musste, um sich dem Glauben an Ashera und Baal anzugleichen. So erschien er in Gewittern, sintflutartigen Regenfällen und Feuersäulen. Dann nahm er die Züge des Fruchtbarkeitsgottes Baal an und wurde gelegentlich als goldenes Stierkalb verehrt. In Mizpeh (Tell en-Nabesh) sowie in Jerusalem stand ein Ashera-Tempel friedlich Seite an Seite mit einem Jahwe-Tempel, und in Mizpeh wurde auch ein kegelförmiger Mazzebah-Stein gefunden. Hier feierte er als Jerubbaal mit Astarte-Ashera die Heilige Hochzeit als der Herospartner der Göttin. Trotz der Verteufelung der Göttinverehrung durch die Jahwe-Propheten, die gegen ich eiferten, blühte sie in der Bevölkerung noch bis in die letzten Tage der israelischen Monarchie (ca. 609 vor u. Z.). Denn der Prophet Jeremias bezeugt (Bibel, Altes Testament), dass Männer und Kinder Feuer und Räucherwerk für die „Königin des Himmels" anzündeten, während die Frauen Opferkuchen mit ihrem Bild buken und Trankopfer ausschenkten. Deswegen von Jeremias zur Rede gestellt, antworteten sie, dass sie damit fortfahren würden, denn als die Göttin noch gepriesen wurde, gab es Nahrung im Überfluss. Aber als die Verehrung der Göttin unterdrückt wurde, habe Israel nur Unglück und nationale Katastrophen erlebt.[166]

---

162 Kurt Derungs: „Die Natur der Göttin", S.34.
163 Kurt Derungs: „Die Natur der Göttin", S.35.
164 Kurt Derungs: „Die Natur der Göttin", S.35, 36 und 50, 51.
165 E. O. James: *Der Kult der Großen Göttin*, S. 136.
166 E. O. James: *Der Kult der Großen Göttin*, S. 137–139.

5.7 Heba und Abdiheba/Eva und Adam (Palästina)

Eine andere Übernahme finden wir in der Genesis, insbesondere in der Paradiesgeschichte (Bibel, Altes Testament). Hawwa oder Heba oder Hebe, später Eva oder Eve, war die „Mutter des Lebendigen", die Erdgöttin von Jerusalem.[167] Im Aramäischen gibt es das Wort „Chawwa", das allgemein die Schlange bezeichnet. Mit ihrem Tiersymbol, der Schlange, erscheint sie als die Schöpferin allen Lebens. Im Königshaus des alten, prä-israelitischen Jerusalem bezeichnet Heba-Eva ebenfalls den Titel der sakralen Königinmutter (14. Jahrhundert vor u. Z.).[168]

Mit der Göttin Hawwa oder Heba war die Verehrung von Bäumen verbunden, denn wir sehen sie, zusammen mit ihrer Schlange, an einem heiligen Baum in ihrem Obstgarten-Paradies, wie auch die griechische Hera eines besaß. Das Obstgarten-Paradies ist eine typische Jenseitswelt, ein freundliches Elysium. Ihr Heros hieß Abdi-Heba, was „Diener der Heba" bedeutet und die Verhältnisse erklärt, denn sein Name und sein Wirken waren eindeutig von dem ihren abgeleitet. Auch sein Name „Adam" („adamah"), was „Erdling" („rote Erde") bedeutet, zeigt seine Abhängigkeit von ihr, denn sie hatte ihn aus ihrer Erde, eben ihrem roten Fleisch und Blut geschaffen.[169] Er war der Fürst und Schutzheros des prä-israelischen Jerusalem. Die Göttin in Gestalt der Priesterin oder Sakralkönigin feierte jährlich mit ihm die Heilige Hochzeit, nachdem sie ihm den klassischen Liebes- und Todesapfel überreicht hatte. Nach seinem Tod schenkte sie ihm in ihrem Apfelgarten-Paradies das ewige Leben und die ewige Jugend – wie es bei allen diesen Göttinnen üblich war.

Ihr Name wurde in der Form „Howa" vom späteren Gott Jahwe oder Je-Howa übernommen und die Göttin auf diese Weise verdunkelt.[170] Dabei wurde die Schöpferin und Liebesgöttin Eva zum sündigen Weib erniedrigt, das zuviel über Tod und Leben, symbolisiert im Apfel, wissen wollte. Das besagt, sie wollte zuviel über ihr ureigenes Wissen erfahren, das sie – und nicht der Gott – seit ältester Zeit besaß! Dann wurde sie für ihre ureigene Handlung, das Schenken des Apfels, bestraft: Als „Männin" dem Mann, ihrem eigenen Heros unterworfen, blieb sie fortan, nachträglich aus seiner Rippe gemacht, sein Hilfspersonal. Die Schlange, ihr ureigenes Symbol der Kreativität aus Lust, wurde als Prinzip des „Bösen" verleumdet, an dem sie durch ihre „verführbare Natur" stets Anteil hat.

So wurden in der nach-exiliaren Zeit die Gestalt und Symbolik der ursprünglichen Göttin Jerusalems patriarchal pervertiert. Die monotheistischen Jahwe-Propheten verdammten alles, was mit den Göttinnen verknüpft war, und führten einen fanatischen Kampf gegen den Einfluss ihrer Verehrung in ganz Palästina, womit sie auf die Dauer erfolgreich waren. Jahwe-Jehowa wurde zu einem abstrak-

---

167 Miriam Robbins Dexter: *Whence the Goddess,* S. 48.
168 Kurt Derungs: „Die Natur der Göttin", S. 39.
169 Kurt Derungs: „Die Natur der Göttin", S. 38.
170 Kurt Derungs: „Die Natur der Göttin", S. 41; Miriam Robbins Dexter: *Whence the Goddess,* S. 47, 48.

ten Gottvater „gereinigt", während alles, was mit matriarchaler Kultur zusammenhing, besonders die Frauen insgesamt, als „unrein" erklärt und tief herabgestuft wurden. Noch später, im Christentum, usurpierte dieser Gottvater ein archaisches heiliges Tier der Göttin, die Taube, deren sumerischer Name „Iahu", die „Erhabene Taube", war und die auch Astarte-Ashera und Aphrodite begleitete. So wurde ein Ur-Symbol des matriarchalen, schöpferischen Eros zum asketischen, frauenfeindlichen Heiligen Geist der neuen Religion gemacht.

6 Persien und Indien

Persien liegt in der Mitte zwischen den beiden großen Stadtkulturen mit matriarchalen Wurzeln: die Kultur von Sumer und die Induskultur. Sumerische Handelsstraßen durchzogen das persische Festland, sumerische Schiffe folgten seiner Küste. Die altpersische Gesellschaft ist daher an ihren Rändern geprägt von diesen angrenzenden urbanen Gesellschaften, und im Zentrum Persiens entwickelte sich ein Religionsgemisch, ebenfalls mit matriarchalen Wurzeln, das bis in die römisch-hellenistische Zeit andauerte.[171]

6.1 Anahita und Mithra (Persien)[172]

Von den vielen synkretistischen Gottheiten Persiens, die sumerischen, indischen, griechischen Ursprungs sind, spielten Anahita und Mithra eine bedeutendere Rolle und haben das persische Denken stärker geprägt als die anderen.

In Persien gab es den Kult einer archaischen Muttergöttin, der räumlich von Kleinasien bis auf die Ebenen von Elam reichte. Sie wurde in der charakteristischen Pose der Gebärenden und Nährenden abgebildet: Sie hielt ihre Brüste und hockte in Gebärstellung. Ihre Verehrung reichte von der Frühgeschichte bis mindestens 229 nach u. Z., und als ihre Namen sind in Susa „Kiririsha" und „Nanaia" überliefert.[173] Auf einem Siegel aus Susa sieht man sie als Dreifache dargestellt, und in allen drei Gestalten präsentiert sie ebenfalls ihre Brüste (Abb. 27). Die zwei äußeren Gestalten tragen auf ihren hohen Kronen je eine Taube, das Symbol der Weltschöpfung aus dem weiblichen Eros. Die Krone der mittleren Gestalt ist mit einem ausladenden Sichelmond, in dem die Sonnenscheibe ruht, geschmückt, ein Symbol sowohl der Heiligen Hochzeit als auch der Geburt der Sonne aus der Mondgöttin. Das heißt, sie wurde als Große Göttin aller drei Zonen der Welt verehrt: als

---

171 Siehe *Weltatlas der Archäologie*, München 1990, S. 122.
172 Siehe die Angaben der Quellen bei E. O. James: *Der Kult der Großen Göttin*, S. 152–158; bei Miriam Robbins Dexter: *Whence the Goddess*, S. 70–71, 171–172.
173 E. O. James: *Der Kult der Großen Göttin*, S. 152, 153.

Abb. 27: Dreifaltige Große Göttin aus Persien, Zeichnung nach einer Schiefergussform.

Himmelsherrin (Taube und astrale Symbole), als nährende Erdmutter, und in ihrer Dreifaltigkeit war sie auch als Göttin der Unterwelt eingeschlossen.

Als die Indoeuropäer zu Beginn des 2. Jahrtausends vor u. Z. in Persien eindrangen und sich dort niederließen, brachten sie ihr Pantheon von männlichen Göttern mit, doch sie assimilierten auch einheimische Göttinnen, die sie ihrem androzentrischen Weltbild anpassten. Dies geschah auch mit der uralten Göttin Nanaia, die in der umgewandelten Anahita weiterlebte. In den frühesten persischen Schriften, den Zend-Avesta (erste Jahrhunderte nach u. Z.), wurden zwei vor-indoeuropäische Gottheiten als bedeutend festgehalten: Anahita und Mithra. Sie wurden in eine Dreiheit gebracht mit dem patriarchal-zoroastrischen Ahura Mazda, dem „Weisen Herrn", der alle anderen Gottheiten vereinnahmte und zum Monotheismus tendierte (Zoroastrismus), allerdings in einer milderen Form als in der Jahwe-Religion.[174]

In diesen Schriften wird Anahita „die Feuchte, die Starke, die Reine" genannt: Aredvi Sura Anahita, die zusammen mit Mithra und Ahura Mazda den König beschützen soll. In diesen Titeln und Funktionen zeigen sich die vor-indoeuropäischen Elemente der Göttin und die indoeuropäischen Veränderungen in seltsamer Symbiose. „Die Feuchte" verweist darauf, dass Anahita den mystischen Großen Strom personifizierte, das Urwasser, aus dem alles Leben entstand. Sie wurde auch als die Göttin vorgestellt, die vom Himmel herabsteigt und den Geist des weiblichen Eros, die Taube, sowie das Wasser des Lebens bringt. So ließ sie die Erde erblühen, vermehrte die Herden und schenkte den Müttern Geburten und Milch. Dies weist auf den zweiten Aspekt der Großen Göttin hin und geht zurück auf ihre archaische Funktion als Schenkerin allen Lebens. Jedoch wurde Anahita nicht mehr als Muttergöttin aufgefasst, wie es Nanaia ist, sondern als „die Reine", die Jungfrau im patriarchal-sexistischen Sinn. Sie soll nie sexuellen Kontakt gehabt oder einen Heros in der Heiligen Hochzeit geliebt haben, doch dank ihrer Reinheit soll sie die Kraft besessen haben, den Samen der Männer und den Schoß und die Milch der Frauen zu „reinigen".[175] Diese Keuschheit ist eine seltsame, widersprüchliche Eigenschaft für eine Göttin, die offenbar noch immer für die Entstehung von Leben zuständig ist. Man sieht an ihrem Beispiel, was die patriarchale Reinheits-Ideologie der Indoeuropäer bewirkt: Sie spaltet in „Rein" und „Unrein", das heißt, in „Gut" und „Böse", wobei Geschlechtsverkehr und die weiblichen Funktionen von Menstruation, Geburt und Stillen als „unrein" gelten. Das bringt die Absurdität hervor, dass Frauen insgesamt als „unrein" („böse") gelten, Männer hingegen als „rein" („gut"), vor allem, wenn sie als Krieger oder Mönche mit Frauen nichts mehr zu tun haben wollen. Diese Reinheits-Ideologie hat sich in allen späteren patriarchalen Religionen sehr zum Schaden der Frauen ausgewirkt. Darum müssen Göttinnen, wenn sie schon in patriarchalen Religionen geduldet werden, zumindest dauerhaft Jungfrau sein – wie beispielsweise die persische Anahita, die griechische Athene und die christliche Madonna.

Der dritte Ehrentitel Anahitas ist „die Starke", und mit dieser Eigenschaft schützte sie den König. So wird sie in Statuen als starke, reine junge Frau dargestellt, mit vorstehenden Brüsten, goldener Krone, goldgesticktem Mantel und geschmückt mit Ohrringen, Ketten und Gürtel. Doch ihre „Stärke" verweist auf ihre älteren Kräfte, denn wie andere Göttinnen fuhr auch sie auf einem Wagen, und dieser wurde von vier weißen Pferden gezogen, die den Wind, den Regen, die Wolken und den Hagel darstellen. Das symbolisiert ihre Macht über die Atmosphäre

---

174   Miriam Robbins Dexter: *Whence the Goddess,* S. 70–71.
175   E. O. James: *Der Kult der Großen Göttin*, S. 154.

und das Wetter und zeigt sie als archaische Herrin des Himmels (erster Aspekt). Die Pferde sind allerdings ein indoeuropäisches Attribut, und in diesem Kontext wurde ihr Wagen als Kriegswagen patriarchal missdeutet. Die persischen Herrscher, denen sie die Insignien des Königtums und ihren Schutz gab, schrieben auch Anahita – wie es vielen matriarchalen Göttinnen erging – eine Kriegsfunktion zu. So erscheint sie einmal auf einem Pferd sitzend, mit Speer und Schild bewaffnet und eine Hellebarde schwingend.[176] Auch das sind sehr widersprüchliche Eigenschaften für eine Göttin des Lebensstroms!

Mithra, der im Zend-Avesta zusammen mit Anahita erscheint, galt als Gott der Verträge und als Richter der Toten. Er wachte also noch in der Unterwelt über Recht und Unrecht, und das passt wenig zu seinem ihm später zugeschriebenen, ausschließlichen Sonnencharakter.[177] Ferner wird er oft mit einem Stier dargestellt, was ihn als klassischen Heros der Göttin charakterisiert. Doch in der späteren patriarchalen Deutung soll er es sein, der jährlich einen Stier opfert und so die Lebenskraft wiedererweckt.[178] Die Lebenskraft zu erwecken ist jedoch die ureigene Kraft der Göttin. So war er wohl ursprünglich selbst der „Stier" der Göttin und damit das symbolische Opfer. Nach seinem Tod sandte sie ihn in die Unterwelt, eine Region, über die sie ursprünglich wohl die Macht besaß (dritter Aspekt).

Bei der indoeuropäisch „gereinigten" Anahita in Persien gibt es keinen direkten Hinweis darauf, dass sie mit ihrem früheren Heros Mithra die Heilige Hochzeit feierte. Ihre Verehrung war jedoch auch außerhalb Persiens in den angrenzenden Gebieten Lydien, Pontus und Kappadokien verbreitet. Dort wurde sie zwar die „Mutter der Enthaltsamkeit" genannt, die Verehrungsform hatte jedoch auch orgiastische Züge. So gab es in ihren Tempeln in diesen Ländern weibliche und männliche „Diener" (Hierodulen), die in ihrem Dienst die sakrale Heilige Hochzeit feierten (Strabo).[179]

Durch die vielen sich kreuzenden kulturellen Einflüsse in Westasien wurde Anahita mit den großen Göttinnen anderer Kulturen verschmolzen: mit der babylonischen Ishtar, der palästinensischen Anat und der phrygischen Kybele – von denen keine eine enthaltsame „reine Jungfrau" war. In römisch-hellenistischer Zeit setzte man ihre dreifachen Aspekte mit Artemis, Aphrodite und Athene gleich und nannte sie nun bei diesen Namen in ihren persischen und außerpersischen Tempeln. Ihr Heros hieß jetzt Mithras und wurde bald zum Herrn des himmlischen Lichts, der nun selbst als Spender des Lebens auftrat und die alte Göttin überstrahlte. Dennoch ließ das Volk nicht davon ab, die Göttin zu verehren. Während der Epoche, als die patriarchale Religion des Zarathustra blühte (Zoroastrismus) und Ahura Mazda zum fast monotheistischen Gott aufstieg, von dem alle anderen

---

176 E. O. James: *Der Kult der Großen Göttin*, S. 155.
177 Miriam Robbins Dexter: *Whence the Goddess*, S. 70.
178 E. O. James: *Der Kult der Großen Göttin*, S. 155.
179 E. O. James: *Der Kult der Großen Göttin*, S. 156.

Götter nur „Aspekte" waren (558–330 vor u. Z.), war ihr der wichtigste Feuertempel in Nordpersien, der Heimat Zarathustras, geweiht.[180]

Die Induskultur mit den berühmten Städten Harappa und Mohenjo Daro blühte um 2500 vor u. Z., nachdem um 3500 vor u. Z. eine bäuerlich-dörfliche Phase matriarchaler Prägung vorausgegangen war. So hat auch die Induskultur matriarchale Wurzeln. Ihre Harappa-Kultur war die geografisch am weitesten verbreitete Kultur dieser Zeit auf dem indischen Subkontinent, denn sie schloss nicht nur die Ebene des großen Stroms Indus ein (Panjab und Sind), sondern auch Nordrajasthan und das Gebiet von Kathyavar in Westindien. Ihr Beginn datiert jünger als Sumer, und es wird angenommen, dass sie durch sumerischen Einfluss entstand. Sie war während ihrer gesamten Blütezeit in lebhaftem Handelskontakt mit den Kulturen des Persischen Golfs und Mesopotamiens. Eine Große Muttergöttin wurde auch am Indus verehrt, die zahlreiche Gestalten und Heiligtümer besaß. Die Induskultur wurde durch den Einbruch der patriarchalen Indoeuropäer in Nordwest-Indien um 2000 vor u. Z. zerstört, doch der Einfluss ihrer Göttinnenverehrung hat tiefe und lange Nachwirkungen gehabt und lebt noch heute im Hinduismus weiter.[181]

6.2 Prithivi und Dyaus Pitar (Indien)[182]

Prithivi ist eine uralte indische Erdmutter, vergleichbar der Gaia. Sie war die Erde schlechthin, darum wurde sie nicht verbildlicht, sondern in kegel- und vulvaförmigen Steinen sowie in aufrecht stehenden Steinen symbolisiert. Ihre Verehrung war wohl schon in der Harappa-Kultur verankert und breitete sich mit der matriarchalen Ackerbaukultur über ganz Indien aus. Eine andere archaische Muttergöttin trug den Namen „Aditi", und sie wurde manchmal mit Prithivi gleichgesetzt.[183] Von Aditi heißt es, dass alles, was geboren wurde, von ihr stammt: alle Lebewesen, die Menschen und die Götter. Sie galt als die Luft, der Himmel, der beste Wohnort auf Erden, die Fülle schlechthin. Sie besitzt jedoch auch einen dunklen Aspekt namens „Nirrti". Als Nirrti konnte sie sich in schwarzen Vögeln verkörpern, was ein schlechtes Omen war, denn es kündigte Krankheit und Tod an. Jedoch empfing sie die Toten sanft in ihrem Schoß. Wie Aditi diejenigen schützte, die in Übereinstimmung mit der Natur leben, so bestrafte Nirrti diejenigen, welche die Gesetze der Natur verletzen.[184] Dies weist auf den dreifachen Charakter der vor-indoeuropäischen Göttin in Indien hin – ganz gleich unter welchem Namen sie auftrat – denn sie wirkte im Himmel, auf der Erde und in der Unterwelt.

---

180   E. O. James: *Der Kult der Großen Göttin*, S. 155, 156.
181   Siehe Weltatlas der Archäologie, S. 130; Romila Thapar/Percival Spear: *Indien. Von den Anfängen bis zum Kolonialismus*, Zürich 1966, S. 20.
182   Siehe die Angaben der Quellen bei E. O. James: *Der Kult der Großen Göttin*, S. 171, 172; bei Miriam Robbins Dexter: *Whence the Goddess*, S. 76–78.
183   E. O. James: *Der Kult der Großen Göttin*, S. 172.
184   Miriam Robbins Dexter: *Whence the Goddess*, S. 76, 77.

Nach der Invasion der Indoeuropäer im Norden Indiens, welche die blühende Indus-Kultur zerstörten, wurden die vor-indoeuropäischen Göttinnen zu machtlosen Gattinnen der indoeuropäischen Götter gemacht. Jetzt nahm der höchste indoeuropäische Gott Dyaus Pitar („Himmelsvater") den Platz des Himmels ein, und Prithivi wurde seine Gemahlin, um mit ihm zusammen das Ur-Elternpaar zu bilden. Dennoch wurde die Erdmutter mehr verehrt. Dyaus Pitar wird in alten Hymnen, die Himmel und Erde preisen, nicht einmal erwähnt. Stattdessen heißen Himmel und Erde die „zwei Mütter".[185] Das weist auf die beiden Urgöttinnen der matriarchalen Kultur hin: Kosmos und Erde, die nicht aus dem Gedächtnis des Volks verschwunden waren.

Im bäuerlichen Indien lebte die Erdmuttergöttin unter verschiedenen Namen weiter und wird in vielen lokalen Heiligtümern noch heute verehrt, meist in der urtümlichen Gestalt eines Steins. Der Kult der göttlichen Mütter, der „Matris", ist noch immer ein hervorstechender Zug in ländlichen Gegenden. Im Norden heißt die Erdmutter „Mata" oder "Amba", im Süden „Amma" oder „Ankamma".[186] Die Erdmutter-Verehrung ist auch in den alten Königsstädten von Nepal noch lebendig, wo acht „Matrikas" in Stein-Heiligtümern das gesamte Kathmandu-Tal schützend umgeben.[187] Im Süden Indiens, besonders in Kerala und Tamil-Nadu, wo sich Reste der matriarchalen Gesellschaftsordnung bis heute erhalten haben, ist die Verehrung der Erdgöttin, der „Bhumi Devi", besonders verbreitet. Jedes Dorf hat seine eigene „Amma", und alle Menschen nehmen an den Opfern von männlichen Tieren für die Muttergöttin teil – mit Ausnahme der Brahmanen, die diese Opfer als „unrein" betrachten.[188] Diese archaischen Göttinnen zeigen auch heute noch ihre verschiedenen Aspekte, zumindest zwei davon, denn sie gelten ebenso als gütig und freundlich wie die schenkende Erde (zweiter Aspekt), aber auch als zornig und gefährlich, weil sie Krankheit und Tod bringen, das heißt, das Leben in die Unterwelt zurückholen (dritter Aspekt). Sie können jedoch auch von Krankheit heilen und den Todeszustand durch die Wiedergeburt beenden.[189]

6.3 Sarasvati und Brahma (Indien)

Zusammenfassung der Mythen[190]

Sarasvati war ursprünglich eine Fluss- und Wassergöttin, und als die „Große Flut" spendete sie Fruchtbarkeit, Nahrung und Reichtum. Später wurde sie die Göttin der Sprache, Beredsamkeit und aller Weisheit und galt sogar als „Mutter der Veden" (der heiligen Hindu-Texte). Zugleich war sie auch Göttin der Musik und der

---

185 E. O. James: *Der Kult der Großen Göttin*, S. 171, 172.
186 E. O. James: *Der Kult der Großen Göttin*, S. 173.
187 Heide Göttner-Abendroth: *Das Matriarchat II,1*, S. 41.
188 Heide Göttner-Abendroth: *Das Matriarchat II,2*, S. 148–155.
189 E. O. James: *Der Kult der Großen Göttin*, S. 173–178.
190 Siehe die Angaben der Quellen bei E. O. James: *Der Kult der Großen Göttin*, S. 168–170; bei Miriam Robbins Dexter: *Whence the Goddess*, S. 78, 79.

schönen Künste, und man rief sie als Muse an.[191] Sie wird auf einer Lotosblüte oder an einem Fluss mit Lotosblüten sitzend dargestellt, ihre Gestalt ist anmutig und graziös, und in den Händen hält sie eine Sitar, eine indische Laute mit langem Hals (Abb. 28).

Später wurde sie zur Gattin des obersten Gottes Brahma gemacht. Doch Sarasvati weigerte sich, Brahma bei einer Regenzeremonie in Pushkara zu helfen. Er konnte den Ritus aber nicht allein ausführen, ihre Gegenwart war unbedingt erforderlich. Voll Wut und Verzweiflung befahl Brahma, ihm eine andere Gattin zu beschaffen. Indra führte den Befehl aus, er fand ein junges, schönes Milchmädchen namens Gayatri, die einen Buttertopf auf dem Kopf trug. Er führte sie in die Götterversammlung ein, wo sie reich geschmückt auf den Platz der Götterbraut gesetzt wurde. Da kam Sarasvati an und protestierte laut gegen die Schande, die ihr damit angetan worden war. Zornig verfluchte sie alle, die an dem Verrat teilgenommen hatten: Brahma sollte nie mehr in einem Tempel verehrt werden, außer an einem einzigen Tag im Jahr! Indra sollte in Ketten gelegt und in ein fremdes Land verschleppt werden! Vishnu, der Gayatri Brahma zur Frau gegeben hatte, sollte als niedriger Rinderhirte wiedergeboren werden! Rudra sollte seiner Männlichkeit beraubt werden! Agni, der Feuergott, sollte alle Dinge verschlingen!

Abb. 28: Sarasvati mit Sitar auf einer Lotosblüte, Elfenbeinstatuette aus Indien, Museum der Kunst der Völker des Orients, Moskau.

---

191   O. James: *Der Kult der Großen Göttin,* S. 169; Miriam Robbins Dexter: *Whence the Goddess,* S. 79.

Gayatri intervenierte, um diese schrecklichen Flüche zu mildern, und versprach Segen. Vishnu und Lakshmi baten Sarasvati, an ihren Platz an der Seite Brahmas zurückzukehren. Endlich gab Sarasvati nach, und nun wurden auf ihre eigene Bitte hin sie selbst und Gayatri zusammen die Gattinnen des Brahma.

Die verschiedenen Erscheinungsformen des Wassers in Quellen, Regen, Flüssen und insbesondere den großen Strömen waren seit ältesten Zeit in Indien heilig – genauso wie in anderen archaischen Kulturen. Ihre fließende Energie war die Grundlage der Fruchtbarkeit der Erde und damit des Lebens, so wurden sie als die schöpferischen Großen Mütter angesehen. Das gilt insbesondere von Ma Ganga, der „Mutter Ganges", im nordöstlichen Indien (Abb. 29). Doch auch Sarasvati wurde im nordwestlichen Indien als die „Große Flut" verehrt, und ihr heiliger Strom war der Hakra in Rajputana. Heute ist er nur noch ein ausgetrocknetes Flussbett, doch an seinen ehemaligen Ufern machte man reiche archäologische Funde aus prä-indoeuropäischer Zeit. Nach alter, matriarchaler Auffassung waren seine Wasser von der Göttlichkeit Sarasvatis erfüllt, und man badete in Verehrung der Göttin darin genauso wie heute noch im Ganges.[192] Im Glauben der Menschen machen die heiligen Wasser von Ma Ganga alles, was sie berühren, rein und verleihen ihren Anhängerinnen und Anhängern durch ein Bad im Strom die Unsterblichkeit. Diese Vorstellungen sind sehr alt und galten genauso für den Strom Sarasvatis. Sie reichen damit ins vor-patriarchale Indien der Harappa-Kultur und zeitlich noch weiter zurück.

Mit der Patriarchalisierung durch die Indoeuropäer wurde jede Große Göttin zur Gemahlin oder Tochter eines der neuen Götter herabgewürdigt, neben dem sie in der Regel ein schattenhaftes Dasein führt – genauso wie es in Griechenland geschah. Dyaus Pitar, der nur noch als verblasste Idee in der indischen Mythologie weiterlebt, verlor den Rang des obersten Gottes an Brahma. Dieser tritt nun als Schöpfergott und „Quelle von Licht und Leben" auf,[193] was eine deutliche Übernahme der Kräfte der Schöpfergöttin darstellt, die im nordwestlichen Indien Sarasvati gewesen ist. Denn als universelle Mutter und Göttin der Weisheit war sie die eigentliche „Quelle von Licht und Leben". Brahma hatte es daher außerordentlich eilig, sie zu heiraten und ihre Fähigkeiten zu absorbieren. So spielt er sich als ihr dominierender Ehemann auf, ist aber nicht in der Lage, ohne sie als das weibliche Prinzip „Regen zu machen" – eine Metapher für die Heilige Hochzeit, aus der alles Leben entspringt. Sarasvati stellt aber nicht den Typ der schattenhaften, sondern der widerspenstigen Gattin dar – wie die griechische Hera gegenüber dem olympischen Zeus. Sie war ihm bei seinem Ansinnen nicht behilflich, sondern weigerte sich: Weder die irdischen noch die geistigen Wasser ließ sie fließen. Ihre Weigerung weist auf den starken Widerstand hin, den das matriarchale Volk der Sarasvati gegen die neuen Götter und Herren leistete.

---

192 E. O. James: *Der Kult der Großen Göttin*, S. 168.
193 E. O. James: *Der Kult der Großen Göttin*, S. 168.

Abb. 29: Flussgöttin Ma Ganga, Terrakotta aus Nordindien, Museum für Asiatische Kunst, Berlin.

Doch Brahma ließ eine willfährige Ersatzgattin suchen und fand diese in dem jungen Milchmädchen Gayatri („Milchkuh"). Diese stellt den neuen, patriarchal geprägten Frauentypus dar, denn sie lässt alles mit sich geschehen und agiert zuletzt gegen ihre göttliche Schwester Sarasvati zugunsten der patriarchalen Götter. Eifersucht und Zwietracht zwischen Frauen, verursacht durch den Mann, ist eine patriarchal erwünschte Situation; sie verhindert jegliche weibliche Solidarität. Doch Saravati zeigt sich vorerst als eine sehr mächtige Göttin, was ihre Flüche gegen diese Götter zeigen: Indra, der starke Krieger-Gott, würde gefesselt in ein anderes Land verschleppt werden, das heißt, sie verbannte den Krieg in die Unterwelt. Vishnu, der Himmels- und Sonnengott, würde sich als niedriger Hirte wieder inkarnieren – damit wäre er gestürzt. Rudra würde kastriert werden – eine Katastrophe für einen Fruchtbarkeitsgott! Agni, der Feuergott, würde alles verschlingen, das heißt, sie wollte Hitze und Dürre loslassen, um das Land zu verbrennen.

Die Kastration eines alten Fruchtbarkeitsheros und der Fluch der Unfruchtbarkeit über das Land gehören zum Machtbereich der Großen Muttergöttinnen (siehe die griechische Demeter und die ägyptische Isis). Der Sturz eines anmaßenden Sonnengottes und die Verbannung des Kriegs aus dieser Welt sind die größten Wünsche des matriarchalen, von den neuen Herren geknechteten Volks. Der schlimmste Fluch Sarasvatis trifft jedoch Brahma, denn er würde nicht mehr verehrt werden, außer an einem einzigen Tag im Jahr – damit ist er als Gott für die Menschen praktisch abgesetzt. Vielleicht flüchtete er sich deshalb ins Unpersönliche und wurde ganz zum vergeistigten Prinzip „Brahman",[194] ein Neutrum jenseits der Geschlechter und offenbar das Höchste, das *Non-plus-ultra* patriarchaler Theologie. Die Folge war, dass er zwar von den Brahma-Priestern („Brahmanen") verehrt wird, aber dem Volk nicht viel bedeutet.

Diese Flüche verwirklichten sich jedoch nicht, sehr zu Sarasvatis und der Frauen Nachteil. In der patriarchal deformierten Mythe bittet die Göttin Brahma zuletzt um Verzeihung und ist wieder seine angepasste Gattin, wobei sie außerdem die verräterische Gayatri für alle Fälle neben sich dulden muss. Damit war es um sie geschehen, und die Brahmanen beanspruchten von da an die Weisheit der Göttin für sich. Dennoch wird Sarasvati in der volkstümlichen Hindu-Religion noch heute als Göttin des Wissens und der Weisheit verehrt.[195]

6.4 Devi-Shakti und Shiva (Indien)[196]

Die umfassende Göttin Devi oder Shakti und ihr Partner Shiva reichen zeitlich weit in das vor-indoeuropäische Indien zurück. Sie haben ihre Wurzeln in der noch matriarchal geprägten Kultur von Harappa und Mohenjo Daro oder sogar noch früher in der bäuerlichen Kultur der Jungsteinzeit. Weil ihr Kult nicht auszurotten war, wurde er als fremdes, störendes Element in die indoeuropäische Religion aufgenommen und später vom Hinduismus überformt. Als Gottheiten der Lebenszyklen von Geburt, Tod und Wiedergeburt sind sie noch heute die stärkste Kraft in der volkstümlichen Verehrung.

Devi, deren Name schlicht „Göttin" bedeutet, wird in den magisch-religiösen Tantrischen Texten gefeiert. Sie ist die universelle weibliche Energie, die Mutter des Universums. Sie ist aktiv und erweckt die schlafende männliche Energie. Sie wird in der Göttin Shakti personifiziert, und es heißt von ihr, dass Shiva, der „Glückliche", nur in Verbindung mit Shakti mächtig ist, ohne sie kann er sich nicht einmal bewegen. Deshalb braucht jeder Gott eine Shakti, durch die er überhaupt lebt.[197] Shakti erscheint dabei unter vielen verschiedenen Namen. Devi als Große Göttin par excellence integriert alle diese verschiedenen Shaktis, weshalb sie selbst viele Namen und Aspekte hat.

---

194 E. O. James: *Der Kult der Großen Göttin*, S. 170.
195 Miriam Robbins Dexter: *Whence the Goddess*, S. 79.
196 Siehe die Angaben der Quellen bei E. O. James: *Der Kult der Großen Göttin*, S. 160–168; bei Miriam Robbins Dexter: *Whence the Goddess*, S. 81–85.
197 Miriam Robbins Dexter: *Whence the Goddess*, S. 81, 82.

Auf Abbildungen besitzt die Göttin drei Augen, manchmal drei Köpfe und trägt einen Dreizack in der linken Hand, den Shiva – früher ihr Heros und kein Gott – von ihr erhielt und in der Rechten hält. Sie ist mit Mond und Schlangen verbunden.[198] Drei Hauptaspekte lassen sich bei ihr unterscheiden: So wurde sie als „Uma" verehrt, eine Göttin des Lichts und Glanzes, und da das Licht zuerst auf den Bergen erscheint, war sie auch die Berggöttin „Himalaya Parvati". Es heißt von ihr, dass das Licht anfänglich wie ein intensiv leuchtender Berg erstrahlte und alle drei Welten durchflutete und sich zuletzt in Gestalt einer Frau manifestierte.[199] Dieses Licht soll seinen Ursprung in den Göttern Brahma, Vishnu und Indra haben – doch das ist eine spätere patriarchale Version. In den Gestalten der Uma und Parvati tritt deutlich der himmlische Aspekt der Göttin Devi hervor.

In ihrem zweiten Aspekt ist sie die Schöpferin von Leben aus ihrer genuinen Kraft, der Kundalini-Energie. Von ihr heißt es, dass sie alle Früchte auf der Erde hervorbringt, sie ist also auch eine Erdmutter. Sie schenkt denen, die sie verehren, Kinder und Reichtum, Segen und Glück.[200] Sie trägt in diesem Aspekt die Namen „Ambika", das heißt „Mutter", oder „Bhagavati"; unter diesem Namen ist sie die Göttin der heute noch matriarchal organisierten Nayar in Kerala (Südindien).[201] Eins ihrer ältesten Symbole ist die „Yoni", ein Zeichen für die Vulva, das entweder in Form eines Tropfens gestaltet wird oder als flach liegender, steinerner Ring (ebenso als Quadrat) gebaut wird, der einen stehenden Stein umgibt. Dieser symbolisiert den „Lingam", den Phallus ihres Partners Shiva. Beide Zeichen vereint stellen die permanente Heilige Hochzeit von Devi-Shakti und Shiva dar, aus der fortwährend das Leben entspringt.

Ihr dritter Aspekt ist die schreckliche Göttin Durga oder Kali, die Göttin der Todes. Als „Mahakati", die „Schwarze", repräsentiert sie die dunkle Seite des Kosmos und ist die allmächtige Zerstörerin der Welt. Zerstörung und Auflösung sind das eherne Gesetz und Schicksal, denn sie sind notwendig für die Erneuerung der Welt. Deshalb kann Kali auch jene dämonischen Mächte zerstören, die weder Menschen noch Götter überwinden können: Krankheit und Tod (Abb. 30). Indem sie diese „Dämonen" besiegt, wird sie die Retterin von Göttern und Menschen aus dem Untergang, und die Welt lebt nach Kalis Sieg wieder auf.[202] Das charakterisiert sie gleichzeitig als Göttin von Tod und Wiedergeburt. Mit diesen Kräften erscheint sie als eine uralte, unabhängige Göttin, die schon vor allen anderen Göttern da war und mächtiger ist als diese. In der patriarchalen Version wurde sie später zur Gemahlin des nun vergöttlichten Shiva gemacht und sogar zur Tochter des Feuergottes Agni erniedrigt.[203] Allerdings zeigte diese Manipulation im Volk we-

---

198 Miriam Robbins Dexter: *Whence the Goddess*, S. 84.
199 Miriam Robbins Dexter: *Whence the Goddess*, S. 82, 83.
200 Miriam Robbins Dexter: *Whence the Goddess*, S. 84.
201 Heide Göttner-Abendroth: *Das Matriarchat II,2*, S. 155.
202 Miriam Robbins Dexter: *Whence the Goddess*, S. 84; E. O. James: *Der Kult der Großen Göttin*, S. 162.
203 E. O. James: *Der Kult der Großen Göttin*, S. 163.

Abb. 30: Durga-Kali tötet einen stiergestaltigen Dämon mit ihrem Dreizack, Museum für Asiatische Kunst, Berlin.

nig Wirkung, bei dem sie nach wie vor als uranfängliche Göttin gilt. Eine weitere Patriarchalisierung stellt ihre Verkehrung zu einer Göttin der Schlacht dar, und dabei wurden ihr blutrünstige Eigenschaften angedichtet. Furchtbar und grausam soll sie nun die Feinde der patriarchalen Götter vernichtet und sich deren Schädel um den Hals gehängt haben, während das Blut der Besiegten ihr vom Mund tropfte. (Einer ähnlichen Art von Dämonisierung einer unabhängigen, unbesiegbaren Göttin sind wir schon bei der ägyptischen Sachmet begegnet.) Trotz dieser Verzerrungen ihres wahren Charakters ist Durga-Kali eine mächtige Göttin besonders in Ostindien und Südindien geblieben. So heißt die ostindische Stadt Kal-kutta (Kali-kutta) am Ganges-Delta in Bengalen nach ihr, ebenso die südindische Stadt Cali-cut in Kerala, und dort wurde und wird sie noch heute hoch verehrt. Das ist nicht erstaunlich, denn in Kerala haben sich bei dem großen Volk der Nayar und vielen kleineren Volksgruppen matriarchale Sozialmuster bis an den Rand der Gegenwart erhalten.[204]

Wir sehen in Devi die dreifaltige Große Göttin der vor-indoeuropäischen, matriarchalen Kulturen Indiens, und sie ist trotz ihrer späteren, patriarchalen Deformationen noch überall präsent. Ihre Universalität wird in ihrer Durga-Kali-Gestalt bildlich durch die vielen Arme dargestellt, die vier, sechs, acht, zehn an der Zahl sein können. In ihren mehrfachen Händen hält sie angeblich Waffen, die sie von den Göttern für ihre Kämpfe erhielt, wie zum Beispiel Pfeil und Bogen, Krummschwert und Schild, Stock, Keule, Diskus, Speer, Wurfgeschoss, Rute.[205] Es ist äußerst zweifelhaft, ob diese Gegenstände ursprünglich „Waffen" bedeuteten, stattdessen stellten sie eher Symbole der vielfältigen Kräfte der Göttin selbst dar: zum Beispiel ein Szepter statt „Stock", ein grünender Zweig statt „Rute", die Mondscheibe statt „Diskus" und anderes; ferner trägt sie auch eine Muschel, eine Blüte, eine Schlange, einen Schmuckreif, die nun wirklich keine „Waffen" sind. Die späteren indoeuropäischen Götter haben sich die Kräfte und Symbole der Göttin gewaltsam angeeignet und – da sie die Göttin nicht verdrängen konnten – ihr diese nun angeblich wieder „geliehen". Auf manchen Bildern streckt sie ihre Hände einfach nur segnend in die Höhe oder zur Tiefe. Auf jeden Fall repräsentiert sie das unendliche, sich stets wandelnde Kontinuum der weiblichen Energie als schöpferischer Lebenskraft schlechthin.

Ihr klassischer Heros war der vor-indoeuropäische Shiva, bevor er im patriarchalen Indien zum Gott erhoben wurde. Sein Prototyp ist der im Bergland von Nepal verehrte Pashupati, der Partner der universellen Muttergöttin und „Herr der Tiere".[206] Dieser wird im Heiligtum von Pashupatinat verehrt, und zwar als Lingam-Stein in einem goldenen, phallisch geformten Tempel, während sein Symboltier, der Stier, als steinernes Bildnis am Eingang steht. Ein zweiter Tempel liegt östlich davon im

---

204 Heide Göttner-Abendroth: *Das Matriarchat II,2*, S. 138.
205 Miriam Robbins Dexter: *Whence the Goddess*, S. 84.
206 E. O. James: *Der Kult der Großen Göttin*, S. 187.

selben heiligen Bezirk, und er ist aus flachen Gebäuden angelegt wie ein großes Yoni-Zeichen. In seiner Mitte befindet sich, geschützt von einem Baldachin, den vier aufgerichtete, goldene Schlangen tragen, ein Loch: der heiligste und unergründliche Eingang in die Vulva von Mutter Erde. Hier ist die erotische und zugleich tief spirituelle Symbolik sehr deutlich, denn nach uralter Vorstellung erschafft die Verbindung dieser beiden Kräfte die Welt – die als Hügel zwischen beiden Tempeln symbolisiert ist – und erhält sie im Gleichgewicht.[207]

Genauso gilt die Heilige Hochzeit von Shiva und Shakti (Parvati) als Quelle allen Seins. Das heilige Zeichen Shivas ist ebenfalls der Lingam und sein Begleittier der weiße Stier Nandi – beides Fruchtbarkeitssymbole. Der Stier verweist auf die Kulturen des gesamten Nahen Ostens und Ägyptens, ebenso auf die Harappa-Kultur am Indus. Es ist daher stimmig, wenn Shiva als „Bhairava" ein orgiastischer Gott ist und sexuelle Freizügigkeit seinen Kult im Volk kennzeichnet.[208] Er tritt auch als Atmosphäregott auf wie die meisten Heroen des Nahen Ostens: Als Shiva-Rudra war er Gott des Gewitters. Höchstwahrscheinlich wurde er ursprünglich in Gestalt des „Stiers" geopfert, den Shakti als Durga-Kali tötet und der Shiva selbst und kein „Dämon" war (vgl. Abb. 30). Oder er erlitt den Herostod ähnlich wie der phrygische Attis. Denn nicht nur der orgiastische Charakter seines Kults und der androgyne Charakter des Gottes weisen darauf hin, sondern auch die Drohung der Göttin Sarasvati gegen Rudra (Shiva als Gewittergott), nämlich ihn zu kastrieren.

Wie die weißen Stiere dem Shiva, so sind weiße Kühe der Großen Göttin Devi heilig gewesen. Zwar ist der Kult der Heiligen Kuh in Indien erst spät schriftlich belegt, aber er ist überwältigend oft im Nahen Osten und Ägypten vertreten, woher die Harappa-Kultur am Indus ihre Impulse empfing. Auch einzelne praktische Riten im indischen Kult der Heiligen Kuh weisen auf ein hohes Alter hin: zum Beispiel, wenn ihre Verehrer die Kuh mit frischem Gras füttern und sie dabei anreden: „O Bhagavati, iss!"[209]

Shiva war kein patriarchaler Gott wie Brahma, Vishnu oder Indra, die Götter der indoeuropäischen Eroberer. Deshalb blieb seine ständig virulente, volkstümliche Verehrung, die mit den Zyklen von Geburt, Tod und Wiedergeburt verknüpft war, für die Theologie der Brahmanen ein Problem. So setzten sie Shiva einem besonderen Patriarchalisierungsprozess aus: Er wurde vom Gott mit den vielen Gattinnen schließlich zum körperfeindlichen Asketen gemacht. Zuletzt wurde er zum reinen Geist hochstilisiert und nimmt nur dann einen Körper an, wenn er sich sichtbar machen will – was eine groteske Umkehrung der ursprünglichen Verhältnisse darstellt.

---
207   Eigene Forschung, siehe in: Heide Göttner-Abendroth: *Das Matriarchat II,1*, S. 45–47.
208   E. O. James: *Der Kult der Großen Göttin*, S. 161.
209   E. O. James: *Der Kult der Großen Göttin*, S. 184–187, bes. 184.

6.5 Lakshmi und Vishnu (Indien)

Zusammenfassung der Mythen[210]

Lakshmi ist die Göttin der Schönheit, der Freude und Liebe, des Reichtums und Glücks. Sie tauchte aus der Milch des kosmischen Ozeans auf oder wurde als Lotosblüte aus der Stirn des Vishnu geboren.

Als Lakshmi strahlend aus dem Milchozean stieg, den die Götter und Dämonen schaumig schlugen, wurde sie von einem himmlischen Chor empfangen. Nymphen tanzten um sie, der Ganges und andere Flüsse folgten ihr, Elefanten besprengten sie mit Wasser. Das Milchmeer schenkte ihr halbgeöffnete Blumen, und die Götter überschütteten sie mit Juwelen. So geschmückt stieg sie aus den Wellen und lehnte sich an Vishnus Brust, um auszuruhen; sie betrachtete die Götter, die ihre Schönheit bestaunten. Sie wurde Vishnus Geliebte und hob einen Fluch auf, der auf Indra lag: Da erstrahlte die Sonne in neuem Glanz.

Sind die Göttinnen, die wir bisher betrachteten, trotz patriarchaler Deformationen noch immer aktive und tatkräftige Göttinnen, so ist dies bei Lakshmi nicht der Fall. Im patriarchalen Kult von Vishnu und Lakshmi dominiert der männliche Gott, und die Göttin wurde zum Vorbild der angepassten, liebreichen, passiven Gattin, die gehorsam alle Wandlungen ihres Gatten mitmacht. Wie und wo auch immer Vishnu sich erneut inkarniert, stets ist sie an seiner Seite.[211]

Dennoch besitzt auch Lakshmi Züge aus vor-indoeuropäischer Zeit, denn sie ist im Volksglauben eine Erscheinung der mächtigen, vielnamigen Göttin Devi.[212] Es gibt die schöne Mythe von ihrer Geburt aus dem Milchozean, die man nur richtig verstehen muss. Vishnu ist nämlich nicht immer der unerschütterlich überlegene Gott, wie er in den Veden, den Schriften der patriarchalen Indoeuropäer, dargestellt wird. So heißt es im Volksglauben von ihm, dass er jährlich für vier Monate einschläft, in der heißesten Zeit von Juni-Juli bis Oktober-November. Dieser „Schlaf" meint seinen Tod während der Jahreszeit, in der tödliche Dürre auf der Erde herrscht. Am Ende dieser Jahreszeit muss er geweckt werden, und zwar durch die Gesänge und Früchte- und Tieropfer seiner Anhänger: Er solle nun aufstehen, denn der Vollmond erscheine bald in seinem Glanz! – Hier schimmert deutlich eine alte Naturmythe hindurch.[213]

Mit diesem „Vollmond" ist Lakshmi gemeint, die Göttin der Liebe, der Schönheit, der Freude und des Reichtums. „Reichtum" meint hier Getreide, denn Lakshmi wird auch mit der Getreideernte verbunden;[214] und es meint auch Gold und Juwelen, mit denen Lakshmi stets reich geschmückt ist. Sie taucht nun, un-

---

210 Siehe die Angaben der Quellen bei E. O. James: *Der Kult der Großen Göttin*, S. 165–167; bei Miriam Robbins Dexter: *Whence the Goddess*, S. 80–83.
211 E. O. James: *Der Kult der Großen Göttin*, S. 167.
212 Miriam Robbins Dexter: *Whence the Goddess*, S. 81.
213 E. O. James: *Der Kult der Großen Göttin*, S. 166.
214 E. O. James: *Der Kult der Großen Göttin*, S. 165.

ter gespannter Erwartung der Götter, aus dem Milchozean auf – ähnlich wie die Göttin Aphrodite von Zypern. Der „Milchozean" ist eine Metapher für das Meer, das unter dem aufgehenden Vollmond weiß erglänzt. Oder es ist der Sternenhimmel als kosmischer Ozean gemeint, in welchem der Vollmond leuchtet. Zudem heißt es, dass die Götter das Meer schaumig schlagen, so dass auch Lakshmi eine „schaumgeborene" Göttin ist. Die Götter tun dies, um Wolken und Stürme zu verjagen, und das weist wieder auf die archaische Naturmythe als Hintergrund dieser Geschichte hin: der Kampf zwischen Dunkelheit und Licht, zwischen Todesenergie und Lebensenergie.[215] Das Licht siegt, der Vollmond erscheint, und nun lässt das Milchmeer um Lakshmi Lotosblüten aufblühen, denn sie selbst ist die „Lotosblüte". Lotosblüten sind auch hier Sinnbilder der Vulva, des weiblichen Prinzips des Lebens und der Wiedergeburt.

Weiter heißt es, dass (Wasser-)Nymphen die neugeborene Lakshmi umtanzen, alle Flüsse ihr folgen und Elefanten sie mit Wasser besprengen. Hier wird deutlich, dass sie ebenfalls das Prinzip der Lebensentstehung aus dem Wasser verkörpert, welches sie in verschiedenen Formen mitbringt. Deshalb wird auch Lakshmi „Mutter der Welt" genannt – was darauf hinweist, dass sie früher eine unabhängige Göttin gewesen sein muss.[216] Darum klingt es absurd, wenn Lakshmi in der patriarchalen Version als ersten Platz, nachdem sie den Wellen entstiegen ist, Vishnus Brust aufsucht, wo sie sich anschmiegt. Dies verdeutlicht gemäß der neuen Ideologie, dass eine Göttin und Frau nicht durch sich selbst bestehen kann, sondern männliche Stütze braucht. Lakshmi betrachtet zuletzt die Götter um sich und stellt fest, dass Indras Glanz von einem Fluch verdunkelt ist. Dies war vermutlich Sarasvatis Fluch, den diese, entgegen der deformierten Mythe, doch realisiert hat. Aber als nun gehorsame Göttin beeilt sich Lakshmi – genauso wie die brave Gayatri – diesen Fluch sofort aufzuheben.

Am Ende dieser Erzählung wird Lakshmi dann Vishnus Geliebte, was – wenn wir auch diese Aussage ent-patriarchalisieren – die Heilige Hochzeit meint (Abb. 31). Diese kann jetzt stattfinden, nachdem Vishnu gemäß der Volkstradition erwacht ist, weil der „Vollmond", die Göttin Lakshmi, erschienen ist. Gemäß dem matriarchalen Muster wäre die Folge nun Regen auf das ausgedörrte Land und damit neue, ergrünende Vegetation. Wenn wir den weiteren Wandlungen des Vishnu folgen, finden wir dieses Muster: Es heißt, dass er als Rama, als Regen, zur Erde hinabstieg – womit die Dürrezeit endet. Gleichzeitig steigt Lakshmi als Sita aus den Ackerfurchen – wie das junge Getreide. Damit ist die alte Jahreszeitenmythe wieder vollkommen.

Als Göttin des Reichtums ist Lakshmi auch eine Allschenkerin – wie die griechische Pandora. Als Quelle aller guten Gaben wurde sie von den patriarchalen Göttern heiß begehrt, die sie jedoch töten wollten, um an ihre Schätze zu kommen (Satapatha Brahmana). Das weist auf die entsprechende Gewalt hin, welche

---

215 E. O. James: *Der Kult der Großen Göttin*, S. 167.
216 E. O. James: *Der Kult der Großen Göttin*, S. 166, 167.

Abb. 31: Lakshmi und Vishnu umarmen sich, Indisches Nationalmuseum, Neu-Delhi.

die Menschen der älteren Kultur von den indoeuropäischen Eroberern erfahren mussten. Auf den Rat eines anderen Gottes hin ließen die Götter jedoch von diesem Plan ab und nahmen stattdessen Lakshmis „freiwillige" Geschenke an – auch Erpressung ist ein klassisch patriarchaler Vorgang bis heute. So nahm Agni den Schatz ihrer Nahrungsmittel an sich, Soma ihre königliche Autorität, Varuna ihre universelle Souveränität, Mitra bediente sich an ihrem hohen Rang, Indra nahm sich ihre Stärke, der Sonnengott ihr Reich, ein Priestergott ihren heiligen Glanz, ein anderer Gott ihren Reichtum, und so weiter.[217] Auch wenn Lakshmi hier lediglich als eine Allegorie verstanden wird im Sinn von „Glück haben" – wie die römische Fortuna, die ihr Füllhorn über alle ausschüttet – so ist doch die Episode, dass die Götter das „Glück" zuerst ermorden wollten, verdächtig. Sie weist darauf hin, dass dahinter eine alte Göttin der Macht und Fülle gestanden hat, der aller Reichtum entrissen wurde, bis schließlich nur noch eine schattenhafte, gehorsame Ehefrau übrig blieb, eben die spätere Lakshmi. (Die Allschenkerin Pandora wurde auf andere Weise patriarchalisiert: Alle ihre guten Gaben wurden im patriarchalen Kontext zu „Übeln" gemacht.) Diese Erniedrigung Lakshmis schien aber noch nicht genug gewesen zu sein, denn die aussagekräftige Mythe von ihrer Geburt wurde durch eine absurde Vorstellung ersetzt: Lakshmi wird nun als Lotosblüte aus der Stirn Vishnus geboren. Nicht nur die Weisheit muss im Patriarchat dem männlichen Geist entsprungen sein (wie Athene aus dem Haupt des Zeus), sondern obendrein die weibliche Kraft, Leben zu schenken. Das ist zweifellos ein bizarrer Höhepunkt im Patriarchalisierungsprozess der Göttin.

---

[217] E. O. James: *Der Kult der Großen Göttin*, S. 167; Miriam Robbins Dexter: *Whence the Goddess*, S. 80.

7 Nordwest- und Mitteleuropa

Aus dem mittelmeerischen Kulturraum drangen schon früh Einwanderer nach Ost-, Mittel- und Nordwesteuropa ein und besiedelten diese Länder. Sie gehörten zur vor-indoeuropäischen, mediterranen Bevölkerung und brachten von dort die Ackerbaukultur und ihre matriarchale Sozialordnung mit. Es ist gegenwärtig aufgrund neuester genetischer Forschungen umstritten, ob dies viele Einwanderer waren oder ob es eher wenige gewesen waren, die ihre Ackerbaukultur an die einheimische, in jener Zeit ebenfalls vor-indoeuropäische und matriarchale Bevölkerung weitergaben. So ist gelegentlich von einer Kulturwanderung statt von einer Völkerwanderung die Rede.[218] Andere Forscher nehmen hingegen an, dass es eine beträchtliche Völkerwanderung aus dem Mittelmeerraum war, welche die neuen Kulturtechniken mitbrachte.

Diese Wanderungen folgten – wie in Indien dem Ganges und Indus, wie in Mesopotamien dem Euphrat und Tigris, wie in Ägypten dem Nil – auch in Europa den großen Strömen. Die neuen Ackerbau-Siedlungen entstanden entlang der Donau in Osteuropa, Österreich und Süddeutschland, entlang der Rhône in Südfrankreich und entlang dem Rhein in den Ländern am Niederrhein und in Deutschland. Zu den Mündungen der großen Ströme gelangten die Siedler entlang den Meeresküsten, wie es auch anderswo der Fall war. So lagen ihre Siedlungen an den Mittelmeerküsten von Griechenland, Italien und Spanien. Als sie das Mittelmeer verließen, siedelten sie entlang den atlantischen Küsten von Spanien und Frankreich (das alte Gallien), ebenso von Großbritannien (das alte Albion) und von Irland (das alte Eire). Der Seeweg führte sie auch zu den skandinavischen und baltischen Küsten, nämlich nach Dänemark (das Land der Danaer), nach Südschweden, Westnorwegen, Norddeutschland, zum Baltikum und nach Finnland. Im Gegensatz zur altsteinzeitlichen Kultur der Sammlerinnen und Jäger, die an die Wanderungen zu Fuß gebunden war, breiteten sich die jungsteinzeitlichen Ackerbaukulturen mittels Schiffen auf Flüssen und entlang den Meeresküsten über große Regionen hinweg relativ schnell aus. Zudem verstanden die Ackerbäuerinnen Knollengewächse und Getreide haltbar aufzubewahren und konnten auf diese Weise ihren Proviant für den Zeitraum der Reisen mitnehmen – eine Situation, die wir auch in anderen Weltgegenden vorfinden.[219]

Die vor-indoeuropäische, matriarchale Phase war auch in Europa keineswegs von kurzer Dauer, und sie war auch nicht nur auf die Jungsteinzeit beschränkt, sondern reichte noch weit in die Bronzezeit hinein. Dies spiegeln – wie in Griechenland und Kreta – auch andere europäische Mythologien.

---

218 Siehe die interessante und reflektierte Zusammenfassung der neuesten Forschung, die genetische und linguistische Aspekte berücksichtigt, von Ruth Berger: „Wie kamen die indogermanischen Sprachen nach Europa?" in: *Spektrum der Wissenschaft,* August 2010, S. 50–57.

219 Heide Göttner-Abendroth: *Das Matriarchat II,1,* Kap. 8, S. 164 ff.

7.1 Kelten

7.1.1 Dana/Cerridwen/Brigid und Dagda[220]

Die Göttin Dana – in Irland Danu oder Donu, in Wales Dôn, in Griechenland Danaë, im Germanischen Donua, im Slawischen Dunav/Dunaj/Dunavec – war eine uranfängliche Wassermutter bei vielen vor-indoeuropäischen Völkern, und das Gebiet ihrer Verehrung reichte von Indien über Persien bis Europa.[221] In Griechenland hießen ihre Priesterinnen die Danaïden, von denen die Mythe sagt, dass sie die ihnen von späteren Patriarchen aufgezwungenen Ehemänner töteten.[222] Ebenfalls in Griechenland sollen die Ureinwohner, die vor-indoeuropäischen Pelasger, sich „Danaer" genannt haben.[223]

In Irland begegnen wir ihrem Namen wieder, denn hier wanderte in archaischer Zeit ein Volk ein, das ihren Namen trug: das „Túatha Dé Danaan" oder „Volk der Göttin Dana". Es soll über große magische und heilerische Kräfte verfügt haben.[224] Auch Dänemark hat seinen Namen von Dana empfangen, es ist das „Land der Dana". Ebenso kehrt ihr Name wieder im Römischen Danuvius, was die Donau („Dana-Aue") bezeichnet, und dasselbe gilt für die Bezeichnungen der russischen Flüsse Dnepr, Dniestr, Dnister, Dnipro, Dnyapro. Einen Fluss mit dem Namen Don gibt es außerdem in Indien, Russland, Großbritannien, Frankreich und Österreich.

Das zeigt, dass die Göttin Dana nicht nur allgemein europäisch war, sondern im gesamten kulturellen Raum von Indien bis Europa vorkam, der später indoeuropäisiert wurde. Sie war eine uranfängliche Schöpferin und Wassermutter in Drachingestalt, vergleichbar der sumerisch-akkadischen Tiamât, der uranfänglichen Allschöpferin aus dem Wasser, die vom frühpatriarchalen Helden Marduk erschlagen wurde.[225] In allen frühen Kulturen auf der Erde wurden große Flüsse als Drachen oder Schlangen symbolisiert; das ist zum Beispiel auch aus China bekannt. Doch hier ist der Drache ein glückbringendes Symbol geblieben, während im später indoeuropäisierten Raum die Drachen-Schlangen dämonisiert und von diversen patriarchalen Helden getötet wurden. Das symbolisiert immer den Mord an einer uranfänglichen Schöpferingöttin, womit den Sieg des jungen Patriarchats dokumentiert wird. Nicht anders verhält es sich später beim christlichen Erzengel

---

220 Siehe die Angaben der Quellen bei Jan de Vries: *Keltische Religion,* Stuttgart 1961, Nachdruck Grenchen 2005, S. 37–40; bei Robert von Ranke-Graves: *Die weiße Göttin,* Berlin 1981; bei Michael Dames: *Taliesin's Travels,* Loughborough 2006; bei Miriam Robbins Dexter: *Whence the Goddess,* S. 88–95.

221 Miriam Robbins Dexter: „Reflections on the Goddess Donu", in: *The Mankind Quarterly,* 30/1–2, 1990, Council for Social & Economic Studies, S. 45–58; dieselbe: *Whence the Goddess,* S. 42–46.

222 Robert von Ranke-Graves: *Griechische Mythologie,* S. 180.

223 Robert von Ranke-Graves: *Griechische Mythologie,* S. 23.

224 Miriam Robbins Dexter: „Reflections on the Goddess Donu", S. 48, 49.

225 Miriam Robbins Dexter: „Reflections on the Goddess Donu", S. 54.

Abb. 32: Die Paps of Danu, Killarney, Irland.

Abb. 33: Die Paps of Jura, vom Cnoc Seanndda aus gesehen, Schottland.

Michael und dem christlichen Ritter Georg, die ebenfalls Drachentöter sind: Auch sie erschlagen die archaische, mächtige Mutter in ihrer Drachingestalt und vernichten damit den älteren matriarchalen Glauben und Kult an den Orten, wo sie in Kirchen und Kapellen auftreten.

Doch Dana wurde nicht nur als Wassermutter verehrt, sondern auch als Erdmutter. Wie viele andere Große Göttinnen verkörpert sie das Land selbst. In Irland heißen zwei völlig gleiche Hügel „Paps of Danu", das heißt „die Brüste der Dana" (Abb. 32), und in Schottland finden wir Gleiches in den „Paps of Jura" (Abb. 33). In der griechischen Mythe wird Danaë (die in der patriarchalen Version bereits entgöttlicht ist) von einem himmlischen Goldregen schwanger – was auf eine alte Naturmythe verweist, in der auch sie die Erde verkörperte.[226] Diese Auffassung, dass die Landschaft selbst die Göttin ist, mag der Grund sein, dass wir im nördlichen und nordwestlichen Europa kaum Abbildungen von Göttinnen finden. Das war für die Menschen wohl nicht nötig, weil sie die Göttin unmittelbar in den Hügeln, Bergen, Höhlen, Seen und Flüssen der Landschaft erblickten. Wo diese weiblichen Züge der Erde besonders deutlich hervortreten, war für sie heiliger Raum. Dieser weiblich-mütterliche Landschaftsraum wurde dann häufig durch eingeritzte Steine oder Bauten der Megalithkultur betont.

Der Heros der Dana heißt in Irland Dagda, der als sanfter Gott in der Unterwelt wohnt. Das erinnert an Osiris, den weisen König in der Unterwelt, den Brudergatten der Isis – ebenfalls eine Göttin, die das Land verkörpert. Später wurde Dagda ein allgemeiner Vatergott, dessen Charakter aber, im Gegensatz zu anderen Vatergöttern, nicht von gewaltsamer Herrschaft geprägt ist, sondern von Güte. „Dagda" heißt wörtlich „guter Gott". Das gütige Väterchen heißt im Englischen noch heute „Daddy", ein Wort, das von „Dagda" stammt. Dass Dagda ursprünglich ein Heros-König und zum Regenmachen verpflichtet war und damit zu den Fruchtbarkeitsheroen gehörte, darauf weist die große Eichenkeule hin, die er besitzt. Es heißt, sie war so groß, dass sie von mehreren Männern getragen werden musste. Sie ist das königliche Instrument des Regen- und Donnerzaubers, bei dessen Ausübung die Keule in einer hohlen Eiche herumgewirbelt wurde, dass es wie Donner klang (vgl. Herakles und seine Keule). Darüber hinaus ist die Keule ein Phallus-Symbol, zum „Regenmachen" im übertragenen Sinn bei der Zeremonie der Heiligen Hochzeit. Denn es heißt noch von Dagda, dass er mit der Keule nicht nur Männer zu töten, sondern auch zu zeugen vermochte.[227]

Als Heros-König besaß er außerdem den „Kessel des Überflusses", ein Wundergefäß wie das Füllhorn in römischen Mythen oder wie der Gral (Wunderschüssel, Wunderkelch) in keltisch-mittelalterlichen Legenden. Es heißt, dieser Kessel wurde niemals leer: Enthielt er Fleisch, so sprang das Tier, nachdem es aufgegessen war, wieder lebendig heraus. Enthielt er Met oder Wein, so leerte er sich nicht, bis alle von der „Inspiration" durch diese Getränke ergriffen waren; darum heißt er auch „Kessel der Inspiration", und er macht Sänger und Dichter. Enthielt er ein Gebräu aus Heilkräutern, so wurden selbst Tote davon wieder lebendig.[228] An diesen Eigenschaften erkennen wir, dass der Zauberkessel der Göttin Dana gehört, die auch unter dem Namen Cerridwen auftritt; von Cerridwen wird klar gesagt, dass sie einen solchen Wunderkessel besitzt (Abb. 34). Er symbolisiert ihre Kräfte des unerschöpflichen Schenkens von Leben, der Heilung und Wiedergeburt, ebenfalls der „Begeisterung", der schöpferischen Ekstase. Er ist ein Symbol für die Vulva und den Schoß der Göttin. In den Mythen von Cerridwen und dem Heros Gwion-

---

226 Robert von Ranke-Graves: *Griechische Mythologie*, S. 220.
227 Jan de Vries: *Keltische Religion*, S. 37, 38.
228 Jan de Vries: *Keltische Religion*, S. 39.

Abb. 34: Der Kessel von Gundestrup mit dem Bildnis einer Muttergöttin, Kultgefäß aus Silber, Jütland.

Taliesin heißt es, dass sie ihren Zauberkessel streng hütete, niemand durfte auch nur einen Tropfen daraus trinken. Als Gwion (Gwydion) es dennoch tat, verfolgte sie ihn unerbittlich in vielen Verwandlungen und verschlang ihn schließlich, bis er zuletzt von ihr als Taliesin wiedergeboren wurde (Hanes Taliesin).[229] Wenn Dagda diesen Kessel daher in den Händen hat, dann durch die Heilige Hochzeit, und er besitzt ihn nur leihweise, als Zeichen seiner Königswürde, die er von der Göttin empfing, genau für ein mythisches Jahr bis zu seinem Herostod. Erst danach wurde er ein Gott der Unterwelt, und seine Wiederauferstehung geschah in seinem Nachfolger, seinem „Sohn" Oengus, einem verjüngten Dagda.

Als Gott der Toten führte Dagda die Menschen durch das wunderbare Spiel seiner Harfe in den Schlaf oder in den Tod, härter war das Sterben bei ihm nicht. Ebenso konnte er durch das Spiel seiner Harfe Lebende und Tote zum Lachen oder zum Weinen bringen.[230] Er ist demnach auch Gott der Musik und Dichtkunst, denn er hatte teil an Danas „Kessel der Inspiration". Auch Gwion-Taliesin, der aus dem Kessel der Cerridwen kostete, wurde nach seiner Wiedergeburt zu einem großen Dichter und Barden.

---

229 Michael Dames: *Taliesin's Travels*.
230 Jan de Vries: *Keltische Religion*, S. 39.

Dagdas angebliche „Tochter", die Göttin Brighde-Brigid, die eine verjüngte Dana-Cerridwen ist, besitzt ebenfalls den Kessel der Inspiration, und sie schafft damit Dichter und Sänger. Brigid war die irische Dreifaltige Göttin: Sie war Göttin des Himmels, worauf ihr Name „Brigid, the Bright", das heißt, die „Glänzende, Helle, Strahlende" hinweist (erster Aspekt). Als himmlische Inspiration war sie die Göttin der Poeten und Barden. Zugleich war sie Göttin der Heilkunst und als solche mit dem Wasser verknüpft.[231] Etliche Flüsse in Europa tragen ihren Namen, so die Brighid in Irland, die Braint in Wales, die Brent in England, die Brigach und Breg, die Quellflüsse der Donau, in Deutschland. Die Fruchtbarkeit, die sie aus dem Wasser spendet, erinnert an ihre Ahnin Dana und verdeutlicht Brigids zweiten Aspekt. In ihrem dritten Aspekt war sie Göttin der Schmiedekunst in der Unterwelt, wo sie ein nie verlöschendes Feuer hütete. Schmieden galt als große, transformierende Magie, insofern war Brigid auch eine Göttin der Magie. Später wurde sie mithilfe einer rührseligen Legende als St. Brigid, die Jungfrau, in das frühe keltisch-irische Christentum integriert, und in ihrer Kathedrale in Kildare (Irland) sowie in den ihr geweihten Nonnenklöstern brennt ein ewiges Feuer.

Am Beispiel von Dana-Cerridwen-Brigid können wir drei klassisch patriarchale Umgangsweisen mit der Göttin sehen. In ihrer uranfänglichen Erscheinungsform wird sie ermordet: Dana als Drachin, das angeblich „Böse". In ihrer späteren Erscheinungsform wird sie dämonisiert: Cerridwen als „Hexe". In ihrer jüngsten Erscheinungsform wird sie christianisiert: Brigid als christliche „Jungfrau".

7.1.2 Modron/Morrigain und Bran[232]

Modron-Morrigain ist die Fortsetzung der Dana, wie Bran des Dagda. Beide sind sehr alte Gottheiten, die auf die matriarchale Epoche auf der englischen Insel und in Irland zurückgehen. In Wales hieß die Göttin Modron und war eine Muttergöttin; auf der irischen Insel hieß sie Morrigu oder Morrigain, der Prototyp der Fee Morgane, die noch in den Sagen um König Arthur eine machtvolle Gestalt ist.

Morrigain war ebenfalls eine Göttin aller drei Regionen: Himmel, Erde und Unterwelt, zugleich war sie wohl auch die dreifache Mondgöttin. Es heißt von ihr, sie sei von überwältigender Schönheit, denn sie war schwarzhaarig und von weißroter Gesichtsfarbe. Dies sind die drei Farben des Monds, und sie waren heilig. Ihr Aufenthaltsort ist eindeutig die Andere Welt, es heißt von ihr, sie lebte in einer Höhle.[233] Deutlicher wird ihre Nähe zur Wassermutter Dana bei weiteren Beschreibungen ihrer Anderswelt, die weniger eine düstere Unterwelt war als ein Feenreich unter oder in den Wassern. Teils liegt es auf dem Grund von Seen, teils auf unerreichbaren Inseln im Meer oder in reißenden Strömen, jedoch immer im

---

231 Miriam Robbins Dexter: *Whence the Goddess,* S. 165.
232 Siehe die Angaben der Quellen bei Jan de Vries: *Keltische Religion,* S. 83–84; bei Miriam Robbins Dexter: *Whence the Goddess,* S. 88–95; *Die Vier Zweige des Mabinogion,* bei Claire French-Wieser: *Als die Göttin keltisch wurde,* Bern 2001.
233 Miriam Robbins Dexter: *Whence the Goddess,* S. 88.

Westen, wo die Sonne untergeht. Will man dorthin gelangen, muss man eine seltsame Schiffsreise machen – analog wie die Toten mit dem Schiff zum ägyptischen Jenseitsreich ins westlichen Meer fahren. Aber immer wird dieses Feenreich als ein Paradies beschrieben, die Insel „Avalon", ein fruchtbares Land voll Getreide und mit einem Obstgarten, wo goldene Äpfel an den Bäumen hängen – genauso wie das Jenseitsreich der griechischen Hera, das die Hesperiden hüten. Dorthin holte Morrigain ihren toten Heros-König und gab ihm von den Äpfeln zu essen, was ihn wieder lebendig und ewig jung und glücklich machte. Um diese Anderswelt zauberte sie einen Luftwall, der durchsichtig, doch undurchdringlich war, so dass kein lebendendes Wesen diese Inseln erreichen konnte. Von diesem mythischen Element abgeleitet nennt man analoge Erscheinungen heute noch „Fata Morgana".

Morrigain verwehrte mit dieser transparenten Mauer nicht nur den Lebenden das Eindringen in die Anderswelt, sondern sie setzte dort manchmal Heroen gefangen, die sie mit ihrer Liebe beschenkte. Darin war sie sehr großzügig. Das durchsichtige Gefängnis erscheint dann als „Glasinsel", „Glasberg", „Glasschloss", worauf noch der Name „Glastonbury" hinweist, jener Ort in Südengland, der vermutlich die Insel Avalon gewesen ist bzw. eine dieser Jenseitsinseln. Alle diese Plätze waren einst bedeutende Kultstätten der Göttin. Mit dem jeweiligen Heros feierte sie dort eine unendliche Heilige Hochzeit, die für ihn nur die Dauer von Tagen hatte, tatsächlich aber Jahre währte. Es ist der typische „Zeitsprung", der den Helden in der Nähe von Feen geschieht und sie verwirrt. Verlassen sie die Anderswelt, so sind sie aus der normalen Zeit hinaus katapultiert und fallen häufig in Wahnsinn.[234]

In diesen mythischen Motiven tritt der zweite Aspekt Morrigains deutlich zutage, die eine unerschöpfliche Schenkerin der Fülle ist. Manchmal heißt ihr paradiesischer Ort „Cor Benic/Benie", „Gesegnetes Horn", was das Füllhorn meint. Das Füllhorn ist – wie Danas und Cerridwens Kessel – ein Gefäß der nie endenden Fruchtbarkeit und Sinnbild für die Vulva.

Der dritte Aspekt ist durch ihre Verbindung mit der Anderen Welt sehr ausgeprägt. Auch konnte sie wie die Göttin Dana ihre Gestalt wandeln und nacheinander als weiße, junge Kuh mit roten Ohren, als Aal oder als graue Wölfin erscheinen. Alle diese Tiere sind Unterwelttiere und konfrontierten den Heros mit dem Tod.[235] Doch da sie ihn mit ihren Äpfeln wiederbeleben konnte, galt sie auch als weise Ärztin gegen Krankheiten und sogar gegen den Tod. Das heißt, sie war das Schicksal selbst, worauf ihre Namen hinweisen: Fee-Faye-Fata heißt „das Schicksal".

Doch auch der erste Aspekt der Göttin lässt sich auffinden. Denn sie erscheint manchmal in Vogelgestalt[236] und nimmt gelegentlich amazonischen Charakter an.

---

234 Man findet diese mythischen Motive in den zahlreichen Sagen und Romanen um König Arthur und den Gral, die nach einer langen mündlichen Tradition im Mittelalter von verschiedenen Dichtern verwendet wurden. Ich gehe darauf näher in Kap. III dieses Buchs ein und gebe die Quellen dort an.
235 Miriam Robbins Dexter: *Whence the Goddess*, S. 88, 89.
236 Miriam Robbins Dexter: *Whence the Goddess*, S. 89.

Es heißt dann von ihr, dass sie mit ihren acht Schwestern auf der Mädcheninsel oder im Mädchenland wohnte, zusammen neun Jungfrauen. Noch heute gibt es in Südengland alte Ringwallanlagen von bedeutender Größe, die darauf hinweisen, zum Beispiel „Maiden Castle" bei Salisbury, nicht weit von Stonehenge entfernt. Es ist durchaus möglich, dass sich Frauen der matriarchalen Kultur auch in Südengland lange gegen die Übernahme des Landes durch die frühpatriarchalen Kelten wehrten und amazonische Muster herausbildeten – wie es auch in Nordafrika und Kleinasien geschah. Kämpferische Königinnen, wie zum Beispiel Boadicea, sind für Südengland noch aus römischer Zeit bekannt, und dahinter dürfte eine lange Tradition wehrhafter Frauen stehen.

„Jungfrau" bedeutet hier wie auch sonst im matriarchalen Zusammenhang starke, unabhängige, junge Frau, die keineswegs der Liebe abhold ist. Denn es heißt, dass Morrigain mit ihren Schwestern gelegentlich bewaffnet ausritt, um sich einen Liebhaber einzufangen, was ihr stets gelang. Sie ritten dabei auf Feenpferden; diese haben einen unwirklich schwebenden Gang und sind schwarz oder weiß, stets mit roten Ohren, was sie als Tiere der Anderswelt kennzeichnet. Ebensolche andersweltlichen Hunde, nämlich weiß mit roten Ohren oder gar dreifarbig, begleiteten sie. Ihren diversen Liebhabern war Morrigain nachher sehr gnädig, denn sie beschenkte sie mit Feenpferden und Feenwaffen – vermutlich gewann sie auf diese Weise im Kampf gegen die Kelten Bundesgenossen. In dieser amazonischen Gestalt pflegte sich Morrigain – unter dem Namen „Badb" – auch in Schlachten einzumischen und versuchte, sie nach ihrem Willen zu lenken. Dazu gebrauchte sie ihre Geier- oder Rabenflügel, mit denen sie umherflog, um ihren König zu schützen.[237]

Die walisische Modron besitzt diesen ersten Aspekt nicht mehr und erscheint deshalb als sanftmütige Mutter- und Todesgöttin mit dem Kessel oder Füllhorn, ein Vorbild für die späteren gallo-römisch-germanischen Matronen. Möglicherweise hat sich ihr erster Aspekt als eine eigene Gestalt abgespalten und erscheint als Rhiannon, die Pferdegöttin. Obwohl Rhiannon ebenfalls eine sanfte Göttin ist, weisen Pferde auf eine amazonische Funktion hin, die hier wohl verloren gegangen ist. Aber noch immer reitet Rhiannon uneinholbar auf ihrem weißen Pferd dahin, kein Held kann ihr gegen ihren Willen zu nahe kommen. Außerdem besitzt sie magische Vögel, deren Gesang Lebende in Schlaf (Tod) versenken und Tote wiedererwecken kann. Ihr Reich liegt in der Anderswelt, wo sie die Königin des Arawn, des Gottes der Unterwelt, ist und ihren künftigen Heros Pwyll dort hinunter lockt und prüft.[238]

Ein Heros der Göttin Morrigain ist schwer zu bestimmen, da sie während ihrer langen mythologischen Geschichte verschiedene Liebhaber hatte und sich keinem

---

237 Miriam Robbins Dexter: *Whence the Goddess*, S. 89.
238 Der Erste Zweig des *Mabinogion*; siehe auch Claire French-Wieser: *Als die Göttin keltisch wurde*, S. 57–68, bes. S. 61.

auf Dauer verband. Ein frühester Heros war Dagda, mit dem sie schlief und ihm den Sieg in der Schlacht schenkte.[239] Auch das zeigt nochmals ihre Nähe zur umfassenden Göttin Dana. Dagda war später Gott der Unterwelt, und dieses Motiv kehrt bei allen Heroen in der Nähe der Göttin auf den englischen Inseln wieder. So wurde auch „Bran, der Gesegnete" (Bendigeidfran), der ein sehr alter Gott der vorkeltischen Pritanni (Briten) ist, zu einem Gott der Unterwelt. Es heißt von ihm, dass er riesig war und in kein Schiff passte, weshalb er neben der Flotte, die er von Wales gegen Irland führte, durchs Meer waten musste. Aus der Ferne sah die Flotte wie ein Wald aus und Bran dazwischen wie ein Berg, dessen Augen wie zwei Seen darauf glänzten. Als sich der feindliche König geängstigt hinter einen brückenlosen Fluss zurückzog, bildete Bran mit seinem riesigen Körper selbst eine Brücke, so dass seine Leute hinübergehen konnten.[240]

Nach dem Sieg in Irland kehrte er mit seiner Schwester Branwen und sieben Männern in seine Heimat Wales zurück. Dort musste er erkennen, dass nicht nur Irland durch diesen Krieg verwüstet worden war, sondern in seiner Abwesenheit auch Wales. Doch hatte dies in der vor-keltischen und vor-kriegerischen matriarchalen Epoche nichts mit seiner Abwesenheit zu tun, sondern mit seiner Verwundung. Er war durch einen vergifteten Speer am „Fuß" verletzt worden, und als Folge davon konnte er in Wales seine königlichen Pflichten nicht mehr ausüben. „Fuß" ist hier ein Euphemismus für „Oberschenkel", genauer gesagt, bezieht sich diese Verwundung auf seine Genitalien. Durch seine Unfruchtbarkeit wurde nun auch das Land, verkörpert in der Landesgöttin, unfruchtbar, denn er konnte mit ihr nicht mehr die Heilige Hochzeit feiern. Darum lag Wales steril, leer und wüst da (Motiv des „Wasted Land"). Damit hatte Bran sein magische Königtum verloren und befahl seinen Leuten, ihm den Kopf abzuschlagen, seinen Körper zu begraben und den Kopf mitzunehmen, der ihnen noch immer Rat geben würde. So geschah es, und Brans Haupt wurde an einem heiligen Platz als Orakel in hohen Ehren gehalten.[241]

Auf diese Weise wurde er zu einem weisen Gott in der Tiefe, der noch aus der Anderswelt sein Volk lenkte. Bran lebte dort im Überfluss aus dem Zauberkessel Pair Dedani, dem Kessel aller Nahrung, allen Lebens und der Wiedergeburt, dem Symbol der schenkenden Muttergöttin, den Bran wie Dagda in der Tiefe hütete. Sein Gefolge bestand angeblich aus Kriegern (keltische Version), ursprünglich jedoch aus sehr jungen Leuten oder gar Kindern, denn in der paradiesischen Anderswelt wird niemand alt. Mit ihnen lebte er in Frieden und Glück bei Gelagen, Tanz und wundervoller Musik. Sein Volk aber beweinte unterdessen seine zerrissenen, sterblichen Glieder und lauschte den Worten seines weissagenden Kopfs.[242]

---

239 Miriam Robbins Dexter, persönliche Information.
240 Der Zweite Zweig des *Mabinogion*.
241 Der Zweite Zweig des *Mabinogion*.
242 Der Zweite Zweig des *Mabinogion*, Episode „Das Gastmahl des wunderbaren Hauptes"; siehe auch Claire French-Wieser: *Als die Göttin keltisch wurde*, S. 74, 75.

Diese Motive, obwohl sie in einer späteren, keltischen Kriegsgeschichte vorkommen, sind sehr alt Die zerrissenen Glieder und das orakelnde Haupt des Bran verweisen auf die griechische Mythe von Orpheus, dessen Kopf nach seiner Zerreißung durch die Mänaden noch immer singt. Auch die Verknüpfung mit wunderbarer Harfenmusik bei Dagda und Bran verweist auf Orpheus. Noch älter ist das Motiv der riesigen Gestalt des Bran, er erscheint hier wie ein Titan der griechischen Mythologie. Der Name seiner Schwester „Branwen" gibt uns Hinweise, er bedeutet „weiße Rabin", und Bran selbst ist mit dem Raben verbunden. Damit ist sein ältester mythologischer Vorfahr vermutlich der Titan Kronos („Rabe"), der Partner der Erdgöttin Rhea von Kreta, denn auch dieser lebte nach seiner Kastration durch Zeus in einer Unterwelt voll Frieden und Glück weiter.[243]

Als Partner und Heros der Göttin Rhiannon heißt Bran „Arawn", der „Graue", und ist auch hier König der Unterwelt. Die Verjüngung von Arwan ist Pwyll, der „Kluge", Prinz von Dyfed (Südwales). Von Arwan, Pwyll und Rhiannon berichtet eine Mythe,[244] dass Pwyll auf der Jagd einen erlegten, weißen Hirsch fand, um den eine Hundemeute sprang. Alle Hunde waren glänzend weiß mit roten Ohren (Unterwelttiere). Pwyll verjagte sie und wollte die Beute an sich nehmen, da trat König Arawn auf, das „Haupt der Unterwelt" (vgl. Brans Haupt). Er war zornig, denn ihm gehörte die Beute. Pwyll vermochte ihn nur zu besänftigen, indem er versprach, ein Jahr in Arawns Palast zu wohnen und schließlich dessen Feind Havgan zu töten. Arawn brachte Pwyll in sein unterirdisches Reich, wo dieser ein Jahr in Saus und Braus lebte und neben Arawns wunderschöner Gemahlin, der Göttin Rhiannon, schlief. Nach einem Jahr tötete Pwyll in der Gestalt Arawns den König Havgan und erhielt selbst den Titel „Haupt der Unterwelt". Nun kehrte er auf die Oberwelt zurück, wo bald eine wunderschöne, feenhafte Frau seine Gattin wurde, die uneinholbar auf ihrem Pferd dahinritt: Rhiannon, die Pferdegöttin.

Diese Mythe enthält einen zyklischen Vorgänger-Nachfolger-Kampf, der in jedem Herbst zwischen dem grauen Winterkönig Arawn, dem Wilden Jäger aus der Unterwelt, und dem lichten Sommerkönig Havgan („Sommerweiß") stattfindet, der die Gestalt eines weißen Hirschs annimmt. Arawn beendet den Sommer, indem er den weißem Hirsch tötet, so wie später Pwyll in der Gesalt des Arawn den Sommerkönig Havgan tötet. Damit wird er Arawns Nachfolger und erwirbt die Göttin Rhiannon – bis er selbst durch einen Nachfolger abgelöst werden wird. Dieser Nachfolger wäre das Kind Rhiannons, Prinz Pryderi, doch hier endet die zyklische, matriarchale Mythe und Weltvorstellung durch den Einbruch der kriegerischen, frühpatriarchalen Kelten. So wird Rhiannon ihr Kind auf mysteriöse Weise gestohlen, und sie muss viele Demütigungen erdulden, bis sie es wiederfindet. Auf diesem schmachvollen Weg verliert sie allmählich ihren göttlichen Charakter und wird zu einer leidenden Königin, zu einer „Herzeloyde" („Herzeleide"),

---

243 Claire French-Wieser: *Als die Göttin keltisch wurde*, S. 74.
244 Der Erste Zweig des *Mabinogion*.

wie die leidende Königin und Mutter von Parcival genannt wurde.[245] Der walisische Prinz Pryderi ist denn auch der mythische Vorgänger des walisischen Prinzen Parcival. Und in dem Kessel der Inspiration, des Überflusses und der Wiedergeburt erkennen wir den später christlich mystifizierten Gral, der ganz und gar nichtchristliche Wurzeln hat.[246]

7.1.3 Erin und Lug

Zusammenfassung der Mythen[247]

Wie Conn König von Irland wurde: Einst ritt Conn im Nebel über die Hügel Irlands und hatte sein Gefolge und seinen Weg verloren. Da begegnete ihm ein Reiter, der ihn in sein Haus einlud, sein Pferd wendete und wie ein Schatten verschwand. Als Conn um die nächste Wegbiegung kam, sah er plötzlich einen Palast vor sich; es war das Schloss Lugs, des Königs des alten, magischen Volks der Túatha Dé Danaan. Als Conn eintrat, war Lug, welcher der Reiter war, schon vor ihm angekommen und saß in der Halle. Eine gekrönte, junge Frau von unbeschreiblicher Schönheit saß bei ihm auf einem kristallenen Thron. Sie war die Göttin Flaith oder Sovranty of Erin, die Braut Lugs. Sie bewirtete Conn aufs Beste aus den silbernen und goldenen Gefäßen, die vor ihr standen. Zuletzt fragte sie Lug, wem der goldene Kelch gegeben werden sollte, der mit rotem Äl (Ale, britisches Bier) gefüllt war, das sie aus einem Kessel geschöpft hatte. Conn! antwortete Lug. Da überreichte die schöne Göttin Conn den Kelch. Von nun an war er König von Tara, der heiligsten Stätte der Insel, und damit von ganz Irland. Unter Wiederholung der Frage wurde der Kelch auch für alle königlichen Nachkommen Conns gefüllt, die der Reihe nach mit Namen genannt wurden. Zuletzt verschwand das Schloss, und Conn fand sich im Freien allein mit dem Kelch wieder.

Wie Niall König von Irland wurde: Niall war mit seinen sieben Stiefbrüdern auf der Jagd. Da sie durstig waren, ging jeder von ihnen auf die Suche nach klarem Wasser, und sie fanden einer nach dem anderen einen wunderbaren Brunnen. Aber der Brunnen wurde von einer hässlichen, alten Frau gehütet, die auf der Ecke des Brunnens saß. Sie war eine Seherin, von so abstoßendem Äußeren, dass es die Brüder schauderte. Ihre Augen trieften, ihr Mund war so groß wie ein Pferdemaul, gelbe Zähne starrten darin, ihre Haut war schwarz, und das Haar hing ihr fahl und

---

245 Siehe Wolfram von Eschenbach: *Parzival* (Dichtung aus dem Hochmittelalter)
246 Zur Analyse der Gralsmythologie siehe Kap. III dieses Buchs. – In den *Vier Zweigen des Mabinogion* zeigt sich, dass, wenn man diese Texte kritisch betrachtet, der Abstieg der matriarchalen Göttin zur Königin, danach zur patriarchal verheirateten, gedemütigten Prinzessin, danach zur abhängigen Handwerkersgattin und zuletzt zur durch Männermagie künstlich zusammengesetzten Frau in mehreren Gestalten Schritt für Schritt enthalten ist. Diesen Vorgang hat Claire French-Wieser in hervorragender Weise in ihrer Interpretation des *Mabinogion* herausgearbeitet; siehe *Als die Göttin keltisch wurde*, insgesamt.
247 Siehe die Angaben der Quellen bei Jan de Vries: *Keltische Religion*, 53–55, 127–129, 242; bei Miriam Robbins Dexter: *Whence the Goddess,* S. 148–150.

struppig vom Kopf. Sie versprach nacheinander jedem der jungen Männer, ihm Wasser aus dem Brunnen zu trinken zu geben, wenn er sie dafür küssen würde. Aber jeder der sieben Stiefbrüder Nialls wies dieses Ansinnen entsetzt zurück, bis auf Brian, der sie flüchtig küsste. Nur Niall, der zuletzt ankam, umarmte und küsste sie von Herzen. Da verwandelte sie sich in die schönste, junge Frau, die man je gesehen hatte. Sie sprach Niall als König von Irland an und sagte: Den Trunk, für den du kamst, erhältst du aus einem machtvollen Kelch; es ist Met mit Honig, es ist königliches Äl. Dieser Trunk bringt dir Ruhm!

Erin oder Eire war als Göttin die Verkörperung des Landes Irland. In der Landesmitte, bei dem Heiligtum Tara, hieß sie Tailtiu. Dort erschien sie als Göttin „Flaith" oder „Sovranty of Erin", denn sie verlieh ihrem erwählten Heros das Heilige Königtum und die Souveränität über Irland. „Sovranty" bedeutet jedoch nicht „Herrschaft", denn kein matriarchaler Heiliger König herrschte im patriarchalen Sinn. Mit „Sovranty" ist eher die „Unabhängigkeit" des Volks von Fremdherrschaft gemeint, welche die Göttin ihrem Volk durch den Heiligen König sicherte.

In der ersten Mythe der Kelchüberreichung steckt die Symbolik der Heiligen Hochzeit der Landesgöttin mit ihrem erwählten Heros. Denn der Kelch, gefüllt mit einer roten Flüssigkeit, symbolisiert ihre göttliche Vulva und der Kessel, aus dem sie schöpft, ihren göttlichen Schoß. Dieser ist buchstäblich unerschöpflich wie der Kessel der Inspiration der Dana/Cerridwen und das Füllhorn der Morrigain. Erin lud Conn mit der Überreichung des Kelchs zur Hochzeit ein, und sein Trunk daraus symbolisiert deren Vollzug. Auf diese Weise wurde der Heros zum König des Landes, nämlich durch die Liebe, und nicht durch Krieg und Eroberung wie im Patriarchat üblich. Nach der Hochzeit regierte er das Land für ein mythisches Jahr und stand dabei unter dem Schutz der Göttin des Landes.

Die Erwählung von Conn geschieht in dieser Mythe in Gegenwart von Lug (walisisch: Lleu), der hier ein vergöttlichter Vorgänger-König ist. Denn es heißt, Erin sei die Braut von Lug. Dabei ist bemerkenswert, dass die Ablösung von Lug als Vorgänger hier ohne Kampf und Totschlag vonstatten geht, was auf ein sehr altes, matriarchales Muster hinweist. Lugs Schloss steht in der Anderswelt, so ist er wohl – wie Bran – unterdessen zum König der Anderswelt geworden. Er braucht einen Nachfolger in der Diesseitswelt, weshalb er die Wahl des jungen Königs unterstützt. Ebenso bemerkenswert ist, dass Lug als König des alten, magischen Volks der Túatha Dé Danaan bezeichnet wird, eines der frühesten Völker, die Irland besiedelten und die Göttin Dana verehrten. Das verweist auf das hohe Alter der Gestalt des Lug.

In der Geschichte der Túatha Dé Danaan trat Lug als mächtiger Helfer auf, als diese an ihre grimmigsten Feinde, die Fomore, verraten wurden und unterzugehen drohten. In dieser bitteren Situation erschien Lug, um sein Volk zu retten, und sein Erscheinen war spektakulär: Schon aus der Ferne leuchtete sein Gesicht so hell wie ein Sommertag, eine Strahlung war um ihn wie bei einem Sonnenuntergang. Er ritt auf einem Feenpferd, das so schnell war wie der Wind und über Land und Meer galoppieren konnte. Er besaß außerdem Feenwaffen: Sein Helm war von Juwelen, seine Rüstung machte ihn unverwundbar, und er besaß einen überdimensionalen Speer. Sein Schwert hatte er von seinem Pflegevater Mananaan Mac Llyr, dem Meeresgott, erhalten, und es machte seinen Träger unbesiegbar, denn die Feinde wurden schon bei dessen bloßem Anblick schwach.[248] Diese Erscheinung des Retters des Volks hatte noch lange Nachwirkungen in den mittelalterlichen Romanen. So ist die Gestalt des Lancelot dem Auftreten Lugs sehr ähnlich: Auch er besaß Feenpferd und Feenwaffen und wurde – von einer ursprünglich unabhängigen Gestalt – später zum glänzendsten, unbesiegbaren Ritter an König Arthurs Hof. Auch das Schwert Excalibur, das aus dem Wasser auftaucht und ursprünglich Lancelot gehörte, bevor es in Arthurs Hände kam, hat seine Wurzel hier. Lugs überdimensionaler Speer hingegen ist ein phallisches Symbol, genauso wie Dagdas „Keule".

Von Lug heißt es außerdem, dass er des gesamten magischen Wissens kundig war. So war er nicht nur Krieger und König, sondern auch Zimmermann, Bronzeschmied, Arzt, Harfner, Dichter, Zauberer, das heißt, er beherrschte alle Künste, die als magisch galten. Als künstereicher Gott hieß Lug auch der „Gott mit der geschickten Hand".[249] So ist es kein Wunder, dass er der prototypische König der Túatha Dé Danaan wurde, die selbst als ein „magisches" Volk galten, weil sie mit größter Geschicklichkeit die Handwerke und Künste der alten, matriarchalen Kultur meisterten. Es ist bezeichnend, dass die späteren Heiligen Könige der Göttin Erin – auch Conn – ebenfalls als große Zauberer galten, eine Eigenschaft, die Lug ihnen verlieh.

In der zweiten, oben zitierten Mythe erscheint Erin oder Flaith als wandelbare Frau am Brunnen. Sie wechselte ihre Gestalt von einer hässlichen alten zu einer wunderschönen jungen Frau. Beide Gestalten meinen die zwei Gesichter Irlands: die karge, dunkle Landschaft im Winter mit nasser Erde und verwelktem Gras und die grünende Landschaft voller Licht und Blumen im Frühling und Sommer. Derjenige, der König werden wollte, musste beide Gesichter des Landes kennen und lieben. Darum erschien Erin erst in ihrer hässlichen Gestalt und prüfte die jungen Männer, und nur derjenige, der sie in allen ihren Erscheinungen umarmte, wurde ihr König, hier mit Namen Niall. Die Symbolik der Heiligen Hochzeit ist bei dieser Mythe noch deutlicher, denn die Göttin forderte die jungen Männer zum Kuss auf, und nachdem sie ihn erhalten hatte, sprach sie metaphorisch von ihrer Vulva als dem machtvollen Kelch. Gleichzeitig ist der Brunnen ein Symbol für die Vulva der Erdgöttin.

Diese Mythe lebte verwandelt und trivialisiert in vielen Märchen noch lange weiter. Zugleich wird darin die Dreifaltigkeit der Göttin Erin deutlich: Sie ist im ersten Aspekt die junge Frau, die ihren König erwählt und krönt. Im zweiten Aspekt ist sie das Land als die Mutter des Lebens, was ihr unerschöpflicher „Kessel"

---

248 Jan de Vries: *Keltische Religion*.
249 Miriam Robbins Dexter: *Whence the Goddess*, S. 88; Jan de Vries: *Keltische Religion*, S. 53.

symbolisiert. In der alten Frau erscheint ihr dritter Aspekt; hier wird sie als Seherin, das heißt als Schicksalswissende, bezeichnet und sitzt am Brunnen, der den Eingang in ihre Unterwelt darstellt – was wir ebenfalls aus Märchenmotiven kennen (siehe „Frau Holle").

Als diese vor-indoeuropäische Mythologie auf den Britischen Inseln später mit keltischen Elementen vermischt wurde, erhielten die Göttinnen als „Söhne" Sonnengötter zugeordnet, mit denen sie sich nun verbanden. Als Sohn der Modron heißt dieser Lichtgott Mabon und war ein milder Gott. Er steht mit der Leier der Dichtkunst neben Modron, die selbst mit Schlange um den einen Arm und Ähren im anderen Arm und der Mondsichel auf dem Kopf abgebildet wird. Als Diancecht war er auch Gott der Heilkunst durch die Kräfte warmer Quellen. Unter dem Namen Beli tritt sein Sonnencharakter besonders stark hervor, hier war er nur noch Sonne und Licht und überstrahlte die Göttin.[250]

Curoi war zugleich Atmosphäregott und der lichte Herr der Sonne. Es heißt, dass er auf der Stirn ein einziges, riesiges Auge trug: die Sonne, und auf seinen Befehl erhoben sich Sturm, Regen und Gewitter. Gelegentlich trat er – wie die orientalischen Atmosphäregötter – als Hirte auf, von hünenhafter Gestalt und umgeben von den drei Kalendersymbolen des mythischen Jahres der Göttin: Löwen (Frühling), wilden Bullen (Sommer) und feuerspeienden Schlangen (Winter). Bran hat keinerlei astrale Züge angenommen. Dagegen heißt es aber von Lug, auch er hätte bei den wichtigsten magischen Handlungen nur ein Auge – indem er das andere schloss: Das eine große Auge ist aber, wie wir gesehen haben, ein Zeichen für die Sonne.[251]

Die Hauptgegenstände bei der Verehrung der Erdmutter und Landesgöttin waren – wie auf Kreta und auch sonst überall – Bäume und große Steine. Die matriarchale Kultur hat sich denn auch in Nordwest- und Mitteleuropa als die Kultur der Großsteine (Megalith-Kultur) und „Hünengräber", die große Sippengräber waren, ausgebreitet. Aufgerichtete Steine (Menhire) und Sippengräber (Dolmen) sind im gesamten europäischen Raum und weit darüber hinaus bekannt. In Europa nehmen sie besonders schöne Formen in den megalithischen Bauten auf den Britischen Inseln (England, Schottland, Wales, Irland) und in der Bretagne (Frankreich) an, wo Riesensteine zu langen Reihen (z. B. Carnac, Lagatjar) und zu kreisförmigen Stern-Observatorien (z. B. Avebury, Callanish) zusammengefügt stehen. Das weist jenes Vorurteil zurück, dass die Verehrungsformen und die Baukunst der vor-indoeuropäischen, matriarchalen Völker „primitiv" gewesen seien. Außer den steinernen Sternwarten besaßen diese Völker auch kunstvolle Tempel, die teilweise aus Stein (z. B. Stonehenge), teilweise aus Holz (z. B. Woodhenge) errichtet waren. Hölzerne Tempel sind jedoch vergänglich, aber in einigen Fällen fand man wenigstens die Fundamente, so vom Lug-Tempel bei Lyon (Frankreich) und – im

---

250 Jan de Vries: *Keltische Religion*, S. 77, 139.
251 Jan de Vries: *Keltische Religion*, S. 53.

später germanischen Raum – vom Freyr-Tempel bei Uppsala (Südschweden). Auf diese Weise können wir uns noch ein ungefähres Bild von der Architektur dieser Tempel machen.

7.2 Germanen

Die frühpatriarchalen Kelten, die einst in ganz Europa ihre Reiche hatten, wurden durch die von Osten nachrückenden germanischen Stämmen nach Nordwest-Europa zurückgedrängt, wo sie noch heute in einigen Rückzugsgebieten ihre Kultur pflegen (in der Bretagne in Frankreich, in Wales in Großbritannien, in Schottland, in Irland). Die frühpatriarchalen Germanen überrannten weite, ehemals keltische Gebiete und nahmen sie ein (Deutschland, Frankreich, die skandinavischen Länder, das angelsächsische England). Sie wurden ihrerseits dann von den Slawen – ebenfalls Indoeuropäer wie die Kelten und Germanen – von Osten her eingegrenzt (Osteuropa bis zum Ural). Wie im vormals keltischen Europa entstand auch bei den Germanen eine Mythologie, die als älteste Schicht die matriarchalen Muster zeigt, und Verehrungsformen, in denen noch lange vor-germanische matriarchale Göttinnen – jetzt allerdings unter germanischen Namen – vom Volk beibehalten wurden. Da Kelten und Germanen Nachbarvölker waren, gab es in späterer Zeit außerdem vielfache Beziehungen zwischen ihnen, wodurch die alten, matriarchalen Elemente in der germanischen Mythologie verstärkt wurden. So entstand am Niederrhein eine keltisch-germanische Mischkultur, die La Tène-Kultur, und die seefahrenden Iren gaben den seefahrenden Wikingern kräftige kulturelle Anstöße, wie wir an der „Edda", der reichsten germanischen Mythensammlung, sehen können. Deutlich wird jedoch auch der weitere Patriarchalisierungsprozess, den die germanischen Kriegerkönige und ihr Gefolge nach der ersten Patriarchalisierung durch die keltischen Kriegerkönige brachten. Er zeigt sich am brutalen Verhalten der germanischen Kriegsgötter, der Asen, denen gegenüber die anderen Gottheiten in dieser Mythologie älter, das heißt, vor-germanisch und noch matriarchal sind.

7.2.1 Jörd-Nerthus mit Heimdall und Loki

Zusammenfassung der Mythen[252]

In der Urzeit erbauten Riesen die Welt, in deren Mitte Midgard, das Reich der Menschen, liegt. Die Götter benannten die Gestirne und erbauten sich dann ihre Götterburg, in der sie in Frieden, Reichtum und Vergnügen beim Brettspiel lebten.

Das ging solange gut, bis die Nornen, die drei Schicksalsgöttinnen, erschienen und den Untergang der Götter vorbereiteten. Der Grund ihres Zorns war die Verbrennung der Seherin und Zauberin Gullweig („Goldner Weg") durch die

---

252 „Der Seherin Gesicht", „Balders Träume" und „Das Wafthrudnirlied", in: *Die Edda,* Hg. Felix Genzmer, Düsseldorf/Köln 1969, S. 43–50, 51–53, 83–91; ebenso in: *Germanische Götterlehre,* Hg. Ulf Diederichs, München 1997, S. 27–34, 51–53, 37–42. [Götterlehre].

Asen-Götter.[253] So kam der erste Krieg in die Welt. Die Wanen drangen gegen die Götterburg der Asen vor, deren Hauptgott Odin war, und zerstörten sie. Doch die Asen blieben siegreich. Auf ihr Geheiß bauten Riesen die Götterburg wieder auf, und der Wanengott Njörd musste als Geisel bei den Asen weilen, um den Frieden zu sichern. Doch nun entstand Krieg zwischen den Asengöttern und den Riesen, denn statt sie für ihre Arbeit zu belohnen, erschlug der Ase Thor die Baumeister mit seinem Hammer.

Loki, der Gott des Feuers und der Unterwelt, weilte als Diener bei den Asen und brachte sie beständig in Schwierigkeiten, aus denen er sie dann wieder retten musste. Zuletzt stiftete er die Götter an, zum Spaß auf den lichten Baldur, Odins Sohn, zu schießen, da dieser doch unverwundbar sei! Aber der blinde Hödur traf Baldur mit dem einzigen Zweig, der ihm gefährlich war, dem Mistelzweig, und tötete ihn. Frigga, die Mutter Baldurs, und alle Gottheiten weinten bitterlich, nur Loki nicht. Für diese Tat wurde er unter der Erde gefesselt und eine Schlange über ihn gehängt, deren tropfendes Gift sein Gesicht ätzte. Nur Lokis Gattin Sigyn blieb bei ihm und linderte seine Schmerzen, indem sie das Gift mit einer Schale auffing. Unterdessen gebar eine Riesin im Riesenreich die Unterwelttiere, den Drachen (Midgardschlange) und den Höllenwolf (Fenrir), deren Vater Loki war.

Schließlich krähte bei den Göttern ein goldener Hahn, bei den Riesen ein feuerroter und in der Unterwelt ein brauner: Die letzte Schlacht begann. Heimdall blies hell in sein Horn, aber seine Warnung nützte nichts, denn der Feuerriese verbrannte Yggdrasil, den Weltenbaum, der den Himmel trägt. Als Folge davon erzitterten die Berge, und der Himmel stürzte ein. Loki kam aus der Unterwelt los und fuhr mit dem Totenschiff, beladen mit Dämonen, Ungeheuern und dem Höllenwolf, gegen die Götter herauf. Der Höllenwolf tötete Odin, den Kriegsherrn der Asen. Thor kämpfte gegen den Drachen, die Midgardschlange, die aus dem Ozean auftauchte. Er unterlag, und der Ozean überschwemmte die Erde. Die Sterne fielen vom Himmel, die Welt ging in einer Feuerlohe unter.

Nachdem die Asengötter vernichtet waren, kehrte das Goldene Zeitalter mit seinen milden Gesetzen zurück: Land stieg grün aus der Flut, Wasserfälle sprangen wieder über die Klippen, Fischadler flogen, Äcker trugen, ohne dass gesät wurde, Baldur wurde wieder lebendig und war mit seinem Bruder Hödur versöhnt. Ein neues Menschenpaar entstand und pflanzte die Völker fort. Die Toten der Vergangenheit versanken in der Tiefe.

Die Wölwa (Seherin), die in dieser Mythe den Asengöttern ihr Schicksal voraussagt, war diesen nicht freundlich gesinnt. Denn die Schilderung des Untergangs der Welt der Asen geschieht knapp und mitleidslos.[254] Wer sie sein könnte, wird an anderer Stelle deutlich, als sie die Voraussage von Baldurs Tod vertiefte.[255] Der

---

253   Gullweig war wohl eine Priesterin der Wanen-Gottheiten; Hinweis in: [Götterlehre], S. 266.
254   „Der Seherin Gesicht", in: *Die Edda*, S. 43–50.
255   „Balders Träume", in: *Die Edda*, S. 51–53.

Kriegsgott Odin – der fortgesetzt das Wissen der weisen Frauen vereinnahmte – störte sie in ihrem totenähnlichen Schlaf unter einem Erdhügel am Tor des Reichs der Hel, der Göttin der Unterwelt, und zwang sie durch Magie zum Reden. Widerwillig gab sie Auskunft und beschloss nach jeder Aussage, wieder zu schweigen. Doch er nötigte sie fortgesetzt, bis sie ihn zuletzt mit einem Fluch fortschickte: Er solle ihr nicht noch einmal nahe kommen, bis der gefesselte Loki frei komme und das Schicksal die Götter zerschmettere! Zuvor hatte Odin sie beschimpft: Sie sei keine Wölwa, keine weise Frau, sondern die Mutter von drei Riesinnen! Damit hat er uns verraten, wer sie tatsächlich ist.

Diese drei Riesinnen sind die Nornen, die Göttinnen Urd, Skuld und Werdandi, die alle Ereignisse in der Vergangenheit, Gegenwart und Zukunft kennen. Sie steigen vom Brunnen bei den Wurzeln des Weltenbaums Yggdrasil aus der Unterwelt herauf und bringen Göttern und Menschen ihr Schicksal, das heißt, sie sind mächtiger als alle späteren Götter. Das verweist auf älteste matriarchale Muster. Noch mächtiger aber muss ihre Mutter sein, und diese wohnt in der Erde oder der Unterwelt. Diese ist vermutlich die Erde selbst oder die Unterweltgöttin Hel. Offenbar fallen hier beide zusammen, was keine Ausnahme darstellt, denn jede archaische Erdgöttin ist die Mutter in der Tiefe, welche die Lebewesen auf die Oberwelt hinaufgebiert und sie wieder zu sich zurücknimmt, Göttin des Lebens und des Todes zugleich.

Bei den Germanen trägt die Erdmutter den Namen „Jörd". Dies ist ein nordgermanisches Wort und heißt schlicht „Erde". Sie ist ebenso alt wie die Wassermutter Dana, und sie wurde später zu „Njörd" vermännlicht. Wir finden sie jedoch in der römischen Geschichtsschreibung über Germanien als weibliche Gottheit wieder: Hier wurde ihr Name zu „Nerthus" latinisiert – der im Südgermanischen „Erda" oder „Hertha" lautet – und einiges aus ihrer Verehrung berichtet.[256] So heißt es von ihr, dass sie in ganz Germanien in Ehren gehalten wurde. Sie wohnte in einem heiligen Hain auf einer Insel im Meer (die Anderswelt) und kam von dort mit dem Schiff zu den Völkern gefahren. Auf einem geweihten Wagen, vor den Kühe gespannt waren, zog sie dann von Ort zu Ort, wobei ihr Bildnis auf dem Wagen verhüllt blieb. Dieses „Bildnis" der Erdmutter war wahrscheinlich ein großer Stein, wie in vielen anderen matriarchalen Kulturen auch. Überall, wohin sie kam, wurde sie voll Freude empfangen, und alle Orte waren mit Blumen geschmückt. Vermutlich fand diese Prozession der Göttin im Frühling statt, und sie brachte das Licht und das Leben aus der Anderswelt zurück (Abb. 35). Es heißt weiter, dass Waffen und Eisen in Gegenwart der Göttin verpönt waren und weggeschlossen blieben, es herrschte Frieden. Wenn sie zu ihrem Inselheiligtum zurückkehrte, wurden dort der Wagen und die Göttin selbst in einem verborgenen See gewaschen. Die Männer, die den Wagen gezogen hatten und sie bei der Waschung zu Gesicht bekamen, verschlang danach der See. Offensichtlich fanden sie auf diese Weise den Tod, um

---

256 Tacitus: *Germania*, Kap. 40.

Abb. 35: Das „Schiff der Erneuerung" mit Lebensbaum, nach der Felszeichnung bei Lökerberget, Foss.

hernach im Gefolge der Erdmutter, die zugleich auch Todesgöttin war, in ihrer paradiesische Anderswelt zu weilen.

Mit dem Inselheiligtum der Nerthus ist die Insel Rügen in der Ostsee gemeint. Denn es gibt auf Rügen einen versteckten See, der noch heute „Hertha-See" heißt und von dem man annimmt, dass dort dieses Abschlussritual ihrer Umfahrt stattfand.

Von Njörd heißt es, dass er Herr über Wind und Wetter, über das Meer und das Feuer und Schenker von Land und allem Reichtum war.[257] Er ist der älteste Gott der Wanengruppe, sein Wohnsitz Noatun am Meer heißt „Schiffsstätte",[258] und er soll der Vater von Freyja und Freyr sein, den beiden bedeutendsten Wanengöttern. Die patriarchale Vermännlichung von Jörd zu Njörd kann man rückgängig machen, denn es geht dabei um die bekannte Taktik, jeder Gruppe von Gottheiten ein männliches Oberhaupt als Vatergott vorzuschalten. So wurde Odin (südgermanisch: Wotan) zum Allvater und Oberhaupt aller Gottheiten gemacht und sogar behauptet, dass er der Vater (oder Gatte) von Jörd sei, obwohl die Vereh-

---

257 [Götterlehre], S. 105, 142.
258 [Götterlehre], S. 257.

rung der mütterlichen Erde Jahrtausende vorher bestand, als es noch keinen Odinglauben gab. Mit dieser Korrektur wird der Wirkungsbereich der alten Erdgöttin Jörd-Hertha-Erda wieder sichtbar, denn nur sie kann Land und allen Reichtum, das heißt hier: die Fruchtbarkeit der Erde, schenken.

Zugleich tritt das klassisch matriarchale Muster von göttlicher Mutter mit ihrer Tochter und ihrem Sohn, hier Freyja und Freyr, wieder hervor. Diese drei Wanen sind friedfertige Gottheiten, die der Erde Fruchtbarkeit schenken und den Menschen ein gutes Leben, Liebe und Glück – alles zentrale matriarchale Werte. Es gibt außerdem die Vermutung, dass die Wanen nicht im Himmel, sondern in der Tiefe der Erde und des Meeres lebten,[259] was typische Wohnorte für Gottheiten von agrarischen und seefahrenden Völkern sind (siehe auch Njörds Wohnung Noatun am Meer). Sehr aufschlussreich ist in diesem Zusammenhang auch, dass es Njörd zusammen mit Tochter Freyja und Sohn Freyr ist, der nach dem Wanenkrieg als Geisel bei den Asen weilen musste. Das heißt im frühgeschichtlichen Kontext, dass die patriarchalen, germanischen Kriegerkönige mit ihren Asengöttern der matriarchalen Bevölkerung das Land, die Erde „Jörd", weggenommen hatten, sie war nun deren „Geisel". Und mit der Erde gelangten Wohlstand, Glück und gutes Leben (Freyja und Freyr) in die Hände der Eroberer. Dass dies vonseiten der Unterworfenen nicht widerstandslos vor sich ging, spiegelt der Krieg der Wanen gegen die Asen, in dem die Wanen schließlich unterlagen. Doch es gab die Prophezeiung, dass am Ende der Zeiten, nach dem Untergang der Asengötter, die drei Wanengottheiten wieder zurückkehren und ihre Welt wieder errichten würden.[260] Dies ist eine Zukunftsvision des unterdrückten matriarchalen Volks, das sich wünschte, die „Erde" und mit ihr „Reichtum" und „Glück" mögen ihnen wieder gehören und die alte friedliche Ordnung wiederhergestellt werden.

Wer der Heros von Jörd-Nerthus war, ist nicht leicht herauszufinden. Man nimmt von ihr an, dass sie als zweigeschlechtlich betrachtet wurde, eine Göttin, die alles aus sich selbst hervorbrachte[261] – zweifellos eine sehr alte Vorstellung. Doch es gibt auch zwei Götter mit archaischem Charakter, deren Gestalten Anhaltspunkte bieten, dass sie einst die Partner der Erdmutter waren. Heimdall ist ein solcher Gott, der nicht so recht ins Asen-Pantheon passen will. Er wurde von den späteren Göttern zum Wächter vor der Götterburg degradiert. Von ihm heißt es, dass er in Urtagen von neun Riesentöchtern am Rand der Erde geboren wurde.[262] Das

---

259 Siehe Hilda Davidson, in: [Götterlehre], S. 279.
260 „Das Wafthrudnirlied", Strophe 39, in: *Die Edda*, S. 89; ebenso in: [Götterlehre], S. 40, Strophe 39; auch nach Snorris *Heimskringla*, ebenda S. 256. – Ausdrücklich heißt es in „Die kürzere Seherinnenrede" vom Ende der Welt: „Dann ist das Ende den Asen gesetzt." (Strophe 13) Der Wanengott Freyr hingegen, von der Erde und von Eberblut gestärkt, kehrt als Herr des Volks wieder (Strophe 14). Siehe: [Götterlehre], S. 55.
261 Jakob Amstadt: *Südgermanische Religion seit der Völkerwanderungszeit*, Stuttgart 1991, S. 39.
262 „Die kürzere Seherinnenrede", Strophen 7, 8, in: [Götterlehre], S. 55.

sind merkwürdige Umstände für einen angeblichen Asengott, denn die Riesen und Riesinnen sind in der germanischen Mythologie das den Asengöttern feindliche Urvolk. Sie gelten als sehr weise und von großer Kunstfertigkeit, so dass die Götter sich ihre Burg von ihnen erbauen ließen – und sie nachher betrogen. List und Betrug, Gewalt und Kämpfe gegen das Riesenvolk durchziehen die gesamte germanische Mythologie, was die patriarchalen Eigenschaften der Asengötter in aller Klarheit offenbart. Wenn Heimdall von „neun Riesinnen" geboren wurde, so ist hier vermutlich eine archaische Dreifache Göttin gemeint, die verneunfacht wurde, und dies könnte die Erde selbst sein. Hinzu kommt, dass es von ihm heißt, er sei der Stammvater aller Menschen[263] – was er nur zusammen mit einer Göttin sein konnte. Bekanntlich ist die Erde die Mutter allen Lebens, einschließlich der Menschen. Heimdall trat der Göttin deshalb eher als ein Vertreter der Menschen denn als ihr „Stammvater" gegenüber, und dies ist die klassische Rolle des matriarchalen Heroskönigs.

Er hat weitere Eigenschaften, die auf einen alten Heros der Erde hinweisen: Er besaß ein großes Horn, in das er, wachsam und weitblickend wie er war, beim Herannahen der Feinde stieß. Doch zugleich heißt es, dass sein Horn das Ende ankündigt[264] – wohl der Asen, denn von deren Untergang handelt die Mythe. Diese Ankündigung dürfte dem Urvolk der Riesen und den Wanen lieb gewesen sein, aber nicht den Asen. Eine rätselhafte Bemerkung sagt, dass Heimdalls Horn einst unter dem „heiligen Himmelsbaum", dem Weltenbaum, verborgen war.[265] Ein solches „Horn" ist uns aus der keltischen Mythologie bekannt, es ist das Füllhorn der Göttin, Symbol für ihre lebensschenkende Vulva. Die Vulva befindet sich in der Tiefe, wo der Schoß der Erde ist, und der Weltenbaum wächst daraus empor. Heimdall durfte dieses „Horn" als Zeichen seiner Königswürde tragen, wie es bei den keltischen Göttern Dagda und Bran mit dem „Kessel" der Fall gewesen ist. Er dürfte auch kaum hineingeblasen, sondern eher daraus getrunken haben, wie Conn und Niall aus dem „Kelch", worauf sie die matriarchalen Könige der Göttin wurden. Es heißt denn auch in einer Mythe, dass Heimdall gerne Met oder Äl, die heiligen Getränke, trank.[266]

Außerdem hat Heimdall die Züge eines alten Himmels- und Sonnenheros. Er wird „der Weiße" genannt, und sein Heim ist eine Himmelsburg. Seine Zähne waren von Gold, und sein Pferd hieß „Goldzopf", denn seine Mähne und Schweif leuchteten golden. Gold ist ein Sonnenattribut. Nun lässt sich besser verstehen, warum er „am Rand der Erde" geboren wurde, denn die Sonne geht jeden Morgen am Horizont der Erde auf. Wie die Sonne konnte Heimdall alles sehen, er hörte sogar

---

263 [Götterlehre], S. 54.
264 „Der Seherin Gesicht", Strophe 38, in: *Die Edda,* S. 48; ebenso in: [Götterlehre], S. 31, Strophe 38.
265 „Der Seherin Gesicht", Strophe 21, in: *Die Edda,* S. 45; ebenso in: [Götterlehre], S. 29, Strophe 21.
266 „Das Grimnirlied", Strophe 13, in: *Die Edda,* S. 78; ebenso in: [Götterlehre], S. 46, Strophe 13.

das Gras auf der Erde und die Wolle auf den Schafen wachsen.[267] Er war weise und hellsichtig und wusste wie die Wanen die Zukunft voraus.[268]

Doch er hatte einen beständigen Widersacher, Loki, den Gott der Unterwelt. Loki erschlug Heimdall beim Weltende und wurde von Heimdall erschlagen, sie töteten sich gegenseitig.[269] Das dürfte allerdings kein einmaliges Ereignis gewesen sein, sondern ein zyklischer Vorgänger-Nachfolger-Kampf des dunklen Heros gegen den hellen Heros, der sich jährlich mit stets wechselnden Rollen wiederholte. Der Tod Heimdalls und Lokis ist demnach kein ursprünglicher Teil der Götterschlacht, in der die Asen untergehen. Er war eher Teil einer archaischen Naturmythe, denn beide verkörpern den Kampf des dunklen Prinzips gegen das helle Prinzip, des Winterkönigs gegen den Sommerkönig, des Herrn des Todes gegen den Herrn des Lebens und umgekehrt, den wir überall in der matriarchalen Mythologie wiederfinden. Dabei wird das dunkle Prinzip nicht als „böse" und das helle nicht als „gut" bewertet, weil es sich um Naturvorgänge handelt. Im patriarchalen Denken gerät der dunkle Heros jedoch stets auf die Seite des „Bösen", wie es auch Loki bei den Asen widerfuhr.

Die Gestalt des Loki besitzt allerdings nicht nur naturmythische, sondern zugleich politische Bedeutung. Denn Loki war der Hauptakteur in der Götterschlacht gegen die Asen. Er unternahm alles, um ihren Untergang herbeizuführen, was ihm schließlich gelang. Damit erfüllte sich die Prophezeiung der Wölwa unter der Erde, die keine andere als Jörd oder Hel selbst ist: Der gefesselte Loki werde am Ende frei kommen und das Schicksal die Götter zerschmettern!

Loki gilt als Sohn eines Riesen und der Laufey. Stets wird er „Sohn der Laufey" genannt,[270] während sein Vater nicht erwähnt wird und keine Bedeutung zu haben scheint. Loki trat demnach als Sohn seiner Mutter auf, und das weist nicht nur auf die alte Mutterlinie hin (Matrilinearität), sondern war auch zentral für die Ereignisse. Über Laufey erfahren wir weiter nichts, doch ihr Name lässt sich erschließen. „Laufey" bedeutet „Laubinsel", das heißt, eine Insel mit einem Hain aus Laubbäumen. Ein solches Inselheiligtum besaß die Göttin Nerthus auf Rügen, womit wir vermuten dürfen, dass Jörd-Nerthus, die Erde selbst, Lokis Mutter ist. Ferner heißt es, dass die Unterweltgöttin Hel seine Tochter sei, was jedoch eine Umkehrung der Verhältnisse darstellt. Denn Jörd und Hel sind die zwei Seiten derselben Urgöttin als Göttin des Lebens und des Todes. Von Hel heißt es ausdrücklich, dass sie zwei Seiten hat, eine hellere und eine dunklere.[271] Der Ortsname Hel ist uralt und in Nord- und Mitteleuropa weitest verbreitet, ein Beispiel ist die Insel Helgoland. Loki ist Sohn der Hel, er ist in der Unterwelt zu Hause, und von Hel heißt es, dass sie die Asen hasst.

---

267 Prosa-Edda, in: [Götterlehre], S. 144.
268 „Das Thrymlied", Strophe 15, in: *Die Edda,* S. 64; ebenso in: [Götterlehre], S. 59, Strophe 15.
269 Prosa-Edda, in: [Götterlehre], S. 173.
270 Zum Beispiel in „Das Thrymlied", Strophe 18, in: *Die Edda,* S. 64; ebenso in: [Götterlehre], S. 59, Strophe 18.
271 Prosa-Edda, in: [Götterlehre], S. 146.

In Loki können wir daher einen sehr alten Gott erkennen, älter als Asen und Wanen, worauf seine Eigenschaften hinweisen. Er galt bei den patriarchalen Asen, von denen er wie Heimdall zum Diener erniedrigt worden war, als tückisch, verschlagen, verleumderisch, betrügerisch, von böser Gemütsart. Dabei war er schön – was nicht zu seinem angeblich schlechten Charakter passt – und klüger als alle Götter. Er trat gewitzt, kunstreich, zauberkundig und verwandlungsfähig auf, er erschien als verschiedene Tiere und je nach Bedarf in männlicher oder weiblicher Gestalt, obendrein konnte er über das Meer und durch die Luft eilen,[272] das heißt, er meisterte alles, was die großen Magier des alten Volks konnten. Das kennzeichnet ihn als einen typischer Trickster-Gott, der aus einer sehr alten Kulturschicht stammt. Aus diesem Grund wurde er von den Asengöttern gebraucht, und wiederholt musste er ihnen aus der Klemme helfen. Doch er störte die Asen fortwährend und schuf ihnen stets neue Probleme, denn er agierte als geheimer Rebell gegen sie: So schlug er den Göttern vor, als sie ihre Götterburg mithilfe der baukundigen Riesen bauen wollten, ihnen dafür Sonne und Mond und die Göttin Freyja zu versprechen – was dem Urvolk, zu dem Loki gehört, die Macht über den Himmel und die fruchtbare Erde zurückgegeben hätte. Die Götter willigten ein, denn sie hielten den Bau der Burg in der vereinbarten, kurzen Zeit für nicht möglich. Doch als es mithilfe eines Zauberhengstes zu gelingen schien, bedrohten sie Loki mit dem Tod, damit er sie in letzter Minute rettete. Dieser tat es in Gestalt einer Stute, die den Hengst von der Arbeit ablenkte.[273] Ein andermal lockte Loki die Göttin Idun mit den goldenen Äpfeln der Verjüngung aus der Götterburg heraus und brachte sie damit in die Gewalt der Riesen. Nun wurden die Asen schnell alt und grau und verloren alle Kraft. Wieder musste Loki ihnen unter Todesandrohung helfen, indem er in Gestalt eines Falken die Göttin Idun zurückbrachte.[274] In einer dritten Episode überlistete er Thor (südgermanisch: Donar), so dass dieser ohne seinen tödlichen Hammer (Blitz und Donner), mit dem er Riesen zu erschlagen pflegte, zu seinen Feinden kam und in große Gefahr geriet.[275] Bei anderer Gelegenheit hatte ein Riese – wohl mit Lokis Hilfe – diesen Hammer sogar gestohlen und wollte ihn nur gegen die Göttin Freyja als Braut wieder herausgeben. Nun musste Loki abermals die Asen retten, indem er vorschlug, Thor als Freyja zu verkleiden und ihn bei dieser „Brautfahrt" zu den Riesen zu begleiten. Thor erschlug schließlich mit dem wiedergewonnenen Hammer die Riesen – doch Loki hatte ihn der Lächerlichkeit preisgegeben.[276]

Zuletzt verursachte Loki den Tod Baldurs, des jungen Lichtgottes, indem er Hödur, dem blinden Nebelgott, den Mistelzweig in die Hand gab, mit dem allein

---

272 Prosa-Edda, in: [Götterlehre], S. 145.
273 Prosa-Edda, in: [Götterlehre], S. 154–156.
274 Prosa-Edda, in: [Götterlehre], S. 179.
275 Prosa-Edda, in: [Götterlehre], S. 186.
276 „Das Thrymlied", in: Die Edda, S. 62–66; ebenso in: [Götterlehre], S. 57–61.

Baldur tödlich getroffen werden konnte.[277] Hier steht wieder – wie beim Zweikampf zwischen Heimdall und Loki – eine Naturmythe dahinter, allerdings mit einer jüngeren Generation. Baldur verkörpert den hellen Heros des Sommers, Hödur hingegen den dunklen des Winters. Damit wird klar, dass Baldur zyklisch im Herbst, wenn die Nebel kommen, sterben musste, um im nächsten Frühling von Jörd wieder an die Oberwelt gebracht zu werden. Er ist der klassisch matriarchale, sterbende und wiederauferstehende junge Gott und Hödur sein natürlicher Gegenpart. Mit dieser Tat beging Loki also keinen heimtückischen Mord, sondern kehrte die patriarchal verdrehten Verhältnisse wieder um, indem er den Gesetzen der Erde, seiner Mutter, folgte. Das ist jedoch ein Sakrileg im Patriarchat, und so wurde Loki nun in der Unterwelt gefesselt und gefoltert – ähnlich wie der Rebell Prometheus in der griechischen Mythologie. Als Gott der Unterwelt ist er jedoch unter der Erde zu Hause, und dort erwies er sich als gefährlich stark. Immer wenn seine Gattin Sigyn die Schale ausleerte, mit der sie das ätzende Gift der Schlange über seinem Kopf auffing, wand sich Loki, und das verursachte heftige Erdbeben.[278]

Schon das war ein warnendes Zeichen, und so kam es schließlich zur Endzeit-Schlacht. Die Riesen brachen aus ihrem Reich gegen die Götter hervor, die Feuerriesen verbrannten den Weltenbaum. Loki riss sich los und führte den offenen Aufstand gegen die Asengötter an. Aus der Unterwelt brachte er auf dem Totenschiff Nagelfar alle Bewohner und Ungeheuer der Tiefe herauf, auch seine Kinder, den Wolf Fenrir und die Midgardschlange. Diese führten die entscheidenden Schläge: Der Fenrirwolf verschlang die Sonne, und die Welt versank in Dunkelheit, dann tötete er Odin, das Oberhaupt der Asen. Die Midgardschlange wühlte den Ozean auf und brachte Thor den Tod. Die patriarchale Welt versank in einem gewaltigen Feuer, dessen Herr Loki ist, und in einem jahrelangen Winter.[279] Der dunkle Heros hatte damit in Übereinstimmung mit der Erde, seiner Mutter Jörd, gehandelt, die nach dem Tod der Asengötter das Paradies wieder erstehen ließ.

Diese Vision bildet den Schluss der Weltuntergangsmythen aus der *Lieder-Edda*: Nach dem Untergang der patriarchalen Götter kehrt das Goldene Zeitalter wieder, in dem Natur und Menschen in Frieden leben.[280] Es ist die Vision des alten, matriarchalen Volks und noch großartiger als diejenige von der Rückkehr der Wanengötter.

---

277 Prosa-Edda, in: [Götterlehre], S. 167, 168, 170.
278 Prosa-Edda, in: [Götterlehre], S. 171.
279 Erdbeben, Feuer aus der Tiefe, die alles verbrennen, völlig verdunkelter Himmel, Tsunamis vom Ozean her und danach eine jahrelange Kälteperiode – das klingt wie die Schilderung eines gewaltigen Vulkanausbruchs mit seinen Folgen. Den isländischen Skalden (Dichtern) der *Edda* waren solche Naturereignisse wohlbekannt, und sie verwendeten sie als Metaphern für ihr Weltuntergangs-Szenario.
280 „Der Seherin Gesicht", Strophen 53, 54, in: *Die Edda*, S. 50; ebenso in: [Götterlehre], S. 33, Strophe 53, 54.

7.2.2 Freyja und Freyr

Bei diesem vorgermanischen Götterpaar treten die Züge der Mythologie des agrarischen Matriarchats deutlich hervor: Freyja ist Göttin der Liebe, Schönheit und Fruchtbarkeit und die Schwestergattin des Vegetationsgottes Freyr. Ihr Name bedeutet „Herrin, Fürstin" und sein Name entsprechend „Herr, Fürst". Ihre Verehrung war besonders in Schweden verbreitet. Doch auch im gesamten südgermanischen Raum (Mitteleuropa) wurden Freyja und Freyr verehrt, die Göttin unter dem Namen „Fraujo", woraus das mittelhochdeutsche „Frouwe" in der Bedeutung von „Herrin" wurde, der Gott unter dem Namen „Frô-Frikko."[281] Freyja erschien hier auch als „Hulda", die Holde, Schöne, Huld Schenkende. Sie ist eine alte, vorpatriarchale Liebesgöttin, und es heißt von ihr, dass sie länger als alle anderen Götter verehrt wurde.[282] Wie andere Liebesgöttinnen auch, besaß sie einen magischen Gürtel oder Halsschmuck, den „Brisingamen", der ihre Zaubermacht und ihren Reichtum zum Ausdruck brachte.

In Freyja sind alle Aspekte der dreifachen Großen Göttin vorhanden. Der zweite Aspekt als Göttin der Liebe und des Lebens tritt bei ihr am deutlichsten hervor, und ihr sakrales Tier ist hier das Mutterschwein.[283] Das Mutterschwein ist ein sehr altes Tiersymbol für Fruchtbarkeit, es wurde schon der griechischen Demeter zugeordnet. Doch Freyja besitzt auch die anderen beiden Aspekte. Im ersten Aspekt sehen wir sie in einem Katzenwagen fahren.[284] Außerdem besaß sie ein rauschendes Federkleid, mit dem sie als Falke durch die Luft fliegen konnte, und sie lieh es gerne Loki für dessen Expeditionen.[285] Im dritten Aspekt ist sie die Herrin des Saals Folkwang in der Unterwelt.[286] Dieser Saal war keine traurige Stätte, sondern ein Ort der Musik und der Künste. Tanz, Liebe und Glück wohnten dort – was an die wunderbare Anderswelt der keltischen Mythologie erinnert. Dorthin führte Freyja die Toten, ursprünglich wohl alle Toten ohne Unterschied. In der patriarchalisierten Version sind es dann nur noch die Krieger, die sie vom Schlachtfeld in ihren Saal Folkwang holte, und nur die Hälfte von ihnen, denn die andere Hälfte beanspruchte Odin für sich. Aber es wird gesagt, dass sie noch immer deren Schicksal „kiest", das heißt, sie bestimmte über Leben und Tod und nahm die Gefallenen auf ihren Fittichen mit in die Unterwelt.[287] In diesem Sinn nennt man sie auch eine „Dis" (Wanen-Dis).[288] „Disen" oder „Idisen" ist die südgermanische Bezeichnung für Schutz- und Schicksalsgöttinnen, die dreifach oder

---

281 Siehe dazu Jakob Amstadt: *Südgermanische Religion*, S. 39–41.
282 Hilda Davidson, in: [Götterlehre], S. 279.
283 Prosa-Edda, in: [Götterlehre], S. 149
284 Prosa-Edda, in: [Götterlehre], S. 143.
285 „Das Thrymlied", in: *Die Edda*, Strophen 3, 4, S. 62; ebenso in: [Götterlehre], S. 57, Strophen 3, 4; und Prosa-Edda, ebenda S. 179.
286 Prosa-Edda, in: [Götterlehre], S. 143.
287 „Das Grimnirlied", Strophe 14, in: *Die Edda*, S. 78; ebenso in: [Götterlehre], S. 46, Strophe 14.
288 Prosa-Edda, in: [Götterlehre], S. 149.

neunfach auftreten.[289] In diesem Sinn war Freyja vermutlich einst die Führerin der Walküren, der „Totenwählerinnen" auf dem Schlachtfeld, die ebenfalls Sieg oder Tod „kiesen". Später wurden die Walküren dann zu Gehilfinnen des Kriegsgottes Odin gemacht.[290] Im dritten Aspekt ist Freyja auch die Göttin der Magie, Orakel und Zauberei. Darin war sie so bewandert, dass sie einst die Asengötter den Wanen-Zauber, nämlich Fruchtbarkeitsmagie und die Runen, lehrte[291] – ob freiwillig, sei dahingestellt. Wie wir sehen, war Freyja eine mächtige Göttin mit vielen Bereichen, was sie als eine matriarchale Göttin charakterisiert, die zeitlich lange vor Odin verehrt worden war.

Es gibt noch eine unterschwellige, bisher nicht erkannte Symbolik um Freyja, die aber sehr vielsagend ist: Sie rankt um einen angeblichen „Braukessel". Thor, der germanische Sauf- und Raufbold, wollte für die Trinkgelage der Asen einen Metkessel herbeischaffen.[292] Aber nur die Riesen besaßen einen solchen, und so fragte er zuerst beim Meeresriesen Ägir nach, der ihm den Kessel jedoch verweigerte. Darauf fuhr er mit seinem Ziegenbockwagen zum Riesen Hymir, der ebenso wenig von diesem Ansinnen erbaut war, obwohl er acht Kessel besaß. Thor wollte jedoch einen besonderen Kessel haben, den neunten. Das beinhaltet eine Göttinsymbolik, denn die Neun bezieht sich auf die Göttin mit ihren acht Begleiterinnen. Hymir versuchte, die Forderung des Asen zu unterbinden, indem er ihn aufs Meer hinauslockte, wo Thor von der Midgardschlange, seiner geborenen Feindin, angegriffen wurde. Zum zweiten Mal wird hier deutlich, dass die Riesen mit den Kesseln am Meer wohnen, was auf die Wanen mit ihrem Bezug zum Meer verweist. Thor konnte sich der Midgardschlange mit Mühe erwehren, und so erhielt er den Kessel von Hymir, was – wie stets – nicht ohne Gewaltanwendung geschah. Als er den Kessel forttrug, folgte ihm Hymir mit einer Schar bewaffneter Riesen, doch Thor erschlug sie alle mit seinem Hammer. Das wäre in der Tat ein enormer kriegerischer Aufwand wegen eines simplen Braukessels, was uns zeigt, dass es sich keineswegs nur um einen solchen handelt. Zu guter Letzt hatte auch Loki noch seine Hand im Spiel: Er ließ einen der Böcke Thors lahmen und halbtot umfallen, so dass Thor nicht weiterkam. Ausdrücklich heißt es: „Das war Lokis, des listigen, Werk."[293] In letzter Minute versuchte er, die Entführung des „Kessels" zu verhindern.

Odin hatte eine andere Methode, den magischen Kessel zu entführen, nämlich durch Betrug und Meineid. Er verführte die Riesin Gunnlöd, die ihm vertrauensvoll „auf goldenem Stuhl einen Zug vom Zaubertrank" aus dem Zauberkessel Odrörir gab.[294] Hier wird die klassische Verbindung von Kessel, Trunk daraus und Liebesvereinigung deutlich. Doch Odin verhielt sich nicht wie ein Heroskönig,

---

289 Jakob Amstadt: *Die Frau bei den Germanen,* Stuttgart 1994, S. 30, 31.
290 Prosa-Edda, in: [Götterlehre], S. 150, 278.
291 Ynglinga-saga, Kap. 4, erwähnt in: [Götterlehre], S. 222.
292 „Das Hymirlied", in: *Die Edda,* S. 67–72; ebenso in: [Götterlehre], S. 62–67.
293 „Das Hymirlied", Strophe 38, in: *Die Edda,* S. 67; ebenso in: [Götterlehre], S. 62–67, Strophe 38.
294 „Die Erbeutung des Skaldenmets", in: *Die Edda,* S. 74, 75.

denn danach stahl er den Kessel und stellte selbstzufrieden fest: „Die betörte Schöne hab ich schlau benutzt: Nichts ist Weisen verwehrt."[295] Das gibt Aufschluss über den Standard seiner Weisheit und Moral.

Durch diese zwei Mythen wird klar, dass es sich bei dem Gefäß um den Kessel des immerwährenden Lebens und der Inspiration (Zaubertrank für die Skalden, die germanischen Dichter) handelt. Es ist der magische Kessel der Göttin Freyja, der ihren unerschöpflichen Schoß und ihr inspirierendes Wissen bedeutet, eben die Göttin selbst, die keineswegs freiwillig bei den Asengöttern weilte (siehe diesen „Kessel" in der keltischen Mythologie) (Abb. 34). Deshalb verwundert es nicht, dass die Riesen mit der Hilfe Lokis zweimal versuchten, Freyja zurückzugewinnen. Genauso klar werden die zeitlosen Methoden, mit denen die patriarchalen Götter und ihr Kriegervolk die älteren Völker unterdrückten.

Freyjas Zwillingsbruder ist Freyr, und er ist – gemäß matriarchalem Muster – zugleich ihr Gatte.[296] Er wird als ein schöner, jugendlicher Gott geschildert, und sein Wirkungsbereich waren Regen und Sonnenschein und dadurch Wachstum und Ernte. Seine Fußspuren im Land galten als Zeichen der Fruchtbarkeit. Auf diese Weise brachte er den Menschen Wohlstand und Reichtum.[297] Das zeigt ihn als klassischen Atmosphäre- und Fruchtbarkeitsheros, und mit diesen Eigenschaften war er der Heroskönig Freyjas. Insbesondere ist er ein Gott des Friedens und legte auf Waffen keinen Wert, sein Schwert (ein späteres Attribut) verschenkte er.[298] All dies ließ ihn bei Göttern und Menschen allgemein beliebt und weithin berühmt sein. Es heißt, dass keiner ihm zürnte.[299]

Als der „sonnige Freyr" ist er auch Sonnengott und pflegte auf einem Eber zu reiten, dem „Gullinbursti" („Goldborstiger"), dessen Borsten so hell leuchteten, dass es nie dunkel um ihn wurde. Auch dieser Eber symbolisiert die Sonne, denn es heißt weiter von ihm, dass er über Luft und Meer rennen konnte, schneller als jedes Ross – was den Lauf der Sonne beschreibt.[300] Der „Eber" bezieht sich auf Freyr selbst, er ist das männliche Gegenstück zum Mutterschwein der Freyja. Ebenso ist er das klassische Opfertier für Freyr, den man, obwohl er immer wieder geschlachtet und im Kessel gekocht wird, nie aufessen kann; stets kehrt dieser Eber gesund und munter zurück.[301] Das ist eine deutliche Symbolsprache für Tod und Wiederkehr des Heroskönigs der Freyja, der vermutlich durch den Eber oder in Gestalt des Ebers zerrissen wurde und aus ihrem „Kessel" als Kind wiedergeboren wurde.

---

295 „Die Erbeutung des Skaldenmets", Strophe 5, in: *Die Edda*, S. 75.
296 Für diese matriarchale Tradition wurden er und Freyja bei den Asen geschmäht. Siehe „Lokasenna", in: [Götterlehre], S. 79, Strophe 32.
297 Prosa-Edda, in: [Götterlehre], S. 143.
298 Prosa-Edda, in: [Götterlehre], S. 151; und „Lokasenna", ebd., S. 80, Strophe 42.
299 Prosa-Edda, in: [Götterlehre], S. 143; und „Lokasenna", ebd., S. 79, Strophe 35.
300 Der „sonnige Freyr", siehe: „Der Seherin Gesicht", Strophe 45; zum Eber Gullinbursti siehe Prosa-Edda, beides in: [Götterlehre], S. 32 und 189.
301 R. L. M. Dérolez: *Götter und Mythen der Germanen*, Einsiedeln-Zürich-Köln 1963.

Es erinnert an die griechische Aphrodite, die Liebesgöttin, und ihren Heros Adonis, schön und friedfertig wie Freyr; auch Adonis starb durch den Eber und erstand jährlich wieder auf. Im nordgermanischen Raum waren Freyr auch Pferde mit goldener Mähne heilig und im südgermanischen Raum das Fohlen – was auf seinen jugendlichen Charakter hinweist, denn Freyr selbst war das „Fohlen".[302] Gleichermaßen erschien er als „Hirsch" und verteidigte sich mit seinem Geweih.[303] Hier sehen wir Freyr als den Hirsch-Heros, eine Gestalt des lichten Sommerkönigs (siehe keltische Mythologie), und in dieser Gestalt ist er mit dem keltischen Hirschgott Cernunnos mythologisch verwandt. Auch er wurde vermutlich vom Wilden Jäger des Winters gejagt und erschossen, doch dieses Element ist in der Freyr-Mythologie nicht überliefert. Wir finden es jedoch in den europäischen rituellen „Hirschspielen" wieder, die nach diesem Muster verliefen und die es auch im später germanischen Raum gab.[304]

Bemerkenswert sind Freyrs Wohnort und sein Zauberschiff. Sein Wohnstätte heißt „Albenheim" oder „Alfheim", das Alben- oder Elfenland. Alben oder Elfen können in Mythen und Märchen klein sein wie Zwerge, aber auch riesengroß, in jedem Fall sind sie weise und mächtige Wesen. Als Lichtelfen sind sie schön und gütig, segensreich und schenkend.[305] Sie stellen eine weitere Variante des alten, matriarchalen Volks dar. Freyr ist in diesem Sinn ein Alben- oder Elfenkönig. Sein Zauberschiff Skidbladnir ist ebenfalls ungewöhnlich, es heißt von diesem, dass es das erste aller Schiffe sei und Freyr es seit Urtagen besitze.[306] Die Verbundenheit der Wanen mit dem Meer ist bekannt: Sie sind das Volk, das seit „Urtagen" mit Schiffen übers Meer nach Skandinavien kam, insofern waren seine Schiffe dort die ersten (Abb. 35). Das geschah Jahrtausende vor der Ankunft der patriarchalen Wikinger mit ihren Schiffen. Auch die Seefahrerkunst des alten Volks muss groß gewesen sein, denn von Freyrs Schiff wird gesagt, das es immer günstigen Fahrtwind habe. Und wenn es nicht gebraucht wurde, konnte Freyr es zusammenfalten wie ein Tuch und in der Tasche tragen,[307] so war er niemals ohne sein Schiff. Auch seine Mutter Jörd-Nerthus kam jedes Jahr von ihrer heiligen Insel in der Anderswelt mit dem Schiff gefahren und brachte die Frühlingssonne mit, und diese ist Freyr selbst, ihr Sohn (Abb. 36, 37). Hier erhält das Schiff sogar eine mystische Dimension. Aus diesem gedanklichen Zusammenhang stammen die steinernen Megalith-Gräber in Form von Schiffen, die in Schweden gefunden wurden.

Ein anderer Name für Freyr ist „Ing/Yng" oder „Ingwi/Yngwi", und als „Ingunar-Freyr" wurde er besonders in Schweden verehrt. Wie verwurzelt sein Kult im Volk war, zeigt, dass sehr viele Eigennamen und Ortsnamen in Schweden, Dä-

---

[302] Jakob Amstadt: *Südgermanische Religion*, S. 42.
[303] Prosa-Edda, in: [Götterlehre], S. 151; und J. Amstadt: *Südgermanische Religion* S. 43.
[304] Otto Höfler: *Siegfried, Arminius und die Symbolik*.
[305] „Das Grimnirlied", Strophe 5, in: *Die Edda*, S. 77; ebenso in: [Götterlehre], S. 45, Strophe 5, Prosa-Edda, ebenda, S. 137.
[306] „Das Grimnirlied", Strophen 41, 42, in: [Götterlehre], S. 49.
[307] Prosa-Edda, in: [Götterlehre], S. 156.

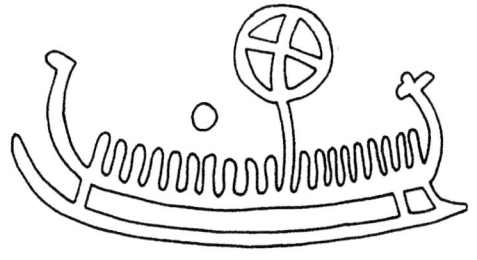

Abb. 36: Das „Schiff der Erneuerung" mit der Sonne, nach der Felszeichnung bei Bottna, Bohuslän.

Abb. 37: Das „Schiff der Erneuerung" mit Sonnenzeichen und anderen Symbolen auf den Felsplatten bei Bottna, Bohuslän.

nemark und Deutschland seine Namenssilbe „Ing" besitzen. Ein deutscher Volksstamm nannte sich nach ihm: die Ingwäonen. Die schwedischen Könige hießen Ynglinge und galten als seine direkten Nachfolger oder irdische Repräsentanten. Unter der Regierung Freyrs bzw. der Könige soll es in Schweden Frieden und Wohlstand gegeben haben.[308] Sie waren Heilige Könige und den Priesterinnen, ihren Schwestern, unterstellt. Jährlich wurden Prozessionen mit dem Bild des Gottes auf einem Wagen, begleitet von der Priesterin als Freyja, veranstaltet. Im Tempel wurde dann die Heilige Hochzeit gefeiert, zugleich hatte das Volk erotische Freiheit. Die Heiligen Könige sollen jährlich getötet worden sein, später nur noch bei Missernten. Diese Zeremonien waren von Musik und Tänzen und dem Klingeln von kleinen Glöckchen begleitet, welche die goldene Äpfelchen der Wiedergeburt symbolisieren. Der berühmte Freyr-Tempel stand bei Uppsala und soll prächtig und glänzend gewesen sein. Er hatte eine untergliederte Architektur mit mehreren Kammern und eine Umfriedung für Prozessionsgänge um den Tempel. Da er aus Holz war, ist er leider verschwunden, nur seine Pfosten wurden im Boden gefunden.[309]

7.2.3 Frigga und Baldur

Die Göttin Frigg oder Frigga gilt als Asin und Gattin Odins. Das ist jedoch äußerst zweifelhaft, denn Frigga war einst eine unabhängige Göttin, bevor sie – wie die griechische Hera – zur erzwungen treuen Gattin des Odin gemacht wurde, dem sie sich unterordnen musste. Sie war eine mächtige Göttin gewesen, denn sie galt noch bei den patriarchalen Asen als Mutter aller Götter.[310] Das wird verständlich, wenn wir ihre eigene Mutter betrachten, die Fjörgyn heißt und mit der Erdgöttin Jörd identisch ist. Doch wie schon bei Freyja und Freyr wurde sie auch bei Frigga zu einem „Vater" vermännlicht, wahrscheinlich um die matriarchale Mutter-Tochter-Linie zu unterbrechen.[311] Odin rühmte sich in unübertrefflicher Anmaßung, als „Allvater" sogar die Erde als seine Tochter geschaffen zu haben, und in diesem Fall war Fjörgyns Geschlecht weiblich geblieben – was es schon immer war. Zugleich galt die Erde auch als Odins Frau.[312] Dies wirft ein Licht auf Frigga, die selbst Frau Odins ist und als Tochter der Erde vermutlich mit dieser identifiziert wurde.

Friggas Wohnort verweist ebenfalls auf Jörd, die Erdmutter, denn sie ist in Fensal (Fensalir) zu Hause. Die Silbe „Fen/Fenn" bedeutet „feuchtes Land" oder „feuchte Insel im See",[313] also eine Gegend zwischen Wasser und Festland, und erinnert an die Insel, von der Jörd mit ihrem Schiff gefahren kommt. Als Erdgöttin

---

308 Siehe Ynglinga-Saga, in: [Götterlehre].
309 R. L. M. Dérolez: *Götter und Mythen der Germanen.*
310 Prosa-Edda, in: [Götterlehre], S. 130.
311 Prosa-Edda, in: [Götterlehre], S. 130, 221.
312 Prosa-Edda, in: [Götterlehre], S. 131.
313 F. Kluge/ W. Mitzka: *Etymologisches Wörterbuch der deutschen Sprache,* Berlin 1963 (19. Aufl.), S. 192.

war Frigga natürlicherweise die Mutter aller Götter und Menschen, und ebenso konnte sie den Elementen gebieten. Sie gebot Feuer und Wasser, Steinen und Metallen, den Bäumen, Vögeln und Schlangen, sogar den Krankheiten, nach ihrem Willen zu tun.[314] Dies umschreibt ihren weiten und typischen Wirkungsbereich und kennzeichnet sie als wesentlich ältere Gottheit als die Asen. Sie gehörte zur vor-indoeuropäischen matriarchalen Kultur.

Im südgermanischen Raum erscheint Frigga – die in den nordgermanischen Mythen nur sporadisch erwähnt wird – jedoch als unabhängige Göttin; ihre verschiedenen Namen sind Frikka oder Frau Fricke in Norddeutschland, Hel oder Frau Holle in Mitteldeutschland und Percht oder Frau Berchta in Süddeutschland und dem Alpengebiet. Ihre Unabhängigkeit von einem patriarchalen Gott und Ehemann bezahlte sie allerdings damit, dass sie zur Märchenfigur (Frau Holle) oder zum Kinderschreck (Frau Percht) herabgesetzt wurde. Dies hinderte das Volk in Rückzugsgebieten in Mitteldeutschland und in Bayern jedoch nicht daran, sie bis ins 18. Jahrhundert zu verehren; in Bayern kommt sie im Brauchtum bis heute vor.[315] Zur Gestalt der Frau Holle unter ihren verschiedenen Namen gibt es eine reiche Mythologie (in Märchenform verkleidet), die ihre einstige Bedeutung als die Große Göttin des mitteleuropäischen Raums dokumentiert.[316] Hier war sie identisch mit der Erdmutter, denn sie wandelte ihr Gesicht wie diese durch alle Jahreszeiten. Außerdem hatte sie ihren Wohnort im Himmel, wo sie Wettermacherin war, und zugleich in der Unterwelt, wo sie in einem immergrünen Paradies unter ihren heiligen Bergen weilte; von diesen ist der Hohe Meißner in Hessen der bedeutendste. Ihre Macht in Himmel, Erde und Unterwelt erweist sie als klassisch matriarchale Dreifache Göttin. Als Erdmutter war sie zugleich Kinderschenkerin aus ihren heiligen Brunnen und Teichen, und die Frauen baten sie – wie die nordgermanische Frigga – um Geburten. Ebenso holte sie die Toten heim in ihr unterirdisches Reich, um sie in den heiligen Nächten der Wintersonnwende als Seelchen wieder auf die Erde hinaufzuführen, wo diese eine neue Mutter für die Wiedergeburt zu finden hofften. In diesem Sinn war sie auch Schicksalsgöttin und spann und webte in ihrer paradiesischen Unterwelt die Fäden des Lebens.[317]

In Frau Holle (Fricke/Percht) finden wir in Klarheit und Fülle, was Frigga vor ihrer germanischen Patriarchalisierung im nordeuropäischen Raum einmal gewesen ist. Immerhin heißt es noch von ihr, dass sie die Zukunft voraus weiß und alle

---

314 Prosa-Edda, in: [Götterlehre], S. 167.
315 Karl Paetow: *Frau Holle. Volksmärchen und Sagen,* Husum 1986; Viktor Waschnitius: *Percht, Holda und verwandte Gestalten,* Kaiserliche Akademie der Wissenschaften, Band 174, 2. Abhandlung, Wien 1913; Alfons Schweiggert: *Winter- und Weihnachtsgeister in Bayern,* Dachau 1996.
316 Ihre Mythen wurden geordnet, im Zusammenhang neu erzählt und kulturhistorisch kommentiert von Heide Göttner-Abendroth: „Frau Holle", in: *Frau Holle. Das Feenvolk der Dolomiten. Die großen Göttinnenmythen Mitteleuropas und der Alpen,* Königstein/Taunus 2005.
317 Heide Göttner-Abendroth: *Frau Holle,* S. 12–176, auf der Grundlage der Sammlung von K. Paetow.

Schicksale kennt.³¹⁸ Darum wusste sie auch den Tod ihres Sohns Baldur voraus und versuchte dennoch ihn zu verhindern, allerdings vergeblich. Baldur ist dem „sonnigen Freyr" in vielem ähnlich: Sein Name bedeutet „Herr, Fürst" wie der Name Freyrs. Er war liebenswürdig, sanft und schön und ein Abbild der lichten Sonne wie Freyr. Aber er schien nur zu existieren, um von der Hand des blinden Nebelgottes Hödur, den keine böse Absicht leitete, getötet zu werden. Baldur und Hödur sind ein Brüderpaar und verkörpern den Sommerkönig und den Winterkönig, die vor ihrer Patriarchalisierung abwechselnd auf der Oberwelt und in der Unterwelt weilten – das klassische Muster der Naturmythe. Frigga ist ihrer beider Mutter – denn als Erdmutter lenkt sie diesen natürlichen Zyklus. So verursachte sie selbst den Tod Baldurs, wenn auch absichtslos, indem sie Loki verriet, dass Baldur nur durch einen Mistelzweig getroffen werden könne. Und wie die anderen Göttinnen im mittelmeerischen und westasiatischen Kulturraum trauerte sie nach Baldurs Tod und vergoss goldene Tränen, und alle Götter und Lebewesen weinten mit ihr.³¹⁹

Die Baldurmythe weist darauf hin, wie der Tod des Heros Freyr als weißer Sommerhirsch ausgesehen haben könnte. Es war vermutlich der rituelle Tod durch Erschießen mit Pfeil und Bogen oder einem Speer – wie wir es schon bei der griechischen Artemis mit ihrem Hirschheros Aktaion gesehen haben.³²⁰ Von Freyja gibt es ebenfalls ein interessantes Mythenfragment, in dem es heißt, dass ihr Gatte Od hieß, der in ferne Länder entschwand – ein Euphemismus für seinen Tod – und dass sie daraufhin Tränen von rotem Gold um ihn vergoss und durch unbekannte Länder zog, um ihn zu suchen.³²¹ („Od" ist hier vermutlich ein zweiter Name für Freyr, der vom späteren „Odin" usurpiert wurde.) Diese Ähnlichkeiten von Frigga und Freyja und von Baldur und Freyr sind auffallend und haben öfter zur Vermischung beider Göttinnen geführt. Allerdings haben sie als Töchter der Jörd beide denselben Ursprung – wobei Frigga sogar das Ebenbild der Jörd ist –, und ihre matriarchalen Herospartner, einmal als Sohn und einmal als Bruder, glichen sich ebenfalls. Es ist leicht zu sehen, dass Frigga und Baldur ursprünglich keine Asen, sondern eine mythologische Variante der Wanen gewesen sind, die jedoch unter Odin stärker patriarchalisiert wurden. Entsprechend der Lebensweise der Wanen wurde Baldur nach seinem Tod auf einem Schiff bestattet. Dasselbe dürfte nach dem Tod Freyrs geschehen sein, bis ihn die Göttin auf dem Schiff im nächsten Frühling wieder zurückbrachte. Dieser Zyklus der Wiedergeburt wurde allerdings bei den patriarchalisierten Gottheiten Frigga und Baldur unterbrochen, denn die

---

318 Siehe „Lokasenna", in: [Götterlehre], S. 78/79, Strophe 29.
319 Prosa-Edda, in: [Götterlehre], S. 167, 168.
320 Da Freyr unter verschiedenen Erscheinungen auftrat: Eber, Fohlen, Hirsch, gab es wohl verschiedene Versionen für seinen rituellen Tod. Ich folge hier nicht Jan de Vries, der die Todesart durch Erschießen (Baldur) allein den kriegerischen Asen vorbehalten will; diese strikte Unterscheidung ist kulturhistorisch unbegründet. Außerdem waren Frigga und Baldur ursprünglich keine Asen. Siehe Jan de Vries: *Der Mythos von Balders Tod*, Arkiv för Nordisk Filologi, 1955.
321 Prosa-Edda, in: [Götterlehre], S. 148, 149.

Asengötter ließen das Schiff Baldurs nicht in die Anderswelt fahren, sondern gaben es zuletzt der Zerstörung durch Feuer anheim. Das ist der wahre Grund (und nicht Lokis Weigerung, Baldur zu beweinen), weshalb Baldurs Rückkehr nicht mehr möglich war und er in der Unterwelt der Hel bleiben musste.[322]

Wie bedeutsam die Unterweltreise des Heroskönigs als ein Weg zur Weisheit aufgefasst wurde, das spiegelt eine eigenartige Mythe von Odin, worin er das Ritual des Herostodes imitiert – allerdings mit anderen Motiven als im matriarchalen Weltbild. Hier heißt es, dass Odin selbst am Weltenbaum Yggdrasil hing, neun Nächte lang, vom Speer verwundet und dem Odin geweiht, also sich selbst. Er soll dies in seiner Jugend, als er noch unkundig war, erlitten haben, und indem er auf diese Weise zur Tiefe fuhr, verstand er plötzlich die Weisheit der Runen, die er so gefunden haben will.[323] Diese Imitation des Herostodes aus dem Kult der Großen Göttin fand vermutlich statt, als die frühpatriarchalen Kriegerkönige noch nicht fest etabliert waren und das Wissen des eroberten, aber ihnen überlegenen alten Volks brauchten. Ihr Gott Odin usurpierte dieses Ritual, wie vermutlich auch den Namen „Od". In der Unterwelt bei den Wurzeln des Baums fand er dann den Brunnen der Weisheit, der die Form eines „Horns" hatte und aus dem sein Hüter, der Riese Mimir, täglich trank.[324] Es ist klar, dass dies die Vulva der Erdgöttin ist, und dass Mimir nur durch seine Hingabe an die Göttin weise wurde. Odin hatte sich bei seiner Unterweltreise jedoch nicht der Göttin, sondern sich selbst geweiht, und mit dieser Selbstherrlichkeit begehrte er nun auch den Weisheitstrunk. Mimir zögerte zuerst, doch dann erhielt Odin, was er begehrte: die Runen und Weisheit – als Mittel zur Macht. Er spürte sogleich, wie er davon wuchs und gedieh, bis er Göttlichkeit erreicht hatte.[325] Dem Riesen Mimir bekam dieser Verrat jedoch schlecht, denn die Wanen, die Hüter der Runenweisheit, sahen sich hintergangen und schlugen ihm den Kopf ab.[326] Erst später, nach dem Wanenkrieg, den diese gegen die Asen verloren, perfektionierte Odin seine Weisheit, indem er die Göttin Freyja als Geisel bei den Asen zwang, ihn die ganze Magie der Runen zu lehren. Damit schwang er sich zum „Allvater" und „Allschöpfer" auf und brüstete sich vor Göttern und Riesen mit seiner Weisheit. Aber die uralte Wölwa unter der Erde, welche Jörd selbst war, konnte er nicht betrügen. Denn als er sie nötigte, ihm auch ihre Weisheit mitzuteilen, erfuhr er nur seinen eigenen Untergang.

---

322 Prosa-Edda, in: [Götterlehre], S. 168–170.
323 „Odins Runenerwerbung", in: *Die Edda*, S. 105–106.
324 Prosa-Edda, in: [Götterlehre], S. 135.
325 Die patriarchalen Kriegerkönige imitierten dann Odins Reise in die Unterwelt. Man nannte es „Odinsopfer", dabei wurde der König mit Stricken an einen Baum gehängt, zum Schein beschossen und von einem Speer verwundet. Der Zweck des Rituals war derselbe: Es ging darum, weise wie Odin zu werden, das heißt, Wissen zur Machtausübung zu gewinnen.
326 Siehe [Götterlehre], S. 252.

Transformationen der matriarchalen Mythologien

Diese vergleichende Studie der matriarchalen Mythologie im Raum von Indien, den westasiatischen und mediterranen Gebieten bis Europa hat uns deren Grundstruktur enthüllt. Nun geht es um die Transformationen dieser Struktur in vergleichender Betrachtung. Das wird die Regeln dieser Transformationen sichtbar werden lassen. Die Transformationsregeln stellen gleich ablaufende Veränderungen der älteren Strukturen dar, die wir als systematische Verzerrungen der ursprünglichen Mythen erkennen können. Das gibt wiederum Aufschluss über den gesellschaftlichen Zweck, die politische Funktion dieser Transformationen. An mehreren Stellen habe ich auf diesen Patriarchalisierungsprozess der matriarchalen Mythologien bereits hingewiesen; jetzt werde ich ihn durch eine tabellarische Übersicht und ergänzende Erläuterungen verdeutlichen (s. Folgeseiten).

Die 1. Struktur des tabellarischen Überblicks ist uns bekannt: Es ist die matriarchale Göttin-Heros-Struktur, die wir bei den betrachteten Mythologien im angegebenen Kulturraum herausgearbeitet haben. (1a) kennzeichnet dabei die verschiedenen konkreten Gottheiten einer archaisch matriarchalen Schicht, (1b) die verschiedenen, konkreten Gottheiten der matriarchalen Schicht, in der die Göttin in ihrer Dreifaltigkeit deutlich hervortritt. (1c) ist eine Ergänzung; es zeigt die Mythe der zyklischen Dämonenschlacht als eine klassische matriarchale Naturmythe, bei der es um den Kampf der hellen gegen die dunklen Kräfte im Kosmos und auf der Erde geht. Keine dieser beiden Kräfte wird dabei gewertet, sondern sie wechseln sich als die beiden Seiten des Kosmos regelmäßig ab.

Die 2. Struktur macht die frühpatriarchale Überformung im genannten Kulturraum sichtbar, die aus einem Verschmelzungsprozess patriarchaler Götter mit den matriarchalen Kulturen der eroberten Völker entstanden ist. (2a–e) zeigt verschiedene Arten von Transformationsregeln, deren Prinzipien Absorption und Deformation sind. Unter „Absorption" verstehe ich dabei die unveränderte Übernahme von weiblichen Symbolmustern auf männlicher Seite. Unter „Deformation" verstehe ich die Veränderung solcher Symbolmustern bei der Übernahme. Beide Male wechseln sie auf charakteristische Weise die Bedeutung.

Zu (2a): Ein typischer Trick bei der Verwandlung eines matriarchalen Mythensystems in ein patriarchales ist die Änderung des Geschlechts der Urgottheit. So wird aus der Großen Urmutter plötzlich ein Urvater, der von sich behauptet, ohne ein weibliches Gegenüber Vater aller Götter und Menschen zu sein. Dazu imitiert er alle ihre Fähigkeiten, besonders die Fähigkeit zu gebären. Da ihm allerdings die Organe dazu fehlen, gebiert er aus dem Kopf (Zeus und Athene) oder aus der Stirn (Vishnu und Lakshmi) oder aus dem Oberschenkel (Zeus und Dionysos). Durch diese Methode ist nun statt des weiblichen Prinzips das männliche das erste.

Zu (2b): Wollte die Geschlechtsumwandlung der Urmutter nicht recht glaubwürdig erscheinen, so gab es eine zweite Methode: Die Große Göttin und Urschöp-

Transformationen (1)	Griechenland	Kreta	Ägypten	Sumer/Babylon	Kleinasien/Palästina
1. Struktur Matriarchale Schicht: Muttergöttin–Heros					
a) archaisch matriarchal	a) Gaia–Uranos	a) Gaia–Uranos Rhea–Kronos	a) Nut/Neith–Re	a) Tiamat, Iahu	a) Göttin von Chatal Hüyük, Hannahanna
b) Dreifache Göttin	b) Artemis–Aktaion Aphrodite–Adonis Athene–Erechtheus Hera–Herakles Demeter–Iakchos/Dionysos	b) Rhea–kretischer Zeus Hera–kretischer Zeus Demeter–Dionysos/Zagreus	b) Hathor–Horus Isis–Osiris	b) Inanna–Dumuzi Ishtar–Tammuz	b) Hebatu–Teshub Arinna–Telepinu Kybele–Attis Anat–Baal Eva–Adam
c) zyklische Dämonenschlacht bzw. Winter- Sommer-Kampf	c) –	c) –	c) Re–Apophis Osiris–Seth	c) Dumuzi/Tammuz– Todesdämonen	c) Anat–Mot

Transformationen (1)	Griechenland	Kreta	Ägypten	Sumer/Babylon	Kleinasien/Palästina
2. Struktur Frühpatriarchale Schicht: Vatergott–Göttin a) Vermännlichung der Göttin	a) –		a) –		a) Iahu/Eva zu Jahwe/ Jehova (Göttin–Taube als männlicher Geist)
b) Göttin als Gattin des patriarchalen Gottes	b) olymp. Zeus–Hera Poseidon–Demeter Hades–Persephone	(UNTERGANG)	b) Re–Hathor		b) El/Jahwe–Ashera
c) Göttin als Tochter (Heros als Sohn) des patriarchalen Gottes	c) olympischer Zeus als Vater aller Götter, z.B. Artemis, Aphrodite, Athene, Dionysos, Herakles		c) Re als Vater aller Götter	(UNTERGANG)	c) Jahwe als alleiniger Vatergott (alle Anderen seine Geschöpfe)
d) Rebellions-Mythe	d) Aufstand der Titanen Aufstand der Götter unter Hera gegen den olympischen Zeus		d) –		d) der Aufstand Luzifers gegen Jahwe
e) matriarchale Subkultur	e) Demeter von Eleusis, Isis und Kybele in Rom		e) volkstümliche Isis-Verehrung (UNTERANG)		e) volkstümliche Anat- Baal- und Ashera- Verehrung

165

	Griechenland	Kreta	Ägypten	Sumer/Babylon	Kleinasien/Palästina
Transformationen (1)					
3. Struktur Klassisch patriarchale Schicht: Großreligionen					
a) universeller Gott und abstrakte Mythologie	a) griechisch-orthodoxes Christentum	a) griechisch-orthodoxes Christentum	a) koptisches Christentum, Islam	a) Islam	a) Judentum, Frühchristentum, Islam
b) philosophische Abstraktionen	b) griechische Philosophie				

	Persien	Indien	Europa: Kelten		Europa: Germanen
Transformationen (2)					
1. Struktur Matriarchale Schicht: Muttergöttin–Heros					
a) archaisch matriarchal	a) Nanaia	a) Prithivi, Bhumi Devi, Matris, Ammas, alle Flussgöttinnen	a) Dana, Dôn		a) Jörd, Nerthus, Erda, Holle
b) Dreifache Göttin	b) Anahita–Mithra	b) Devi als Parvati/ Bhagavati/ Kali Shakti–Shiva Lakshmi–volkstüml. Vishnu	b) Dana–Dagda Cerridwen–Gwion/Taliesin Morrigain–Bran Modron–Mabon Erin–Lug		b) Freyja–Freyr Frigga–Baldur
c) zyklische Dämonenschlacht bzw. Winter-Sommer-Kampf	c) Mithra–Finsternis	c) Shakti/Kali–Dämonen	c) Túatha Dé Danaan–Fomore, Havgan–Arawn/ Pwyll		c) Heimdall–Loki Baldur–Hödur

Transformationen (2)	Persien	Indien	Europa: Kelten	Europa: Germanen	Kleinasien/Palästina
2. Struktur Frühpatriarchale Schicht: Vatergott–Göttin					
a) Vermännlichung der Göttin	a) Nanaia zu Nanna, Ahura–Mazda (männlich)	a) –	a) Dana zu Donnus (männlich)	a) Jörd zu Njörd	
b) Göttin als Gattin des patriarchalen Gottes	b) Mithras–Anahita	b) Dyaus Pitar–Prithivi Brahma–Sarasvati Vishnu–Lakshmi	b) Pwyll/Mananaan–Rhiannon Taliesin als großer Barde–Cerridwen als Hexe	b) Odin–Frigga	
c) Göttin als Tochter (Heros als Sohn) des patriarchalen Gottes	c) Ahura Mazda als oberster Vatergott	c) Vishnu als Vater aller Götter Brahma als oberstes Prinzip	c) Dagda als allgemeiner Vatergott, z. B. Brigid seine Tochter keltische Sonnengötter	c) Odin als Allvater	
d) Rebellions-Mythe	d) (UNTERGANG)	d) –	d) Bran mit Branwen gegen Irland	d) Wanen gegen Asengötter Loki und Riesen gegen Asengötter	
e) matriarchale Subkultur		e) volkstümliche Amma-Verehrung volkstümliche Shakti/Shiva-Verehrung	e) volkstümlicher Feenglaube	e) volkstümlicher Erdmutterglaube	
			(UNTERGANG)	(UNTERGANG)	

Transformationen (2)	Persien	Indien	Europa: Kelten	Europa: Germanen	Kleinasien/Palästina
3. Struktur Klassisch patriarchale Schicht: Großreligionen					
a) universeller Gott und abstrakte Mythologie	a) Zoroastrismus, Islam	a) Hinduismus, Buddhimsus (Maha Yana)		a) keltisches Christentum	a) römisches Christentum
b) philosophische Abstraktionen		b) Buddhismus (Hina Yana), indische Philosophie		b) Philosophie und neuzeitliche Wissenschaft	b) Philosophie und neuzeitliche Wissenschaft

ferin erhielt den Vatergott als Gatten, ohne den sie angeblich nichts vermochte. Die Skala dieser Gattinnen reicht von der widerspenstigen, die noch wagt, selbstständig zu entscheiden – obwohl sie niemals Recht bekommt (z. B. Hera, Sarasvati, Frigga), über die aufopferungsvolle (z. B. Isis) und die rührende, sich an den Gatten lehnende (z. B. Lakshmi), bis zur schattenhaften, die außer als Name überhaupt nicht mehr in Erscheinung tritt (z. B. Prithivi). Das letzte Stadium ist, aus patriarchaler Sicht, besonders wünschenswert. Das erste Stadium birgt mancherlei Probleme (wie z. B. Brahma erfahren musste), dafür wird diesen Göttinnen eine besonders absurde Pflicht auferlegt: Sie werden zu Hüterinnen der monogamen Ehe (Hera, Frigga) oder sogar der polygynen Ehe (Sarasvati) gemacht. Angeblich eifersüchtig erdulden sie nun die unaufhörlichen Liebesabenteuer ihrer Gatten. Dies stellt eine völlige Perversion ihres ursprünglichen Charakters als matriarchaler Liebes- und Muttergöttinnen dar, denn das Matriarchat kannte keine Monogamie, weder für die Frau noch für den Mann. Die Monogamie (für die Frau) ist eine patriarchale Institution.

Zusätzlich wird der patriarchale Gott als Triade der viel älteren Dreifaltigen Göttin nachgebildet. Dreifach beherrscht er nun wie sie Himmel, Erde und Unterwelt. Um dies durchzusetzen, nimmt er häufig die Göttin in dreifacher Gestalt zur Frau oder Geliebten (z. B. Zeus, Poseidon, Hades mit Hera, Demeter, Kore-Persephone). Da die Göttinnen die patriarchalen Götter nicht freiwillig heirateten, waren Raub und Vergewaltigung die gängigen Methoden. Hier setzt der mythologische Prozess der Trennung der ursprünglich dreifach vereinten Gestalt der Göttin ein. Aus ihrer umfassenden Dreifaltigkeit werden drei Einzelne mit reduzierten Funktionen gemacht (z. B. Artemis, Aphrodite, Athene).

Mit der Verwandlung der göttlichen Urmutter zum Urvater oder der gewaltsamen Verheiratung der dreifachen Großen Göttin mit einem nachgebildeten, dreifachen Gott geht die Übernahme ihrer Symbole und Attribute, ihrer Fähigkeiten und Funktionen einher. Insbesondere übernimmt der Gott ihr weitverbreitetes Symbol, mit dem sie unter Blitz und Donner den lebenswichtigen Regen machte, die geschwungene Axt oder Doppelaxt. Jeden Atmosphäre-Vatergott treffen wir mit ihrem „Blitz" in der Hand an, der jetzt allerdings weniger zum Regenmachen als zum Erschlagen dient und damit von einem wohltuenden, magischen Instrument zu einer strafenden Waffe gegen aufbegehrende Gegner wird (z. B. Zeus, Jahwe, Thor mit dem Hammer und hinduistische Götter mit dem Donnerkeil). Wird ihnen das Machtinstrument gestohlen, zeigen sich diese Götter allerdings äußerst hilflos (z. B. Zeus, Thor).

Andere typische Übernahmen sind die Taube, der Geist des weltschöpferischen Eros der Göttin, in Jahwes Besitz, der sie zu seinem eigenen, eros-feindlichen Heiligen Geist macht; oder die Übernahme des Anch, des weiblichen Zeichens des Lebensschenkens, durch den patriarchalen Re; oder die Übernahme der Schicksalswaage der Unterweltgöttin durch den Totengott (z. B. Osiris) oder gar den patriarchalen Gott (z. B. Zeus). Mit ihren Symbolen verlor die Göttin ihre Wirkungsbereiche. Nun ist der Gott Schöpfer der Welt durch Sprechen statt Gebären, Spender des Lebens durch Machen und Lenker des Schicksals durch Strafen. Ferner übernimmt der Gott das auf den irdischen und jenseitigen Wassern fahrende Schiff der Göttin (z. B. der patriarchale Re), gleichfalls ihren sakralen Wagen (z. B. Thor auf Friggas Ziegenbockwagen), wobei Wagen und Schiff sehr bald zu Kriegsfahrzeugen profaniert werden. Gleichfalls entschwindet der „Kessel", das Wundergefäß, aus dem Besitz der Göttin (z. B. Dagda, Bran, Lug, Odin, Thor) und mit ihm alle Bereiche, die sie zuvor innehatte: Schenken des Lebens, Magie, Orakel, Inspiration, Dichtkunst, Medizin, Weisheit. Die matriarchalen Heroen warten dabei wenigstens, bis die Göttin ihnen das Wundergefäß leiht, die patriarchalen Götter hingegen stehlen oder rauben es durch Betrug und Gewalt. Mit der Orakelkunst verliert die Göttin auch die Orakeltiere (z. B. Schlange, Vögel): Entweder werden diese erschlagen (z. B. Apoll und die Schlange Python), oder sie gehen in den Besitz der patriarchalen Götter über (z. B. Odin mit den Orakelraben). Selbst ihren Liebesapfel überreicht sie nicht mehr selbst: Absurderweise ist es nun ein Mann (Paris), welcher der Göttin (Aphrodite) den Apfel gibt; ein andermal wird ihr die Apfelüberreichung schlicht verboten (Jahwe–Eva). Damit geht einher, dass die Sonne als Gestirnssymbol im Sinn von „stark, herrschend, tötend" immer mehr triumphiert, während der Mond als „schwach, wankelmütig, abhängig" uminterpretiert wird und in seiner Bedeutung verblasst. Seither sind die Sonnenfarben Gold und Rot die Farben der Könige, nicht mehr die drei heiligen Farben des Monds Weiß-Rot-Schwarz, welche die matriarchalen Könige trugen.

Neben dieser Absorption von Symbolen und Machtbereichen steht die Deformation, wie man am klassischen Fall der Übernahme von Evas Apfelgartenparadies durch Jahwe sieht. Die ursprünglichen Funktionen: Schlange bedeutet Eros, Eva ist die Liebesgöttin, Apfel ist das Liebes- und Todessymbol, Adam ist der Heros, werden ins Gegenteil pervertiert: Schlange ist der Teufel, Eva wird zum sündigen Weib, Apfel bedeutet Versuchung, Adam ist der Mann und Herr.

Zu (2c): Die Abhängigkeit und Schwächung der Großen Göttin nimmt zu, wenn sie statt zur Gattin zur Tochter des allmächtigen Vatergottes gemacht wird. Alle Bereiche und Funktionen, die ihr noch übrig blieben, werden so als vom Vater geerbte Fähigkeiten hingestellt. Am deutlichsten wird diese Methode immer dann, wenn die alte Göttin der Weisheit (Wissenschaft und Künste) ausdrücklich aus dem Geist des patriarchalen Gottes geboren wird (z. B. Zeus und Athene, Brahma und Sarasvati, Odin und die Walküre, die Freyja in Gestalt seiner Tochter ist). Auch die alte Liebesgöttin wird zur von ihm gezeugten/geborenen Tochter (Zeus und Aphrodite, Re und Hathor, Vishnu und Lakshmi). Eine lächerliche Vorstellung: Der matriarchale Eros kommt aus einem patriarchalen Gott hervor!

Diese Töchter sind meist gehorsame Werkzeuge des väterlichen Willens: So verteidigt Athene als Zeus-Tochter nachdrücklich patriarchale Prinzipien (Straffreiheit für Muttermord, Verlust des Wahlrechts der Athenerinnen, Verbot für Frauen, Handwerk und Kunst auszuüben), was zeigt, dass sie nicht mehr ist als das Sprachrohr des Gottes. In anderen Fällen werden ihre Funktionen vollständig patriarchalisiert: So wird Artemis, die starke, unabhängige, junge Frau, zur keuschen

„Jungfrau" im patriarchalen Sinn, die kindlich auf dem Schoß des Zeus sitzen und ihn am Bart zupfen darf. Aphrodite, weniger anpassungsfähig, wird zur göttlichen Hure herabgesetzt und später zur Göttin der homosexuellen Männerliebe erklärt.

Die Übernahme des früheren Heros als „Sohn" des patriarchalen Gottes bringt folgende Veränderungen: Der Mann, früher auf die Göttin bezogen, die ihm das immer wiederkehrende Leben schenkte, wird jetzt strikt auf den Vatergott bezogen; diesem ist er gehorsam bis zum Heldentod. Als ergebenes Werkzeug des Vaters wird er von diesem zuletzt glorifiziert und in einen statisch gleichbleibenden Himmel erhoben, aber nicht wiederbelebt (z. B. Zeus und Herakles, z. B. Jahwe und Jesus). Die Muttergöttin erfährt von diesen neuen Söhnen gelegentlich brutale Ausschreitungen gegen ihren Kult (der dorische Apoll, der dorische Herakles, der babylonische Gilgamesch und viele andere). Feindschaft gegenüber der Mutter und Gehorsam gegenüber dem Vater ist die soziale Achse des neuen Gesellschaftssystems, des Patriarchats. Den neuen Söhnen bringt dies Beteiligung an der Macht ein, während die gehorsamen Töchter im Hintergrund verdämmern.

Der Aufstieg des männlichen Partners in den Mythologien zeigt im Allgemeinen folgende Phasen:
— am Anfang überhaupt nicht vorhanden, dann als Wind oder Wasser eine allgemeine Naturkraft (frühes Matriarchat);
— erdgebundener Fruchtbarkeitsheros in Gestalt der männlichen Schlange, des Stiers, Widders, Ziegenbocks und anderen (Matriarchat);
— himmlischer Atmosphäreheros mit Blitz, Donner, Regen, Sonne (Matriarchat);
— vergöttlichter Heros als sterbender und wiederauferstehender Gott, so als Fruchtbarkeitsgott, Atmosphäregott, Sonnengott, Totengott (spätes Matriarchat);
— unsterblicher Vatergott als Himmelsgott, so als Gewittergott, Sonnengott, ebenso als Herr von Land und Meer und als Totengott und Herr von Magie und Weisheit (einzeln oder als Triade) (frühes Patriarchat);
— allmächtiger Vatergott, mit Sohn oder Abgesandtem als Vertreter auf Erden (klassisches Patriarchat);
— verabsolutierter Vatergott als einziges Prinzip (klassisches Patriarchat);
— abstrakte philosophische Prinzipien ohne Personifikation (spätes Patriarchat).

Zu (2d): Diese Entwicklung geschah nicht ohne Widerstand vonseiten der matriarchalen Völker. Davon zeugen die vielen Götterschlacht-Mythen, in denen es ganz real darum ging, einen Aufstand der Urgötter, das heißt der Urbevölkerung, niederzuschlagen und ein älteres Weltbild, in welchem die Göttin zentral war, zu verdrängen und seine Anhänger zu töten oder zu unterwerfen. Die älteren Gottheiten und ihr Volk befanden sich oft in Aufruhr, so müssen z. B. die olympischen Götter wiederholt gegen Giganten, Kyklopen, Kentauren kämpfen, die nicht zur Dämonen-Kategorie gehören, sondern Urgötter sind. Auch die keltischen und germanischen Götter haben fortwährend blutige Konflikte mit Riesen und Zwergen, die ebenfalls Urgötter sind. Die Götter bekämpfen sich scheinbar auch gegenseitig, was aber heißt: eine matriarchale Gruppe (z. B. Jörd–Loki, ebenso die Wanen) kämpft gegen eine patriarchale Gruppe (die Asen unter Odin). Hier spiegeln sich Jahrhunderte lang währende Kämpfe zwischen den zwei Gesellschaftsformen, bei denen es keinen Minimalkodex von Menschenrechten gab.

Eine typische Rebellions-Mythe zeigt die griechische Mythologie mit Hera und Zeus. Hera gelang es nicht wie Erin oder Jörd, wenigstens als matriarchale Gegengruppe bestehen zu bleiben und trotz der Verunglimpfungen die patriarchale Phalanx aufzuweichen. Denn ihre Geschichte geht so aus:

Als die Willkür des olympischen Zeus unerträglich geworden war, führte Hera alle Götter gegen ihn, um ihn zu stürzen. Sogar Zeus' Bruder Poseidon und sein Sohn Apoll unterstützten sie nach Kräften. Die Götter überfielen Zeus und fesselten ihn ans Bett, seinen „Blitz" versteckten sie – oder Hera nahm ihn wieder zurück. Zeus war hilflos und wütend, aber es nützte ihm nichts, die Gottheiten lachten ihn aus. Der Aufstand ging jedoch übel aus, denn eine Liebhaberin des Zeus holte einen hundertarmigen Riesen herbei. Dieser konnte die Fesseln des Zeus im Nu lösen. Zur Strafe hängte Zeus Hera, die den Aufstand angeführt hatte, mit goldenen Fesseln um die Handgelenke am Himmel auf und beschwerte jeden Fuß mit einem Amboss. Sie schrie mitleiderregend, aber kein Gott wagte, ihr zu Hilfe zu kommen. Erst als alle Zeus künftigen Gehorsam geschworen hatten, was sie widerwillig taten, entließ er Hera aus der Folter. Poseidon und Apoll mussten zur Strafe als Sklaven die Stadt Troja erbauen.[327]

Diese Mythe handelt von mehr als nur einem Ehestreit auf dem Olymp. Sie sagt mit unmissverständlicher Deutlichkeit, *worum* es ging: um den Besitz des „Blitzes", der Macht im Himmel und auf der Erde. Und sie sagt, zwischen *wem* es sich abspielte: zwischen der alten Göttin Hera und dem neuen Gott Zeus. Und sie sagt auch, *wie* es dabei zuging: mit Gewalt und Folter. Sie zeigt außerdem, dass die Rebellion eine matriarchale war und nicht nur ein Aufstand von Sklaven oder Bauern, denn die Große Göttin selbst führte sie an. Es handelte sich durch Jahrhunderte und Jahrtausende hindurch nicht einfach um die Opposition verschiedener gesellschaftlicher Gruppen, sondern um den Widerstand einer älteren und andersartigen Gesellschaftsform gehen die neue. Dass sie auf matriarchaler Seite Frauen und Männer umfasste, macht es vielleicht schwieriger, sie zu erkennen. Aber unsere Mythe spricht eine klare Sprache. Sie liefert uns ein echt patriarchales Sittenbild!

Eine weitere Variante der Rebellion schildert die palästinensische Mythologie um Jahwe. Hier ist der Gegner keine Göttin, sondern ein älterer Gott:

Der alte Gott Luzifer, dessen Name „Lichtbringer" heißt und sich auf den Morgenstern bezieht, führte den Aufstand gegen den patriarchalen Jahwe an, als dieser immer selbstherrlicher und monotheistischer wurde. Viele matriarchale Symboltiere folgten Luzifer als sogenannte „Dämonen". Er selbst fühlte sich einer weiblichen Gottheit verpflichtet, der „Hagia Sophia", der Heiligen Weisheit per-

---

327 Robert von Ranke Graves: *Griechische Mythologie*, S.44–45.

sönlich, der Großen Mutter, die noch im gnostischen Christentum verehrt wurde. Sie stand weit über dem eifersüchtig auf seine Macht bedachten Jahwe und hielt das Universum zusammen. Für sie kämpfte Luzifer zusammen mit vielen Engeln gegen Jahwe und wurde als „Gegen-Engel" oder „gefallener Engel" zur Hölle gestürzt. Diese „Hölle" ist aber die Unterwelt im Schoß der Erde, wo er zu Hause ist, darum machte ihm der Sturz wenig aus. Luzifer schwor Jahwe, am Ende der Zeiten wiederzukehren und die alte Ordnung der Dinge, die Jahwe verdrehte und lügenhaft als seine ewige Ordnung hinstellte, wiederzuerrichten. Dieses Versprechen Luzifers malt die Bibel als die Schrecken der Apokalypse aus.[328]

Diese „apokalyptische" Drohung steht nicht vereinzelt da, denn auch Jörd, die uralte, vor-indoeuropäische Erdgöttin, ließ den überheblichen „Allvater" Odin nicht im Unklaren darüber, dass sie am Ende der Zeiten wiederkehren und die richtige Ordnung der Dinge wiederherstellen würde. Sie würde sich dann vermutlich nicht mehr zu „Njörd" vermännlichen lassen, noch würde sie länger den Status der abhängigen Geisel bei den Asen hinnehmen. Ihr Helfer ist Loki, der Gott der Unterwelt, mit seinen „Dämonen", der – ebenso wie Luzifer dem Jahwe – Odin und den Asen die Götterdämmerung bringt. Hier strahlt unter allen Deformationen und Verschüttungen das rebellische Element mit einer matriarchalen Zukunftsvision kraftvoll hervor.

Zu (2e): Visionen einer besseren Zukunft sind während der gesamten patriarchalen Epoche in den Unterschichten der Bevölkerung mit ihren volkstümlichen matriarchalen Kulten immer vorhanden. Es ist die Hoffnung auf die Wiederkehr der Göttin mit ihrem sanften Wirken. Es sei hier an die Mythe vom „Goldenen Zeitalter" erinnert, die das matriarchale Zeitalter meint. Reste der matriarchalen Göttinnenverehrung leben in volkstümliche Subkulturen oder in geheimen Traditionen vielfältig weiter. Meistens sind sie im sogenannten „Brauchtum" enthalten, das heißt, als volkstümliche Subkulturen sind sie nahezu unausrottbar. Beispiele dafür sind die Demeter-Verehrung im patriarchalen Griechenland, die Isis-Verehrung im patriarchalen Ägypten und Rom, die Kybele-Verehrung in Rom, die Orphischen und Dionysischen Mysterien in der römisch-hellenistischen Welt, die Verehrung von Ashera und Baal im patriarchalen Israel, die Verehrung der Kali und des Paares Shakti und Shiva im heutigen patriarchalen Indien. Die Teilnahme des Volks an den Ritualen und Festen für diese Gottheiten war massenhaft, sie genossen weiteste Verbreitung und mussten von den patriarchalen Herren widerwillig geduldet werden. Im keltischen und germanischen Bereich überlebte die matriarchale Volkskultur die patriarchale Christianisierung in vielen Formen (in Bräuchen, Sagen, Märchen). Die Christianisierung blieb Jahrhunderte lang in Europa sehr oberflächlich, denn sie war auf die Oberschicht aus Adel und Klerus be-

---

328 Verbotene Texte des Gnostischen Christentums; ferner Apokalypse, Bibel, Neues Testament. Siehe auch Barbara Walker: *Das geheime Wissen der Frauen*, München 1995, Stichwort „Luzifer", S. 630–633, Quellen dort auf S. 633, und Stichwort „Sophia, Heilige", S. 1027–1030, Quellen dort auf S. 1030.

schränkt. Nach schweren Kämpfen begann ein Absorptionsprozess des „Heidentums" ins Christentum, welcher der neuen Religion die einzige Chance bot, Fuß zu fassen. Eine ähnliche Situation war schon früher bei der Entwicklung des Frühchristentums in der römisch-hellenistischen Welt inmitten des matriarchalen Erlösungsglaubens im gesamten Mittelmeerraum gegeben, z. B. in den Verehrungsformen von Isis, Kybele und Demeter. Nur die Absorption vieler mythologischer Elemente aus diesen Göttinkulturen ließ die Entwicklung des Frühchristentums zu.

Die 3. Struktur der religiösen Transformationen ist gekennzeichnet von der Ersetzung des frühpatriarchalen Pantheons (2. Struktur) durch die patriarchalen Großreligionen. Sie tendieren alle zum Monotheismus. Der Monotheismus, vielgepriesen und für eine höchste männliche Geistesfrucht gehalten, hat als Grundlage die Verabsolutierung des frühpatriarchalen Vatergottes, der neben sich keine anderen Götter mehr duldet. Alle anderen Götter, von denen dieser Vatergott letztlich stammt, werden als „heidnisch" ausgemerzt. Monotheismus ist daher immer gekennzeichnet von Zentralismus und Fanatismus: Individuelle Glaubensregungen werden nicht mehr geduldet, was geglaubt wird, ist vorgeschrieben. Die Einhaltung der Glaubensdogmen überwacht eine eifernde Priesterkaste, die je nach Bedarf inquisitorische Institutionen herausbildet.

Dieser geistige Imperialismus geht einher mit dem politischen Imperialismus der patriarchalen Bildung von Großreichen. Monotheistische Religionen sind typischerweise immer Staatsreligionen. Ihre Macht gewinnt die Priesterkaste aus der Verquickung mit der politischen Herrschaft („Thron und Altar"). Für die monarchische politische Herrschaft ist die monotheistische Staatsreligion stets ein willkommenes Instrument zur eigenen Legitimation. Alle monotheistischen Großreligionen sind daher ideologische Legitimationsreligionen für zentralistische patriarchale Herrschaft, die nach dem Motto antritt: „Ein Gott! Ein Herrscher! Ein Reich!" Aus dem verabsolutierten Gott zieht sie dann das Recht, Andersdenkende und Andershandelnde zu liquidieren.

Die Skala der monotheistischen Großreligionen reicht vom Vatergott mit Gottessohn auf Erden (z. B. Jahwe und Jesus, Re und der Pharao als Horus) über den verabsolutierten Vatergott als einziges Prinzip (Zoroastrismus, Judentum, Islam) bis zu abstrakten religiösen Prinzipien ohne Personifikation (Hinduismus der Brahmanen, HinaYana-Buddhismus). Die Reflexion über abstrakte Prinzipien geht dann nahtlos in die Philosophie über, die patriarchalen Ursprungs ist (siehe Indien, Griechenland, ebenfalls die chinesische Philosophie). Mit dem Nachlassen der Religion als Kraft zur Legitimation von patriarchaler Herrschaft ersetzt die Philosophie diese Rolle (siehe europäische Neuzeit). Aus der Philosophie gehen dann die patriarchale Wissenschaftsauffassung und die verschiedenen patriarchalen Wissenschaften und Technologien hervor (siehe europäische Neuzeit). Kennzeichnend für diese Entwicklung ist, dass in ihrem Umkreis das Weibliche stets das negative Prinzip darstellt: Im Umkreis der patriarchalen Großreligionen ist die Frau das Prinzip des Schlechten, Verwerflichen, Unreinen, Sündigen, Bösen schlechthin. Im Umkreis patriarchaler Philosophie und Wissenschaft ist sie ausnahmslos das Prinzip des Irrationalen, Unlogischen, Beschränkten, Mangelhaften, von der männlichen Norm Abweichenden – bis hin zur ihrer begrifflichen Auslöschung. Die frauenfeindlichen Schriften in den patriarchalen Großreligionen und die frauenverneinenden in den philosophisch-wissenschaftlichen Systemen sind Legion, sie haben bis heute nicht aufgehört.

Es ist hier nicht meine Aufgabe, die Struktur und Transformationen patriarchaler Großreligionen zu analysieren. Aber ich möchte mich im Anschluss an die mythologischen Studien einer dieser Religionen wenigstens kurz zuwenden, weil sie uns bestens bekannt ist: dem Christentum. Ich möchte andeuten, aus welchen matriarchalen mythologischen Quellen sie gestohlen hat und welche charakteristischen Deformationen mit diesen Verehrungsformen vorgenommen wurden.

Das Christentum imitiert mit der Trinität von Vater-Sohn-Heiliger Geist die matriarchale Triade der Göttin. Der Vatergott herrscht im Himmel, der Gottessohn lebt auf der Erde, und der Heilige Geist, der überall ist, verbindet die Sphären von Diesseits und Jenseits (Andere Welt). Der Gottessohn wird als „König" bezeichnet und ist Stellvertreter des Vatergottes auf Erden (wie seine Priester). In manchen Hymnen werden ihm Sonnenattribute zugesprochen. Stets ist er aber das Licht, das die Finsternis des Todes überwindet. Bei ihm stoßen wir im christlichen Gewand auf das Tod- und Wiederauferstehungs-Muster der matriarchalen Göttinnenverehrung: Der Gottessohn stirbt einen Opfertod, reist für drei Tage in die „Hölle" und ersteht wieder auf. Diesem Ereignis wird dieselbe Bedeutung zugeschrieben wie der Reise des matriarchalen Heros in die Unterwelt, nämlich das Weiterleben der Menschen zu sichern. Das Weiterleben ist jedoch keines mehr im Diesseits, sondern im Jenseits, in einem elysischen Obstgarten-Paradies. Die Wiederauferstehung jedes Einzelnen wird dort verewigt wie bereits in der ägyptisch-hellenistischen Osiris-Religion. Und wie bei Osiris gibt es zuvor ein „Jüngstes Gericht" mit einem strafenden Richter.

Der Jahwe-Sohn imitiert damit das matriarchale Heros-Muster, obwohl er *kein* Heros mehr ist. Denn er dient einem patriarchalen Vatergott und bezieht sich nicht mehr auf eine matriarchale Muttergöttin. Diese Imitation, die zugleich eine Verdrehung des alten Musters ist („Kuckucks-Regel" oder Deformation), verwundert nicht. Denn das frühe Christentum entwickelte sich in der römisch-hellenistischen Welt im Mittelmeerraum, in der jede Volksreligion durchtränkt war von der Verehrung der Großen Göttinnen Isis, Kybele und Demeter. Es vermochte sich nur als Volksreligion auszubreiten, indem es in synkretistischer Manier die Vorstellungen der anderen Kulte an sich zog und deformierte. So kennt es auch ein Nachbild der Muttergöttin, das den hellenistischen Göttinnen aufs Haar gleicht: die „Gottesmutter" Maria. Mit scholastischer Spitzfindigkeit ist die Göttinmutter zur „Gottesmutter" verdreht worden, wobei sie von der Göttin zur gläubigen „Magd des Herrn" erniedrigt wurde. Ebenso spitzfindig wurde sie zur „jungfräulichen Mutter" im patriarchal-sexistischen Sinn. Denn ohne absurde gedankliche Verrenkung waren alle Göttinnen Jungfrau-Mütter (z. B. Hera, Aphrodite, Ishtar, Anat), weil sie nach den großen Zeremonien wie der Heiligen Hochzeit, dem Tod des Heros und seiner Wiedergeburt ein rituelles Bad nahmen, das ihre Jungfräulichkeit wieder herstellte. Diese „Jungfräulichkeit" meint keine physische im sexistischen Sinn (die in Matriarchaten keinen Wert hatte), sondern das Wiedererscheinen der Göttin als junge, unabhängige Frau, als Mädchengöttin. Ihre Wandlungen bedeuten das zyklische Auftreten der Göttin-Triade, denn jede Göttin war alles zugleich: Jungfrau, Mutter und weise Alte.

So ist es selbstverständlich und keineswegs mysteriös, dass Maria – wenn in ihr schon die Göttin imitiert wird – diese Titel auch besitzt, obwohl sie nun patriarchal uminterpretiert werden. Es ist auch nicht erstaunlich, dass wir sie auf Abbildungen häufig auf einem Halbmond stehend sehen mit einem Kranz von Sternen um ihr Haupt; so gleicht sie der kosmischen Göttin, der weit verbreiteten Herrin des Himmels. Dem entsprechen weitere ihrer offiziellen Titel: „Königin des Himmels", „Herrin der Engel" – unter strikter Vermeidung des Titels „Himmelsgöttin". Sehr auffällig ist das Ereignis der Geburt ihres göttlichen Sohns: Sie bringt ihr Kind zur Wintersonnenwende zur Welt, genau wie Demeter den Iakchos oder Isis den Har-Siesis, denn diese sind der Geist des neuen Jahrs, die wiederkehrende Sonne. Wie Iakchos, Attis und der kretische Zeus wird das Kind von Schafhirten enthusiastisch begrüßt. Dabei trägt es selbst die Züge eines Kindgottes und als junger Mann die Züge des göttlichen Hirten (vgl. Sumer, Ägypten, Palästina). Denn Jesus, dessen Name dem Isissohn Har-Siesis auffallend ähnlich ist, tritt als sanftmütiger „guter Hirte" auf, und seine Bischöfe tragen lange, gebogene, sumerische Hirtenstäbe. Natürlich wird mit der Geburt dieses Kinds der aus den Fugen geratene Kosmos wieder in seine Ordnung gerückt; das war auch der Fall bei allen anderen vor Jesus geborenen Kindgöttern. Denn nach matriarchaler Auffassung war seit dem Tod des Heros diese Ordnung gefährdet, die Vegetation zerstört (Winter oder Dürre) und das Leben der Menschen in Gefahr.

Die Symbolik der Heiligen Hochzeit ist in der Legende und Ikonographie von Mariä Verkündigung enthalten. Die weltschöpferische Taube Iahu würde eigentlich zu Maria gehören (einmal bringt sie Tauben zum Tempel), doch die Taube wurde unterdessen zum Heiligen Geist Gottes vermännlicht. Nun feiert Maria mit der männlichen Taube Jahwe Heilige Hochzeit und empfängt ihren Sohn. Die Mythologie ist reich an Göttern, die sich in Vogelgestalt der Göttin nähern, in der Regel einem usurpierten Vogel: zum Beispiel Zeus als Schwan oder Kuckuck oder Adler. Dass diese Taube „reiner Geist" sei, drückt lediglich die Sexualangst der Christen und deren Zwang zur Abstraktion bis an den Rand des Absurden aus.

Maria erduldet zuletzt wie die Göttin den Tod ihres Sohns, der, analog dem Heros-Muster, stirbt, seine Unterweltfahrt macht und binnen kürzester Zeit wiederaufersteht. Während seiner Abwesenheit verhält sich Maria wie alle Muttergöttinnen in diesem Fall: Sie bricht in große Trauer aus und erscheint als die „Mater Dolorosa", die „Schmerzensreiche Mutter" – was wir aus dem gesamten westasiatischen, mittelmeerischen und europäischen Raum kennen (z. B. Anat, Isis, Demeter, Frigga und andere). Als ihr Sohn wiederkehrt, hat sie „der alten Schlange" als

Sinnbild des „Bösen" den Kopf zertreten – womit sie sich von ihrer eigenen Eros- und Schöpferinnenkraft entfremdet hat, wie es auch von christlichen Frauen erwartet wird.[329]

Eine andere Gestalt des angeblichen Widersachers ist der sogenannte „Teufel". Er war ursprünglich der gehörnte Gott, wie z. B. der kretische Zeus oder dessen Ziehbruder Pan oder Dionysos, der obendrein noch eine Schlangenkrone trug. Da der ziegenhornige, ziegenschwänzige, ziegenfüßige Gott-Heros in der römisch-hellenistischen Welt noch eine große Rolle spielte, er sich aber nicht so leicht wie der milde Har-Siesis umstilisieren ließ, wurde er vom Herosbild abgespalten und zu dessen Gegenprinzip, dem „Teufel", gemacht. Besonders teuflisch entwickelte er sich in den geheimen matriarchalen Kulten, gegen die das Christentum verzweifelt ankämpfte, denn dort behielt er seine ursprünglich göttliche Rolle und seine Fruchtbarkeitsfunktion bei. Seinen Anhängerinnen, die im Untergrund Priesterinnen der alten matriarchalen Religion blieben, widerfuhr anstelle der „Verteufelung" die Denunziation als „Hexen" und die Verbrennung auf dem Scheiterhaufen.

Hier stoßen wir auf viele Abspaltungen und Deformationen des Göttin-Heros-Musters, das vom Christentum parasitär vereinnahmt wurde. Denn wir haben in ihm ja keine matriarchale Verehrungsform vor uns, sondern eine patriarchale Vatergott-Religion. Es wird an seinem Beispiel allerdings klar, woraus diese Großreligionen schöpfen. Als solche besitzt das Christentum alle Transformationsregeln für den Patriarchalisierungsprozess, die wir bisher kennen gelernt haben: Die Vermännlichung der Göttin finden wir von Hawwa-Eva zu Jahwe-Jehova bereits in der jüdischen Religion (Regel 2a). Die Göttin als Gattin kam noch im alten Israel vor (Ashera–Jahwe), wurde aber aus der christlich-patriarchalen Großreligion getilgt und ist deshalb verschwunden. Jeder Rest einer göttlichen Gattin wurde durch die männliche Dreifaltigkeit ersetzt – aber dennoch kam Jahwe im Christentum nicht ganz ohne eine Frau aus (siehe den versteckten Rest „Mariä Verkündigung", Regel 2b). Mit dem Vatergott als universellem Schöpfer ist der Heros, der göttliche Sohn, natürlich nicht mehr einem weiblichen Prinzip verpflichtet, sondern einem männlichen, im Gehorsam bis zum Tod. Damit hat er aufgehört, trotz der gestohlenen Muster, ein matriarchaler Heros zu sein. Maria stellt den Typus der gehorsamen Tochter dar, die nur noch Werkzeug für den Willen des Vatergottes ist und nun seine patriarchale Prinzipien wie „Gehorsam", „Keuschheit" und den Glauben an Absurdes vertritt (Regel 2c). Als Mutter wird sie, wie die deformierte Isis, ebenso larmoyant wie hilflos hingestellt; die patriarchal erwünschte Passivität und Duldsamkeit der Frau erreicht in ihr einen Höhepunkt. Sie hat auf den ent-

---

329 Siehe auch Christa Mulack: *Maria, die geheime Göttin im Christentum,* Stuttgart 1985. – Siehe für andere Gestalten der christlich vereinnahmten Dreifaltigen Göttin Sigrid Früh (Hg.): *Der Kult der drei Heiligen Frauen,* Bern 1998; ebenso Erni Kutter: *Der Kult der Drei Jungfrauen,* München 1997. – Kutter präsentiert alle Gestalten und Plätze der dreifachen Göttin im christlichen Gewand in Mitteleuropa. Problematisch ist allerdings, dass die späte christliche Vereinnahmung als „Jungfrauen" zu weit in die Geschichte rückprojiziert wird, so dass nun auch vorchristliche Göttinnen wie z. B. die Matronen so interpretiert werden.

scheidenden Tod- und Wiederauferstehungs-Prozess des Sohns keinerlei Einfluss; der omnipotente Vatergott besorgt alles. Denn der Sohn ist ausdrücklich nicht der ihre, sondern der „Sohn Gottes", sie ist nur ein Gefäß. So machtlos sie ist, so mächtig ist der göttliche Sohn, er ist nämlich zugleich der allmächtige Gott selbst. Das matriarchal mythologische Geschehen wird außerdem verzerrt durch das „Entrollen" des Jahres- und Lebenszyklus' in eine einlinige und eindimensionale Zeitvorstellung, die „Heilsgeschichte".

Im christlichen Kult treten die gestohlenen matriarchalen Elemente stärker hervor, denn auch hier ist alles entliehen. So besitzt das christliche Kirchenjahr noch den zyklischen Charakter der Zeit in seinen immer wiederkehrenden Festen zu bedeutungsvollen Stadien der Jahreszeiten: wie die Kindgeburt zu Winteranfang (Wintersonnwende), den Opfertod mit Wiederkehr zu Frühlingsbeginn, die Marienfeste (Verkündigung u. a.) in der Sommerzeit, die Wiedergeburt des Sohns abermals zu Winteranfang. Begleitet wird das kosmische Drama von der sakralen Mahlzeit, wie im Demeter-Kult, und wie hier wird es im Brot- und Weinopfer gefeiert, wobei die Frömmigkeit der Gläubigen gelegentlich ekstatische Formen annehmen kann. In den Kirchen wird beim Brotessen und Weintrinken mit goldenen Glöckchen (Zimbeln) geläutet – genauso wie im Kybele-Kult in Rom. Die Priester sind gekleidet wie die Kyreloi: Sie tragen lange Frauengewänder mit weiblichen Accessoires wie gesticktem Mantel und Stola. Auf dem Kopf haben die ranghöchsten von ihnen eine Mitra, die hohe Haube oder Krone aller westasiatischen Muttergöttinnen, wie wir sie bei Kybele finden. Sogar die Tiara, die dreifache Krone von Himmel, Erde und Unterwelt der Göttin Inanna ist vorhanden – sie wird vom Papst getragen. Kybeles Priester wählten diese weibliche Kleidung, um ihrer Göttin zu gleichen, aus demselben Grund kastrierten sie sich auch. Sie strebten eine mystische Einheit mit ihr an. Die christlichen Priester sind ebenfalls Eunuchen-Priester, nicht durch Kastration, sondern durch Zölibat, eine psychischen Kastration. Beim Entschluss dazu („Priesterweihe") flehen sie, auf dem Boden liegend, ihre Große Mutter Maria um Hilfe an. Doch sie wollen nicht mehr mit dem weiblichen Prinzip mystisch verschmelzen, sondern mit dem männlichen, ihrem Vatergott. So bringt das christliche Zölibat folgerichtig auch die Ablehnung und Verachtung des Weiblichen („Prinzip des Bösen") zum Ausdruck. Nur die jungfräuliche Maria wird anerkannt, die soweit entkörperlicht ist, dass sie nur noch als mütterliche Abstraktion besteht. In ihr wurde Weiblichkeit zum entrückten, künstlichen Konstrukt, das gefahrlos in der Religion geduldet werden kann. Die realen Frauen haben hingegen darin keinen Platz, keine Stimme und kein sanktioniertes Recht; sie sind von jeder aktiven Beteiligung am Kult ausgeschlossen wie in den anderen patriarchalen Großreligionen auch.

Wie wir wissen, haben die patriarchalen Großreligionen und die patriarchalen Denksysteme in ihrem Gefolge, Philosophie und neuzeitliche Wissenschaft, die kosmische Ordnung nicht ins Lot gerückt, wie sie vorgeben. Im Gegenteil haben sie diese – wenn wir uns unseren Planeten, die Erde, betrachten und die Ausbeutung ihrer natürlichen Kräfte, der außermenschlichen wie der innermenschlichen – erst recht aus dem Gleichgewicht gebracht. Was die matriarchalen Mythologien und Verehrungsformen verstanden und respektierten: die natürlichen Kreisläufe und die Lebensprozesse, wurden und werden von ihnen missachtet und zerstört.

Was wird uns dagegen helfen? Vielleicht der Aufstand der Hera, die Rückkehr der Jörd, um die irdische Ordnung wieder zu einer des guten Lebens im Kosmos zu machen. Vielleicht – wenn uns die Zeit dazu bleibt!

II Die Prinzessin und ihre Brüder
Matriarchale Mythologie in den Zaubermärchen[330]

Märchen sind wie Mythen weder der Ausdruck diffus-allgemeiner „Volksseelen" (romantische Deutung), noch sind sie der bloße Abklatsch unverstandener Naturerscheinungen (naturalistische Deutung). Sie sind auch nicht „Ur-Ideen" der Menschheit wie „Liebe" und „Tod" (ideengeschichtliche Deutung) – wobei es sich bei Liebe und Tod wohl weniger um Ideen als um Seinszustände handelt. Sie machen zu ihrem Verständnis auch nicht das Hantieren mit numinosen seelischen „Archetypen", noch mit ins Bild gesetzten neurotischen „Komplexen" nötig (psychologistische Deutung).[331] Sie sind, wie die Mythen, Abbilder der komplexen Praxis archaischer Gesellschaften und so, wie wir sie betrachten, in erster Linie matriarchaler Gesellschaften. Deshalb sehe ich die kulturhistorische Deutung der Märchen als die einzige an, die eine wissenschaftliche Grundlage hat, und damit als die einzige, die uns bleibende Erkenntnisse bringen kann.[332]

Märchen galten in der Romantik als abgesunkene Mythen. Später wurde diese Auffassung bestritten, als nämlich in formalistischer Spitzfindigkeit die Gattungsunterschiede zwischen Mythen und Märchen herausgestellt wurden.[333] Das Argument lautete, kurz gefasst, dass die Märchen „einfacher" seien als die Mythen, denn sie bewahrten nicht deren komplizierte Struktur und auch nicht die schwierigen mythologischen Namen. Darum müssten die Märchen, als das „Einfachere", frü-

---

330 Mit „Märchen" sind hier stets die internationalen Zaubermärchen im europäischen Raum gemeint und nicht spätere Formen wie Legenden, Fabeln, Schwänke, Kunstmärchen usw.

331 Die psychologistische Mythen- und Märcheninterpretation, die seit ihrem Anfang bis heute epidemisch grassiert, deutet Märchenmotive aus alten Kulturen mit abstrakten psychologischen Begriffen des 19. Jahrhunderts. Dabei geht nicht nur die Symbolstruktur der Motive verloren, sondern auch ihr kulturhistorisches Umfeld. Beispielsweise wird der Archetyp „Mutter", der je nach Bedarf drohend, glühend, eisig, vernichtend oder hilfreich ist, mit dem „Unbewussten" gekoppelt (wieso eigentlich?) und dadurch äußerst diffus. Der Spielraum der Interpretation wird hier beliebig und diese damit wertlos; zudem kommen bei solchen Deutungsversuchen die vorurteilhaften patriarchalen Weiblichkeitsbegriffe der diversen psychologischen Theorien ins Spiel. (Siehe als ein Beispiel von vielen Sibylle Birkhäuser-Oeri: *Die Mutter im Märchen*, Stuttgart 1977.)

332 Siehe auch Jan de Vries: *Forschungsgeschichte der Mythologie,* Freiburg/München 1961.

333 Die Auffassung von den Märchen als „gesunkenen" Mythen vertraten die Brüder Grimm: Jacob Grimm in „Vorrede zu den Volksmärchen der Serben" (in Karadschitsch) 1854; Wilhelm Grimm in „Vorrede zum zweiten Band der KHM" *(Kinder- und Hausmärchen)* 1856. – Bestritten wurde sie von Lang, Wundt, Panzer, Herrmann, Naumann. Die Verschiedenheit der Gattungen (Mythos/Märchen) wurde herausgearbeitet von Jolles, De Boor, Lüthi, De Vries. Siehe André Jolles: *Einfache Formen,* 1972 (5. Auflage); Helmut de Boor: *Märchenforschung,* ZS für dt. Unterricht 42 (1928); Max Lüthi: *Das europäische Volksmärchen,* 1974 (4. Auflage); Jan de Vries: *Forschungsgeschichte der Mythologie.* – Rückkehr zur Auffassung der Entstehung des Märchens aus dem Mythos, wenn auch nicht geradlinig, vertreten Van Gennep, Wesselski, Eliade.

her entstanden sein als die Mythen. Heute tendiert man wieder zur ersten Ansicht, die ich selbst nachdrücklich vertrete, da sich die Gattungsunterschiede zwischen Mythen und Märchen leicht durch den sozialen Prozess des Abstiegs erklären lassen. Diese Gattungsunterschiede entstanden nicht, weil das „Volk" unfähig war, das komplexe Gefüge der Mythen und die mythologischen Namen im Gedächtnis zu behalten und deshalb angeblich den Aufbau versimpelte und die Gestalten typisierte. Sondern sie entstanden, weil es gefährlich war, matriarchale Mythen in patriarchalen Gesellschaften mit ihren dogmatischen Großreligionen namentlich zu erzählen; sie galten als „feindlich" oder „heidnisch" und durften sich deshalb Außenstehenden nicht zu erkennen geben. Wir brauchen zur Verbildlichung dieser Situation nur ans europäische Mittelalter zu denken mit dem langsamen Durchsetzungsprozess der christlichen Kirche gegen die ältere heimische Göttinnenverehrung, die aus matriarchaler Wurzel stammt. Die Göttin wurde von den Missionaren als „Dämonin", „Hexe", sogar „Teufelin" verfemt, der Glaube an sie galt als „Aberglaube an böse Geister", und ihre Anhängerinnen und Anhänger wurden beobachtet und bedroht. Das Wissen um die matriarchale Göttin und ihre Welt wurde deshalb dort, wo es weiterlebte: in den sozialen Unterschichten und den geographischen Randgruppen, verschleiert weitergegeben. Statt namentlich von der Muttergöttin zu reden, wurde allgemein von „der Mutter" gesprochen, statt von einer namentlichen Tochtergöttin oder Hohepriesterin oder Erbprinzessin nur von „der Prinzessin", statt von einem namentlichen Heros nur von „dem Helden". Individuelle göttliche Gestalten wurden auf diese Weise zu namenlosen Prototypen, die verbotene Göttin-Verehrung blieb damit geheim. Aber die alte mythische Struktur, in der diese Gestalten sich bewegen, erhielt sich unverändert. So vermitteln Märchen als verkappte Mythen noch immer dieselbe matriarchal-spirituelle Botschaft, und sie sind genauso kompliziert wie diese. Ihre inhärente Struktur hat Wladimir Propp anhand der russischen Zaubermärchen mit seiner abstrakten Intuition wieder entdeckt,[334] nachdem seine Kollegen vor ihm blind dafür gewesen waren und die Legende von der „Einfachheit" der Märchen aufbrachten. Propp verstand jedoch den Inhalt dieser erstaunlichen Regelmäßigkeit in der Abfolge der Sequenzen bei den Märchen nicht, und so erstarrte seine Entdeckung zuletzt in sinnleeren Formeln. Diese unverrückbare Präzision der Märchen-Sequenzen zeigt aber nichts anderes als die matriarchale Göttin-Heros-Struktur, die ja ihrerseits an das jahreszeitlich wiederkehrende, rituelle Drama gebunden ist. Das versetzt uns in die Lage, auch den Inhalt dieser Formen wieder zu verstehen und zu erkennen, wo und wie diese Struktur verändert worden ist.

Ich habe mich bei der ungeheuren Materialfülle, welche die Märchenforschung zusammengetragen hat, einschränken müssen. So folge ich nicht dem internationalen Motiv-Index von Aarne und Thompson,[335] sondern wende mich nur

---

334 Vgl. Wladimir Propp: *Morphologie des Märchens,* München 1972.
335 Vgl. Antti Aarne und Stith Thompson: *The Types of the Folktale*, Helsinki 1961 (3. Auflage), FFC 184; und Stith Thompson: *Motif-Index of Folk-Literature. A Classification of Narrative Elements*, Ko-

den sogenannten *Kinder- und Hausmärchen* aus der Sammlung der Brüder Grimm zu, die sehr bekannt sind.[336] Das heißt allerdings nicht, dass ich mich nur mit deutschen Märchen beschäftigte, denn „deutsche" Märchen gibt es nicht, höchstens in Deutschland gesammelte. Jedes einzelne Märchen gehört zu einem internationalen Erzählschatz, wie seine Varianten zeigen. Ich berücksichtige deshalb auch die Varianten aus verschiedenen Ländern, einerseits um das volle Symbolfeld zu gewinnen, andererseits um die ganze Länge der Sequenzen rekonstruieren zu können, denn diese wurden oft halbiert. Bezeichnenderweise umfassen diese Varianten einen Raum, der über Europa hinaus ins mediterrane Gebiet verweist und von da über Westasien bis nach Indien – genau der Raum der entwickelten matriarchalen Mythologien, die wir im 1. Teil dieses Buchs analysiert haben.[337]

Beim Problem der Altersbestimmung der Märchen verhält es sich genauso wie bei den Mythen: Man kann nicht nach *dem* Alter *der* Märchen fragen, denn weder gibt es ein einziges Entstehungsalter für alle Märchen, noch sind sie in sich homogene Gebilde. Es reicht aber nicht, für verschiedene Märchen verschiedenes Entstehungsalter zu suchen, denn in den einzelnen Märchen überlagern sich – wie bei den Mythen – verschiedene zeitliche Schichten. Diese Schichten bestehen nun nicht aus einzelnen, zusammenhanglosen Motiven, die altersmäßig unterschiedlich bestimmt werden müssten. Sondern sie bestehen aus verschiedenen Strukturen, die in späteren Phasen in andere Strukturen transformiert werden, und zwar auf dem Boden der sozialgeschichtlichen Veränderungen, die von der matriarchalen Kultur zur patriarchalen Gesellschaft führten.

Aus der Märchensammlung der Brüder Grimm möchte ich mehrere Beispiele geben, die in drei Gruppen angeordnet sind. Es sind drei exemplarische Gruppen, welche hier (nach A. Nitschke) „die Reichtumsspenderin im Jenseits", „die schenkende Frau im totenähnlichen Zustand" und die „Heilbringermärchen" genannt werden.[338] Um ihren Gehalt tiefer zu erkennen, wende ich die von mir entwickelte Göttin-Heros-Struktur an, wobei die ersten beiden Gruppen die Symbolik der

---

penhagen 1955–1958 (2. Auflage). Hier sind in sechs Bänden rund 40 000 Einzelmotive katalogisiert.

336 Vgl. Johannes Bolte und Georg Polivka: *Anmerkungen zu den Kinder- und Hausmärchen der Brüder Grimm*, Neudruck 1963. Die ersten drei Bände des fünfbändigen Werks enthalten die gesammelten Märchen der Brüder Grimm, zudem viele Sacherklärungen und ein reiches Variantenverzeichnis der Märchen (meine Nummerierung der Märchen nach Bolte/Polivka).

337 Eine interessante, sozialhistorische Analyse der Märchen für denselben Raum hat August Nitschke vorgelegt: *Soziale Ordnungen im Spiegel der Märchen, Bd. 1: Das frühe Europa*, Stuttgart 1976. – Das Buch ist anregend zu lesen. Nitschkes anthropologische Kenntnisse sind aber durchweg oberflächlich. Was das Matriarchat betrifft, berücksichtigt er zwar eine Phase in der Frühgeschichte, in der die Frauen einen bedeutenden Status hatten, ordnet sie aber ausschließlich den „Jägern und Hirten" zu. Bei den „frühen Bauern in Mitteleuropa" und den „frühen Städtern im Vorderen Orient" ist für ihn dagegen diese Bedeutung der Frau bereits verschwunden, obwohl dies gerade die Phasen der entwickelten matriarchalen Kultur waren.

338 Diese Einteilung in Gruppen und die Namensgebung bei Nitschke ist sehr sinnvoll und weist bereits auf Strukturen hin. Ich habe sie deshalb hier übernommen.

Göttinstruktur enthalten, während die dritte Gruppe das Muster der Herosstruktur besitzt. Aus jeder Gruppe analysiere ich ein Märchen ausführlicher, die anderen werden diesem vergleichend zugeordnet.

1 Erste Gruppe: „Die Reichtumsspenderin im Jenseits"

In dieser Gruppe betrachte ich folgende Märchen: „Frau Holle" (KHM 24), „Hänsel und Gretel" (KHM 15), „Aschenputtel" (KHM 21), „Einäuglein, Zweiäuglein, Dreiäuglein" (KHM 130).

1.1 Das erste Beispiel: „Frau Holle"

Inhalt: Eine Mutter hat zwei Töchter mit Namen Marie, eine hässliche, faule und eine schöne, fleißige, die ihre Stieftochter ist. Die Stieftochter muss alle Arbeit im Haus verrichten und täglich am Brunnen so lange Flachs spinnen, bis ihre Finger blutig sind. Eines Tages fällt ihr die Spindel in den Brunnen, und aus Angst vor Strafe springt sie hinterher. Sie verliert die Besinnung, doch als sie wieder aufwacht, ist sie auf einer blühenden Wiese. Hier trifft sie eine Kuh, deren Euter von Milch strotzt, einen Backofen, gefüllt mit Brot, und einen Apfelbaum, dessen Äste unter der Last der Früchte fast brechen. Sie melkt die Kuh, zieht das Brot aus dem Ofen und schüttelt die Äpfel vom Baum. Dann kommt sie an ein Haus, das in den Wolken zu hängen scheint. Eine freundliche Alte blickt heraus und lädt die schöne Marie ein, bei ihr ein Jahr zu dienen. Diese sagt zu und ist ein Jahr sehr fleißig; wenn sie die Betten der Frau Holle tüchtig schüttelt, schneit es auf der Erde. Nach beendeter Dienstzeit verlässt sie das Haus der Frau Holle durch einen Torbogen, und da regnet es Gold auf sie nieder, das an ihr kleben bleibt. Von nun an heißt sie „Goldmarie" und ist reich. – Die Stiefmutter ist neidisch und schickt ihre hässliche Tochter zum Brunnen, damit sie bei Frau Holle auch Reichtum gewinne. Die hässliche Marie tut aber in allem das Gegenteil und ist bei Frau Holle faul. Sie wird nach wenigen Tagen fortgeschickt, und als sie durch den Torbogen geht, da schüttet es Pech auf sie herunter, das ebenfalls an ihr kleben bleibt. Von da an heißt sie „Pechmarie".

In diesem Märchen ist als Ausnahme der mythische Name der Göttin erhalten geblieben. „Frau Holle" ist die vor-indoeuropäische Erd- und Unterweltgöttin „Hel" oder „Hella", die in der christlichen „Hölle" zum Urbild des Finsteren, Dämonischen, Schlechten an sich gemacht wurde. Im matriarchalen Zusammenhang war sie aber als Hel-Hella-Holle das Urbild des Guten, Fruchtbaren, Gerechten, Mütterlichen, so wie uns das Märchen „Frau Holle" noch überliefert. Sie ist wohl nur deshalb namentlich erhalten geblieben, weil Märchen von vornherein als fiktionale Gebilde, das heißt, als Erfindung ohne Wahrheitsgehalt gelten, eben als „Ammenmärchen". Es gibt einen reichen Schatz von Märchen um Frau Holle, die nichts anderes als ihre umfassende, doch verkappte Mythologie sind und den weiten Wirkungsbereich der Göttin darstellen.[339] Hier beschränke ich mich jedoch auf die Analyse des bekannten Märchens von der „Goldmarie".

Frau Holles Wohnort ist nicht eindeutig: Sie wohnt im Himmel, im Wolkenhaus, aus dem herab sie es schneien (oder regnen) lässt; sie bestimmt also das Wetter. Gleichzeitig wohnt sie in der Unterwelt – worauf ihr Name „Holle", der mit „Höhle" verwandt ist, schon hinweist – nämlich unterhalb eines Brunnens als Eingangstor in die Tiefe, durch den die gepeinigte Goldmarie sie erreicht. Sie ist Himmelsgöttin und Unterweltgöttin zugleich und bestimmt von oben das Wetter und von unten die Fruchtbarkeit und damit alles Geschehen auf der Erde. Ihre Unterwelt hat paradiesische Züge. Denn Goldmarie fällt auf eine blühende Wiese nieder, und hier steht ein Apfelbaum, der brechend voll ist mit Äpfeln, so dass er um Hilfe ruft. Wir kennen diese Äpfel als Liebes- und Todesfrüchte der Göttin, die gleichzeitig ewiges Leben und ewige Jugend schenken (vgl. Aphrodite, Morrigain, Idun und andere). Ferner trifft Goldmarie auf dem lieblichen Gefilde eine Kuh, deren Euter von Milch strotzt; die Kuh ist das heilige Tier der Muttergöttin (vgl. Hathor, Hera und andere). Auch der Backofen, gefüllt mit den Erzeugnissen der Ackerbaukultur, fehlt nicht, und in ihm scheint sich das Brot von selbst zu vermehren, so dass die Goldmarie es schleunigst herausziehen muss. Der Backofen ist ein Symbol für den schwangeren, unerschöpflichen Bauch der Göttin.[340] Mit Milch, Äpfeln und Brot sind alle Symbole der nährenden Erdmutter beisammen, welche Frau Holle ebenfalls ist. Ihre Himmelswohnung, ihre mütterlich schenkende Kraft und ihre paradiesische Unterwelt kennzeichnen sie als matriarchale Große Göttin, welche die drei Zonen der Welt regiert: Himmel, Erde und Unterwelt. So lenkt sie die Jahreszeiten auf der Erde, über die sie oft dahinschreitend ihre Reisen macht, und kümmert sich um das Leben der Menschen. Für die Menschen ist sie zugleich Schicksalsgöttin, denn sie erscheint als die große Spinnerin. So trifft auch Goldmarie Frau Holle an, sie sitzt vor ihrem Haus und spinnt einen goldenen Faden. Ebenso war es die Schicksalsspindel, die verlorene, die Goldmarie auf ihre Jenseitsfahrt zu der Göttin führte.

In diesem Märchen erscheint Frau Holle als eine wahre „Reichtumsspenderin im Jenseits", denn alle Schätze kommen aus der Unterwelt. Von dort bringt Goldmarie buchstäblich Reichtum im Überfluss mit: Gold fließt aus dem Torbogen auf sie nieder. „Gold" als mythologisches Symbol bedeutet nicht finanziellen Reichtum, sondern den Reichtum im tiefen Schoß der Erde: die Fruchtbarkeit, den Lebensreichtum in jedem Sinn. Es ist die Goldmarie, der es gelingt, diesen Lebensreichtum aus dem Jenseits ins Diesseits zu holen. Sie ist daher eine wahre Heroin.

---

339 Siehe die Sammlung von Karl Paetow: *Frau Holle. Volksmärchen und Sagen,* Husum 1986. Diese Mythen wurden geordnet, im Zusammenhang neu erzählt und kulturhistorisch kommentiert von: Heide Göttner-Abendroth: *Frau Holle,* Königstein/Taunus 200. (Vgl. auch in diesem Buch Kap. I 7.2, zur Göttin Frigga.)

340 Vgl. Marija Gimbutas: [Sprache], S. 147, 148.

Die Bedingung für dieses Gelingen ist die Reise durch die Unterwelt. Goldmarie erleidet geduldig Peinigung und den Tod durch den Sprung in den Brunnen, deshalb erfährt sie zuletzt ihre Wiederkehr. Sie macht auf diese Weise eine matriarchale Initiationsreise. Es ist deutlich, dass sie während ihres Aufenthalts bei der Göttin initiiert wird, denn sie erlernt die matriarchalen Künste. Diese bestanden allerdings nicht in beschränkter Hausarbeit – wie uns die verbürgerlichte Fassung des Märchens von der „fleißigen" Goldmarie weismachen will –, sondern in der Kunst des Ackerbaus (Brot), in der Kunst der Pflanzenzucht (Apfelbaum), in der Kunst der Domestikation der Tiere (Kuh), in der Kunst des Spinnens (Spindel) und in der Kunst der Magie (Wettermachen durch „Bettenschütteln"). Goldmarie wird auf diese Weise zu einer künstereichen Magierin und hat danach selbst teil am Überfluss der Göttin. Wenn sie ins Diesseits zurückkehrt, weiß sie, wie sie ein gutes, glückliches Leben durch diese Künste schaffen kann. Sie wird damit zur irdischen Repräsentantin der dreifaltigen Göttin, zu ihrer Priesterin oder „Erbprinzessin". Die Göttin ist, mythologisch gesehen, ihre Mutter und sie die menschliche, aber erhöhte Tochter. Die tragende matriarchale Beziehung, die Mutter-Tochter-Beziehung mit ihrem praktischen, sozialen, kultischen und mythischen Umfeld, wird sichtbar. Die „Stiefmutter" und die „Pechmarie" sind lediglich die Verdoppelung dieser Beziehung, die Negativfolie, vor der sich die legitime Erbprinzessin gegenüber den Ansprüchen der falschen Heldin umso strahlender abhebt. Zwischen diesen vier Figuren spielt das Märchen, es benötigt keinen einzigen Mann.

Wie kommt es, sozialhistorisch gesehen, zur Rivalität zwischen legitimer und falscher Erbprinzessin? Es liegt nicht am Prinzip der Ultimogenitur, dem matriarchalen Erbrecht, nach dem nur die jüngste Tochter erbt. Denn im Matriarchat waren die älteren Töchter in der Sippe gleichermaßen zu Hause und lebten mit ihrer jüngsten Schwester zusammen. Dennoch häufen sich in den Märchen die Fälle, wo die älteren, angeblich neidischen und weniger schönen Töchter die jüngste, freundlichste und schönste zu demütigen und zu verdrängen suchen. Darin steckt bereits ein patriarchales Muster aus einer späteren Schicht: der Kampf um das Erbe oder den einzigen Mann (Vater). Denn im Patriarchat darf es keine Solidarität unter Frauen geben.

Goldmarie kämpft jedoch nicht, sondern erhält ihr Erbe von der Mutter, der Göttin im Jenseits, während die Stiefmutter und Stiefschwester vom angeheirateten Mann und Stiefvater erben. So erscheint das Thema als ein Konflikt zwischen dem matrilinearen Erbrecht und dem patrilinearen Erbrecht, das heißt, zwischen Mutterlinie und Vaterlinie.

1.2 Das zweite Beispiel: „Hänsel und Gretel"

Inhalt: Ein Vater und eine Mutter können ihre beiden Kinder nicht mehr ernähren und schicken sie deshalb in den tiefen Wald, wo sie sich verirren. Nach einiger Zeit kommen sie zu einer Waldwiese, auf der ein Haus von Lebkuchen steht. Sie essen davon, bis eine alte Hexe herauskommt und sie mit Versprechungen ins Haus lockt. Aber dort sperrt sie Hänsel in einen Stall, um ihn zu mästen, denn sie will ihn aufessen. Gretel muss alle Hausarbeit tun. Als sie den Backofen heizen muss, in dem Hänsel gebraten werden soll, stößt sie die Hexe in die Flammen. Diese verbrennt unter großem Geschrei. Die Kinder kehren beladen mit Schätzen aus dem Hexenhaus zu ihren Eltern heim.

Hier ist die Unterweltfahrt abgeschwächt zu einer Fahrt in eine menschenfeindliche Gegend, den Zauberwald, was jedoch dieselbe Bedeutung hat. Denn in diesem wohnt die „Hexe", die eine dämonisierte Unterweltgöttin ist. Sie besitzt nämlich deren Attribute: Sie ist die Alte Frau, sie hat das abschreckende Gesicht der Todesgöttin, und sie wird wie diese begleitet von schwarzen Vögeln (Raben) und einem schwarzen Tier (Katze oder Hund). In der russischen Variante dieses Märchens ist sie aber keineswegs schrecklich, sondern gütig, das heißt, sie wurde noch nicht dämonisiert. Hier heißt sie das „Rote Mütterlein im Kuchenhaus", wobei das Kuchenhaus das Sinnbild ihres unerschöpflichen Überflusses an Nahrung ist und an die wunderbare Brotvermehrung bei Frau Holle erinnert. Außerdem kommt Gretel, wie die Goldmarie, von der Göttin mit einem unermesslichen Goldschatz zurück und mit nie endendem Kuchen oder mit magischen Dingen: Spiegel, Zaubertuch, Lebenswasser. Gold und Kuchen weisen auf die unaufhörliche nährende und schenkende Kraft der Göttin hin (zweiter Aspekt). Die magischen Gegenstände zeigen, dass Gretel bei ihr mehr lernte als nur Hausputz: Das Zaubertuch verweist auf die Webkunst, das Lebenswasser auf die Heilkunst, der Spiegel auf spirituelles und rituelles Wissen (dritter Aspekt der Göttin). Das macht deutlich, dass Gretel mit ihrer Jenseitsfahrt ebenfalls eine matriarchale Initiation erlebte und danach als das verjüngte Abbild der Göttin erscheint. Darauf verweist auch die siebenbürgische Variante, in der es nicht Knabe und Mädchen, sondern drei Schwestern sind, die zur fernen Göttin gelangen. Von ihnen ist die jüngste Gretels Prototyp, denn sie ist die klügste und kann schließlich selbst zaubern. Sie ist die typische „Erbprinzessin", die alles vom „Mütterlein" erhält.

Wenn wir „Frau Holle" und „Hänsel und Gretel" vergleichen, sehen wir sehr deutlich patriarchale Deformationsprozesse. Der auffallendste ist die Dämonisierung der Großen Göttin, die nun angeblich Kinder frisst statt sie zu gebären, die in menschenfeindlicher, gefährlicher Gegend statt im Paradies wohnt, einmal sogar in einer unterirdischen Teufelsburg (serbokroatische Variante). Aber sie wird nicht nur dämonisiert, was noch ein Zeichen von Stärke wäre, sondern auch lächerlich gemacht. Sie, die als Große Göttin die Welt überblickte und alles wusste, wird fast blind dargestellt, so dass sie Hänsels dürres Stöckchen nicht von seinem Finger unterscheiden kann. Von Gretel wird sie in ihren eigenen Backofen gestoßen, der noch bei Frau Holle das Symbol der wunderbaren Brotvermehrung war. Groteskerweise verbrennt sie in ihrem eigenen magischen Feuer, das früher Ausdruck ihrer reinigenden Kraft und Heiligkeit gewesen ist.

Mit der Abwertung der Göttin geht die Verharmlosung der Unterweltfahrt einher, verbunden mit einer Verniedlichung der Symbole: Gretel muss zur Initiation nicht mehr den Tod erleiden wie die ihr verwandte Heroin Goldmarie. Sie lernt bei der Hexe angeblich nur schmutzige Hausarbeit, wozu auch die Tätigkeit der Goldmarie bei Frau Holle schon abgewertet wurde. Der paradiesische Ort des ernährenden Überflusses verkitscht zu einem zuckrigen Lebkuchenhaus. Eine andere nicht unwichtige Deformation ist die Ersetzung weiblicher Figuren durch männliche. So werden Gretels Schwestern, die immerhin noch ein Nachbild der dreifachen Göttin waren, durch den Knaben ersetzt, der allerdings neben der aktiven Heldin nur eine bedeutungslose, nichtssagende Rolle spielt.

1.3 Das dritte Beispiel: „Aschenputtel"

Inhalt: Ein Vater hat eine zweite Frau mit zwei Töchtern. Sie behandeln seine Tochter aus erster Ehe schlecht, das Stiefkind muss die schmutzige Arbeit im Haus verrichten und wird zum Spott „Aschenputtel" genannt. Aschenputtel geht jeden Tag zum Grab ihrer Mutter und weint; auf das Grab hat sie einen Haselzweig gepflanzt.

Als der Prinz ein Fest gibt, um aus den schönen Töchtern des Landes eine Frau auszusuchen, geht die Stiefmutter mit den zwei Stiefschwestern zum Schloss. Aschenputtel muss zu Hause bleiben und Linsen aus der Asche lesen. Aber viele Tauben helfen ihr, so ist sie bald fertig und geht wieder zum Grab ihrer Mutter. Dort fällt vom Haselstrauch ein goldenes Kleid auf sie herunter. In diesem Kleid geht Aschenputtel zum Fest und ist die Schönste von allen. Der Prinz verliebt sich in sie, aber am Ende des Fests flieht Aschenputtel, um vor der Stiefmutter daheim zu sein. Der Prinz veranstaltet daraufhin noch zweimal ein Fest, jedes Mal geht Aschenputtel als die Schönste dorthin und flieht wieder. Beim dritten Mal bleibt ihr winziger, goldener Schuh auf der mit Pech bestrichenen Schlosstreppe hängen. Der Prinz findet ihn und sucht die Schöne, der dieser Schuh passt. Die beiden Stiefschwestern machen nacheinander den Schuh durch ein Betrugsmanöver passend, aber die sprechenden Tauben decken es auf. Zuletzt zieht der Prinz Aschenputtel den Schuh an und erkennt in ihr die richtige Braut.

In diesem Märchen ist die Unterweltfahrt, auf der die Heldin zur Erbprinzessin initiiert wird, noch weiter abgeschwächt; dafür sind andere Züge besser erhalten. Die Konstellation der drei Schwestern mit der jüngsten, schönsten als der legitimen Erbprinzessin ist klassisch, nur wird das Prinzip der Ultimogenitur verdeckt durch die bereits eingedrungene patriarchale Rechtslage: Aschenputtels Erbrecht wird bestritten, weil der Vater eine zweite Frau mit Töchtern hat. Er ist also derjenige, welcher vererbt. Beim matriarchalen Prinzip der Ultimogenitur vererbt jedoch allein die Mutter, und es ist in der Tat Aschenputtels Mutter, die ihr schließlich zu ihrem Recht auf Krone und Reich verhilft – bezeichnenderweise aus dem Jenseits. Wieder liegen hier Mutterlinie und Vaterlinie im Widerstreit, und damit ist diese Konstellation kein innerfamiliäres, sondern ein gesellschaftliches Problem zwischen zwei verschiedenen Kulturen. Zur patriarchalen Schicht im Märchen gehört auch, dass Aschenputtel keine souveräne Prinzessin mehr ist, sondern sie wird Prinzessin nur als Gattin eines Prinzen. Ein Prinz, der eine Krone und ein Reich zu vergeben hätte, wäre im Matriarchat nicht möglich.

Gegenläufig zum Patriarchalisierungsprozess dieses Märchens sind die Episoden, welche die Beziehung Aschenputtels zu ihrer wahren Mutter spiegeln; sie sind voller Schönheit und Magie und tragen das Geschehen. Aschenputtels Mutter gilt als „tot", das heißt, sie wohnt in einem Grab, einem Haus der Jenseitswelt. Von dorther ist sie zugunsten ihrer Tochter sehr aktiv, weshalb sie eher als die göttliche Reichtumsspenderin im Jenseits denn als tote, menschliche Mutter erscheint. Zunächst lässt sie aus ihrem Grab den Zauberbaum wachsen, den Aschenputtel als Zweig dort pflanzte. Auf seinen Ästen sitzen Zaubervögel, sprechende Tauben. Das Bäumchen überschüttet Aschenputtel aus der Höhe mit Gold und Silber wie der himmlische Torbogen bei Frau Holle die Goldmarie, der sich das Gold ebenfalls wie ein Kleid anschmiegte. Dann geht Aschenputtel im vollen Glanz des Symbols des Lebensreichtums zum Fest und ist deshalb magisch-unwiderstehlich für den Prinzen. Das goldene Kleid verbindet sehr anmutig das Sinnbild des Reichtums mit dem Sinnbild der Webkunst, einer weiteren matriarchalen Kunst. Die sprechenden Vögel sorgen am Schluss des Märchens für Gerechtigkeit, ein Motiv, das auch bei „Frau Holle" mit dem sprechenden Hahn hervortrat. Vögel sind göttliche, weissagende Wesen. Aschenputtels Mutter ist – dies zeigen ihre Wohnung in der Unterwelt und ihre magischen Symbole Tauben (Himmel) und Baum (Erde) – die dreifaltige Große Göttin, die allerdings nicht mehr wie in den anderen beiden Märchen als Person auftritt. Immerhin reicht sie in einer Variante ihrer Tochter die Zauberdinge noch selbst aus dem Grab. Das ist ein Relikt ihrer persönlichen Handlungen, wie Aschenputtels tägliches Verweilen und Weinen am Grab der Mutter ein Relikt der ehemaligen Jenseitsfahrt ist. Das Pflanzen des Zauberbäumchens ist ein Relikt der matriarchalen Künste, welche die Erbprinzessin erlernt, denn hier wie dort ist ihre eigentliche Aufgabe nicht der Hausputz.

Am Ende ist Aschenputtel im Triumph das verjüngte Abbild der Göttin selbst: Sie ist rot und weiß wie „Rose und Schneeball", denn so kam sie nach dem Wunsch ihrer Mutter auf die Welt (Variante); sie ist goldhaarig und steht in goldenen Kleidern da; und sie wird umschwirrt von Tauben wie die Liebesgöttin Aphrodite. Nun ist sie selbst ein Abglanz der versunkenen Göttin der Liebe und des Lebens.

1.4 Das vierte Beispiel: „Einäuglein, Zweiäuglein, Dreiäuglein"

Inhalt: Zweiäuglein ist eine schönes Mädchen, aber sie hat eine böse Stiefmutter. Sie muss alle Arbeit für diese und deren zwei Töchter verrichten. Die Stiefschwestern sind hässlich, denn die eine hat nur ein Auge, die andere dagegen drei. Stiefmutter und Stiefschwestern geben Zweiäuglein weder zu essen noch anzuziehen und peinigen sie den ganzen Tag. Zweiäuglein wird zuletzt in einen tiefen Wald verstoßen. Dort findet sie jedoch auf einer Wiese ein freundliches Tier, eine Ziege oder Kuh (vgl. „Erdkühlein"), die sie nährt und kleidet und zwischen deren Hörnern das Mädchen Edelsteine findet. Manchmal erscheint das Tier auch als weiße Frau, die Zweiäuglein tröstet. Die Stiefmutter erfährt von der Beschützerin der Stieftochter, findet das Tier im Wald und lässt es schlachten. Zweiäuglein vergräbt Schwanz, Horn und Schühlein des Tiers auf der Wiese, wie es ihr zuvor geraten hatte. Daraus wächst ein Baum mit goldenen Äpfeln. Eines Tages kommt ein Prinz am Baum vorbei und will von den Äpfeln haben. Die Stiefschwestern wollen, aber können sie nicht pflücken, Zweiäuglein jedoch neigen sich die Äste von selbst entgegen, und sie gibt dem Prinzen das Gewünschte. Er ist erstaunt über das Wunder, hält Zweiäuglein für eine heilige Frau und nimmt sie mit auf sein Schloss, wo sie seine Gattin wird.

Das Märchen hat einen ähnlichen Handlungsablauf wie „Aschenputtel", aber es ist in vielen Zügen archaischer. Hier sehen wir die angeblich „tote" Mutter noch persönlich. Es ist die weiße Frau auf der Wiese in der Anderswelt des tiefen Waldes, die Göttin, die es liebt, auch in Gestalt ihrer heiligen Tiere zu erscheinen. Sie ist der Tochter gegenüber mütterlich: Sie nährt und kleidet und tröstet sie. Außerdem schenkt sie ihr wunderbare Schätze, das heißt, sie initiiert ihre Tochter.

Das erweckt, wie bei „Frau Holle", den Neid der missgestalteten Stiefschwestern. Und hier zeigt sich, wer den „Tod" von Aschenputtels wie auch Zweiäugleins Mutter verursachte: die bösen Schwestern und die Stiefmutter. Sie töten sie einfach, das heißt, sie versuchen der Stieftochter noch die Mutter (das Muttererbe) wegzunehmen. Auch sie erben, wie bei „Aschenputtel", ganz im patriarchalen Sinn über den angeheirateten Mann und Stiefvater. Der Konflikt zwischen Mutterlinie (Muttererbe) oder Vaterlinie (Vatererbe) trennt und entzweit die Frauen in diesem und den anderen Märchen. Da es jedoch um einen gesellschaftlichen Konflikt zwischen zwei verschiedenen Kulturen geht, ist es auch hier kaum eine bloße Familiensituation. Es sieht eher so aus, dass es sich um eine Konfliktsituation zwischen zwei gesellschaftlichen Schichten handelt, nämlich Herrin und Magd. Alle diese jüngsten Töchter in den Märchen, die offenbar Anhängerinnen der Mutterlinie und der Muttergöttin sind, werden derart schlecht behandelt wie Dienstmägde, während sich die sogenannten „Stiefmütter" und „Stiefschwestern" wie Herrinnen aufführen. Als Herrinnen und Mägde gehören sie vermutlich nicht einmal demselben Volk an, sondern die sogenannten „jüngsten Töchter" könnten Frauen aus dem alten, matriarchalen Volk sein, die unfreiwillig den Frauen aus dem späteren patriarchalen indoeuropäischen Herrenvolk dienen müssen. Das würde erklären, warum es wie verboten erscheint, dass sie sich in ihrer Not an die (ebenfalls unterdrückte) Muttergöttin wenden, und weshalb diese Muttergöttin von den Frauen der patriarchalen Herrenschicht noch ermordet werden muss. Wie in der Nussschale spiegelt sich hier im Märchens der Konflikt zwischen zwei Völkern mit zwei verschiedenen Gesellschaftsordnungen wider, wobei das ältere, matriarchale Volk zur geknechteten Unterschicht geworden ist.

So bleibt Zweiäuglein wie Aschenputtel nach dem Muttermord nichts anderes übrig, als weinend das Grab zu pflegen. Das aber ist ein Ort der Anderswelt, wo die von ihnen verehrte Muttergöttin wohnt. Diese stirbt nicht, und so wächst hier wie dort aus dem Grab der Zauberbaum, ein uraltes Symbol der Erdgöttin. Sogar ein geheimnisvolles „Schühlein" der Göttin spielt eine Rolle, das sich in „Aschenputtel" dann verselbstständigt hat, jedoch schließlich zur Lösung des Knotens führt. Und es ist wieder das Gold vom Zauberbaum, das den Weg bereitet: in „Aschenputtel" als goldene Kleider, in „Zweiäuglein" viel direkter als goldene Äpfel, jene Äpfel der Göttin, die ewige Jugend und ewiges Leben schenken. Zweiäuglein steht zuletzt da, mit dem Goldapfel in der Hand, den sie dem Prinzen überreicht, wie die Göttin aus der paradiesischen Anderswelt persönlich. Zu Recht betrachtet der Prinz die Überreichung des Apfels der Liebe und des Lebens aus solcher Hand als Wunder und die Spenderin als heilige Frau; er verhält sich damit wie ein matriarchaler Heros. Zweiäuglein ist nun die Erbprinzessin, die göttliche Tochter einer göttlichen Mutter.

2 Zweite Gruppe: „Die schenkende Frau im totenähnlichen Zustand"

Zu dieser Gruppe gehören folgende Märchen: „Dornröschen" (KHM 50), „Schneewittchen" (KHM 53), die Märchengruppe „Die zwölf Brüder / Die sieben Raben / Die sechs Schwäne" (KHM 9/25/49), „Brüderchen und Schwesterchen" (KHM 11), „Jungfrau Maleen" (KHM 198).

In allen diesen Märchen ist die Spenderin nicht mehr eine übermenschliche Macht im Jenseits, sondern die Heldin selbst, die in einen jenseitsartigen Zustand versetzt wird und darin der Göttin gleicht. Die Mutter-Tochter-Beziehung tritt zurück, dafür zeigt sich die Entwicklung der Heldin vollständig, denn sie ist nun beides: Tochter und Mutter. Erst in beiden Rollen zusammen enthüllt sich die Reichweite ihrer Fähigkeiten, die sie durch die Initiation erwarb.

Das erzählerische Grundmuster der Märchen in dieser Gruppe, wenn wir die zweite Sequenz mitberücksichtigen, ist folgendes (die zweite Sequenz ist allerdings nicht immer erhalten, sie lässt sich aber in den Varianten auffinden): Die Heldinnen sind zuerst bedrohte Töchter und werden dann Erbprinzessinnen, genauso wie die Heldinnen in der ersten Gruppe. Als Erbprinzessinnen oder Königinnen geraten sie aber in gefahrvolle Abwesenheitszustände wie Schlaf, Stummheit, „Tod", in denen sie nun selbst Mütter werden, Reichtum spenden und Unerlöste erlösen. Damit erreichen sie selbst den Rang von Göttinnen.

2.1 Das erste Beispiel: „Dornröschen"

Inhalt: Dornröschen ist eine Prinzessin, der bei ihrer Geburt zwölf gute Feen wunderbare Gaben geschenkt haben. Aber eine dreizehnte böse Fee bedroht sie mit dem Tod in früher Jugend, nachdem sie sich an einer Spindel gestochen hätte. Eine gute Fee mildert diesen Spruch und verwandelt „Tod" in einen hundertjährigen Schlaf.

Als Dornröschen eine junge Frau geworden ist, wandert sie durch das väterliche Schloss und steigt neugierig auf den höchsten Turm hinauf. In dem verlassenen Turmstübchen trifft sie eine alte Frau mit einem Spinnrad, es ist die böse Fee. Als sie das Spinnen einmal versuchen will, sticht sie sich in den Finger und fällt in einen tiefen Schlaf. Mit ihr schläft alles ein, was im Schlosse lebt.

Während Dornröschen schläft, wächst um das Schloss eine Rosenhecke und deckt allmählich das ganze Gebäude zu. Niemand kann die Dornenhecke durchdringen; Prinzen, die es versuchen, sterben in den spitzen Dornen. Nachdem Dornröschen hundert Jahre geschlafen hat, kommt wieder ein Prinz, der sie erlösen will. Als er sich dem Schloss nähert, öffnet sich vor ihm die Dornenhecke von selbst. Er gelangt bis in die Turmstube, wo er die schöne Prinzessin findet und mit einem Kuss aufweckt. Nun wachen alle im Schloss auf, und Dornröschens Hochzeit wird gefeiert.

Die Gestalt Dornröschens ist komplex: Sie erscheint zuerst als Kind, umgeben von 13 Feen, die eine Mondsymbolik darstellen (die 13 Mondmonate des alten Mondkalenders). Dies lässt sie wie eine Mädchengöttin im Himmel erscheinen (erster Aspekt). Später hat sie die Züge der Liebesgöttin: Sie ist goldhaarig und umgeben von der purpurnen Liebesblume, der Rose – eine echte Märchen-Venus (zweiter Aspekt). Sie erfährt ihre Jenseitsfahrt als hundertjährigen Schlaf, und diesen totenähnlichen Zustand verursacht die Göttin in ihrem dritten Aspekt, als Göttin des Todes und der Unterwelt. Sie tritt hier in einer eigenen Gestalt als schwarze Fee auf, und sie hat ihr Schicksalsattribut, die Spindel oder das Spinnrad, bei sich. Spinnen und Weben sind alte matriarchale Künste und zugleich Symbole für die schicksalhafte Macht der Frauen, denn diese spinnen und weben nicht nur Fäden, sondern auf geheimnisvolle Weise auch Leben.[341] Aus dieser Vorstellung entstand das Bild der drei Schicksalsgöttinnen, die den Lebensfaden spinnen, weiterreichen und abschneiden, wie die griechischen Moiren, die römischen Parzen und die germanischen Nornen. Die spinnende Schicksalsgöttin ist ein entsprechend häufiges Motiv in den Zaubermärchen; nahezu jede Gestalt, die wir als Muttergöttin identifizieren konnten, ist mit dem Spinn- oder Webmotiv verbunden. So gelangte die Goldmarie nur zur Frau Holle, indem sie ihre Spindel in den Brunnen fallen ließ und dieser nachsprang. Es war ihr Schicksalsfaden, der ihr den Weg zeigte. Zuletzt erhielt sie die Spindel mit dem vollen Faden von Frau Holle zurück. Aschenputtel wird ganz in Gewebe aus der jenseitigen Welt gehüllt, in die goldenen Kleider, die magisch-wunderbar ihr Schicksal gestalten. In den Märchen, die wir in der zweiten Gruppe betrachten, rückt das Spinnen und Weben in ein helleres Licht.

Wie die Spindel bei der Goldmarie, so führt auch die Spindel bei Dornröschen die Unterweltfahrt herbei: Sie sinkt in den jenseitigen Zustand des hundert-

---

[341] Zur magischen Identität des Spinnens und Webens mit dem Weben von Leben siehe die alten, matriarchalen Traditionen der Berberfrauen in der Kabylei; in Makilam: *Zeichen und Magie der kabylischen Frauen*, Münster/Hamburg 2003.

jährigen Schlafs. Aus der keltischen Mythologie ist der Zeitsprung im Reich der Feen bekannt, das heißt, eine lange Frist, die an den Betroffenen spurlos vorübergeht. Der Zeitsprung bedeutet immer Entrücktheit und Tod im Sinn einer Fahrt durchs die Anderswelt. Denn das Reich der Feen oder Göttinnen ist die Anderswelt, die paradiesischen Charakter hat. Wer von dort wiederkehrt, hat teil an ihren wunderbaren Gaben und magischen Kräften. So geschieht es auch Dornröschen: Sie verwandelt sich schlafend selbst in eine Mutter, denn sie „spinnt" und „webt" in ihrem Leib zwei Kinder, die sie zuletzt im Schlaf gebiert (Varianten).

Der Prinz erweckt sie – wie uns eine süßliche Fassung weismachen will – keineswegs durch einen bloßen Kuss. Es gibt Varianten, welche die zweite Sequenz des Märchens enthalten: Hier erfolgt das Aufwachen Dornröschens erst viel später, nämlich nach der Geburt ihrer Zwillinge, eines Mädchens und eines Jungen, welche die auffallenden Namen „Mond" und „Sonne" tragen. Dornröschen gewinnt damit noch reichere Züge, sie gleicht nun einer archaischen Erdgöttin, die Mond und Sonne aus dem Jenseits wiedergebiert. Dazu passt, dass sie schlafend die üppig wuchernde Blumenvegetation um sich hervorbringt; sie erblüht buchstäblich wie die Erdgöttin zur Zeit der Heiligen Hochzeit im Frühling oder Sommer. Und erst, als sie in „Mond" ihre Tochter und eigene Nachfolgerin gewonnen hat, kann sie aufwachen. Denn es sind die Kinder, die sie wecken, indem sie ihr die tödliche Spindel (den Schlafdorn, den Flachsfaden, die Nadel usw.) vom Finger saugen. In dieser Variante blühen die Rosen folgerichtig erst dann auf, als Dornröschen erwacht ist. Nun regt sich auch das ganze Leben im Schlosse wieder, das heißt, sie bringt auch das Leben zurück.

Hier haben wir eine direkte Weiterführung an die im Raum von Indien bis Europa verbreitete Vorstellung von der winterlich schlafenden Erdgöttin, die im Frühling erwacht, wobei mit ihrem Erwachen alles Leben wiederkehrt. Beispielsweise sei an Kore als Vegetationsgöttin und an Inanna als Herrin der Erde erinnert, während deren Aufenthalt in der Unterwelt die Vegetation stirbt und im Frühling oder am Ende der Dürrezeit wiederkehrt. In der keltischen Mythologie hat Morrigain/Morgane auffallende Ähnlichkeit mit Dornröschen. Denn auch sie schläft in einem paradiesischen Garten oder auf einer Insel voll roter Rosen und Äpfelbäume, wohin niemand auf normalem Weg gelangen kann; einmal schläft sie als Fata Morgana sogar in den Feuern des Ätna (italienisches Motiv). Auch die Walküre Brunhild schläft auf einer Insel im Flammenwall, bis Sigurd/Siegfried sie erweckt. Alle diese Orte sind die Anderswelt, und die Göttinnen, die für einige Zeit dort weilen, nehmen selbst die Züge einer Unterweltgöttin an, wie Kore als Persephone und Inanna als Ereshkigal. So schläft auch Dornröschen in ihrem Rosenschloss in der Anderswelt und nimmt die Züge einer Unterweltgöttin an, einer „Reichtumspenderin im Jenseits", die wir in der ersten Gruppe kennen gelernt haben.

Dornröschen hat damit beide Rollen inne: die der bedrohten Tochter (Erbprinzessin) und die der schenkenden Muttergöttin. In den Gestalten der weißen Feen und der schwarzen Fee, die sie am Anfang des Märchens mit Gaben beschenken, das heißt, sie initiieren bzw. auf die Initiationsreise schicken, erscheint die ihr vorausgehende Göttinnengeneration. In ihrem Töchterlein „Mond", das einmal dieselbe Verwandlung durchgehen wird, erscheint am Ende des Märchens die ihr nachfolgende Göttinnengeneration. Dornröschens Schicksal selbst zeigt den vollendeten Kreislauf von Initiation, Hochzeit, Tod und Wiederkehr, dessen Durchgang die matriarchale Frau alle magischen Fähigkeiten gewinnen lässt, die auch ihre Mütter besaßen. Der Prinz spielt in dieser Konstellation keine wichtige Rolle, er ist der Partner für die Heilige Hochzeit. Im selben Sinn wird das Brüderchen „Sonne" später der Partner des Schwesterchens „Mond" sein. Dass der Prinz die schlafende Göttin „erlösen" könne, ist eine patriarchale Blasphemie – eher erlöst sie ihn aus der drohenden Unfruchtbarkeit der Welt.

2.2 Das zweite Beispiel: „Schneewittchen"

Inhalt: Eine Königin wünscht sich ein Mädchen als Kind, von Aussehen „so weiß wie Schnee, so rot wie Blut, so schwarz wie Ebenholz". Bei der Geburt nennt sie es „Schneewittchen" und stirbt. Damit bekommt das Kind eine Stiefmutter, die schön und stolz ist und Schneewittchen um ihre größere Schönheit beneidet. Sie will die Prinzessin töten lassen, aber diese entkommt in den tiefen Wald, wo sie nach einem langen Weg im Haus von sieben Zwergen gut aufgenommen wird. Die Stiefmutter erfährt durch ihren Zauberspiegel, wo Schneewittchen weilt. Sie wandert verkleidet dreimal zum Zwergenhaus und versucht Schneewittchen zu töten. Erst beim dritten Mal gelingt es ihr: Schneewittchen stürzt mit einem giftigen Apfelbissen im Hals wie tot zu Boden. Die heimkehrenden Zwerge können sie nicht aufwecken, legen sie wegen ihrer Schönheit in einen gläsernen Sarg, den sie auf einen Berg stellen, und betrauern die Prinzessin. Als ein Prinz vorüberkommt, verliebt er sich in sie und will sie im Sarg auf sein Schloss mitnehmen. Unterwegs lässt jemand den Sarg fallen, er zerbricht, und der giftige Apfelbissen fällt aus Schneewittchens Kehle. Sie wacht auf, reitet mit dem Prinzen auf sein Schloss und feiert mit ihm Hochzeit.

In diesem Märchen ist die matriarchalen Symbolik noch deutlicher: Schneewittchen tritt gleich zu Anfang, nach dem Wunsch ihrer gleich ins Jenseits gehenden Mutter, in den drei heiligen Farben auf; dies sind ihre Gaben an die Tochter. Denn sie ist weiß-rot-schwarz wie die Dreifaltige Göttin und hat damit sichtbar Bezug zu allen drei Welten. Darin ist sie vollkommener als jede Königin – kein Wunder also, dass sie alle an Schönheit übertrifft. Auch ist ihr der magische Liebes- und Todesapfel nahe, wie schon Zweiäuglein und Goldmarie. In der indischen Variante wird sie sogar aus einem Apfel geboren. In einer anderen Variante heißt sie nicht „Schneewittchen", sondern „Granatchen" nach dem Granatapfel, der klassischen Frucht, mit der die Göttin ihren Heros zur Liebe oder in den Tod führte. Mit einem weiß-roten Apfel wird sie dann selbst zu Tode gebracht. Bevor sie wieder aufwacht, durchläuft sie eine Verwandlungskette, welche die schönsten Erscheinungen der Vegetation umfasst: eine Sonnenblume, einen Mangobaum, mehrere Früchte (indische Variante). Diese Vegetationsverwandlungen zeigen, welche Schätze sie aus der Jenseitswelt ihres Schlafs mitbringt. Sie ist also die bedrohte Erbprinzessin und die entrückte und wiederkehrende Göttin des Lebens und der Wiedergeburt zugleich.

Um dies auch am Handlungsablauf erkennen zu können, ist wie bei Dornröschen die zweite Sequenz des Märchens erforderlich (in Varianten). Darin erlebt Schneewittchen wie Dornröschen die Liebe des Prinzen schlafend und gebiert zwei Kinder, die den Schlafring absaugen und sie aufwecken (zweiter Aspekt der Göttin). Der Ort, wo sie totengleich schläft, ist nicht weniger mythisch als der Ort von Dornröschens Schlaf. Es heißt, sie schlafe im Glassarg. Das ist jedoch eine Verkleinerung des wahren Orts. Sie schläft nämlich im Glasberg oder im Glasschloss (österreichische Variante). Der Glasberg, den elfische Wesen bewachen, ist ein Jenseitsort der keltischen Mythologie (dritter Aspekt der Göttin). Morrigain/Morgane pflegte ihre andersweltlichen Schlaforte mit einem durchsichtigen, doch undurchdringlichen Luftwall zu umgeben, so dass es wirkte, als ruhe sie hinter Glas. Ein Fremder konnte sie zwar sehen, aber unmöglich zu ihr gelangen, was meist fatal war, da er sich in sie verliebte und in Liebeswahnsinn fiel. Dieser Zustand wurde durch ihre Schönheit ausgelöst, die darin besteht, dass sie die drei Farben weiß-rot-schwarz trägt (Haut, Lippen, Haar). Diese heiligen drei Farben zusammen wirken auf Heroen magisch unwiderstehlich, denn sie sind ein Symbol der Dreifaltigen Göttin. Nicht anders ergeht es dem Prinzen bei Schneewittchens Anblick.

Als elfische Wesen sind Schneewittchen Zwerge beigesellt, die selbst in der Unterwelt leben und die „Schätze" (Fruchtbarkeit) aus dem Schoß der Erde holen. Elfen, Elben oder Alben sind mächtige Wesen, die sehr klein als Zwerge oder sehr groß als Riesen auftreten können. Als Gestalten des matriarchalen Urvolks meistern sie viele Handwerke und Künste. In der keltischen Mythologie treten sie häufig auf, dort sind sie mit Anmut und magischen Fähigkeiten ausgestattet, und als Feenkönige begleiten sie die göttlichen Feen als Wächter und Verteidiger. Niedliche oder lächerliche Gestalt haben sie hier nie, sondern sind den eindringenden patriarchalen Helden furchtbare Gegner (vgl. König Laurin vom Rosengarten). In „Schneewittchen" sind sie zu klagenden Liliputanern geschrumpft, was den Prinzen umso wirkungsvoller in Szene setzt.

Außer der Symbolik der schlafenden und aus dem Jenseits wiederkehrenden Göttin des Lebens ist bei Schneewittchen auch die astrale Himmelssymbolik sehr ausgeprägt (erster Aspekt). Denn die drei Farben Weiß-Rot-Schwarz sind auch die der dreifaltigen Mondgöttin. Die Mondgöttin leuchtet am gläsern durchsichtigen Himmel wunderschön, doch unerreichbar, genauso wie Schneewittchen im Glasberg/Glassarg. In älteren Varianten ruft Schneewittchen geheimnisvolle, sprechende Sterne am Himmel an, um ihr Schicksal zu erfahren, oder die Stiefmutter tut dasselbe, um Schneewittchens Verbleib herauszufinden. Die sprechenden Sterne sind die Prototypen des Zauberspiegels, der in der deutschen Variante vorkommt, und sie bestimmen – wie später der Spiegel – Schneewittchens Schicksal. Noch auf andere Weise wird Schneewittchen stets von Sternen begleitet, denn die Siebenzahl der elfischen Wesen (Zwerge), bei denen sie zu Hause ist, enthält eine Astralsymbolik. Sie weist auf die sieben sichtbaren Himmelskörper unseres Planetensystems hin: Sonne und Mond, zusammen mit den Planeten Merkur, Venus, Mars, Jupiter, Saturn. (Uranus, Neptun und Pluto waren im Altertum nicht sichtbar und daher unbekannt.) Die elfischen Wesen (Zwerge) verkörpern in anmutiger Weise die Kräfte dieser sieben Himmelskörper, die Schneewittchens Weg durch die Anderswelt lenken, bis zu ihrer glücklichen Wiederkehr. Schneewittchen ist von ihnen umgeben wie die Mondgöttin von den Sternen; so erscheint sie selbst als ein später Abglanz der matriarchalen dreifachen Mondgöttin.

2.3 Das dritte Beispiel: „Zwölf Brüder / Sieben Raben / Sechs Schwäne"

Inhalt: Eine schönes Mädchen hat mehrere Brüder, die von einer bösen Stiefmutter („Hexe") in Tiere (Pferde, Bären, Raben, Schwäne usw.) verwandelt worden sind und in der Wildnis leben. Nur die Schwester ist imstande, ihre Brüder zu erlösen, wenn sie Menschenhemden aus Gras, Nesseln (oder anderen schwierigen Materialien) für sie webt. Binnen eines Jahres muss sie damit fertig sein und darf in dieser Zeit weder sprechen noch lachen noch weinen. Sie zieht sich in die Einsamkeit zurück und beginnt mit ihrer Arbeit.

Ein junger König findet sie zufällig bei der Jagd und verliebt sich in sie. Er nimmt sie mit auf sein Schloss, wo sie seine Gattin wird und ein Kind gebiert. Während der ganzen Zeit bleibt sie stumm und fährt in ihrer Arbeit fort. Von der Mutter des Königs (oder der Stiefmutter oder den bösen Stiefschwestern) wird sie deswegen beim König der Hexerei verdächtigt. Der König weist den Verdacht zurück. Da tötet die böse Mutter das Kind der jungen Königin vor deren Augen, diese vergießt aber keine Träne. Die Schuld am Kindsmord fällt auf sie, und der König verurteilt sie zum Tod auf dem Scheiterhaufen. Als dieser schon brennt, ist genau ein Jahr herum, und die Tierbrüder kommen herbei. Die Schwester wirft ihnen die Menschenhemden über, sie werden entzaubert und löschen die Flammen. Nun klärt die Schwester alles auf, der König nimmt sie wieder zu sich und bestraft die böse Mutter.

In allen diesen Märchen, die ich die „Schwester-Brüder-Märchen" nenne, ist die zweite Sequenz, die stets von der Hochzeit bis zur Wiederkehr der Heldin führt, konsequent beibehalten. Sie zeigt zusammen mit der ersten Sequenz genau das Handlungsmuster, welches wir für „Dornröschen" und „Schneewittchen" aus den Varianten erschließen mussten: die bedrohte Tochter, die Erbprinzessin/Königin wird (1. Sequenz) und die nach einem gefahrvollen Durchgang durch den totenähnlichen Zustand zur Lebensschenkerin und Erlöserin aufsteigt (2. Sequenz). Das beantwortet die Frage, wer in Märchen eigentlich wen erlöst. Sie gleicht damit ebenfalls der dreifaltigen Göttin, auch wenn sie von weniger magischen Symbolen umgeben ist als Dornröschen und Schneewittchen.

Dafür sind die menschlichen Beziehungen hier sehr reich. Die Heldinnen in den Schwester-Brüder-Märchen haben nicht nur die doppelte Beziehung, Tochter und Mutter zu sein, sondern sie sind außerdem Schwestern von Brüdern. Das sind sie sogar in erster Linie, denn durch alle Gefahren hindurch fühlen sie sich für ihre Brüder verantwortlich. Sie sind bereit, Reichtum, Krone, Ansehen, die Liebe des Gatten, selbst ihr Kind und ihr eigenes Leben zu opfern, um ihre Brüder zu erlösen. Die Schwester-Bruder-Beziehung zeigt sich hier so innig, dass sie die Gattenbeziehung bei weitem überstrahlt, und sie scheint von einer anderen Dimension zu sein. Sie ist es in der Tat. Denn die Beziehung zwischen Schwestern und Brüdern in diesen Märchen ist matriarchal, die Beziehung zwischen der Heldin und ihrem Gatten, dem König, hingegen patriarchal. Im Matriarchat ist die Beziehung zwischen Schwestern und Brüdern ökonomisch, sozial, spirituell und emotional die wichtigste, sie kommt gleich nach der Beziehung zur Mutter. Denn Schwestern und Brüder sind ein Leben lang zu Hause in ihrem Mutterhaus, wo sie die ökonomischen, sozialen und spirituellen Aufgaben teilen. Der Bruder sorgt mit für die Schwesterkinder, mit denen er sich am nächsten verwandt betrachtet, denn sie tragen – gemäß der Matrilinie – denselben Clannamen wie er. So ist er der natürliche Partner der Schwester. Der Geliebte aus einer anderen Sippe, der kommt und geht und nicht lange bleibt, ist dagegen nur Geliebter, aber kein Partner für die Pflichten des Lebens. Er selbst betrachtet sich nicht als verwandt mit den Kindern seiner Liebesfreundin, denn die Kinder tragen den Clannamen der Frau, nicht den seinigen, und sie bleiben im Clan der Frau. Ihn verbinden mit der Frau nur die Freuden der Liebe – und diese Liebesaffären wechseln häufig in matriarchalen Gesellschaften. Zwischen Schwester und Bruder besteht hingegen eine tief emotionale Verbindung während des ganzen Lebens. Deshalb betrachten matriarchale Gesellschaften Schwester und Bruder als das eigentliche weiblich-männliche Paar, nicht hingegen Gattin und Gatte.[342]

Ist die Schwester sogar eine Erbprinzessin oder Königin, dann steht sie in einer matriarchalen Gesellschaft handelnd im Zentrum. Ihr ist alles durch die Initiation von der Mutter, einer Göttin oder Königin, gegeben worden: die matriarchalen Künste, das kultische Wissen, die Krone und die geheimnisvolle Kraft des Lebensschenkens. Doch sie braucht die Brüder an ihrer Seite als ihre Helfer, damit die Balance im Clan, in der Gesellschaft und im Kosmos gewahrt ist. In den Schwester-Brüder-Märchen sind die Brüder jedoch „verzaubert" und fern von ihr, sie helfen ihr nicht und schützen sie nicht. Stattdessen streunen sie in Tiergestalt jagend in den Wäldern umher. Sie tragen Felle oder Federn, während die Schwester menschliche Kleider trägt, die sie sich selbst anfertigte. Nicht einmal ein Menschenhemd, und wenn es nur aus Gras wäre, haben ihre Brüder!

---

342 Vgl. Heide Göttner-Abendroth: *Das Matriarchat II,* bes. die Kapitel über Japan und Melanesien; ebenso der Beitrag von Taimalie Kiwi Tamasese (Samoa), in: Heide Goettner-Abendroth (Hg.): *Societies of Peace.*

Wir fragen uns, wie dies geschehen konnte, das heißt, was kulturhistorisch dahinter steht. Es sieht so aus, als ob es sich in diesen Märchen bei Schwestern und Brüdern um zwei verschiedene kulturelle Epochen handelt: die ältere der Jäger bei den Männern, die Tierfelle tragen und Tiere imitieren, und die jüngere, agrarische und sesshafte Kultur bei den Frauen, wofür symbolisch die typisch matriarchale Kunst des Spinnens und Webens steht. Offenbar wünschten die Frauen, dass dieser Zustand der Männer endet. Sie begannen also für diese im Rahmen der neuen, jungsteinzeitlich matriarchalen Kultur, die wesentlich von ihnen geschaffen worden war, zu sorgen. Sie verwandelten die Männer aus ihrem wilden in einen zivilisierten Zustand, indem sie ihnen Kleidung gaben und sie zu kultivierten Bewohnern ihrer Häuser machten. Aus der Hand der Frauen erhielten sie eine neue kulturelle Umgebung.

Das wäre das Thema einer Kulturumwandlung und damit ein sehr altes Motiv in diesen Märchen. Doch es könnte sich auch innerhalb der matriarchalen Gesellschaftsordnung abgespielt haben, denn hier kam es häufig vor, dass die Frauen die neuen agrarischen und häuslichen Künste entwickelten und pflegten, während die Männer noch lange die alte Kulturtechnik des Jagens ausübten.[343] In diesem Fall waren Frauen und Männer tatsächlich Schwestern und Brüder in ihren jeweiligen Clans. Doch auch hier schien es den Schwestern besser gefallen zu haben, ihre Brüder in ihren Häusern an ihrer Seite zu haben, denn schließlich waren sie Kinder derselben Mutter und gehörten zueinander wie die Zwillinge „Mond" und „Sonne" (in „Dornröschen"). So begannen sie denselben kulturellen Verwandlungsprozess an ihren Brüdern, holten sie aus der Wildnis und machten sie zu Partnern in ihrer Agrarkultur.

Hinzu kommt, dass die Schwestern diesen Zustand ihrer Brüder als einen des gesellschaftlichen Todes betrachtet haben müssen. Denn die „Hexe" oder „böse Stief-/Schwieger-/Mutter" ist die dämonisierte Todesgöttin und die Wildnis eine Anderswelt; ebenso steht Verzauberung in ein Tier symbolisch für den Tod als menschliches Wesen. In der Anderswelt aber waren die Brüder für die Schwestern verloren und die Balance in Gesellschaft und Kosmos gestört. Aus diesem Todeszustand erlösten die Schwestern notwendigerweise ihre Brüder, indem sie diese wieder vermenschlichten, das heißt, durch eine kulturelle Wiedergeburt als Menschen lebendig machten. Dies ist die Ausgangssituation bei den Schwester-Brüder-Märchen und zugleich ihr kulturhistorischer Hintergrund.

Um die Erlösung der Brüder aus dem gesellschaftlichen Tod zu bewältigen, nehmen die Schwestern in diesen Märchen an der Abgeschiedenheit ihrer Brüder durch Trennung von allen Menschen und freiwillige Einsamkeit teil. Das ist ein totenähnlicher Zustand und bedeutet, dass sie den gesellschaftlichen Tod für eine Zeit mit ihnen teilen. Sie bleiben stumm und ohne menschliche Gefühlsäußerung (Lachen und Weinen) wie ihre Tierbrüder. In diesem Zustand scheinen sie seelisch

---

[343] Vgl. Heide Göttner-Abendroth, Heide: *Das Matriarchat II,2,* bes. das Kapitel über die Irokesen in Nordamerika.

tot zu sein, aber aus ihrem eigenen Durchgang durch die Anderswelt gewinnen sie die Kraft zur Erlösung, die in den gewebten Menschenhemden symbolisiert ist. Auf diese Weise erhalten sie göttliche Züge, denn sie gleichen nicht nur der wiedererweckenden Göttin des Lebens (Vermenschlichung der Brüder und Geburt des Kinds), sondern auch der transformierenden Schicksalsgöttin. Wie bei der Schicksalsgöttin ist es ihre magische Webkunst, mit der sie verwandeln, entzaubern und erlösen. Sie „weben" buchstäblich ihre Brüder neu, so wie die schwangere Frau das Kind.

Es liegt nahe, dass dieses Verhalten der königlichen Gattin wie die gesamte Konstellation dem patriarchalen König verdächtig ist. Deshalb drängt er sich als Gatte in den Vordergrund, denn nach seinem Denken kann nicht sein, was nicht sein darf: dass die eigenen Brüder die legitimen Partner der Erbprinzessin sind – wie es die matriarchale Mythologie so häufig zeigt.[344] Auch wenn er selbst der Geliebte sein durfte, macht er sich als Gatte und Vater des Kinds ganz ungebührlich wichtig – was er in matriarchalen Zusammenhang niemals war. Aber die Königin ist nun nach klassisch patriarchalem Muster abhängig von ihm. Er ist es, der Krone und Reich besitzt und die Frau auf den Thron erhoben hat.

Weil die Schwester jedoch nicht von ihren matriarchalen Regeln lässt, wird sie des Schlimmsten für schuldig befunden: des Kindsmords, um nicht noch Schlimmeres zu sagen: des „Inzests". In den Augen des patriarchalen Königs kommt es auf dasselbe hinaus. Sogleich wird sie dorthin gebracht, wohin „Hexen" gehören, auf den Scheiterhaufen! Brutal geht es hier nur noch um den physischen Tod, die reine Vernichtung, während alle Todeszustände, die wir bisher im matriarchalen Denken kennen lernten, nichts anderes waren als Verwandlungen zu einem höheren Leben. Diese Verwandlungsprozesse zu bewirken und zu lenken, lag im Matriarchat in der Macht der Frau. Darum ist sie es, die den Mann von seinen verschiedenen Toden erlöst, und nicht umgekehrt. Sie erlöst ihn zuerst in Gestalt ihres Bruders.

2.4 Das vierte Beispiel: „Brüderchen und Schwesterchen"

Inhalt: Eine böse Stiefmutter hat das Brüderchen in ein Reh verzaubert, das Schwesterchen trauert deshalb und führt es an einem Goldhalsband mit sich. Ein König trifft die schöne, junge Frau mit dem Reh, nimmt sie mit sich und macht sie zu seiner Gattin. Nach einem Jahr bekommt die junge Königin ein Kind.

Die böse Stiefmutter neidet ihr das Glück. Sie kommt mit ihrer hässlichen Tochter ins Schloss, tötet die junge Königin im Bad und schiebt dem König ihre Tochter als falsche Gattin unter. Aber die tote Königin kehrt dreimal in der Nacht zurück und kümmert sich um ihr kleines Kind und das Reh, bis der König sie entdeckt und anspricht. Da wird sie wieder lebendig und klärt alles auf. Die böse Stiefmutter wird mit dem Tod bestraft, zuvor muss sie aber das Brüderchen entzaubern und ihm die menschliche Gestalt wieder zurückgeben.

---

344 Siehe Kap. I dieses Buchs.

Auch hier haben wir wieder das matriarchale Paar vor uns: Schwester und Bruder. Die Schwester ist eindeutig die ältere und klügere, wie in allen Schwester-Brüder-Märchen (vgl. Artemis und Apoll in der griechischen Mythologie). Darum sollte das Märchen wohl besser „Schwesterchen und Brüderchen" heißen. Sie durchlebt den typischen Werdegang der bedrohten Erbprinzessin, die schließlich Königin wird (1. Sequenz). Danach tritt sie im totenähnlichen Zustand als Mutter auf und erlöst zuletzt den nur passiven Bruder (2. Sequenz). Aber das Märchen ist gegenüber den vorher betrachteten Schwester-Brüder-Märchen – obwohl es zu diesen gehört – entstellt, denn die entscheidenden Motive: Todeszustand und Entzauberung des Bruders, sind getrennt.

Dennoch bewirkt auch hier die Schwester die Wiederkehr ins Leben, ähnlich wie die anderen Schwestern es tun. Sie geht zwar nicht aktiv in den Todeszustand, sondern wird hinein gestoßen (Aufenthalt in der Anderswelt), aber auch dann nährt sie noch ihr Kind und sorgt für ihren Bruder. So kommt es schließlich zur Erlösung des Bruders und zur Wiederkehr der Heldin.

Es ist wichtig, zwei verschiedene Typen bei diesen „bösen Müttern/Schwestern" zu unterscheiden. In der ersten Märchengruppe, die wir analysierten: „Die Reichtumsspenderin im Jenseits", handelt es sich um feindlich gesinnte Frauen, welche die Heldin demütigen, aber nicht töten können. Sie können auch nicht „zaubern", das heißt, Verwandlungen bewirken, und sie haben keinerlei magische Attribute. Darum halte ich sie für Frauen aus der patriarchalen Herrenschicht, welche die Heldin, die aus einer matriarchalen Schicht stammt, als Dienstmagd ausbeuten („Frau Holle", „Aschenputtel", „Einäuglein, Zweiäuglein, Dreiäuglein").

Bei der zweiten Märchengruppe: „Die schenkende Frau im totenähnlichen Zustand", verhält es sich anders. Die „böse Mutter" schickt die Heldin in den Tod und hat die Macht, ihre Brüder zu verzaubern (gesellschaftlicher Tod). Das sind übermenschliche Fähigkeiten, und so wird sie manchmal „Hexe" genannt, was auf eine Dämonisierung hinweist. Dazu kommt, dass sie gelegentlich mit den klassischen Attributen der Schicksalsgöttin auftritt: in „Dornröschen" mit der Schicksalsspindel und dem Spinnrad, in „Schneewittchen" mit dem magischen Spiegel und dem Todesapfel. In ihr finden wir also die dämonisierte Todes- und Schicksalsgöttin wieder, welche die Jenseitsreise oder zumindest den totenähnlichen Zustand der Erbprinzessin auslöst und sie dadurch zu ihrem wahren Schicksal führt: zu ihrer Wiederkehr als Göttin oder göttingleicher Königin. In der ersten Märchengruppe hingegen wurde die Schicksalsgöttin noch nicht dämonisiert. Sie ist hier die gütige Mutter im Jenseits geblieben und hat ihren dreifaltigen Charakter behalten.

2.5 Das fünfte Beispiel: „Jungfrau Maleen" oder „Die Prinzessin in der Erdhöhle"

Inhalt: Jungfrau Maleen hat ihren Vater, den König, durch Ungehorsam erzürnt, denn sie wollte nicht den vorgeschriebenen Mann heiraten. Der Vater lässt sie dafür in eine Erdhöhle einkerkern, wo sie jahrelang schmachtet. In der Erdhöhle wachsen Nesseln, aus deren Fasern Jungfrau Maleen während ihrer langen Gefangenschaft kunstvolle Gewebe anfertigt (Variante).

Unterdessen ist ihr Verlobter im Begriff, ihre Stiefschwester zu heiraten, die sich anstelle Jungfrau Maleens eingeschmeichelt hat. Da sie aber hässlich oder schwanger ist, muss Jungfrau Maleen an ihrer Stelle im Brautschmuck den Kirchgang tun. Auf diesem Weg grüßt sie in Versen ihr verfallenes Vaterhaus, den Bach, der ihr Verlöbnis sah, usw. Als der Bräutigam nach dem Kirchgang die falsche Braut nach den Sprüchen fragt, weiß sie nichts davon. Er entdeckt den Betrug und heiratet zuletzt die richtige Braut.

Die in der zweiten Gruppe „Die schenkende Frau im totenähnlichen Zustand" bekannten Merkmale treten auch in diesem Märchen hervor: Die Prinzessin befindet sich in einem Grabhügel, also im Jenseits, mindestens aber in einem totenähnlichen Zustand. In diesem webt sie seltsame und schwierige Gebilde. Jungfrau Maleen erlebt nach ihrer Verstoßung eine Wiederkehr, die sie durch eigene Initiative zum Besten wendet.

Dennoch ist der innere Zusammenhang dieser Motive in dem Märchen zerstört. Schon bei „Brüderchen und Schwesterchen" befand er sich in Auflösung, denn Schwesterchen begibt sich nicht bewusst in den totenähnlichen Zustand, um Brüderchen zu erlösen. Da es sich nur um einen Badeunfall handelt, besitzt sie am Ende auch keine Zauberkraft zur Erlösung, die sogenannte „Hexe" muss es selbst tun. Bei „Jungfrau Maleen" begreifen wir überhaupt nicht, warum sie sich in der Erdhöhle befindet, denn sie hat niemand zu entzaubern. Dem Märchen fehlt die erste Sequenz, es beginnt sofort mit dem totenähnlichen Zustand. Vielleicht war aber doch jemand zu erlösen, z. B. der Bräutigam, denn Jungfrau Maleen stellt im totenähnlichen Zustand, wie die Schwestern in den Schwester-Brüder-Märchen, erlösende Zaubergewebe her (vgl. die Märchen vom „Tierbräutigam", die diesen Zusammenhang zeigen). Zuletzt tritt die falsche Braut auf den Plan und wird durch Verse besiegt, welche ursprünglich Zaubersprüche gewesen sind. Denn auf dem „Kirchgang" wurde wohl der Tierbräutigam entzaubert. In der vorliegenden Fassung aber fehlen alle Wirkungen des Aufenthalts der Prinzessin im Jenseits. Die Idee des Durchgangs durch Tod und Wiederkehr, um magische Kräfte zu gewinnen und der Göttin zu gleichen, ist verlorengegangen.

Das verwundert nicht, wenn wir die Generation der Eltern der Prinzessin betrachten. Ihre Herkunft wird nicht mehr repräsentiert durch die mächtige, gütige Muttergöttin in der Anderswelt, sondern durch einen patriarchalen Vaterkönig. Mit ihm wird der verlorene Sinn des Märchens durch einen neuen ersetzt. Denn für Jungfrau Maleens Verstoßung ins Grab und ihren extremen Leidensweg gibt es nur noch einen Grund: ihr Ungehorsam gegenüber dem Vater. Wir verstehen nun, weshalb es in der Erdhöhle für sie so trostlos war, denn aus einer solchen „Jenseitsreise" kann sie keine magischen Kräfte gewinnen. War die matriarchale Frau durch den patriarchalen König als Gatten nicht restlos zu besiegen (vgl. die Schwester-Brüder-Märchen), so gelingt dies nun dem patriarchalen König als Vater.

Damit stellt dieses Märchen einen Endpunkt der Entwicklung der Göttinstruktur dar. Es ist von seinem matriarchalen Gehalt entleert und der Form nach verstümmelt. So verlor es seine Kraft als Zaubermärchen und wurde zu einer Romanze; so ging es in manche Roman-Erzählung des europäischen Mittelalters ein. Sicher war seine Konstellation für das christliche Mittelalter reizvoll. Statt Göttin ist die Frau nun Märtyrerin unter dem Regiment eines Patriarchen.

3 Dritte Gruppe: Die „Heilbringermärchen"

Zu dieser Gruppe zähle ich folgende Märchen: „Froschkönig" (KHM 1) sowie alle verwandten Tierverwandlungsmärchen (z. B. „Tierbräutigam"), ferner „Die vier kunstreichen Brüder" (KHM 129) sowie alle verwandten Märchen und „Das tapfere Schneiderlein" (KHM 20).

In dieser Gruppe tritt, im Gegensatz zu den beiden vorher analysierten Gruppen, die Herosstruktur in den Vordergrund. Der Heros ist nun der Partner der Prinzessin, und da er nicht immer ihr Bruder ist, gewinnt jetzt die Gattenbeziehung an Bedeutung. Zwei Stadien können wir deutlich unterscheiden: die Herosstruktur mit aktiver Frau und passivem Mann und die Herosstruktur mit aktivem Mann und passiver Frau. Der erste Märchentyp ist noch matriarchal. Der zweite zeigt Übergänge zu patriarchalisierten Märchen, an ihnen können wir jedoch die Regeln der Transformationen von Märchen erkennen.

3.1 Das erste Beispiel: „Froschkönig"

Inhalt: Eine Prinzessin spielt im Schlossgarten in der Nähe des Brunnens mit ihrem goldenen Ball oder ihrer goldenen Kugel. Die Kugel fällt in den Brunnen. Da taucht ein Frosch mit einem Krönchen aus dem Wasser und verspricht der weinenden Prinzessin, den Ball wiederzuholen, wenn sie ihn mit ins Schloss nähme. Sie verspricht es, läuft aber, sobald sie die Kugel wieder besitzt, davon. Der Frosch folgt ihr, und sie muss ihn auf Geheiß ihres Vaters einlassen, ihn von ihrem goldenen Teller essen lassen und zuletzt mit ins Schlafzimmer nehmen. Als er jedoch auch mit ihr schlafen will, ergreift sie ihn voll Zorn und wirft ihn gegen einen Spiegel. Nach einem Donnerschlag steht ein schöner, junger König vor ihr, den sie soeben entzaubert hat. Die beiden machen nun Hochzeit.

Dieses Märchen ist in der Grimmschen Fassung sowohl am Anfang wie am Ende stark verkürzt und in der Symbolik extrem verniedlicht worden. Kein Wunder: Es handelt sich nämlich um ein ausgesprochen erotisches Märchen.

In voller Länge umfasst es weit mehr Episoden als in der Grimmschen Fassung. So sind es am Beginn drei Schwestern, die zum Brunnen gehen und eine schwierige Aufgabe vollbringen müssen, zum Beispiel ungetrübtes Wasser holen. Nur die jüngste löst sie, denn sie läuft vor dem Ungeheuer, das aus dem Brunnen auftaucht, nicht davon. Sie gibt ihm falsche Versprechen, es macht das Wasser klar, dann geht sie davon und wird Erbprinzessin. Aber das Ungeheuer folgt ihr (und nun kommen die oben erzählten Episoden). Nach der Hochzeit jedoch wird der Prinz entrückt, und die drei Schwestern beginnen eine mühevolle Suche nach ihm. Die jüngste wandert durch den ganzen Kosmos (Sonne, Mond und Wind), um ihn wiederzufinden. Als sie ihn findet, hat er eine falsche Braut (vermutlich eine der Schwestern). Von dieser erkauft die wahre Braut drei Nächte, in welchen der Prinz sie zuletzt wiedererkennt, oder sie steht auf dem Hochzeitswagen des Prinzen und der falschen Braut, und ihr Herz bricht laut vor Schmerz. Auch das führt zum Wiedererkennen und zum guten Ende (Varianten).

Wir sehen hier wieder das klassisches Muster mit der anfänglichen Initiation der Erbprinzessin, dann ihrer Heiligen Hochzeit, auf die sofort der gefahrvolle Zustand folgt. Sie macht tatsächlich eine aktive Reise durchs Jenseits, das hier als der Kosmos vorgestellt wird, und findet auf diesem Weg ihre volle Kraft und das tiefe Wissen zur Entzauberung des verzauberten Mannes. (Diese vollständige Erlösung gehört eigentlich an den Schluss, wie es in vielen Tierbräutigams-Märchen der Fall ist.)

Dem Mann ergeht es wie den Brüdern in den Schwester-Brüder-Märchen: Er wird durch eine alte „Hexe", das heißt, die Göttin der Unterwelt, verzaubert. In den meisten Varianten der Tierverwandlungsmärchen wird er in ein wild umherstreifendes Tier verwandelt (Wolf, Bär), was seine Unbehaustheit und Heimatlosigkeit zum Ausdruck bringt. Besonders hart trifft es ihn, wenn die Göttin ihn zum Ungeheuer macht, zu einem ihrer symbolischen Unterweltstiere, besonders zum Drachen, was seinen totenähnlichen Zustand noch vertieft. So ist auch in diesem Märchen der Prinz in Wahrheit kein niedliches Fröschlein, sondern eine riesige Schlange (slawische, schottische, holsteinische Variante). Er ist die drachenartige Unterweltschlange, vor der die beiden älteren Schwestern erschrocken davonlaufen. Denn auch der Brunnen ist kein idyllischer Platz im Schlossgarten, sondern ein unheimlicher Ort. Schon in „Frau Holle" war dieser Brunnen kein pittoresker Dorfbrunnen, sondern der Eingang in die Unterwelt. Das ist er auch im Märchen vom Froschkönig, und in der schottischen Variante ist es sogar der Brunnen am Ende der Welt. Auch in der germanischen Mythologie gibt es diesen Brunnen am Ende der Welt, er liegt unter dem Weltenbaum Yggdrasil, und an ihm sitzen die drei Nornen und spinnen das Schicksal. Hier wie in den Märchen bedeutet er den Schoß der Erdgöttin, der in der Tiefe liegt; in „Frau Holle" wohnen die Ungeborenen darin. In diesem Weltenbrunnen weilt der Prinz als drachenartiges Ungeheuer

– ferner kann er nicht von den Menschen sein, sein „Tod" ist vollkommen. Aber zugleich wartet er dort auf seine Wiedergeburt.

Mit diesem Symbolhintergrund gewinnt das Märchen eine ganz andere Dramatik. Sie beginnt, als die junge, schöne Prinzessin zu diesem magischen, andersweltlichen Ort kommt. Sie ist seine künftige Erlöserin, noch hat sie aber keine Fähigkeiten dazu. Sie wurde zum Brunnen geschickt, um reines, ungetrübtes Wasser zu holen, klar wie ein Spiegel. Das soll sie ausgerechnet am Brunnen der Schicksalsgöttinnen finden. Es ist nicht schwer zu erfassen, was das bedeutet: Sie soll magisch-kultisches Wissen erwerben (Spiegel-Motiv), das ein Wissen über die schicksalhaften Abläufe von Leben, Tod und Wiedergeburt ist. Am Brunnen aber zeigt sich ihr der riesige, schlangengestaltige Drache, das Symboltier der Unterweltgöttin, die letztlich als auslösende Kraft hinter dem Geschehen steht (vgl. auch die griechischen, kretischen, sumerischen, orientalischen Schlangen- und Schicksalsgöttinnen). Zugleich ist es der verzauberte Prinz, durch den die Prinzessin ein Geheimnis der Göttin erfahren soll. Der Schlangendrache verfolgt sie, doch nicht, um mit der Prinzessin von goldenen Tellerchen zu essen oder zu spielen, sondern er will eindeutig den Liebesakt mit ihr erreichen und dadurch seine Wiedergeburt. Das heißt, der Prinz sucht in der Prinzessin – wie es die Ungeborenen auch in der Holle-Mythologie tun – eine Mutter und damit die Wiederkehr ins Leben.

Wie in den Mythen ist dies nicht nur ein persönliches Geschehen, sondern zugleich ein allgemeines. Es ist höchste Zeit dazu, denn schon ist der Weltenbrunnen fast ausgetrocknet, was das Ende des Lebens auf der Erde bedeuten würde (gälische Variante). Daran wird wieder die Göttingleichheit der Erbprinzessin deutlich, denn sie ist es, durch die sich das gesamte Leben auf der Erde erneuern wird. Durch die Handlung Heilige Hochzeit mit dem Prinzen und seine Erlösung, das heißt: seine Wiedergeburt, wird sie das ganze Land zu neuer Fruchtbarkeit erwecken. In diesem Zusammenhang erscheint sie nicht als ein verwöhntes, zimperliches Mädchen – wie die Grimmsche Fassung sie darstellt – sondern als eine göttingleiche Frau, die von Symbolen der Göttin umgeben ist: Nicht nur, dass sie sich dem Weltenbrunnen ohne Furcht nähert, sondern sie spielt dort obendrein mit einer goldenen Kugel, die in Wahrheit ein goldener Apfel ist, das Symbol für Liebe, Tod und Wiedergeburt, die Sehnsucht jedes Heros. Als sie ihren goldenen Apfel obendrein in den Brunnen fallen lässt, absichtslos oder mit Absicht – wie die griechische Liebesgöttin ihren Apfel dem Heros überreicht – ist es nicht erstaunlich, dass der phallische Prinz dies als eine Aufforderung betrachtet und ihr bis ins Schlafzimmer des Schlosses folgt. (Schlange ist auch ein phallisches Symbol.) Dort will er mit ihr „spielen", sie findet ihn aber „zu nass und zu glitschig". Als ihm dieses Zögern zu lang wird, steigt er in ihr Bett, worauf sie ihn ergreift und gegen den Spiegel wirft. Das Spiegel-Motiv besagt, dass sie plötzlich versteht und das magische Wissen hat; dieser entzaubernde Spiegel korrespondiert perfekt mit dem Wasserspiegel des Schicksalsbrunnens. Die Entzauberung bedeutet für den Prinzen die Liebe und Wiedergeburt ins Leben zugleich, und das gilt für das ganze Land, das nun wieder ergrünt.

Die 2. Sequenz zeigt hier und in vielen Tierbräutigams-Märchen, dass die Erlösung noch nicht vollkommen ist. In den Tierbräutigams-Märchen verwandelt sich der Bräutigam nachts wieder in ein Tier, oder seine Braut darf seine Tierhaut nicht verbrennen usw., ein Gebot, dass sie natürlich überschreitet und das zur Entrückung des Bräutigams führt. Nun beginnt die Braut ihre aktive Jenseitsreise zum Rand der Welt, durch Meere oder den Himmel, bis sie ihn endlich wiederfindet und durch Schwierigkeiten hindurch vollends erlöst. Die 2. Sequenz ist in diesen Märchen eine Verdoppelung und Verstärkung der 1. Sequenz, die zeigt, dass die Frau ihr magisches Wissen und ihre Kenntnis der drei Zonen der Welt weiter vertieft. Indem sie diese durchreist, tritt ihre Göttingleichheit immer deutlicher hervor.

Damit ist der Ablauf des Märchens viel geradliniger als in den Schwester-Brüder-Märchen. Denn es tritt nicht noch ein zusätzlicher Gatte (König) auf. Der verzauberte und erlöste Mann selbst ist der Gatte der Prinzessin. Diese matriarchale Gattenbeziehung zeigt nachträglich noch einmal die Überflüssigkeit jener patriarchalen Könige in den Schwester-Brüder-Märchen, die mit ihren geheimnisvollen Gattinnen nichts besseres anzufangen wissen, als sie der „Hexerei" zu verdächtigen. Der Prinz in „Froschkönig" weiß hingegen, worum es geht: den Weltenbrunnen wieder zum Fließen zu bringen, und damit hat er teil am matriarchalen kultischen Wissen. Die Ähnlichkeit seiner Rolle mit den Brüdern in den Schwester-Brüder-Märchen lässt ebenfalls darauf schließen, dass er ursprünglich der Bruder der Prinzessin war (vgl. „Die sieben Fohlen": Der in den Drachen verwandelte Prinz ist der Bruder der Prinzessin). Im Ablauf des Geschehens zwischen Unterweltgöttin, Prinzessin und Brudergatten ist niemand darüber hinaus nötig. Uns tritt in dieser Konstellation das klassisch matriarchale Beziehungsdreieck von Mutter-Tochter-Bruder entgegen.

Wenn wir dieses Märchen (wie alle Tierverwandlungsmärchen) zuletzt noch von der Perspektive des Mannes betrachten, so sehen wir, dass nicht nur die Erbprinzessin die Stadien von Initiation, Hochzeit, Jenseitsreise und Wiederkehr durchläuft und dadurch an den Kräften der Göttin teilhat, sondern auch ihr Partner, der Heros. Die Verzauberung eines Mannes in ein Tier durch die Unterweltgöttin ist sein Todeszustand, seine Entzauberung durch eine schöne Prinzessin ist dagegen seine Wiedergeburt durch die Göttin der Liebe und des Lebens. Mit ihr feiert er die Heilige Hochzeit, sobald sie die Gestalt und Symbole der Liebesgöttin annimmt. Damit enthält es auch die Heros-Struktur. (Die Reihenfolge ist dabei unerheblich, da zyklisch gedacht wird. Darüber hinaus zeigt die 2. Sequenz die Entrückung des Prinzen als einen totenähnlichen Zustand auch nach der Hochzeit.)

Ganz klar tritt hier zutage, von wem die Erlösung kommt: Es ist die Frau in Gestalt der Göttin oder Erbprinzessin, welche den Mann aus seinem „Tod" erlöst, indem sie ihn zum Leben wiedergebiert. Er wird ihrer würdig durch seine Liebe. Sie aber benötigt keine Erlösung durch ihn, denn sie ruht in der Geborgenheit der Göttin, ihrer Mutter, selbst wenn diese als Schicksalsgöttin auftritt. Durch die Handlungen, welche die Schicksalsgöttin herausfordert, beginnt sie der Göttin mehr und mehr zu gleichen. Die grundlegende Idee unserer Märchen ist daher: So wie die Frau in der magischen Verbindung mit der Göttin göttinähnlich wird, so kann der Mann in der erotischen Verbindung mit der Frau wieder menschenähnlich werden.

3.2   Das zweite Beispiel: „Die vier kunstreichen Brüder"

Inhalt: Vier (häufiger drei) Brüder bewerben sich alle zugleich um die Hand einer Prinzessin mit Schätzen. Da sie nur einen heiraten will, erlegt sie ihnen Proben auf: Sie sollen Zauberdinge herbeischaffen, denjenigen mit dem wunderbarsten Gegenstand will sie zum Mann nehmen. Die Brüder reisen in ferne Länder und erwerben dort einen fliegenden Teppich, einen Spiegel (oder ein Fernrohr), in welchem zu sehen ist, was immer man wünscht, und einen Apfel, der von Krankheit heilt und zum Leben erweckt. In der Ferne sehen sie im Spiegel, dass die Prinzessin schlafend auf ihrem Bett liegt und todkrank ist. Auf dem fliegenden Teppich reisen sie zu ihr, und mit dem Zauberapfel heilen sie die Sterbende. Der Wettkampf ist damit unentschieden, denn alle Zauberdinge waren notwendig, um die Prinzessin zu retten.

Ein zweiter Wettstreit folgt, der meist im Kampf mit einem Drachen besteht. Der jüngste Bruder, derjenige, der auch den Apfel herbeibrachte, besiegt den Drachen, doch er ist vom Kampf verwundet. Ein falscher Held nutzt die Ohnmacht des Siegers, um dem toten Drachen den Kopf abzuschlagen und sich als Sieger bei der Prinzessin auszugeben. Sie muss ihn nun wegen ihres Versprechens heiraten. Aber am Tag der Hochzeit tritt der wahre Held auf und zeigt als Beweis seiner Tat die Drachenzunge vor. Die Prinzessin erkennt ihn, rehabilitiert ihn und feiert mit ihm Hochzeit.

Dieses Märchen hat unter verschiedenen Titeln zahlreiche internationale Varianten, die bis nach Persien reichen. Aber immer treten die drei Stadien der Herosstruktur: Initiation, Heilige Hochzeit, Tod und Wiederkehr, mit derselben Klarheit hervor.

Die Art der Initiation ist allerdings eine andere als im „Froschkönig". Dort war es eine sehr archaische, die lediglich in der Überreichung des goldenen Apfels bestand, der Mann erlebte fast alles passiv. Hier ist es die Initiation durch Geschicklichkeitstests, welche die Brüder aktiver sein lässt. Mit Hilfe ihrer Kunstfertigkeiten vollbringen sie Heiratsaufgaben, um eine Erbprinzessin mit „Schätzen" zu erwerben. Die „Schätze" bedeuten die göttlichen Kräfte der Erde und des Lebensschenkens, das heißt, in gewissem Sinn verkörpert die Prinzessin noch immer das Land. Ursprünglich sind diese Brüder keine Fremden, sondern die eigenen Brüder der Prinzessin, die untereinander wetteifern, wer ihr Brudergatte und damit der sakrale König sein darf. Dies war bei vielen matriarchalen Völkern der Brauch. In Analogie zur Ultimogenitur der Töchter ist auch unter den Brüdern stets der jüngste, der zugleich schön und demütig ist, der Sieger.

Die Heiratsaufgaben stellt die Prinzessin selbst. Nur in patriarchalisierten Varianten tut dies der Vaterkönig. Sie denkt sich natürlich möglichst unrealisierbare Aufgaben aus. So ist zum Beispiel der Erwerb von Zaubertüchern/Zaubermänteln/Zauberteppichen für einen Mann außerordentlich schwierig, denn schließlich war nicht er, sondern die matriarchale Schicksalsgöttin als überirdische Weberin im Besitz dieser Dinge. Entsprechend mysteriös gestaltet sich der Weg zu diesen Gütern. Noch schwieriger ist der Erwerb des Zauberspiegels/Fernrohrs, denn es ist Symbol für geheimes, kultisches Wissen der Frauen, das die Göttin-Priesterinnen aufs strengste hüteten. Ein Mann, der dies erwerben wollte, musste in einen Weisheitswettstreit mit den Priesterinnen (Seherinnen, Wahrsagerinnen) treten, wobei er mit großer Wahrscheinlichkeit verlor und mit dem Leben bezahlte. Der schwierigste Geschicklichkeitstest aber ist der Erwerb des goldenen Zauberapfels (Zauberkrauts), der Leben zurückgeben kann und den es nur in der paradiesischen Anderswelt gibt. Diesen hatte ursprünglich die Erbprinzessin – wie die Göttin – selbst in Besitz und überreichte ihn nur demjenigen, den sie als Gatten erwählt hatte. So schloss sie jeden Zufall bei der Gattenwahl aus und übergab nach eigener Entscheidung diesen Apfel der Liebe, des Todes und der Wiedergeburt an ihren erwählten Heros (vgl. „Froschkönig"). Deshalb klagen die Bewerber in den Märchen oft über die „hochmütigen" Prinzessinnen mit ihren unmöglichen und ungerechten Heiratsaufgaben. Unmöglich schien ihnen wohl, etwas selbst erwerben zu sollen, das sie nur aus ihrer Hand empfangen konnten, und ungerecht, dass sie einen Wettbewerb austragen sollten, den sie nach ihrer Willkür entschied. Dennoch waren diese Aufgabenstellungen durchaus geeignet, ihren Scharfsinn und Einfallsreichtum zu fördern und sie zu heroischen Taten anzuspornen. Dies ließ sie aktiver werden, als sie zuvor waren.

In späteren Stadien dieses Märchentyps verselbstständigt sich die Aktivität der Brüder, das Abenteuer um des Abenteuers willen kommt auf den Plan. Nun treten diese Helden immer mehr in den Mittelpunkt, während die Prinzessinnen die passive Rolle zugeschoben bekommen. Das bietet sich umso leichter an, weil die Prinzessinnen so häufig in die magischen, totenähnlichen Schlafzustände sinken, deren Bedeutung von den Helden nicht verstanden wird – denn auch das war geheimes Kultwissen. So sehen sie sich genötigt, angesichts der schlafenden Prinzessin den goldenen Apfel irgendwo in der Ferne zu suchen, um sie damit endlich aus ihrer lang anhaltenden Ruhe zu wecken. Auf diese Weise kamen die Dinge, die nur zur Göttin gehören: magische Gewebe, Zauberspiegel und sogar der Apfel der Wiedergeburt, in die Hände des Mannes, und er wurde zum „Erlöser" der Frau. Das stellt eine klare, patriarchale Umkehrung der ursprünglichen Verhältnisse dar.

In Varianten dieses verbreiteten Märchens kommt als weitere Spielart von Heiratsaufgaben auch der Kampf vor. Gegenüber der ältesten Form der Erwählung: dem passiven Empfangen eines Geschenks der Huld, und der zweiten Form der Erwählung: den Geschicklichkeits-, Wissens- und Mut-Tests, ist dies die jüngste Form. Der Kampf als Heiratsaufgabe wurde ursprünglich immer gegen die mythischen Tiere der Göttin ausgetragen, besonders gegen das furchtbarste der drei, das Todessymbol, den schlangenartigen Drachen oder die drachenartige Schlange, welche den Helden zu verschlingen droht. Es ist ein Kampf gegen die Todesgöttin selbst in ihrer Tiergestalt, daran ist die extreme Schwierigkeit dieser Heiratsaufgabe zu ermessen. Normalerweise gerät der Mann dann beim Drachenkampf in den totenähnlichen Zustand (Verwundung, Bewusstlosigkeit), in den ihn die Todesgöttin schickt, so dass sich der falsche Held eindrängen und die Indizien an sich reißen kann. Nach seiner Jenseitsfahrt im totenähnlichen Zustand erscheint die Göttin dem Helden dann huldvoll als die wunderschöne Prinzessin, die ihn wiedergebiert (heilt, erweckt). Dies ist der Drachenkampf in einer matriarchalen Konstellation und Wertung. Im patriarchalen Denken erhält er eine andere Bedeutung: Nun tötet der Held den Drachen, in der Regel ohne tieferen Grund außer dem, sich zu beweisen, und wiederholt damit den Mord an der uralten Göttin (vgl. Marduk und Tiamat). Im Drachen besiegt er das Weibliche überhaupt, und das ist eine große, patriarchale Tat. Denn nun wird das Weibliche unterschiedslos gleichgesetzt mit dem Lüsternen, Bösen, Finsteren, Chaotischen, Bedrohlichen, Todbringenden. An solchen Simplifikationen erkennen wir den Abstieg an kulturellem Niveau.

Gemäß der Herosstruktur folgt auf die Initiation durch den Drachenkampf die Heilige Hochzeit. Das geschieht immer dann, wenn sich kein falscher Held vorgedrängt hat. Tritt dieser aber dazwischen, so leitet seine Lüge die 2. Sequenz dieser Märchen ein. In ihr wird der Held – genauso wie in den vorigen Märchen die Heldin – in einen totenähnlichen, selbstentfremdeten Zustand versetzt. Allerdings ist es beim Mann nicht der entrückte, göttingleiche Zustand, denn er kann der Göttin nicht gleichen. Stattdessen wird er von dem entfremdet, was ihm das Kostbarste ist: sein Name, seine Tat, sein Ruhm. Seine Heldentat wird verschwiegen und einem anderen zugesprochen, er selbst bleibt unerkannt und wird herabgewürdigt. Für ihn als Heros bedeutet dies vor der Öffentlichkeit seines Volks einen totenähnlichen Zustand, denn er existiert für die Menschen nicht mehr. Die Ursache war wieder die Unterweltgöttin in Gestalt des Drachen (oder anderen Gestalten), die ihn in diese subtile Verzauberung brachte. Nun muss er fortgehen in fremde Länder und ist abermals ausgestoßen, heimatlos, wild. Seine vollendete Verwandlung ins Urbild des männlichen Menschen, den Heros, ist noch nicht gelungen.

Wieder ist es die Prinzessin, die ihn aus dieser Verbannung erlöst. Mit Hilfe eines Indizes oder besser: durch ihre untrügliche, intuitive Urteilskraft entlarvt sie den falschen Helden und erkennt den Heros, setzt ihn wieder in seine Rechte ein. Sie besorgt seine umso strahlendere Wiederkehr, und nun schließt das Ganze mit der verzögerten Heiligen Hochzeit. Die Prinzessin heiratet damit denjenigen ihrer Brüder, der in vieler Hinsicht auserwählt ist: durch die Ultimogenitur, den Sieg im „Wettbewerb", den Drachenkampf und ihre persönliche Neigung. Da alles zusammentrifft, gilt diese Beziehung als vollkommen.

3.3 Das dritte Beispiel: „Das tapfere Schneiderlein"

Inhalt: Ein Schneider tötet mit dem Schlag seiner Elle sieben Fliegen, die auf seinem Musbrot saßen. Darauf näht er sich einen Gürtel mit der Aufschrift „Sieben auf einen Streich" und zieht als Held durch das Land.

In einem Wald trifft er einen Riesen, der bezweifelt, dass der Schneider so stark ist. Der Schneider täuscht aber den Riesen beim Wettstreit mit einem weichen Käse statt eines zerdrückten Steins und einem Vogel statt eines geworfenen Steins. Als es um das Ausreißen eines Baums geht, düpiert der Schneider den Riesen zum dritten Mal, worauf dieser sich kleinlaut zurückzieht.

In einer Stadt angekommen wird der Schneider als Held vor den König geführt, der ihm seine Tochter verspricht, wenn der Schneider das Land von drei Ungeheuern befreit, die es verwüsten. Der Schneider verspricht es und fängt durch List zuerst ein Einhorn, danach einen wilden Eber, zuletzt bringt er zwei Riesen dazu, sich gegenseitig zu erschlagen. Nun darf er die Prinzessin heiraten. Sie entdeckt aber nach der Hochzeit, dass er nur ein Schneider ist. Durch eine List täuscht er auch sie, so dass die Sache für ihn gut ausgeht.

Schon der Titel klingt wie eine Parodie auf die heroischen kunstreichen Brüder, und das ganze Märchen ist tatsächlich eine Parodie auf die matriarchale Herosstruktur. Die Göttinstruktur ist hier längst verschwunden. Als Parodie wird es uns den Patriarchalisierungsprozess von Märchen sehr klar vor Augen führen.

Ehe er zum tapferen Schneiderlein verkam, gab es für den Heros noch manche Zwischenstufen. Wir sahen schon, dass er als Heiratsaufgabe Zaubertücher zu erwerben hatte, Schicksalsgewebe, über deren Kunst der Herstellung er keineswegs verfügt. In späteren Entwicklungsformen hat es der Heros leichter, denn nun erwirbt er nicht diese Gegenstände auf schwierigen Wegen von Frauen, sondern stellt sie gleich selbst her. Er ist nun „kunstreich" im wahren Sinn des Worts; statt der webenden Schicksalsgöttin tritt er selbst als Weber auf und lenkt sein eigenes Schicksal. So gibt es ein Märchen, in welchem die Fähigkeit des Prinzen, weben zu können, ihn aus Not und Gefahr rettet und als den wahren Helden der Prinzessin zu erkennen gibt. Denn er hat ihr aus dem Kerker im Gewebe eine Botschaft gesandt („Anait").

Eine andere Zwischenstufe ist, dass statt der weiblichen Gaben wie Weben (Zaubertuch), Wissen (Zauberspiegel), Liebe und Leben Schenken (Zauberapfel) die männlichen Künste in den Vordergrund treten. Diese sind ausnahmslos Kriegskünste. Nachdem der Anfang mit den Initiationskämpfen gesetzt ist, widmen sich die Helden immer mehr den Kämpfen gegen Tiere und menschliche Gegner, zuletzt sogar in regelrechten Schlachten.

Parallel mit diesen sich verändernden Charakteristika des Helden geht eine konsequente Abwertung der Prinzessin einher. Da der Held die meisten ihrer Aktivitäten selbst übernimmt, wird sie allmählich zur passiven schönen Erscheinung im Hintergrund. Falls sie doch etwas tut, taugt es nicht viel: Die Forderungen der

Prinzessin gelten als übermütig oder stolz. Kann sie noch zaubern, so gilt sie als gefährlich, böse und falsch, und durch einen Reinigungsakt wird ihr die Bosheit ausgetrieben. So geschieht es zum Beispiel im Märchen vom „Brautwerber", wo der Helfer des Helden den Drachen der Prinzessin tötet, mit dem die Prinzessin nachts „buhlt", oder ihr gar selbst den Kopf abschlägt. Sie gilt dann als zwielichtige „Schlangenprinzessin" oder „Giftmädchen", das nur durch die lautere Bundesgenossenschaft von zwei Männern besiegt werden kann. Beim Übergang vom Märchen zum Schwank bleibt dann kein guter Faden mehr an den weiblichen Gestalten. Ist eine Frau klug, so ist es „Weiberlist"; hat sie Geduld und Großmut, so ist es „Weibergeduld"; begehrt sie stattdessen auf und wehrt sich, so ist es „Weiberrache". Am ausgeprägtesten tritt uns diese Einstellung in den orientalischen (arabischen) Schwankmärchen entgegen, die keine Märchen mehr sind.

Doch kehren wir zum „Tapferen Schneiderlein" zurück, das ebenfalls einen Endpunkt der angedeuteten Entwicklung darstellt, denn in ihm ist alles ins Lächerliche verzerrt. Der Heros, zuletzt immerhin noch ein webender Prinz, ist nun zum kleinen, mickrigen Anti-Helden geworden, zum Schneider. Dieser fügt mit seinem Faden nicht mehr sein Schicksal, sondern die Röcke und Hosen der Bürger. Er siegt auch keineswegs durch Mut, sondern durch Angabe und Hinterlist.

Kämpfe muss unser Schneider in großer Zahl bestehen, und zwar jede Art von Initiationskämpfen: Zuerst gewinnt er eine Schlacht – er tötet sieben Fliegen auf einen Streich. Nach dieser Tat erklärt er sich selbst zum Helden und zieht in die Welt. Nun will er eine Prinzessin mit Schätzen erwerben und führt jede Art von Wettkämpfen gemäß der Herosstruktur aus: Er beginnt mit einem dreifachen Geschicklichkeitstest, der zugleich ein Schlauheitstest ist, weil der Schneider den Riesen überlistet (Käse, Vogel, Baum). Danach wird er als Held vor den König, den Vater der Prinzessin, geführt. Aber wie in den „Kunstreichen Brüdern" hat der Geschicklichkeits-Wettbewerb noch keine Entscheidung gebracht (1. Sequenz), damit folgt eine neue Serie von Kämpfen (2. Sequenz): Der Schneider soll das Reich von Ungeheuern befreien, die das Land verwüsten. Diese „Ungeheuer" sind nichts anderes als die drei mythischen Tiere der Göttin, ihre Kalendersymbole, die hier nicht mehr das Land fruchtbar machen, sondern es „verwüsten". Damit ist die patriarchale Einschätzung der dreifaltigen Göttin ausdrücklich gegeben.

Die mythischen Kämpfe richten sich gegen das Einhorn, den Eber, die Riesen. Das Einhorn ist ein Symbol der Göttin als Jungfrau, womit nicht das keusche Mädchen, sondern die starke, junge, unabhängige Frau, die Amazone, gemeint ist. Denn das Einhorn gilt in der Sage als so stark, dass kein Mensch es besiegen kann außer der Jungfrau (Amazone), der es freiwillig folgt. Allein sie hatte genug Kraft, es zu zähmen. Später wird das Symbol des Einhorns und der „Jungfrau" auf Jesus und Maria übertragen, doch auch diese ist, wie wir wissen, ein Nachglanz der Göttin mit ihrem Sohn. Als Doppelsymbol der Göttin mit ihrem Sohn steht das Einhorn damit auch für die heilige Vereinigung zwischen Göttin und Heros (Horn bedeutet Phallus), für die ewige Wiedergeburt des Heros und damit für das Prinzip des Lebens. Bei unserem Schneider wird dagegen mit diesem bedeutungsvollen, tiefsinnigen Symbol recht salopp verfahren. Das Einhorn bohrt sein Horn (Phallus) in einen Baum und sitzt dort auf die albernste Weise gefangen.

Der Eber, das zweite Tier, gegen das er kämpft, ist als Symbol mit der Göttin als nährender Frau verbunden, ihrem zweiten Aspekt. Wir kennen aus der germanischen Mythologie Freyr, den Fruchtbarkeitsgott und Brudergatten der Liebesgöttin Freyja, der in Gestalt des Ebers mit den goldenen Borsten immer wieder getötet und gegessen wird und sogleich aus dem Kessel wieder herausspringt – ein Symbol des unerschöpflichen Überflusses, den die Göttin des Lebens aus ihrem Schoß schenkt. Mit diesem weitreichenden Symbol macht unser Schneider ebenfalls kurzen Prozess: Er sperrt den heidnischen Eber in einer Kirche ein, was diesem endgültig das Leben kostet.

Statt des Drachenkampfs steht ein Kampf mit zwei Riesen an. Riesen sind in der matriarchalen Mythologie Alben, mächtige Feenkönige von schönem Äußeren und magischen Fähigkeiten. Sie sind wegen ihrer Verbindung mit den Feen und wegen ihrer Klugheit stärker als alle Helden; die Kämpfe gegen sie sind – ganz gleich ob sie Riesen- oder Zwergengestalt annehmen – stets schrecklich. Da diese Helden aber meist einen patriarchalen Einschlag haben, werden die Alben (Riesen/Zwerge) allmählich lächerlich gemacht. Zuerst sind sie im Kampf stets die Verlierer, dann werden sie in Zwergengestalt zu niedlichen Gartenzwergen, in Riesengestalt zu dummen, hässlichen Tölpeln umstilisiert. So begegnen uns die Riesen im „Tapferen Schneiderlein". Als Wächter der Feen übernahmen sie häufig die Rolle des Drachen, der die Fee beschützt; darum erscheinen in den Sagen wie in unserem Märchen oft Riesenkämpfe anstelle von Drachenkämpfen (siehe die Göttin im dritten Aspekt.)

Der Kampf des Schneiders mit den Riesen, die gleich zu zweit auftreten, ist nun, statt besonders schrecklich zu sein, besonders lächerlich. Denn die Riesen erschlagen sich gegenseitig selbst. Dies ist im „Tapferen Schneiderlein" einerseits ein Zeichen für ihre unermessliche Stärke, andererseits ein Zeichen für ihre unermessliche Dummheit. Der Gegensatz zu den heroischen Drachenkämpfen des vorigen Märchens („Kunstreiche Brüder" und Varianten) könnte nicht größer sein.

Bei diesen Kalendersymbolen der Göttin ist auffallend, dass sie alle männlich sind. Denn sie stehen insbesondere für die Partner der Göttin, welche den Schneider hindern wollen, zu ihr – in Gestalt der Erbprinzessin – zu gelangen. Nachdem er die Prinzessin jedoch von allen männlichen Begleitern „befreit" hat (Einhorn als ihr Sohn, Eber als ihr Heros, Riesen als ihre Wächter), steht ihm nichts mehr im Weg. Er begegnet ihr, und sie stellt sich als verwöhntes Püppchen heraus, die den Helden gar nicht haben will. Das ist die Parodie auf die Heilige Hochzeit in der Herosstruktur. Wie weit die Rolle der Prinzessin degeneriert ist, sehen wir daran, dass ihr Wille jedoch nicht maßgebend ist. Der Handel geht nur noch zwischen ihrem Vater, dem König, und ihrem künftigen Gatten, dem Schneider, der im Gegensatz zu den matriarchalen Brüdergatten buchstäblich ein Fremder ist. Wie sehr die Prinzessin ihn auch ablehnt, es hilft ihr nichts, denn sie ist zum passiven Pfand für ein Versprechen ihres Vaters geworden.

Das Tod-Wiederkehr-Motiv als Nichterkennen und Wiedererkennen des Heros durch die Prinzessin am Schluss sieht dann folgendermaßen aus: Die Prinzessin, des Nachts vom lauten Träumen des Schneiders über seine handwerklichen Utensilien geweckt, bezweifelt dessen Ebenbürtigkeit. Dies ist eine Parodie auf die Herabwürdigung des Heros, denn die Prinzessin verkennt den Schneider ja nicht, sondern sie erkennt ihn richtig, nämlich als den falschen Helden, den sie gar nicht herabwürdigen kann. Er ist der falsche Held, denn er ist kein Prinz, und er erschlich sich die Hochzeit mit ihr durch List und Betrug. Doch statt ihn entlarven zu können, wird die Prinzessin zum zweiten Mal von ihm düpiert. Er droht, indem er wieder mit seiner Stärke angibt. Danach bezweifelt niemand mehr seinen Rang, weil ihn niemand zu bezweifeln wagt. Denn im Patriarchat ist es offenbar so, dass der falsche Held, der Betrüger, die Krone der Zivilisation darstellt. Er siegt nicht nur und kann seinen Sieg durch Zwang aufrechterhalten, sondern er darf obendrein nach Herzenslust den wahren Helden, den matriarchalen Heros, den er verdrängte, mit Spott und Hohn übergießen. So nimmt unser Märchen, das eher ein Schwank als ein Märchen ist, kein gutes, sondern ein böses Ende.

Transformationen der Zaubermärchen

Hier werden wir die Strukturen der Märchen, die wir herausgefunden haben, in ihrer Abfolge darstellen. Typische Transformationen dieser Strukturen (Transformationsregeln) werden Aufschluss über typische Wandlungen der Gesellschaftsstruktur geben, die durch sie hindurchscheint. Wir sehen an diesen Transformationsregeln, weshalb die Zaubermärchen für die Matriarchatsforschung ein so kostbares Material sind. Die aufeinander folgenden Phasen der Entwicklung der matriarchalen Gesellschaftsform sind an ihnen zu erkennen (s. Tabelle).

Die erste Struktur korrespondiert mit der Phase eines archaischen Matriarchats: Im Vordergrund steht die Mutter-Tochter-Beziehung, die mythologisch als Göttin-Prinzessin-Beziehung dargestellt wird. Als Erbbeziehung bedeutet sie nicht nur die Vererbung von „Schätzen": das Land und andere Güter, sondern insbesondere von spirituellem Wissen und magischen Fähigkeiten. Bei der Göttin dominieren die Züge der umfassenden Göttin des Lebens und der Wiedergeburt, ihr Wohnort ist die Unterwelt oder der Himmel als Jenseitswelt. Die Erbprinzessin (Tochter) macht als Initiation Phasen der Entrückung durch, welche sie der Göttin angleichen und mit ihr identifizieren. Auf diese Weise gewinnt sie die Fähigkeiten der Göttin. In dieser Phase spielen männliche Partner überhaupt keine Rolle, nicht einmal als Urheber von Schwangerschaft. Denn Schwangerschaft wird als Folge des Essens einer Frucht oder des Anblicks eines magischen Zeichens betrachtet (vgl. „Schneewittchen", dessen Mutter die magischen drei Blutstropfen im Schnee

Transformationen	1. Gruppe: „Die Reichtumsspenderin im Jenseits" (KHM 24, 15, 21, 130)	2. Gruppe: „Die schenkende Frau im totenähnlichen Zustand" (KHM 50, 53, 9, 25, 49, 11, 198)	3. Gruppe: Die „Heilbringermärchen" (KHM 1, 129, 20)
1. Struktur:	**Die Göttin und ihre Erbin (Mutter-Tochter-Beziehung)**		
Matriarchale Phase (archaisch)	Namen und Symbole der Dreifaltrgen Göttin: „Frau Holle", „Rotes Mütterlein". Direkte Mutter-Tochter-Erbbeziehung: Frau Holle–Goldmarie, Rotes Mütterlein–Gretel, tote Mutter–Aschenputtel, Kuhmutter–Zweiäuglein. Unterweltfahrt als Initiation der Tochter bes. bei Goldmarie und Gretel. Prinzip der Ultimogenitur: jüngste Schwester in „Frau Holle", „Hänsel und Gretel" (Variante), „Aschenputtel", „Einäuglein, Zweiäuglein, Dreiäuglein".	Symbole der Dreifaltigen Göttin: Dornröschen, Schneewittchen, angedeutet bei den Schwestern (Schwester-Brüder-Märchen). Direkte Mutter-Tochter-Erbbeziehung: Feen–Dornröschen, tote Mutter–Schneewittchen. Unterweltfahrt (totenähnlicher Zustand) als Initiation der Tochter: Dornröschen, Schneewittchen, alle Schwestern, Jungfrau Maleen. Prinzip der Ultimogenitur: vgl. böse „Stiefmütter" und „falsche Bräute".	Symbole der Dreifaltigen Göttin: Prinzessin im „Froschkönig". Unterweltfahrt (totenähnlicher Zustand) als Initiation der Tochter: Prinzessin in „Froschkönig", bedrohte/sterbende Prinzessin in „Vier kunstreiche Brüder". Prinzip der Ultimogenitur: drei Schwestern im „Froschkönig" (Variante).
2. Struktur:	**Die Prinzessin und ihre Brüder (Schwester-Bruder-Beziehung)**		
Matriarchale Phase (Ergänzung der Verwandtschaftsbeziehung)	(keine, da Hänsel eine spätere Figur)	Erlösung der Brüder durch die Schwestern: „Zwölf Brüder/Sieben Raben/Sechs Schwäne", „Brüderchen und Schwesterchen" etc. Prinzip der Ultimogenitur bei der Erwählung des Brudergatten: (hier nur angedeutet) der jüngste Bruder spielt bei der Verzauberung oft eine besondere Rolle.	Prinzessin in „Vier kunstreiche Brüder"(mögliche Schwester-Bruder-Beziehung). Prinzip der Ultimogenitur bei der Erwählung des Brudergatten: Der jüngste siegt beim Wettbewerb und beim Drachenkampf in: „Vier kunstreiche Brüder".

Trans-formationen	1. Gruppe: „Die Reichtumsspenderin im Jenseits" (KHM 24, 15, 21, 130)	2. Gruppe: „Die schenkende Frau im totenähnlichen Zustand" (KHM 50, 53, 9, 25, 49, 11, 198)	3. Gruppe: Die „Heilbringermärchen" (KHM 1, 129, 20)
3. Struktur:	Die Prinzessin und ihr Prinz (Göttin-Heros-Beziehung)		
Späte matriarchale Phase	Göttin-Heros-Beziehung: angedeutet in der Figur des Prinzen bei „Aschenputtel" und „Zweiäuglein".	Göttin-Heros-Beziehung: angedeutet in der Figur des Prinzen bei „Dornröschen", „Schneewittchen", „Jungfrau Maleen", ebenso beim Brudergatten in allen Schwester-Brüder-Märchen.	Göttin-Heros-Beziehung: Prinz im „Froschkönig", ebenso beim Brudergatten in „Vier kunstreiche Brüder".
4. Struktur:	Dämonisierung der Göttin		
Patriarchalisierungsprozesse:			
a) Dämonisierung der Göttin	Göttin als Hexe: „Hänsel und Gretel". Göttin als gute Mutter verschwindet im Hintergrund: angeblich tote Mutter von „Aschenputtel", „Zweiäuglein".	Göttin als böse Fee /böse Mutter/Hexe: „Dornröschen", „Schneewittchen", alle Schwester-Brüder-Märchen und „Jungfrau Maleen". Göttin als gute Mutter verschwindet im Hintergrund: angeblich tote Mutter von „Schneewittchen", „Jungfrau Maleen".	Göttin als Hexe: „Froschkönig". Gefährliche Prinzessin: „Vier kunstreiche Brüder" und verwandte Märchen.

Trans-formationen	1. Gruppe: „Die Reichtumsspenderin im Jenseits" (KHM 24, 15, 21, 130)	2. Gruppe: „Die schenkende Frau im totenähnlichen Zustand" (KHM 50, 53, 9, 25, 49, 11, 198)	3. Gruppe: Die „Heilbringermärchen" (KHM 1, 129, 20)
4. Struktur:	**Dämonisierung der Göttin (Fortsetzung)**		
b) Vermännlichung einzelner Figuren	Knabe statt Schwestern: „Hänsel und Gretel". Familienvater statt Familienmutter: „Frau Holle", „Aschenputtel", „Einäuglein". Parallelmärchen mit männlichen Helden: z. B. „Eisenhans", „Grindkopf" statt „Aschenputtel".	Vaterkönig statt Königinmutter: „Schneewittchen", „Jungfrau Maleen".	Vaterkönig statt Königinmutter: „Froschkönig", „Vier kunstreiche Brüder", „Das tapfere Schneiderlein". Übernahme von weiblichen Künsten durch den Mann: „Vier kunstreiche Brüder" („Anaïr") etc. Männliche statt weiblicher Künste, wie Kampf und Schlacht: „Vier kunstreiche Brüder", „Das tapfere Schneiderlein".
c) patriarchale statt matriarchale Gattenbeziehung	(keine)	Königsgatten in allen Schwester-Brüder-Märchen.	Prinz gilt nicht mehr als Brudergatte: „Froschkönig", „Vier kunstreiche Brüder". Falscher Held als Gatte: „Das tapfere Schneiderlein".
d) Verniedlichung der Symbole	Verkindlichung der Erbprinzessinnen. Göttin als Hausfrau, Bettenmachen statt Wettermagie: „Frau Holle". Hausputz statt matriarchaler Künste: „Frau Holle", „Hänsel und Gretel", „Aschenputtel", „Einäuglein". Kuchenhaus: „Hänsel und Gretel".	Verkindlichung der Prinzessinnen: „Dornröschen", „Schneewittchen". Kuss, Anschauen statt Liebesakt: „Dornröschen", „Schneewittchen". Kleine Zwerge bei „Schneewittchen". Bruder als Schoßtierchen: „Brüderchen und Schwesterchen".	Verkindlichung der Prinzessinnen. Frosch statt Drachenschlange, Schlossstatt Weltenbrunnen, goldener Ball statt magischer Apfel: „Froschkönig". Riesen als Tölpel, Heros als Schneider: „Das tapfere Schneiderlein".

Trans-formationen	1. Gruppe: „Die Reichtumsspenderin im Jenseits" (KHM 24, 15, 21, 130)	2. Gruppe: „Die schenkende Frau im totenähnlichen Zustand" (KHM 50, 53, 9, 25, 49, 11, 198)	3. Gruppe: Die „Heilbringermärchen" (KHM 1, 129, 20)
4. Struktur:	Dämonisierung der Göttin (Fortsetzung)		
e) Deformation der Mythenstruktur	Verlust der 2. Sequenz: „Aschenputtel", „Einäuglein".	Verlust der 2. Sequenz: „Dornröschen", „Schneewittchen". Der Mann als Erlöser: „Dornröschen", „Schneewittchen". Trennung zusammengehörender Teile: „Brüderchen und Schwesterchen". Unterweltfahrt ohne ihren ursprünglich Sinn: „Jungfrau Maleen" (Romanze).	Verlust der 2. Sequenz: „Froschkönig". Vermännlichung der Mythenstruktur: „Vier kunstreiche Brüder" und verwandte Märchen (Initiation des Heros statt der Heroin, Verdrängen des Heros durch den „falschen Helden" statt Verdrängen der Prinzessin durch die „falsche Braut", passive statt aktive Prinzessin). Parodie der Mythenstruktur: „Das tapfere Schneiderlein" (Schwank).

erblickt). Das zentrale Geschehen läuft nur zwischen Mutter und Tochter ab. Probleme entstehen durch ältere Schwestern oder Ersatzmütter, welche die Erbprinzessin aus ihrem Erbe zu verdrängen suchen. Sie gehören vermutlich zu einer patriarchalen gesellschaftlichen Schicht; darin zeigen sich patriarchale Überformungen.

Die zweite Struktur zeigt eine Entwicklungsphase, bei der männliche Partner eine Rolle spielen, jedoch ausschließlich als Brüder. Denn nur als Sohn der Mutter und Bruder seiner Schwester trat der Mann im Matriarchat ins Blickfeld, nur als dieser hatte er Rechte und Pflichten innerhalb der Sippe. Nach den Regeln der Matrilinearität war dies ausschließlich die Sippe seiner Mutter, mit der er als verwandt galt, denn nach matriarchaler Auffassung war es allein die Mutter, welche den Körper des Kinds bildete. Ein biologischer Vater spielte in einer matriarchalen Sippe keine Rolle, er galt als Gast und nicht verwandt mit den Kindern. Die sozialen Väter für die Kinder der Schwester waren ihre Brüder. Die Verwandtschafts-Konstellation Mutter–Tochter–Bruder ist deshalb klassisch matriarchal.

Genau diese Konstellation spiegelt die zweite Struktur. Stets ist nach der Mutter unmittelbar die Schwester verantwortlich für das Schicksal ihrer Brüder, die einzigen männlichen Wesen, zu denen sie eine sozial fest verankerte und emotionale Beziehung besitzt. Sorgfalt und Liebe der Schwester richten sich nicht auf den Gatten, der als Fremder gilt und nur eine vorübergehende Beziehung zur Sippe hat, sondern auf die Brüder, genauso wie diese ihrerseits alles daran setzen, ihrer Schwester zu helfen und zu dienen. Ursprünglich waren diese Brüder nicht nur Verwandte, sondern wohl sogar Brüdergatten, nicht nur die sozialen Väter der Kinder der Schwester, sondern auch die biologischen. Auf die eine oder andere Weise konnten sie sich nach matrilinearen Spielregeln als mit den Kindern der Schwester am nächsten verwandt betrachten: Sie hatten alle dieselbe Stammmutter. Wegen dieser engen matriarchalen Beziehung zwischen Schwester und Bruder, welche die Mutter-Tochter-Beziehung ergänzte, war es für die Schwester nötig, ihre Brüder zu erlösen. Die Verzauberung der Brüder geschieht wieder durch als falsch hingestellte Mütter, die „Hexen" genannt werden und nicht auf eine patriarchale Schichtung, sondern auf eine dämonisierte Todesgöttin hinweisen.

In der dritten Struktur sieht man das gesellschaftliche Verhältnis zwischen den Geschlechtern noch einmal verändert. Es dominiert nicht mehr die klassisch-matriarchale Konstellation Mutter–Tochter–Bruder, sondern eine, die wiederum eine spätere matriarchale Entwicklung darstellt. Die Brüder stehen um die Gunst der Schwester, die Erbprinzessin ist, untereinander im Wettkampf, daraus entwickelt sich der Typus des Heros. Der Heros tritt jetzt neben die Erbprinzessin, wobei sich die aktive und passive Rolle verändert und die weiblichen Gestalten immer mehr in letztere gedrängt werden. Am deutlichsten tritt uns der Heros-Typus in den Wettbewerbs- und Kampfszenen entgegen, wo die Entwicklung von der Erwählung des Heros durch Geschenk über die Erwählung durch Wettbewerb bis zur Erwählung durch Kampf (besonders Drachenkampf) reicht. In einigen anderen Märchen ist die ausführliche Heros-Szenerie auf das kurze Auftreten des Prinzen reduziert, der aber noch immer Heros-Aufgaben vollbringt: z. B. in „Dornröschen" die tödliche Dornenhecke durchdringen, in „Aschenputtel" die richtige Braut herausfinden, in den schwächsten Fällen löst er noch den Knoten der Erzählung (z. B. „Schneewittchen", „Einäuglein, Zweiäuglein, Dreiäuglein").

Die Transformationen, die zur vierten Struktur führen, zeigen zuletzt die Patriarchalisierung dieser uralten Symbol- und Handlungsmuster und erzeugen den Zustand der Märchen, den wir in den Aufzeichnungen vorfinden. Eine erste Veränderung ist das Verschweigen der mythologischen Namen der Figuren und damit deren vereinfachende Typisierung. Auf dem Fuß folgt die Dämonisierung der Göttin, die sie zum Teil bis ins Lächerliche verzerrt. Als die wahre, schenkende Mutter tritt sie immer mehr in den Hintergrund. Restlos zerstört wird die matriarchale Erbschaftsstruktur durch die Vermännlichung der Mutter zum herrschenden und befehlenden königlichen Vater. Die Prinzessin hat ihm zu gehorchen, sogar was das Teilen der Speisen auf ihrem Teller betrifft (z. B. „Froschkönig"). Ebenso werden statt Schwestern funktionslose Brüder eingeführt (Hänsel), die sich von den funktionsreichen „verzauberten Brüdern", welche Brüdergatten oder Heros-Brüder sind, beträchtlich unterscheiden. Die Letzteren werden bei den Transformationen allerdings in zweierlei Weise verändert: Entweder bleiben sie leibliche Brüder der Prinzessin, dann fallen ihre Beziehungen zu ihr aber sofort unter das sogenannte „Inzest-Tabu", so dass der Schwester-Prinzessin ein patriarchaler Gatte vorgeordnet wird. Damit wird der unbedingte Einsatz der Schwester für ihre Brüder zum unerklärlichen Motiv; es heißt nur von ihr, sie sei eben eine „besonders gute" Schwester (2. Gruppe). Oder die Brüder gelten nur noch untereinander, aber nicht mehr mit der umworbenen Prinzessin als verwandt, so dass dem „Inzest-Tabu" auch auf diese Weise Genüge getan ist. Damit rückt aber die Prinzessin in den Hintergrund – denn welche aufopferungsvollen Taten sollte sie für fremde Gatten vollbringen? Diese mit ihr nicht verwandten Brüder hingegen werden zum strahlenden Mittelpunkt des Geschehens. Die Übernahme matriarchaler Künste durch diese Brüder ist nur eine Folge davon (3. Gruppe). Durch solche Manipulationen wird auch die matriarchale Gattenbeziehung zerstört und durchweg in allen Märchen durch die patriarchale ersetzt. Die Prinzessin wird nun vom Gatten erlöst, erhoben, verstoßen, erniedrigt, verdächtigt, zum Tod verurteilt, begnadigt, je nachdem, wie es diesem beliebt, um am Ende vollkommener Lächerlichkeit preisgegeben zu werden (vgl. „Das tapfere Schneiderlein"). Meist gehört dieser richtende Gatte der sozial höheren Schicht an: Er ist König, sie ein einfaches Mädchen. Damit ist die patriarchale Mann-Frau-Hierarchie zementiert. Beim „Tapferen Schneiderlein" liegt die Ironie nicht zuletzt in der Umkehrung dieses Musters, das dennoch wieder negativ zu Ungunsten der Prinzessin ausschlägt. Der Besitzende und Erbende ist jetzt eindeutig der Mann, der die Frau gnädig auf seine Ebene erhebt. Sie erfährt aber sofortige Verstoßung, wenn sie sich dem Verdacht aussetzt, noch irgendetwas mit matriarchalen Ideen oder Praktiken zu tun zu haben (Vorwurf der „Hexerei"). Im „Tapferen Schneiderlein" tut sie dann gar nichts mehr, sondern wird als willenloses Objekt vom Vater zum Gatten weitergegeben.

Die Parodie liegt auch in der Verniedlichung der Symbole. Die anfänglich magisch-mächtigen Prinzessinnen werden nun als halbwüchsige Kinder dargestellt, die neugierig sind (Dornröschen), naiv-wankelmütig (Schneewittchen), kapriziös (Prinzessin im „Froschkönig"). Die einfachen Mädchen, einst selbst Erbprinzessinnen, verrichten nun wie Mägde durchgehend die schmutzigste Hausarbeit. Erotische Akte reduzieren sich auf Kuss oder Anschauen oder „Spielen" im Schlafzimmer. Die Symbole, mit denen diese verniedlichten Figuren umgehen, sind entsprechend: ein goldener Ball, ein zuckersüßes Kuchenhaus, ein hopsendes, wenn auch glitschiges Fröschlein, ein verzaubertes Brüderchen als Reh am Goldhalsband, kluge, aber hilflose Gartenzwerge. Was hier hindurchscheint, ist das bürgerliche Puppenbild der Frau, dem die Gebrüder Grimm so fleißig Ausdruck verliehen haben.

Die gravierendste Änderung ist jedoch die Deformation der alten Mythenstruktur, der Göttin-Heros-Struktur, die teils bewusst, teils unbewusst durch Vergessen der alten Bedeutungen und des alten Zusammenhangs geschieht. Eine absichtliche Deformation ist die Parodie der kompletten Heros-Struktur im „Tapferen Schneiderlein", eine Meisterleistung an Albernheit. Weniger absichtlich scheint der Verlust der 2. Sequenz der Märchen erfolgt zu sein. Doch ist es auffallend, dass dieser Verlust die ausgeprägt mythischen Märchengestalten: Dornröschen und Schneewittchen, gerade ihrer kosmischen Dimension beraubt. Bei den anderen Frauengestalten lässt dieser Verlust die Hochzeit mit dem Mann als das einzig erstrebenswerte Ziel erscheinen. Dadurch geraten die Prinzen und Könige in die unverdiente Stellung des erlösenden Schlusspunkts. Den Prinzessinnen geht neben der kosmischen Dimension damit der größte Teil ihrer Aktivität verloren, denn gerade die 2. Sequenz enthielt oft die Entrückung des Gatten und die mythisch-magische Suche der Prinzessin, ihre Jenseitsreise, zu seiner Wiederauffindung („Froschkönig", „Aschenputtel"). Wenn der Verlust der 2. Sequenz stets die Rolle des Mannes favorisiert und die Rolle der Frau schmälert, so ist dies gewiss kein Zufall.

Wir haben gesehen, dass diese Transformationen zuletzt zur Auflösung des Märchens führen, einerseits zur Romanze hin („Jungfrau Maleen"), andererseits zum Schwank hin („Das tapfere Schneiderlein"). Ein dritter Auflösungsprozess geht in Richtung Epik, und zwar immer dann, wenn die heroischen Muster, die ursprünglich zur Erbprinzessin als der spirituellen Tochter der göttlichen Mutter gehörten, von männlichen Figuren übernommen werden. Nun ist der Fokus auf die Initiation des Heros, nicht der Heroin gerichtet, auf die Hochzeit des Heros, nicht der Prinzessin, auf Entrückung und Wiederkehr des Heros beim Motiv des „falschen Helden", statt auf die Jenseitsreise und Wiederkehr der Prinzessin. Wir sehen hier das gesamte Mythenschema vermännlicht und mit anderen, weniger magischen, dafür aggressiveren Gehalten gefüllt (vgl. „Vier kunstreiche Brüder" und verwandte Märchen). Von hier ist der Schritt zur Epik nicht weit, die nahezu ausschließlich von den Irrfahrten und Befreiungstaten männlicher Helden berichtet, während die Damen den ständig wechselnden, schönen Hintergrund bilden. So repräsentiert sich die Epik im indoeuropäischen Raum tatsächlich auf den ersten Blick, ganz gleich, ob es sich um die Epik Indiens, Griechenlands oder Mitteleuropas handelt. Auf den zweiten Blick wird in diesen Geschichten aber die alte matriarchale Mythenstruktur sichtbar, und dies kann zu verblüffenden Einsichten führen.

Deshalb habe ich im folgenden Teil des Buchs eine Analyse von Epen unternommen. Dabei wollte ich nicht bis nach Indien schweifen, sondern wählte diejenige Epik aus, die uns geographisch und historisch am nächsten liegt: die Epik des europäischen Mittelalters. An diesem Beispiel werden wir sehen, wie sich die matriarchale Mythologie sogar in relativ späten literarischen Gebilden noch durchsetzt und fortsetzt und welchen spezifischen, wiederum andersartigen Deformationen sie dort ausgeliefert war.

III Die Herrin und ihr Held
Matriarchale Mythologie in der Epik des Mittelalters

Bei der Art unserer offiziellen Geschichtsschreibung, die von einem Glanzpunkt patriarchaler Gesellschaften zum nächsten eilt, z. B. vom klassischen Griechenland zum Römischen Reich und von da ohne Umschweife zur „Staufischen Klassik" des Hochmittelalters, ist es natürlich nicht möglich, in diesen Gesellschaften noch die tiefgreifenden Nachwirkungen der sehr langen Epoche matriarchaler Gesellschaftsentwicklung zu erkennen. Dabei sind die Zeiträume zwischen diesen „Höhepunkten" stets viel länger als sie selbst, denn die Blütezeit des klassischen Griechenlands umfasst gerade 70 Jahre, die der Römischen Republik, ehe man sich mit nichts anderem als Erobern beschäftigte, nur 100 Jahre und das Hochmittelalter nur die knappe Zeitspanne von 50 Jahren. Diese kurzen Phasen patriarchaler Kulturblüte sind eingebettet in lange Zeiträume, welche Historiker etwas abfällig „Frühzeit" oder „Spätzeit" nennen und auf wenigen Seiten abtun. Diese „Zwischenzeiten" zeigen aber sehr deutlich die andersartigen Fundamente, auf denen jene vielgepriesenen Gipfelpunkte ruhen, und dort ruhen sie keineswegs sicher, sondern stets schwankend, worauf ihr rascher Niedergang hinweist.

Wenn wir diesen unbeliebten „Frühzeiten" und „Spätzeiten" den ihnen gebührenden Platz zurückgeben und sie als das Tragende behandeln, dann erkennen wir sehr bald, dass die „matriarchale Opposition", das heißt der Widerstand gegen die patriarchalen Gesellschaften, nicht eine Angelegenheit verstreuter Glaubensreste und zufälliger Handlungen bei einigen isolierten Gebirgsvölkern oder unterdrückten Bauern war. Stattdessen war sie in jenen „Frühzeiten" die grundlegende Denkform und Lebensweise der meisten Menschen, gegen die sich die patriarchalen Staaten und Ideologien nur mittels Gewalt durchsetzen konnten. Und in jenen „Spätzeiten" kamen, nur in veränderter Form, diese unterdrückten Inhalte und Praktiken sehr bald wieder zum Vorschein. Der Schluss ist nun einfach, dass sie in den patriarchalen Höhepunkten dazwischen nicht völlig verschwunden, sondern nur verdeckt waren – wie ein starker Strom, der teils oberirdisch, teils unterirdisch verläuft, aber nie abreißt.

Dies zu zeigen ist die Aufgabe einer veränderten Geschichtsschreibung, die ich an dieser Stelle nicht leisten kann. So müssen ein paar Andeutungen genügen. Die „Frühzeit" Griechenlands umfasst in den Geschichtsbüchern die minoische Kultur auf Kreta, von der wir wissen, dass sie noch matriarchal war und mit dem perikleisch-patriarchalen Griechenland nichts gemeinsam hatte. So zeugt es von Arroganz und Ignoranz zugleich, sie als „Frühzeit" des patriarchalen Griechenlands hinzustellen, als wäre sie nur dessen unvollkommene Vorphase und nicht eine völlig eigenständige Kultur gewesen. Eine Epoche für sich war auch das hellenistische Griechenland, die kosmopolitische „Spätzeit", in welcher die Verehrung uralter Muttergöttinnen, wie zum Beispiel jene der Demeter von Eleusis, mehr Einfluss besaß als die klassische griechische Philosophie. Nicht anders ist das Bild der römischen „Frühzeit", die überhaupt nicht römisch war, sondern eine eigene Phase der spätmatriarchalen Kultur der Etrusker darstellte. Auf deren Boden entwickelte sich die römische Kultur parasitär, wobei ihr das klassisch patriarchale Griechenland mit seinen deformierten Gottheiten zu Hilfe kam. Die römische „Spätzeit" hingegen, die vom Kaiserreich bis zu dessen Zusammenbruch reicht, ist gekennzeichnet von der Blüte ägyptisch-orientalischer Göttinnenverehrung sogar in Rom (Isis, Kybele, Orphische Mysterien) und vom Einfluss der lokalen matriarchalen Gottheiten in allen römischen Provinzen. Das gilt insbesondere für die mittel- und westeuropäischen Völker (Gallier, Kelten, Britannier, Germanen), die noch nicht klassisch patriarchal waren, sondern Teile der Kultur der eroberten, vor-indoeuropäischen Völker Europas übernahmen. Sie leisteten später heftigsten militärischen und kulturellen Widerstand gegen das klassisch patriarchale Römische Reich. Einige dieser Völker konnten nur unter größter Mühe ins Römische Reich integriert werden, während andere dessen Ausdehnung in ihren Gebieten zum Stillstand brachten, so am Limes in Germanien. Beim Niedergang Roms waren sie die ersten, die seinen endgültigen Untergang herbeiführten und bis in die angestammten römischen Besitzungen auf italienischem Boden und im Mittelmeerraum vordrangen.

Auf diesem ambivalenten Boden entwickelten sich die Feudalstaaten des europäischen Mittelalters mit römischen Rechtsnormen und der römisch-christlichen Staatsreligion. Sie waren jedoch keineswegs der christliche „Gottesstaat", jene politische und kulturelle patriarchal-christliche Einheit, zu der unsere Geschichtsbücher sie hinaufstilisieren. Aus der unruhigen Zeit hervorgegangen, die das Römische Reich vernichtet hatte – und die ebenfalls eine Epoche für sich war und kein „Früh-Mittelalter" – kamen in ihnen die widerstrebenden Kräfte noch längst nicht zur Ruhe. In der Zeit des Hochmittelalters war nur die dünne Oberschicht patriarchal-christlich, die Kleriker und die Adligen, während die breiten Unterschichten viel älteren Traditionen folgten. So schwelte der alte matriarchal-patriarchale Konflikt unterschwellig weiter, und schon nach 1200, im so genannten „Spät-Mittelalter", traten die unterdrückten politischen Kräfte und religiösen Formen wieder in Erscheinung, wenn auch gewandelt. Statt kämpfender Stammeskönige waren es jetzt die Bauernaufstände und widerspenstigen Bürger, statt „heidnischer Kulte" waren es nun die Traditionen der sogenannten „Hexen" und „Ketzer", die viele matriarchale Elemente enthielten. Im Hochmittelalter hatte das Christentum hart darum kämpfen müssen, sich auszubreiten, was teilweise gelang, weil es „heidnische" Lokalgöttinnen und matriarchale Jahreszeitenfeste absorbierte – wobei die ersteren zur Muttergottes Maria oder zu Heiligen wurden und die Feste zum „christlichen Kirchenjahr". Jetzt, zu Beginn der Neuzeit, wurde es durch gnadenlose Verfolgungen durchgesetzt, was jedoch kein Zeichen einer Position von Stärke durch Überzeugung ist, sondern von tiefgreifender Beunruhigung und Gefahr für seine ideologische Machtrolle. Ebenso unsicher war die feudale Ständeordnung, die vorher unter den freien Bauern unbekannt war, im Hochmittelalter durch Gewalt erzwungen wurde, doch nie unbestritten blieb und jetzt in schweren sozialen Unruhen wieder unterging. Die „Civitas Dei", der wohlgeordnete christliche Ständestaat, den die Kirchenväter beschworen, blieb Utopie, ein Traum der Scholastiker damals und der Historiker bis heute, wenn sie rückblickend das Mittelalter im Sinn ihrer eigenen patriarchal-christlichen Ideologie verklären.

Wie scharf und bewusst der Konflikt zwischen matriarchaler und patriarchaler Denkweise noch im Hochmittelalter ausgetragen wurde, kann ich hier nur in einem Ausschnitt zeigen: an der mittelalterlichen Literatur, die eine wichtige Ideologisierungsfunktion an den Fürstenhöfen Europas hatte. Ein besonders glänzendes Beispiel ist die höfische Epik, denn hier werden die Aussagen uralter Stoffe zum Teil bis zu deren Gegenteil verdreht – was die Absicht der Verdrehung deutlich macht. Dies wird allerdings erst sichtbar, wenn wir die Epik des Mittelalters so lesen, wie wir bisher Mythen und Märchen gelesen haben: in sozialhistorischer und politischer Perspektive.

Ich analysiere und präsentiere hier folgende Literaturgruppen aus der Epik des Mittelalters: 1. die Artusepik, 2. die Tristanerzählungen, 3. das Nibelungenlied, hieraus besonders die Siegfried-Sagen. Ich fand dabei heraus, dass diese Epen das Strukturschema der matriarchalen Mythologie enthalten, was auf einen sehr alten Hintergrund hinweist. Andere Epikgruppen wie die so genannte Heldenepik (z. B. das Rolandslied, das Hildebrandslied) werden hier nicht behandelt, weil sie die Struktur matriarchaler Mythologie nicht besitzen, sie sind durchgängig patriarchal. Meine Methode der Analyse ist dieselbe, wie ich sie bei den Märchen angewandt habe: Sie unterscheidet sich von der vergleichenden Hascherei nach einzelnen Motiven oder isolierten Symbolen, wie sie eine Zeitlang in der Literaturwissenschaft üblich war. Es geht hier immer um das Wiederauffinden einer gesamten Struktur, in der Motive und Symbole einen festen Platz haben und deshalb nicht willkürlich mit anderen kombiniert werden können. Diese Kombinationen sind uns vorgegeben, und man muss sie stets als Ganzes herausfinden. Denn einzelne Motive oder Symbole für sich genommen besagen noch gar nichts, weil ihnen der kulturelle Zusammenhang fehlt. Es öffnet nur Tür und Tor für wilde interpretative Spekulationen, wie sie bei Mythen, Märchen und epischen Stoffen grassierten und noch immer grassieren. Die hier angewandte Methode schließt das aus, denn die Motive und Symbole, die in einer festen Kombination vorkommen, sind nicht jeder beliebigen Interpretation zugänglich. Die Symbolsysteme und Handlungsketten legen ihren Bedeutungsspielraum immanent fest und ziehen Interpretationen daher enge Grenzen.

Gerade dieser Strukturcharakter der Mythologie erlaubte es uns, das matriarchale Göttin-Heros-Muster nicht nur bei den Göttinkulturen der verschiedensten Völker und Regionen wiederauffinden zu können. Sondern er ermöglichte außerdem, das matriarchale Muster auch unter den zeitlichen Überlagerungen, durch die Verzerrungen und Umdeutungen hindurch, die es in den späteren patriarchalen Gesellschaften erfahren hat, wiederzuerkennen. Wie bei den Mythen und Märchen lassen sich diese Veränderungen auch in den epischen Stoffen als nach bestimmten Regeln verlaufende erkennen, als systematische Transformationen der Grundstruktur. Diese Regeln verweisen ihrerseits wieder auf die gesellschaftlichen Funktionen der Verzerrung, auf die soziale „Notwendigkeit", noch im europäischen Mittelalter das Weltbild zu ideologisieren. Und wie in den Mythen, so schimmert auch in den Epen ein kritisches Element gegen die neue Gesellschaftsordnung durch, das einen Hoffnungsfunken auf eine bessere Zukunft enthält.

1 Die Artusepik

Die Artusepik hat ihre Hauptquellen in Britannien (England, Wales, Irland, Schottland) und der französischen Bretagne. Sie geht zurück auf die Kämpfe des sagenhaften keltischen Königs Arthur gegen die eindringenden Angelsachsen, und sie ist durchsetzt mit keltischer Mythologie.[345] Ehe es von der durch die Barden mündlich tradierten, keltischen Mythologie – die noch von vielen matriarchalen Mustern durchsetzt ist – über die ersten schriftlichen Bruchstücke der Arthur-Sagen zu den breit angelegten Epen der mittelalterlichen Artusdichtung kam, wurde eine lange Wegstrecke zurückgelegt. In dieser Zeit lagerte der Stoff viele nicht-keltische Elemente an, dazu kamen mit der christlichen Überlagerung außereuropäische Elemente. Jede Suche nach einer einzigen Quelle für diesen Stoff ist daher illusionär. Wenn ich mich auf die keltische als die grundlegende Quelle stütze, sind die anderen Quellen deshalb keineswegs ausgeschlossen. Solche eindimensional formulierten Quellenfragen haben viel Verwirrung in der Literaturwissenschaft gestiftet und Quellenstudien überhaupt in Misskredit gebracht, voreilig und zu Unrecht. Das Problem löst sich nämlich, wenn zwei Gesichtspunkte berücksichtigt werden: Geht man von Strukturen aus, so jagt man nicht zufälligen, einzelnen Motiven in irgendwelchen ebenso zufälligen Quellen nach, sondern entdeckt die Parallelität solcher Strukturen im gesamten, später indoeuropäischen Raum. Diese Parallelität verbietet von vornherein eine eindimensionale Zuordnung irgendeines Symbolmusters zu einer einzigen Quelle. Zweitens ist die zeitliche Abfolge von Anlagerungen aus verschiedenen Quellen zu berücksichtigen. Verschiedene Quellen haben in unterschiedlichen Zeitphasen auf einen Stoff eingewirkt und seine Strukturen typischen Transformationen unterworfen, so dass das Endgebilde dann sehr komplexen Charakter annimmt. Bei einem solchen zeitgebundenen Transformationssystem von Strukturen erübrigen sich Fragen nach einer einzigen oder einer dominanten Quelle. Um meine Analyse durchführen zu können, beziehe ich mich daher prinzipiell auf alle von der Forschung erarbeiteten Quellen, die wie Facetten

---

345 Vgl. Roger S. Loomis: *Arthurian Tradition and Chrétiens de Troyes*, New York 1949. Ders. (Hg.): *Arthurian Literature in the Middle Ages*, Oxford 1959. – Ich stütze mich bei meinen Analysen der Artusepik in der Hauptsache auf Loomis. Meine Kenntnisse in vergleichender Mythologie, besonders der mittelmeerischen, keltischen, germanischen, kommen hinzu, um Loomis' Arbeit zu ergänzen.

zusammenwirken, um die Grundstrukturen dieses Stoffs und deren Transformationen in einem Bild sichtbar zu machen.

1.1 Das erste Beispiel: Der Ywain-Roman
(Quellen: Chrétien de Troyes und Hartmann von Aue)

Inhalt: Ywain ist ein Ritter der Tafelrunde des Königs Arthur. Er erwirbt durch ein Abenteuer an einer mysteriösen Quelle, bei dem er mitleidslos einen König erschlägt, dessen Witwe Laudine, ihr Schloss und ihr Land. Nach längerem Aufenthalt bei seiner neuen Gattin will er wieder auf ritterliche Abenteuerfahrt ausziehen. Sie gibt ihn schweren Herzens frei unter der Bedingung, dass er nach genau einem Jahr wieder zurückkommt.

Ywain überfällt die Erinnerung an sein Versprechen, als er sich am Artushof befindet. Aber er hat den Termin verpasst; die Botin seiner Frau, der Königin, tritt auf und verflucht ihn wegen seiner Untreue. Darauf wird Ywain vor Schmerz wahnsinnig und irrt wie ein Tier durch die Wildnis, bis er von mitleidigen, zauberkundigen Frauen geheilt wird. Nun folgt eine lange Abenteuer-Kette, die Ywain zu bestehen hat: In ihrem Verlauf befreit er viele Hilflose von Ungeheuern, Riesen, harten Herren und setzt ungerecht Behandelte wieder in ihr Recht ein. Zuletzt kehrt er in sein Reich heim und erreicht die Versöhnung mit Laudine.[346]

Dieser epische Roman weist mehrere Brüche und Unstimmigkeiten auf, die Anlass zu vielen Interpretationen gegeben haben. Denn wie ist es möglich, dass die Königin Laudine sogleich, nachdem ihr Gatte erschlagen worden ist, dessen Mörder heiratet? Und wie kann ein so geringer Verstoß Ywains wie das Vergessen eines Termins ohne jede böse Absicht derart schwere Strafen nach sich ziehen wie Verstoßung, Wahnsinn und eine Kette von schwierigen Kämpfen, die er zu bestehen hat? Das zweite Problem verschärft sich noch, wenn Ywain nach diesem Leid und diesen Mühen noch nicht einmal Laudines Verzeihung erreicht (Version von Chrétien de Troyes). Das lässt entweder an der Psychologie der Figuren zweifeln, oder es wirft ein sehr negatives Licht auf den Charakter Laudines.

Die letztere Lösung des Dilemmas wählten die mittelalterlichen Dichter, indem sie sich spöttisch über Laudines „Leichtfertigkeit" (schnelle Wiederheirat) und ihre hochmütige „Hartherzigkeit" (Ywains Verstoßung) ausließen und damit das weibliche Geschlecht insgesamt verhöhnten. Moderne Literaturwissenschaftler sehen das Dilemma eher im ersteren Punkt: Es entstand nach ihrer Meinung durch den Versuch der mittelalterlichen Dichter, einen mythischen Stoff den moralischen Normen und der Psychologie ihrer Zeit anzupassen. Bei dieser „Psychologisierung" im Sinn höfischen Geschmacks und dieser „moralischen Rationalisierung" im Sinn der christlichen Normen seien sie aber an dem alten Gehalt dieser Handlungs-

---

346 Vgl. zur Ywain-Interpretation und Ywain-Struktur Peter Wapnewski: *Hartmann von Aue,* Stuttgart 1962; ebenso R. S. Loomis: *Arthurian Tradition,* Teil 4.

muster gescheitert; unvermeidlich entstanden „Brüche" in der Glaubwürdigkeit der Figuren. Diese Ansicht kommt dem Problem sehr nahe, nur geht sie ihm noch nicht auf den Grund. Denn um welches mythologische Muster handelt es sich hier, und welchen Gehalt besitzt es? Darauf haben Literaturwissenschaftler keine Antwort und wenn, dann keine klare, gegeben.

Betrachten wir die Ereignisse um Ywain genauer: Laudine ist nicht nur eine seltsam überlegene, sondern auch eine seltsam entrückte Person. Sie lebt in einem wunderbaren Land. Wo dieses Land liegt, wird nicht recht deutlich; in älteren Formen der Sage gewinnt man den Zugang nicht durch eine Quelle, sondern durch einen See. Doch beides weist in dieselbe Richtung: Zauberquellen werden von Feen bewacht, da durch sie das Wetter, besonders der Regen, bestimmt wird; diese Feen sind Wetterfeen. Am Grund von Seen liegt als wunderbares Land das Feenreich; es ist die submarine Anderswelt der Göttin in Gestalt einer Wasserfee. Dasselbe besagen Varianten, in denen es sich um einen geheimnisvollen Brunnen handelt. Denn dieser Brunnen ist stets der Weltenbrunnen, aus dem das Wetter kommt und der zugleich den Eingang in die elysische Unterwelt der Göttin (als Schicksalsgöttin) darstellt. Verräterisch wie diese Lokalitäten ist auch Laudines Name. „Lau-dine" kennzeichnet sie als mythologische Schwester von „Un-dine", der klassischen Wasserfee, die in Seen, Brunnen, Quellen wohnt und ebenfalls eine Nachfahrin der alten Unterweltgöttin darstellt. Ein weiterer Hinweis ist Laudines Botin: Diese heißt „Lunete", was nicht zufällig an Frau „Luna", die Mondgöttin, erinnert.

Die Fee Laudine hat den ihr entsprechenden Partner, der wie sie über die Ordnung in der Atmosphäre wacht, bevor Ywain störend eingreift: den Sturmritter, ihren König. Gegen diesen muss Ywain kämpfen, wenn er die Quelle erobern will. Der Kampf hat drei Stadien, in denen der Sturmritter magisch die Gestalt wechselt und sich in immer anderen Facetten eines Atmosphäre-Heros zeigt: Zuerst begegnet er Ywain bei dessen Annäherung an die Zauberquelle als gastfreundlicher Alter, der ihn in seinem Schloss empfängt und bewirtet. Der Alte wird in einer Variante als der „Gelbe Mann in seinem leuchtenden, sich drehenden Schloss" bezeichnet. Dieses „Schloss" ist ein Symbol des sich drehenden Himmelsgewölbes mit seinen Sternen, und der Gelbe Mann darin ist die Sonne (Sonnenheros, wie der irische Curoi). In dieser Gestalt ist er in der Tat der ursprüngliche Partner der Göttin-Fee Laudine, und mit seinem freundlich-feindlichen Doppelcharakter verteidigt er diese und ihr Reich. Als die Demonstration seiner atmosphärischen Macht bei Ywain nichts fruchtet, erscheint er diesem in einer weniger freundlichen zweiten Gestalt: Er ist ein Hirte von riesigem Körperbau, er hat (in Varianten) ein einziges glühendes Auge, er trägt eine langstielige Axt und ein große Keule, und er hütet Löwen oder Bullen oder Schlangen. Das einzige Auge ist wieder ein Sonnensymbol als das einzige Himmelsauge der Sonne. Die Axt ist als Doppelaxt Blitzsymbol, und er hat sie von seiner Göttin entliehen. Die Keule, die donnernd in einem hohlen Eichenbaum gewirbelt wird (Regenzauber), symbolisiert Donner und Regen. Doch mit diesen Hinweisen auf sämtliche Funktionen des Atmosphäre-Heros nicht genug: Er hütet Löwen/Bullen/Schlangen, genau die drei Tiere, welche zusammengenommen das Kalendersymbol für das mythische Jahr der Großen Göttin darstellen: Frühling–Sommer–Herbst/Winter. Der Hirte warnt Ywain vor der Quelle, doch Ywain scheint weder die Warnung noch die Symbole zu verstehen und reitet weiter. Es bleibt dem Atmosphäre-Heros nichts anderes übrig, als in seiner dritten Gestalt zu erscheinen: als Sturmritter. So tritt er auf, nachdem Ywain durch einen Wasserguss aus der Quelle auf einen magischen Stein das Wetter durcheinander gebracht und damit die kosmische Ordnung gestört hat. Denn erst kommt Nebel, dann Finsternis, dann ein furchtbares Unwetter. Nun tritt der Sturmritter auf und klagt Ywain an, durch das Unwetter das blühende Land verwüstet zu haben. Er ist jetzt in schwarzer Rüstung, trägt aber wie der Hirte eine Axt und lässt mit dieser Blitze niedersausen, auch hat er ein Feuergesicht. Seine Symbole sind also dieselben, und damit ist klar, gegen welche kosmischen Kräfte Ywain den Kampf aufnimmt und welche kosmische Göttin er nach dem Sieg über den Sturmritter gewinnt.

Die Bedeutung dieses unerbittlichen Kampfs klärt sich ebenfalls auf. Es ist der typische Vorgänger-Nachfolger-Kampf um die Göttin-Fee und ihr Land. Der Nachfolger bleibt immer Sieger, doch nur für eine begrenzte Zeitspanne, genau für ein mythisches Jahr. Dann muss er dem nächsten Nachfolger weichen. So erging es dem Sturmritter, und für Laudine als Fee ist es natürlich, nach dem Tod des Vorgängers sogleich den Nachfolger zu heiraten. Nur durch dieses magische Ritual der Hochzeit kann sie das Leben weitergeben und ihr verwüstetes Land für das nächste mythische Jahr wieder blühend und fruchtbar werden lassen. Für Gedanken über eine moralische „Leichtfertigkeit" ist da kein Platz, und auch ein „psychologischer Bruch" tut sich nicht auf.

Ywain tritt als Nachfolger in die Rolle des Atmosphäre-Heros ein und übernimmt damit dessen kosmische Verantwortlichkeit. Aber was macht er daraus? Wie des Sturmritters Warnungen scheint er auch diese Rolle nicht zu begreifen – viel zu sehr ist er patriarchal erzogener Ritter keltisch-kriegerischer Herkunft. Zunächst geht es ihm jedoch gut. Er genießt bei der Göttin-Fee in ihrem wunderbaren Land alle Wonnen. Darüber verliert er das Zeitgefühl: Was ihm nur Tage scheinen, ist tatsächlich ein Jahr. Es ist der typische Zeitsprung, der stets eintritt, wenn ein Heros oder Ritter vom Eros der Göttin-Fee gebannt ist, ein Thema vieler Märchen und Sagen. Durch Laudines Gestalt schimmert hier die archaische Liebesgöttin hindurch, welcher der Mann verfällt, so dass er in ekstatischer Entrückung die reale Welt vergisst. Daraus weckt ihn eigentlich erst sein Nachfolger, der ihn nach dem Tage scheinenden Jahr an der Quelle zum Kampf herausfordert, was folgerichtig mit Ywains Tod enden müsste. Doch das verbietet die Logik des mittelalterlichen Fortsetzungsromans, deshalb bleibt Ywain am Leben. Nicht einmal ein Nachfolger meldet sich, Ywain reagiert ganz neuartig: Nach einem Jahr fühlt er sich durch zu viel Erotik in seinem Rittertum beeinträchtigt und will, ohne seine Verantwortlichkeit zu übernehmen, Laudine verlassen und neue spannende Abenteuer suchen. Der Sinn dieses unmotivierten Handlungsgangs ist klar. Keineswegs ist es nach Ansicht der mittelalterlichen Dichter gut für einen Mann, sich der Liebe zu einer Frau zu sehr hinzugeben, denn sie könnte Macht über ihn gewinnen. Da ist, denke ich, ein erster Bruch, aber kein psychologischer, sondern ein patriarchaler.

Laudine, hilflos gegenüber einem solchen Helden, antwortet mit dem zweiten patriarchalen Bruch. Sie lässt ihn ziehen, wahrt aber ihre feenhaften Züge dadurch, dass sie von ihm verlangt, nach Ablauf genau eines Jahres wieder da zu sein, sozusagen als sein eigener Nachfolger. Milder kann ihre Forderung wohl kaum sein: Sie schont sein Leben und akzeptiert seinen Freiheitsdurst; sie verlangt nur, dass er das mythische Jahr einhält. Denn die Stadien Initiation, Heilige Hochzeit, Tod und Wiederkehr des Heros müssen genau eingehalten werden, um mit den kosmischen Abläufen in Balance zu bleiben; gemeint ist damit das astronomisch exakte Zusammenspiel von Mond (Göttin–Fee) und Sonne (Atmosphäre–Heros). Deshalb ist Ywains verpasste Rückkehr so tragisch, denn sie ist nach matriarchaler Auffassung ein Verstoß gegen die Gesetze des Universums. Ywains Grund für dieses ungeheure Vergehen, das seine Verantwortungslosigkeit im magische Sinn zeigt, ist banal: Er hat die Rückkehr über den Tafelfreuden beim patriarchal-feudalen König Arthur schlicht vergessen. Entsprechend trifft ihn Laudines magische Strafe. Sie lässt ihn nun selbst aus der kosmischen Ordnung fallen, er wird wahnsinnig. Dieser Wahnsinn ist zugleich eine Folge der erotischen Kraft der Göttin, denn es ist Liebeswahnsinn. Wird der göttliche Eros verscherzt, fällt der Mann aus diesem alles verbindenden, kosmischen Prinzip heraus, aus der Entrückung wird nun Verrückung. So büßt Ywain seine Weigerung zu sterben mit einem besonders schmerzhaften totenähnlichen Zustand. Erst nach der Heilung von diesem symbolischen Tod durch zauberkundige Frauen – vermutlich wieder Feen – und einer Kette von Sühnetaten, bei denen er Mitgefühl mit leidenden Wesen lernt und Verantwortung ergreift, kann er als Heros zu seiner Fee zurückkehren, die ihm nun verzeiht (Version von Hartmann von Aue).

Wir sehen also den ganzen Ywain-Roman in seiner ältesten Schicht von der Erfüllung der Göttin-Heros-Struktur matriarchaler Mythologie getragen: Initiation durch den Nachfolger-Kampf, Heilige Hochzeit mit der Göttin (Zeitsprung), symbolischer Tod des Heros und seine Wiederkehr nach einer langen, mühsamen Reise. Dieses Muster entspricht genau der Märchenstruktur mit ihrer doppelten Sequenz. Zugleich aber ist zu sehen, welche typischen Veränderungen dieses älteste Muster erfahren hat. Die klassische Göttin-Heros-Struktur erfüllen Laudine und der Sturmritter. Dann drängt sich der patriarchalisierte Ritter Ywain ein, erobert die Göttin und ihr Land, verfällt aber zugleich ihren Gesetzen. Er oder sein Dichter glaubt, sich nicht daran halten zu müssen, aber dennoch wirken sich die mythologischen Spielregeln, unter denen er angetreten ist, auf seine Geschichte aus, wie diese Analyse gezeigt hat.

Sogar die lange Abenteuer-Kette hat eine wichtige Funktion, nämlich den Helden jene Eigenschaften zu lehren, die er Laudine gegenüber versäumt hat: den Sinn für Verantwortung und Gerechtigkeit. Dadurch trägt er nun zur Balance in der Welt bei. Nachträglich wird jedoch dieser zweite Teil von den mittelalterlichen

Dichtern überladen und aufgeschwellt, um Ywain ins rechte ritterliche Licht zu rücken. Laudine und das mythologische Handlungsschema treten darüber in den Hintergrund, was den Sinn der Sache verdunkelt. Dies dürfte von den mittelalterlichen Dichtern bezweckt sein und wird von den modernen Interpreten durch mühsame, ästhetisierende Konstruktionen, die beide Teile verbinden sollen, überdeckt. Nicht überdeckt werden konnten die „psychologischen" oder „moralischen" Brüche, die in der Tat auf etwas anderes verweisen: auf den unversöhnlichen Zusammenprall zweier Weltbilder und zweier Wertordnungen, der magisch-matriarchalen und der feudal-patriarchalen.

1.2 Das zweite Beispiel: Der Erec-Roman
(Quellen: Chrétien de Troyes und Hartmann von Aue)

Inhalt: König Erec ist auch ein Ritter der Tafelrunde Arthurs. Er gewinnt nach mehreren Abenteuern die schöne Enite, die Tochter armer, aber vornehmer Eltern, zur Braut. Er reitet mit ihr zum Artushof, wo sie von Arthurs Königin selbst statt ihres ärmlichen Gewands ein reiches Kleid erhält; nun ist sie die Schönste am Hof. In sein eigenes Königreich zurückgekehrt, heiratet Erec Enite; bald vernachlässigt er seine ritterlichen Pflichten wegen seiner Frau. Als er diese Schande bemerkt, bricht er mit Enite wieder zu einer Abenteuerfahrt auf, während der er sie ausgesprochen hart behandelt. Sie trägt wieder schäbige, zerrissene Kleider, muss Erec schweigend vorausreiten und ihm wie ein Knappe dienen.

Er besteht gefährliche Begegnungen mit Räubern, mächtigen Alben (Zwergen oder Riesen), feindlichen Schlossherren und Rittern. Immer rettet Enite Erec dabei, indem sie das Schweigegebot bricht und ihn warnt; statt ihr zu danken, bestraft Erec sie jedes Mal. Die Kämpfe werden dennoch immer schwieriger, der letzte und furchtbarste geht gegen Mabonagrin, den Verteidiger eines Zaubergartens, in dem eine schöne Dame ruht. Erec besiegt ihn nach einem erbitterten Kampf und befreit Mabonagrin damit aus seiner Gefangenschaft an dem verzauberten Ort. Dafür wird er an Arthurs Hof hoch geehrt, seine Schande ist ausgelöscht. Zuletzt herrschen Erec und Enite glücklich über ihr eigenes Königreich.[347]

Bewusster und schärfer als im Ywain-Roman wird der Gegensatz beider Weltbilder und Weltordnungen im Erec-Roman von seinen Dichtern herausgearbeitet. Dem zentralen Paar Erec und Enite steht nämlich ein anderes Paar gegenüber, welches ein Licht auf die Umformungen wirft: Mabonagrin und die Schöne Dame auf dem Ruhebett, just an dem Ort, wo Erec seinen schwersten Kampf zu bestehen hat (Joie de la Court-Episode). Wir nähern uns der Sache am besten, wenn wir auch hier von den „psychologischen" Brüchen ausgehen, welche die mittelalterlichen Dichter nicht verdecken konnten und welche den modernen Literaturwissenschaftlern wie-

---

347 Vgl. zur Erec-Interpretation und Erec-Struktur Hugo Kuhn: „Erec", in: Hugo Kuhn: *Dichtung und Welt im Mittelalter,* 1959; ebenso R. S. Loomis: *Arthurian Tradition,* Teil 2.

derum Anlass zu vielen weit hergeholten Interpretationen gegeben haben: Warum behandelt Erec, der als ein sehr liebevoller Ehemann geschildert wird, seine offenbar unschuldige und ihm ergebene junge Frau so hart? Seine „Schande", die Vernachlässigung seines Rittertums im Liebesüberschwang für seine schöne Frau, hat er doch selbst provoziert, und er ist von Enite nur indirekt und ohne Vorwurf (in Form einer Klage neben dem Schlafenden) darauf aufmerksam gemacht worden.

Hier müssen wir die Frage anders stellen: Wer war Enite, und welche Eigenschaften hatte sie ursprünglich statt denen, eine fraglos untergeordnete, demütige, keusche Ehefrau zu sein? Den Aufschluss erhalten wir über das Kontrastpaar Mabonagrin und die ruhende Dame.

Diese Dame auf dem Ruhebett ist von überwältigender Schönheit, sie ruht mitten in einem paradiesischen Garten, der sich durch das üppige Wachstum von Apfelbäumen und Heilkräutern auszeichnet. Er ist ein Zaubergarten, denn außer den magischen Äpfeln besitzt er auch einen magischen Luftwall, der ihn unsichtbar, aber wie eine Mauer umgibt; zudem liegt er auf einer Insel mitten in einem reißenden Strom. Das kennzeichnet ihn als eine Jenseitswelt wie viele Anderswelt-Szenarien in der keltischen Mythologie. Diese sind immer Inseln im Meer oder in Strömen und besitzen die magische Liebes- und Todesfrucht, den Apfel. Es erinnert an die Insel Avalon, wo die Fee Morgane, angeblich die Schwester König Arthurs, wohnt und wohin sie ihn nach dessen Tod holte, um ihm mit ihren Zauberäpfeln wieder zum Leben und zu ewiger Jugend zu verhelfen. Genauso wie Fee Morgane, die außerdem eine weise Ärztin ist (Heilkräuter), wohnt die Schöne Dame im Garten; genauso wie Morgane besitzt sie die Luftmauer (die „Fata Morgana"); genauso wie Morgane liegt sie dort ruhend oder schlafend; und genauso wie Morgane ist sie eine große Liebhaberin der verschiedenen Ritter, die trotz der Gefahren in ihren Zaubergarten eindringen. Kurz gesagt, sie ist die Fee Morgane selbst, nur bleibt sie hier anonym. Morgane geht zurück auf die irische Dreifaltige Göttin Morrigain-Morcades und die walisische Modron, eine sehr alte Muttergöttin, die auch als Liebes- und Todesgöttin auftritt.

Im „Erec" ist Mabonagrin der Partner dieser feenhaften Dame, der Fee Morgane ohne Namen, und auch bei dieser männlichen Figur findet sich ein „psychologischer" Bruch: Warum kämpft Mabonagrin so mörderisch gegen Erec, der doch als sein Befreier aus der Gefangenschaft des Zaubergartens auftritt, den Mabonagrin aus eigener Kraft nicht verlassen kann? Hätte er nicht allen Grund, seine Niederlage als Bedingung seiner Freiheit herbeizuwünschen?

Mabonagrin geht namentlich direkt auf den Sonnenheros Mabon, den Sohn und Liebhaber der Muttergöttin Modron, zurück. Wie dieser verhält er sich: Er trägt eine rote Rüstung und rote Waffen – Rot ist in der keltischen Mythologie die Farbe der untergehenden Sonne. Seine Kraft ist an den Sonnenlauf gebunden; sie wächst mit steigender Sonne bis zum Mittag, so dass Erec ihn nicht besiegen kann; erst mit sinkender Sonne schwindet auch seine Stärke, und er unterliegt. Mabonagrin hatte Land und Liebe der Göttin-Fee durch einen Vorgänger-Nachfolger-Kampf gewonnen, wie er ihn sich nun typischerweise mit Erec liefert. Im Zauberreich der Göttin-Fee fand Mabonagrin dann alle Wonnen, das heißt, er wurde durch ihre Erotik entrückt, der Zeitsprung trat ein. Warum hätte er sich nun wünschen sollen, sie zu verlassen? Sein mythisches Schicksal wäre danach der Tod durch Erec als Nachfolger gewesen (vgl. Sturmritter und Ywain), was zumindest erklären würde, weshalb er sich so erbittert verteidigt. Doch gleichermaßen vehement verteidigt er die Göttin-Fee und ihr Reich.

In diese matriarchale Welt greift Erec nun als „Befreier" ein. Er hat also ein viel stärkeres patriarchales Bewusstsein als Ywain, der lediglich Eindringling in diese Welt war und mit ihren Spielregeln nicht zurecht kam, sehr zu seinem Schaden. Damit Erec die Rolle des „Befreiers" spielen kann, sind aber typische Umdeutungen nötig: Anders als ein Heroskönig strebt Mabonagrin angeblich von seiner Göttin-Fee fort. Das Motiv ist uns schon bekannt: Allzu viel Erotik beeinträchtigt das Prestige des Rittertums, verbunden mit der unterschwelligen Angst vor der Macht der Frau. Mit diesem angeblichen Wunsch, sie zu verlassen, verstößt Mabonagrin, wie Ywain, gegen die matriarchale Wertordnung – was offenbar alle patriarchalisierten Ritter tun müssen. Doch Morgane weiß sich besser zu helfen als Laudine. Sie hält Mabonagrin durch ihren Zaubergarten mit dem Luftwall fest, angeblich gegen seinen Willen, er kann nicht aus eigener Kraft fort – was allerdings für alle Liebhaber Morganes gilt. Diese „Gefangenschaft" ihres jeweiligen Heros ist ein matriarchal-mythologisches Muster um Fee Morgane, und es symbolisiert eher ihre erotische Bannkraft als seinen Freiheitsentzug.

Durch diese massive Umdeutung des mythischen Ablaufs entsteht ein verzerrter Zusammenhang, und darin wird nun Erecs „Befreiung" des matriarchalen Heros von seiner lästigen Göttin-Fee eine große Heldentat. Er verstößt dabei absichtlich gegen alle matriarchalen Regeln. Er „befreit" den angeblich von seiner Dame fortstrebenden Mabonagrin; er tötet ihn nicht, wie er als Nachfolger tun müsste; und er verschmäht zuletzt Land und Liebe der Fee, indem er, anders als Ywain, Mabonagrins Nachfolge nicht antritt. Zurück bleibt die weinende Fee im Garten.

Das ist das Verhältnis des patriarchalen Erec zum matriarchalen Mann. Aber wie ist sein Verhältnis zur Frau? Wir sehen es an seinem Benehmen Enite gegenüber und kehren damit zur ersten Frage zurück: Warum behandelt Erec Enite so hart?

Enite ist das Idealbild der patriarchalen Ehefrau. Anders als die Fee ist nicht sie die Herrin des Landes, des Königreichs, sondern sie ist arm und wird von Erec, dem Besitzer des Königreichs, in einen höheren sozialen Status erhoben. Diese Umkehrung der matriarchalen Verhältnisse in feudal-patriarchale bringt auch eine Umkehrung der Verhaltensweisen mit sich. Da Enite rechtlos ist, kommt es ihr zu, sich demütig zu verhalten, selbst bei ungerechter Behandlung. Erec dagegen ist der Herr und benimmt sich auch so: Er setzt die Regeln für ihr erwünschtes Verhalten fest, das vollständige eheliche Treue einschließt. Ihre Abhängigkeit ist insbesondere damit dokumentiert, dass sie unter den widrigsten Umständen ihrem Mann noch dient, ihn rettet, ihn heilt, ihn „liebt", während Erec beim leisesten Hauch von zu viel Hingabe an seine Frau ihre Erotik brüsk zurückstößt und sich aufmacht, seine

„Schande" zu tilgen. Welch ein Abstand zu der mächtigen, den Kosmos bewegenden Göttin-Fee und ihrem Heros! Aber dieser Abstand ist beabsichtigt. In Glorie steht das patriarchale Idealpaar Erec und Enite am Schluss dem abgewerteten matriarchalen Paar Dame des Zaubergartens und Mabonagrin gegenüber. Enite wird, in typischer Übererfüllung ihrer Pflichten, am Schluss vom Dichter noch dazu geführt, die weinende Fee in ihrem Zaubergarten im Sinn der neuen Sittlichkeit zu trösten. Welch ein Trost!

Dennoch sind sich, entgegen allem Anschein, Enite und die Fee Morgane gar nicht so fremd. Denn was Erec bei Enite beinahe widerfährt, ist auch der Zeitsprung, ein Zeichen der Nähe einer Fee und ihrer Anderswelt. So sehr war er gebannt von ihrer Liebe, dass er die Zeit und die irdischen Dimensionen seines Rittertums vergaß. Es liegt also eine latente Gefahr für Erec in Enite, und wohin dies führen kann, wird drastisch an Mabonagrins Beispiel vorgeführt., der von der Liebe seiner Fee „befreit" werden muss. Das macht deutlich, warum der Frau die Schuld an der „Schande" des Mannes zugeschoben wird und warum sie dafür bestraft werden muss: Keine Macht, auch nicht die der Liebe, darf sie mehr behalten!

Das Motiv des ärmlichen, zerrissenen Gewands bei Enite weist in dieselbe Richtung. Es gibt in der Artusepik Parallelen, in denen stets eine Dame in schlechtem Gewand von ihrem Gatten, neben dem sie daherreitet, barsch behandelt wird, weil sie sich dem Verdacht der Untreue ausgesetzt hat – diese Dame steht für die mythische Schöne Dame auf dem Ruhebett (vgl. am besten im „Parzival"). Diese „Untreue" wurde schon bei Laudine gebrandmarkt, denn sie ist gefährlich. Sie bedeutet mythisch nichts anderes, als dass die Schöne Dame ihren Nachfolger gewählt hat, der demnächst ihren Gatten, den Vorgänger, erschlagen wird. Wir wollen nicht vergessen, dass diese Dame ursprünglich die Fee Morgane ist, die nach dem matriarchal-zylischen Denken ihrem Heros gegenüber zu keinerlei „Treue" jenseits des mythischen Jahres verpflichtet war. Aber dies darf bei patriarchalen Verhältnissen nicht mehr vorkommen! Die Voraussetzung dafür ist, dass die Frau kein Land mehr besitzt, sondern nur noch der Mann, was sie abhängig und gefügig macht. In Form von Züchtigungen vonseiten des Gatten wird nun das neue patriarchale Abhängigkeitsverhältnis an der Gattin exerziert. Diese Vorgeschichte des Verdachts der Untreue ist bei Enite, ihrer patriarchalen Idealisierung wegen, entfallen. Sie erklärt aber den „psychologischen" Bruch, warum Erec seine neuerdings unwandelbar treue Ehefrau noch wie die Schöne Dame unter dem Verdacht der Untreue behandelt und sie fortgesetzt bestraft. Wir sehen, auch hier handelt es sich erneut um einen kulturhistorischen Bruch: Im matriarchalen Wertesystem hat der Mann keinen Anspruch auf „Treue" im Sinn von Besitzdenken. Beim nächsten Schritt bestraft der Gatte seine untreue Frau, als hätte er einen Anspruch darauf. Das Absurde aber ist, dass beim letzten Schritt Erec seine treue Gattin sogar gemäß dem patriarchalen Wertesystem zu Unrecht bestraft – obwohl er als ritterliches Vorbild gilt!

Enites Fähigkeit, den Zeitsprung herbeizuführen, und das Thema des Verdachts der Untreue sind die Nachklänge ihres Prototyps, der Fee Morgane als Liebesgöttin und Göttin der Anderswelt. Noch mehr Ähnlichkeit gibt es zwischen Enite und Morgane in ihrer ersten Gestalt, der Mädchengöttin. Als solche erscheint Morgane als Herrin des Jungfrauenschlosses oder als Königin der Mädcheninsel oder als Besitzerin des Falkenschlosses (Jagdfalken). Ihre Begleiterinnen treten als Amazonen auf, die sich ihre Liebhaber selbst einfangen und sie in gläsernen Gefängnissen (Bergen, Schlössern) eine Weile festhalten.[348] Das „gläserne Gefängnis" ist ein Synonym für den Luftwall, den der Ritter aus eigener Kraft nicht durchdringen kann. Im Erec-Roman sehen wir ebenso Enite zu Anfang auf einem Feenpferd vor Erec daherreiten, das eine geheimnisvolle „Cousine" ihr schenkte. Feenpferde sind weiß oder schwarz mit roten Ohren, und sie haben einen unwirklich schwebenden Gang. Außerdem spielt Enite bei diesem Ritt mit einen Jagdfalken auf ihrer Hand, den Erec ihr als Preisvogel gewann. Hier erscheint Enite bildlich ganz und gar wie Morgane in ihrer Gestalt als Mädchengöttin.

Die Frau auf dem Feenpferd hat noch eine andere mythische Vorfahrin: Rhiannon in der walisischen Mythologie, die in ihrer Anderswelt von Vögeln umgeben ist. Die uneinholbar auf ihrem weißen Pferd reitende Rhiannon ist noch eine Göttin, doch ihr Abstieg ist vorgezeichnet. Als Gemahlin von Pwyll, dem König von Südwales, hat sie ihren Göttincharakter bereits verloren. Auch sie wird durch Strafen gedemütigt und muss ihm dienen, ähnlich wie die gedemütigte Enite ihrem Gatten als Knappe dient.[349]

Auffallend ist ferner, dass Enite wiederholt die Retterin ihres Gatten in gefährlichen Situationen ist, die auf ihrem langen Ritt entstehen. Sie rettet ihn, indem sie ihn vor Unvorsichtigkeit warnt und nach seinen diversen Kämpfen aus Ohnmacht oder Scheintod erweckt. Darin ist der Aspekt der Göttin des Todes und der Wiedererweckung enthalten, was Enite in solchen Situationen merkwürdig mächtig erscheinen lässt. Ferner unterwirft sie sich nicht dem Schweigegebot Erecs, das heißt, sie lässt sich das Macht-Wort, mit dem sie ihm hilft, nicht verbieten. Vor diesem Hintergrund wird nun vollends verständlich, warum Erec Enite so hart behandelt. Er muss ihr jeden Überrest ihrer feenhaften Macht und Unabhängigkeit austreiben, um sich alle ihre Fähigkeiten: Pferdezähmerin, Erotik, Wiedererweckungskraft, dienstbar zu machen.

Damit werden die Übergangsphasen von der matriarchalen zur patriarchalen Konstellation deutlich. Die matriarchale Konstellation ist das Paar: mächtige Fee und ihr ergebener Heros (vgl. Laudine und ihr Heroskönig, der Sturmritter). Die zweite ist das Paar: mächtige Fee und fortstrebender Ritter, der angeblich gefangen gehalten wird oder auf andere Weise ihren Gesetzen verfällt (vgl. Laudine und Ywain, Morgane und Mabonagrin), eine Konstellation, bei welcher der Heros bereits von außen patriarchal interpretiert wird. Die dritte ist gekennzeichnet durch den patriarchalen „Befreier", der den Heros aus seinen Zusammenhängen herauslöst und die Fee machtlos zurücklässt (vgl. Erec mit Mabonagrin und Morgane);

---

348   Siehe zu Fee Morgane Kap. I 7.1.2 dieses Buchs.
349   Siehe den ersten Zweig der Vier Zweige des *Mabinogion*.

sie bedeutet den Zusammenbruch der matriarchalen Konstellation. Die vierte ist dann die massive Patriarchalisierung der Frau, die nun als Abhängige und Gehorsame neben den patriarchalen „Befreier" gestellt wird (vgl. Erec und Enite); die patriarchale Konstellation hat gesiegt.

Nun wird es begreiflich, warum der Kampf gegen das matriarchale Paar Mabonagrin und Schöne Dame im Zaubergarten so erbittert ist. Nach dem Willen des Dichters haben sich Erec und Enite hier moralisch selbst zu überwinden: Erec distanziert sich gegen Mabonagrin von der gefährlichen Anziehungskraft der Erotik; Enite distanziert sich gegen Morgane von der unerlaubten Macht der Fee. Denn an diesem patriarchal Verbotenen hatten beide einen Anteil. Die Klarheit, mit der dies hier dargestellt wird, zeigt, wie bewusst in diesem Roman die Akzente gegen jeden Überrest matriarchaler Kultur gesetzt sind.

1.3 Das dritte Beispiel: Die Gralsromane um Parcival

(Quellen: die Erzählung um den walisischen Pryderi im Ersten und Dritten Zweig der *Mabinogien*; die walisischen Erzählungen *Peredur*, *Perlesvaus*, *Sir Percyvelle*; *Perceval* oder *Le Conte del Graal* von Chrétien de Troyes; *Parzival* von Wolfram von Eschenbach)

Inhalt: Parcival wird von seiner Mutter, einer Königin, die sich vor Feinden in die Wildnis geflüchtet hat, ohne Kenntnis vom Rittertum erzogen. Einmal jedoch sieht er Ritter durch den Wald ziehen, macht sich aus Weidenruten eine Rüstung wie die ihre und verlässt seine Mutter, um Ritter zu werden. Diese stirbt vor Schmerz. Parcival küsst unterwegs eine Dame und erschlägt ahnungslos einen Roten Ritter, weil er meint, das gehöre zum Rittertum. Am Hof König Arthurs möchte er in die Tafelrunde aufgenommen werden. Zuerst muss er aber Heldentaten vollbringen, was ihm nach einer Lehrzeit bei seinem Onkel gelingt. Nach einer Serie von Abenteuern kommt er zufällig zum Gralsschloss, sieht den Gral und den Herrn des Schlosses, den verwundeten König. Er vergisst zu fragen, wie es ihm ergehe, und wird aus dem Schloss verstoßen. Unterwegs trifft er eine Cousine, die um einen erschlagenen Mann der Sippe klagt und in eine Einsiedelei zieht. Wieder am Hof Arthurs, wird Parcival zum Ritter der Tafelrunde erhoben und zugleich von der Gralsbotin, die plötzlich auftaucht, wegen der unausgesprochenen Frage im Gralsschloss verflucht. Als Verfluchter meidet er die Menschen, zieht einsam durch die Wildnis, gelangt zuletzt zu einem weiteren Onkel, der Einsiedler ist und ihn über seine Schuld belehrt. Durch die Buße gereinigt, findet Parcival das Gralsschloss wieder, stellt die richtige Frage und erlöst damit den Gralskönig, der ebenfalls einer seiner Onkel ist, vom Leiden. Darauf wird Parcival selbst Gralskönig.[350]

---

350 Vgl. zur Parcival-Interpretation und Parcival-Struktur J. Bumke: *Wolfram von Eschenbach*, Stuttgart 1964; vgl. Jean Markale: *Die keltische Frau*, München 1984; Markale kommt unabhängig von mir zu analogen Ergebnissen, was das Gralsthema betrifft. – Vgl. ebenso R. S. Loomis: *Arthurian Tradition*, Teil 5.

Parcival ist in den Grals-Legenden des Lancelot-Zyklus, die um die Achse Lancelot–Galahad zentriert sind, eine Nebenfigur, lediglich Wächter des Grals, aber nicht sein Wiederbringer. In den eigentlichen Gralsromanen tritt er dagegen als Gralskönig in den Mittelpunkt. Diese Romane sind recht kompliziert, weil sie, keineswegs nahtlos, zwei Traditionsstränge verschränken: die Rache-Frage und die Gralsfrage. Abgesehen davon enthalten sie noch zahlreiche „psychologische" Brüche.

In der Rache-Frage geht es darum, den Tod oder die Verwundung von Verwandten zu rächen, die Fehde geht zwischen Parcivals Clan und dem Clan der Roten Ritter. Es ist ein reines Vendetta-Thema, in dem sich beide Sippen gegenseitig ermorden. Davon ist in Parcivals Jugendgeschichte die Rede: der Tod von Parcivals Vater, der Verlust seines Königreichs, die Flucht seiner Mutter mit dem Kind in die Wildnis. Ebenso weisen blind verlaufende Episoden des Stoffs darauf hin: die Klage der Cousine um einen erschlagenen Verwandten, das Motiv des zerbrochenen Rache-Schwerts; hinzu kommt die Handlung Parcivals, deren Sinn aus dem vorliegenden Zusammenhang nicht verständlich wird: das Erschlagen eines Roten Ritters. Wir fragen uns nach dem vollen Gehalt dieses Traditionsstrangs, der aus den Texten nicht hervorgeht und bei den christlichen Interpreten des Parcival-Stoffs nicht berücksichtigt wurde. Damit verknüpft ist das „psychologische" Problem, warum Parcival, äußerst gefährdet als das letzte Glied einer in Vendetta befindlichen Sippe, eigentlich so naiv bis dümmlich auftritt, wo er zum Überleben und zur Rache doch alle Verstandeskräfte nötig hätte!

In der vielfach interpretierten und mit einer dicken Schicht christlich-mystifizierender Spekulationen zugedeckten Gralsfrage – der unausgesprochenen Frage – geht es um das Thema, wie Parcival den Gral findet, sich im Gralsschloss falsch verhält, verstoßen wird und nach langer Zeit der Läuterung das Gralsschloss wiederfindet und dort König wird. Das Rätsel in diesem Stoff, das die „psychologischen" Brüche erzeugt, ist die Frage nach Parcivals Schuld. Denn er vergisst vor Staunen über die Wunder des Gralsschlosses zu fragen, wie es dem verwundeten Gralskönig wohl gehe; für dieses kindlich-harmlose Vergehen wird er verflucht und büßt wie ein großer Sünder jahrelang. Absurd daran ist, dass Parcival selbst seine Schuld nicht kennt, er hadert wie ein Unschuldig-Schuldiger und weiß nicht, was er tun soll. Um dieses Rätsel zu lösen, ist von den Literaturwissenschaftlern die gesamte mittelalterliche Theologie bemüht worden, mit wenig Erfolg. Denn der Einsiedler-Onkel gibt Parcival eine Antwort auf die Frage nach seiner Schuld, die mit dieser Theologie keineswegs übereinstimmt: Er sei schuldig, weil er seine Mutter verlassen habe und diese vor Kummer darüber gestorben sei. Eine seltsame Schuld für einen christlich-patriarchalen Gralssucher, als der Parcival immer hingestellt wird!

Meine These ist, dass weder das Gralsthema christlich noch Parcival ein patriarchaler Gralssucher ist. In den Gralsromanen ist nur eine einzige Szene von den Dichtern mit christlichem Vokabular versehen worden, die Szene beim Einsiedler-Onkel, der Parcival Religionsunterricht gibt. Dies wird die heikelste Szene des Stoffs gewesen sein, denn dieser Onkel unterrichtet Parcival eigentlich in einer anderen Religion als der christlichen. Aber ihre verfälschende Umdeutung genügte, um von daher den gesamten Stoff im christlichen Licht erscheinen zu lassen, was von den Literaturwissenschaftlern bis heute in aller Breite ausgeführt worden ist. Die Reaktion der mittelalterlichen Kirche spricht gegenüber diesen Mystifizierungen des Grals eine andere und deutlichere Sprache. Sie hat die Grallegenden nie als echt christlich anerkannt und das Anhören von diesen Erzählungen in ihr Sündenregister aufgenommen.

Wir stehen vor der Frage: Was ist dieser pseudo-christliche, mühsam kaschierte Gral? Das ist übrigens auch die Frage, vor der Parcival stand. Anstelle der angesichts der Schmerzen des verwundeten Königs albernen Frage, wie es ihm wohl gehe, hätte er fragen sollen: Was ist der Gral? Dann wäre er unverzüglich in die Geheimnisse der vorchristlichen Verehrung des Grals eingeweiht worden.

In den verschiedenen Legenden um ihn erscheint der Gral in vielerlei Gestalt: als Schale, als Schüssel oder Kessel, als Kelch oder als Horn, die genaue Form ist offenbar unsicher. Immer aber hat dieses Gefäß die Fähigkeit, unerschöpflichen Reichtum hervorzubringen, nämlich alle Früchte der Erde als Speisen und Getränke, zudem verbreitet es Freude um sich, und die Menschen in seiner Nähe bleiben ewig jung. Der Gral hat Parallelen in der gesamten matriarchalen Mythologie Europas, die später durch die Indoeuropäer patriarchalisiert wurde: als Reichtum spendendes, unerschöpfliches Füllhorn in der griechischen Mythologie; als Kessel, der immer voll Fleisch oder Met ist, in der germanischen Mythologie; als Kessel der Inspiration, gefüllt mit geistigen Getränken, in der keltischen Mythologie; in der letzteren schenkt er auch alle magische Weisheit und Kunst.[351] Stets ist er in Besitz einer Göttin. So wird das griechische Füllhorn von einer Göttin getragen, welche die Gaben der Erde im Überfluss schenkt (vgl. auch „Pandora", die „Allschenkende" mit ihrer sogenannten „Büchse"). Der Kessel der Inspiration gehört der keltischen Göttin Cerridwen oder ihrer Tochter Brigid, aus ihm inspiriert sie die Dichter und Sänger. Der germanische Met- oder Fleischkessel, der unerschöpflich ist, gehörte ursprünglich der Göttin Freyja, bevor er vom germanischen Gott Thor gestohlen wurde. In der irischen Mythologie gibt es einen Kelch, der von der Göttin Flaith oder Erin, der Personifikation des Landes Irland, getragen wird. Wenn sie ihn einem Mann zum Trunk überreicht, ist dieser als König von Irland und Gemahl der Göttin Erin für ein mythisches Jahr erwählt. Denn sie ist die „Sovranty of Erin", die Souveränität des Landes, an der er als König teilhaben darf.

Dies alles ist der Gral. Wie beim Füllhorn oder dem unerschöpflichen Kessel quillt aus dem Gral die Fülle der Nahrung hervor, welche die Erde wachsen lässt. Damit ist er ein Symbol für den mütterliche Schoß der Erde, die alle ihre Kinder ernährt. Wie der Kessel der Inspiration schenkt auch der Gral geistige Getränke und Freude; damit ist er ein Symbol für das geistige Licht und die Weisheit der Göttin – und nicht des Heiligen Geistes Gottes in Gestalt der Taube, wie die christliche Umdeutung uns weismachen will. Am klarsten tritt die Bedeutung des

---

351 Siehe hierfür und für das Folgende Kap. I dieses Buchs, insbesondere I 7.1.

Grals bei der Kelchüberreichung durch die Göttin Erin an ihren erwählten König hervor. Es ist die Initiationshandlung für den neuen König und die unmittelbare Aufforderung zur Heiligen Hochzeit. In ihrem Geist ist er nun Hüter des Landes, das durch die Göttin und ihren Gral verkörpert wird, und durch die Heilige Hochzeit mit ihr wird er magisch verantwortlich für das Gleichgewicht auf Erden und im Kosmos. Der Gral steht symbolisch für die Göttin selbst in ihren verschiedenen Aspekten, was überdeutlich wird, wenn aus diesem „Kessel" sogar Tote wieder ins Leben zurückkommen können.[352] Damit ist der Schoß der Göttin gemeint, aus dem alle Wesen durch die Wiedergeburt ins Leben zurückkehren. Diese Eigenschaften kennzeichnen den Gral als das umfassendste und allgemein europäische Symbol für die Göttin.

Wenn wir die Parcival-Romane analysieren, verraten sie genau dies in ihren Bildern. Auch hier wird der Gral von einer jungen, überaus schönen Frau getragen, niemals von einem Mann. Das steht im Gegensatz zu den ausschließlich männlichen christlichen Priestern, welche die Abendmahlskelche halten, was uns zeigt, das der Gral nie ein Abendmahlskelch gewesen ist – wie es die christlich-mittelalterliche Interpretation will. Sobald Parcival durch die Belehrung vonseiten seines Einsiedler-Onkels versteht, was der Gral ist, und zum Gralsschloss zurückkehrt, überreicht ihm die schöne Gralsträgerin den Gral – genauso wie Erin ihrem erwählten König. Ausschließlich durch dieses Ritual wird Parcival Gralskönig und kann nun das gestörte Gleichgewicht im Gralsschloss, symbolisiert durch den verwundeten Vorgänger-König, heilen.

Das Gegenteil der wunderschönen Gralsträgerin ist die Gralsbotin, sie ist abgrundtief hässlich. Sie tut auch das Gegenteil: Statt Parcival zu erhöhen, stößt sie ihn mit ihrem Fluch in einen Abgrund, weil er beim ersten Mal den Gral nicht erkannte und an sich vorüberziehen ließ. Für Jahre lebt er als Verfluchter in der Wildnis, vor der Gesellschaft vernichtet, sozial gesehen ein totenähnlicher Zustand, bis ihn die schöne Gralsträgerin bei seinem zweiten Besuch auf dem Gralsschloss daraus erlöst. Gralsbotin und Gralsträgerin sind das Doppelgesicht derselben Göttin in Gestalt der dunklen, abstoßenden Todesgöttin (dritter Aspekt) und in Gestalt der lichten, schönen Wiedererweckerin aus dem Tod (erster Aspekt). Diese Doppelgestalt der Göttin kommt ebenso in den irischen Mythen um die „Sovranty of Erin" vor, die dem Helden zuerst in der hässlichen Gestalt des winterlichen Irlands erscheint (Todesaspekt) und Kuss oder Umarmung als Liebesbeweis von ihm fordert. Nur diesem, der dies wagt, erscheint sie gleich darauf in der lieblichen Gestalt des frühlingshaften Irlands (Lebensaspekt), und er wird ihr König durch die Heilige Hochzeit.[353] Der zweite Aspekt der Göttin als Schenkerin der Liebe ist in der schönen Gralsträgerin enthalten, denn auf die Gralsüberreichung folgt notwendigerweise die Heilige Hochzeit zwischen Parcival und ihr, die das Gralsland verkörpert. In den verchristlichten Gralsromanen ist dies völlig ausgeblendet, denn die

---

352 Siehe Zweiter Zweig des *Mabinogion*.
353 Siehe Kap. I 7.1.3 dieses Buchs.

Gralsträgerin muss immer eine keusche Jungfrau im sexistischen Sinn sein. Deshalb werden andere Frauengestalten eingeschoben, die an der Seite Parcivals und von seinen Gnaden Gralskönigin werden dürfen – die übliche patriarchale Konstellation: Blanchefleur bei Chrétien de Troyes und Kondwiramurs bei Wolfram von Eschenbach. „Kondwiramurs" heißt immerhin noch „zur Liebe führen", eine schöne Assoziation des Dichters. Dass ursprünglich die erhabene Partnerin Parcivals jedoch die Dreifache Göttin des Grals selbst war, geht aus einer anderen Episode hervor. Darin heißt es, dass Parcival auf seinen einsamen Ritten einmal von einem geschossenen Raben drei Blutstropfen im Schnee sieht, daneben liegen ein paar schwarze Federn. Angesichts dieser drei Farben Weiß-Rot-Schwarz fällt er in tiefe Liebestrance, denn er fühlt seine Sehnsucht nach Konwiramurs (Eschenbach) oder entdeckt seine Liebe zur schwarzhaarigen Blanchefleur (Troyes). Die Liebessehnsucht ist so stark, dass er in eine Entrückung wie bei einem Zeitsprung gerät, aus der er von Dritten nur mit Mühe geweckt werden kann. Das Rätsel ist einfach zu lösen: Parcival erblickt in diesen drei heiligen Farben die Dreifaltige Göttin selbst, und seine Sehnsucht gilt dem Gral, der sie symbolisiert. Denn er ist ein matriarchaler Göttinsucher.

Als er die Göttin mit dem Gral endlich gefunden hat und König des Graslandes geworden ist, ergrünt und erblüht dieses in der schönsten Fruchtbarkeit. Es ist nun so reich und üppig, wie es vorher, als der verwundete König im Gralsschloss regierte, steril war.[354] Bezeichnenderweise war dieser Vorgänger-König an den Genitalien verwundet, was ihn und das Land unfähig zu jeder Lebenskraft machte. Jetzt wird verständlich, warum Parcivals unausgesprochene Frage im Gralsschloss schuldhaft war. Seine Naivität, sein Unwissen hatten katastrophale Folgen für das Land. Es blieb unfruchtbar, was Hunger und Tod bedeutete, weil Parcival nicht zur rechten Zeit seine Nachfolge als Heros und Heiliger König der Göttin des Grals antrat. Wie der säumige Ywain störte er damit die kosmische Ordnung und überließ die Erde der Verwüstung. Daher zeigt die Verfluchung dieser beiden Helden Parallelen: Beide Male kommt die Botin der verlassenen Göttin-Fee zum Hof des Keltenkönigs Arthur – ein Ort, wohin der matriarchale Göttinsucher nicht gehört – und verflucht ihn dort. Parcival fällt damit wie Ywain aus der sozialen Rangordnung dieses patriarchalen Königshofs und irrt allein durch die Wildnis, doch nur, um wie Ywain nach langer Suche die matriarchale Welt der Göttin-Fee wiederzufinden.

Aber noch ist nicht klar, worin die Ursache von Parcivals Naivität und Unwissen liegt, die seine Verfehlung nach sich zieht. Was ist denn seine bewusste Schuld? Sein Einsiedler-Onkel belehrte ihn ursprünglich wohl nicht nur über den Gral und dessen Bedeutung, sondern auch über seine Schuld: Er hat seine „Mutter" verlassen, auf herzlose Weise. Das heißt, er wendete sich von der Muttergöttin ab, weil er unbedingt ein Ritter werden wollte. Dem patriarchalen Rittertum strebte er nach,

---

354 Siehe das Motiv des „Wasted Land" um den walisischen Pryderi, den Vorläufer Parcivals, in: Dritter Zweig des *Mabinogion*.

also genau den Feinden seiner Mutter, vor denen sie ihn in der Wildnis des Waldes bewahren wollte. Über dieser Verirrung versäumte er, von ihr die Grundkenntnisse über das matriarchale Weltbild und den Gral zu erfahren, was seine Unfähigkeit nach sich zog, seine Aufgabe als Heiliger König zu erfüllen und das verwüstete Land mit den traurigen Menschen darin zu erlösen. Seine Mutter sah es voraus, und darüber starb sie vor Schmerz. Schritt für Schritt müssen nun Parcivals väterliche Ratgeber, die alle Brüder seiner Mutter sind, ihn über diese massive Schuld belehren und zu seinem Erbe mütterlicherseits, das Gralskönigtum, hinführen.

Wir erkennen Parcival, trotz seiner zeitweiligen Verwirrung, als einen echt matriarchalen Helden, das spricht für das hohe Alter der Gestalt. Statt mit den jüngeren Helden Ywain und Erec matriarchale Verhältnisse nur von außen zu sehen, haben wir mit Parcival die seltene Gelegenheit, sie von innen zu betrachten. Ein weiteres Indiz für den archaischen Charakter der Gralsgeschichte ist die Art, wie hier der Vorgänger abgelöst wird, nämlich nicht durch einen blutigen Nachfolgerkampf, sondern durch eine sanfte Frage. Wie altertümlich sie tatsächlich ist, wird uns bei der Forschung nach Parcivals „Vater" noch deutlicher werden.

„Vater" bedeutet bei matriarchalen Verwandtschaftsverhältnissen nicht den leiblichen Vater, da Vaterschaft unbekannt oder sozial unbedeutend war. Gemeint ist entweder der Vorgänger im Amt oder, noch konkreter, die Brüder der Mutter, die Onkel mütterlicherseits. Sie sind die einzigen Männer, mit denen sich der junge Mann gemäß der Matrilinie als blutsverwandt betrachtet, denn sie tragen denselben Clannamen wie er (Avunculat). Alle Onkel, denen Parcival begegnet, sind seine Mutterbrüder, das heißt, seine sozialen „Väter", und dementsprechend väterlich gehen sie mit ihm um. Schritt für Schritt lernt er das meiste für seinen Weg von ihnen. Der verwundete Gralskönig ist zugleich Mutterbruder und Amtsvorgänger, also in doppeltem Sinn sein „Vater". In den mittelalterlichen Versionen werden als leibliche Väter Parcivals König Pellinor oder König Gahmuret genannt, doch diese sind für Parcival abwesend. Es heißt von ihnen, sie wurden noch vor seiner Geburt getötet. Die Gestalt des „Vaters" Parcivals schillert also zwischen einem verwundeten und einem getöteten König.

Dieser verwundete oder getötete König ist eine sehr alte mythische Figur und bezieht sich auf den Gott Bran. Er ist der sterbende und wiederauferstehende oder, in abgeschwächter Form, der verwundete und geheilte König und der Hochzeitspartner der matriarchalen walisischen Muttergöttin Modron. Der walisische Gott Bran entspricht dem irischen Meeresgott Mananaan Mac Llyr, und so sehen wir den verwundeten König des Gralsschlosses, der auch „Fischerkönig" genannt wird, zuerst in einem Boot. Er erscheint plötzlich auf einem dunklen Fluss und lädt Parcival in sein Schloss ein, dann verschwindet er genauso plötzlich wieder. (Auch das erinnert an die Mythe vom irischen Gott Lug, wie er Conn in sein Schloss einlädt.) Ebenso unvermittelt taucht sein geheimnisvolles Schloss vor Parcival auf, es liegt auf einer Insel in einem reißenden, schwarzen Strom. Das ist eine Metapher dafür, dass es sich in der Anderswelt der Feen befindet – ein Grund dafür, warum es nicht mit Absicht gefunden werden kann. Auch von Bran heißt es, dass er nach seinem

Tod in der Anderswelt lebt, auf einem glücklichen Inselland, wo niemand alt wird. Darum besteht sein Gefolge nur aus Kindern und Knappen. Brans Festbankette sind berühmt, und bei diesen kommt aller verschwenderische Reichtum aus einem Wundergefäß hervor, dem Füllhorn der Göttin. Ähnliches wird vom Gralsschloss berichtet, wo der verwundete König köstliche Festbankette gibt, die aus dem Gral gespeist werden. Parcivals Vater Gahmuret ist nur ein verjüngter Bran. Auch er galt als unermesslich reich und lebte verschwenderisch in Saus und Braus, begleitet von einem Gefolge sehr junger Leute, bevor er in die Anderswelt ging. Der Name des Königs „Pellinor" ist verwandt mit den Königsnamen „Pelles" oder „Pellias". Diese Könige wohnen in Schlössern, die „Corbenic" heißen. „Corbenic" oder „Corbenie" heißt „Gesegnetes Horn" und bedeutet das Füllhorn oder den Gral. Es ist der unter vielen Namen auftretende Bran, der sich hinter ihnen verbirgt, und sie alle gelten als Feenkönige. Sie sind damit den Göttin-Feen zugeordnet und stammen aus einer vor-indoeuropäischen matriarchalen Kulturschicht, vermutlich aus dem vorkeltischen Volk der Britanni. Wie immer also Parcivals „Vater" heißt, er ist der ursprüngliche Partner der uralten Muttergöttin Modron und Parcival sein legitimer Nachfolger.

Nun scheinen sich Tod und Wiederauferstehung des Partners der Göttin in den Gralsgeschichten aber nicht so glatt zu vollziehen wie sonst üblich; irgendein Problem ist dazwischengetreten, das die Komplikationen der Parcival-Erzählungen hervorruft. Der „Vater"-König stirbt sonst auch durch die Schicksalsgöttin und wird alsbald von ihr wiedergeboren, oder er erleidet als symbolischen Tod eine schwere Verwundung und sie heilt ihn, ohne dass sich ein Element von Qual einmischt. Diesmal aber ist der König verwundet und findet keine Heilung, und als er sterben will, kann er nicht sterben. Auch der erlösende Nachfolger ist nicht da, sondern wird in der Wildnis versteckt gehalten; die Verbindung mit ihm ist abgerissen. Als er endlich kommt, erweist er sich als unwissend und unfähig, den Knoten zu lösen. Irgendwie scheint nicht nur die kosmische, sondern auch die matriarchal-soziale Ordnung gestört, und immer spielt das Motiv eines Einbruchs von Feinden eine Rolle: die Roten Ritter. Damit kommen wir zum Problem der Rache-Frage.

Die Roten Ritter sind entweder die Mörder von Parcivals „Vater", oder sie haben dem älteren Gralskönig, Parcivals Mutterbruder und matriarchalem „Vater", die schwere Verletzung zugefügt. Sie verwundeten diesen mit einem Speer an den Genitalien, womit er unfähig für seine magischen Königsaufgaben wurde. Als Folge davon ist sein Land so unfruchtbar und steril wie er, denn das Ritual der Heiligen Hochzeit mit der Göttin, woraus das Leben entspringt, konnte nicht mehr gefeiert werden. Der Speer, mit dem er verwundet wurde, wird als blutender oder brennender Speer beschrieben. Das weist, wie die rote Erscheinung der feindlichen Ritter, auf Sonnen-Attribute hin. Rot war bei den Kelten die Farbe der Sonne bei ihrem Untergang, und der brennende Speer ist ebenfalls ein keltisches Sonnensymbol. Hier wird nun klar, dass es sich keineswegs eindeutig um ein Vendetta-Thema zwischen zwei Sippen – wie manche Literaturwissenschaftler annehmen – handelt, sondern um eine viel größere soziale Erschütterung. Denn wir können diese geheimnisvollen Roten Ritter mit der ersten Eroberungswelle in Europa in Verbindung bringen, die von den Kelten ausging. Diese indoeuropäischen, kriegerischen Eindringlinge kämpften gegen die vor-indoeuropäischen Völker und ihre Feenkönige um das Land, es gab Tod und Verwundung, und die matriarchale soziale Ordnung wurde empfindlich gestört. Nicht überall gelang den Kelten die vollständige Eroberung, wie die Parcival-Geschichten dokumentieren, denn die verborgenen Gralsschlösser sind ein Zeichen dafür, dass an abgelegenen Orten in Rückzugsgebieten die matriarchale Kultur noch lange weiterlebte. Dennoch war für die matriarchalen Könige der Raub des Landes durch die Keltenkrieger gleichbedeutend mit dem Raub der Göttin, die das Land personifiziert. Aus dieser Zeit stammen die Mythen vom Raub der Göttin mitsamt ihrem „Kessel", der ihre Vulva, ihren Schoß symbolisiert.[355] Bei diesem kriegerischen Akt wurde der matriarchale König natürlicherweise „an den Genitalien verwundet" – was eine Metapher für den Verlust der göttlichen Partnerin ist. Denn nun konnte die Heilige Hochzeit, die Himmel und Erde zusammenhält, nicht mehr gefeiert werden. Diese metaphorische Verwundung geschah durch einen Speer, der typisch keltischen Waffe, die in diesem Kontext zum phallischen Symbol wird – wir können es an den überdimensionalen Speeren patriarchaler, keltischer und germanischer Kriegergötter erkennen. Ein blutender Speer existiert denn auch als Gegenstand der Klage im Gralsschloss, durch ihn wurde der Gralskönig verwundet. Wenn dieser Speer in den Klagen außerdem vereint mit einem Gefäß erscheint – entweder steckt er aufrecht in einem „silbernen Pokal" (Gral), umgeben von Blut, oder es ist der Feuerspeer, der in einen „Kessel" voll Blut getaucht wird – dann ist in dieser Sexualsymbolik der Schlag gegen die matriarchalen Könige und ihre Völker mit klarster Brutalität ausgedrückt. Denn sie bedeutet nichts anderes als die Vergewaltigung der Göttin-Fee und ihres Landes, was ihre Verteidiger in tiefen, unheilbaren Schmerz stürzt. Die eindeutige Sprache dieser Symbolik wurde von den mittelalterlichen Dichtern nicht mehr verstanden, die solche Metaphern (wie die Verwundung des Gralskönigs) naturalistisch missdeuteten oder sie in blinden, unverstandenen Motiven in ihren Romanen mitschleppten.

Vor diesem frühgeschichtlich-politischen Hintergrund wird klar, wie außerordentlich wichtig es für die ältere, matriarchale Sozialordnung war, dass Parcival erstens die tödliche Kränkung des Gralskönigs, seines „Vaters", an den Eroberern, nämlich den keltischen Roten Rittern, rächt und zweitens, dass er den Gralskönig von der Speerwunde „heilt", indem er den Gral, das heißt, die Göttin und das Land wiederfindet und als sein legitimes Erbe zurückgewinnt. Das ist die logische Verbindung der beiden scheinbar auseinanderfallenden Themen: der Rache-Frage und der Gralsfrage. Bekanntlich vollbringt Parcival beides, wenn auch unter Schwierigkeiten. Zunächst bleibt er in den Grundzügen der matriarchalen Kultur und

---

355 Siehe zum Beispiel Branwens „Kessel", der durch irische Kelten geraubt und missbraucht wurde (Zweiter Zweig des *Mabinogion*), ebenso Freyjas „Kessel", den die Riesen hüteten und der vom germanischen Gott Thor geraubt wurde (Götterlieder der Edda), vgl. Kap. I 7 dieses Buchs.

der damit verbundenen Sozialordnung unwissend, weil er vor den Feinden seines „Vaters" und seines Volks im Wald versteckt groß werden musste. In seiner Naivität nimmt er sich sogar die patriarchalen Ritter, seine Erzfeinde, zum Vorbild und will werden wie sie. Das musste seiner Mutter Herzeleide, die ihn nicht daran hindern konnte, das Herz zerreißen. Doch mit derselben Naivität erschlägt er kurz darauf einen Roten Ritter, den Mörder seines „Vaters" und Bedränger seines Volks, und damit ist er ein unschuldiger Rächer, ein echter Rache-Engel geworden. Die Ironie des Schicksals will es, dass diese Tat mit einem hölzernen Wurfspeer geschieht, den Parcival als Imitation der Waffen seiner Feinde für sich geschnitzt hat. Ohne zu wissen, was dies bedeutet, schlägt er den Feind also mit dessen eigenen Waffen, und danach trägt er stolz dessen rote Rüstung.

Die Paradoxie Parcivals, ein unschuldiger Rächer zu sein, löst den politischen Knoten aus matriarchaler Sicht. Denn nur als Rächer kann Parcival König werden, Heiliger Gralskönig aber nur als Unschuldiger. Da er beides ist, Rächer und Unschuldiger, kann er nun auf die Suche nach seinem Erbe gehen, und die entscheidenden Schritte in diese Richtung geschehen wieder abseits vom höfisch patriarchalen Ritterleben beim Keltenkönigs Arthur, nämlich bei den Brüdern seiner Mutter. Doch das verfrühte Verlassen seiner Mutter, weil er es den Roten Rittern nachtun wollte, diese Geistesverwirrung verfolgt Parcival: Er versagt auf dem Gralsschloss, seinem angestammten Zuhause, und wird am Hof Arthurs, dieser Heimstätte der keltischen Roten Ritter, wo sein Platz nicht ist, folgerichtig verflucht. Nun irrt er umher, weil er noch nicht versteht, wohin er gehört, bis er darüber wieder von einem Mutterbruder belehrt wird. Parcival findet das Gralsschloss wieder, erfragt nun den Gral, womit er sich als Wissender erweist, und hilft damit seinem Vorgänger-„Vater". Dieser wird gesund und übergibt zugleich die Königswürde an Parcival, den jungen Gralskönig, der seiner Verantwortung für Gral, Göttin und Land gerecht geworden ist. Das ist die zugrunde liegende Bedeutungslinie der Gralserzählungen um Parcival. Wenn wir ihr folgen, haben sich alle „psychologischen" Brüche aufgelöst. Wir wissen nun, warum Parcival so naiv sein musste: Er ist der paradoxe Typ des Rache-Engels, der keine Rachegedanken hat, weil er die grausame Wahrheit noch nicht weiß. Wir wissen auch, warum er unschuldig-schuldig wurde: Aus seinem Erbe geworfen durch die kriegerischen Wirren seiner Zeit hatte er große Mühe, die alte Ordnung zu begreifen und wieder einzurichten. Wir wissen schließlich, wie sich Rache-Frage und Grals-Frage konsequent aufeinander beziehen: Die Lösung der einen war in der damaligen politischen Situation die Voraussetzung zur Lösung der anderen.

Dieser zwanglose Zusammenhang wurde von den mittelalterlichen Dichtern zerstört. Sie waren eifrig damit beschäftigt, die uralte, erotische Symbolik dieser Geschichte, die in der Heiligen Hochzeit zwischen der Landesgöttin und dem König liegt, zu verchristlichen. Je deutlicher diese „heidnischen Züge" in den Bruchstücken noch vorhanden waren, desto stärker forderten sie ihre Mystifizierung heraus. Die Literaturwissenschaftler, welche die Mystifizierung durch eine Unmenge übergestülpter Theologie noch weiter trieben, konnten diesen Zusammenhang nicht wiederentdecken. Befangen in ihren abgehobenen Abstraktionen entglitt ihnen jeglicher sozialgeschichtliche Hintergrund, und die vielfältigen „Brüche", die gar keine sind, traten auf. Das ist bedauerlich, denn die Parcival-Geschichten gehören zu den klarsten Zeugnissen für die tiefgreifenden, sozialen Umwälzungen auf europäischem Boden durch das Aufeinandertreffen des Frühpatriarchats auf die alten, matriarchalen Kulturen.[356]

1.4 Das vierte Beispiel: Der Lancelot-Zyklus und die Arthur-Romane
(Quellen: *Chevalier de la Charrette* von Chrétien de Troyes; Prosa-Lancelot: *Lancelot propre, Queste del Saint Graal, La Mort le Roi Artu;* deutscher Prosaroman von Lanzelot; *King Arthur* von Thomas Malory)

Inhalt: Der Zyklus enthält die ganze Geschichte der Tafelrunde Arthurs. Die Vorgeschichte ist, wie Arthur geboren wurde, wie Merlin ihn belehrte, wie er König wurde, wie er Ginevra als Gattin gewann und wie er die Tafelrunde gründete. Im Zentrum steht die Geschichte Lancelots: Er wächst im Feenland auf dem Grund eines Sees auf, seine Ziehmutter ist die Dame vom See, eine Wasserfee. Sehr jung kommt er zum Hof Arthurs, wird als Ritter in die Tafelrunde aufgenommen, vollbringt erstaunliche Taten, die ihn bald als besten Ritter Arthurs erweisen. Er verliebt sich in die Königin Ginevra, sie erwidert seine Liebe. Als die Königin geraubt wird, befreit er sie aus der Gefangenschaft, wobei er in Ermangelung eines Pferds auf einem Karren fährt; das trägt ihm den Spitznamen „Karrenritter" ein.

Voll Groll verlässt er den Artushof, kommt in die Stadt Corbin, erschlägt dort einen Drachen und heiratet, als Ginevra ihn ohne Grund verstößt, die Königstochter dieser Stadt, die schöne Elaine. Mit Elaine kehrt er zum Artushof zurück, aber die eifersüchtige Ginevra trennt beide. Elaine bringt in einem Kloster Lancelots Sohn zur Welt und stirbt, Lancelot verlässt daraufhin den Hof und geht in die Einsamkeit.

Später kommt Lancelots Sohn Galahad als junger Mann zum Artushof, wird als der edelste Ritter anerkannt und verlässt den Hof sofort wieder, um auf die Suche nach dem Gral zu gehen. Der büßende Lancelot sieht den Gral im Traum. Galahad findet das Gralsschloss mit dem Gral und stirbt in Verklärung. Nach ihm wird sein Begleiter Parcival zum Gralshüter.

Unterdessen wird die Liebe zwischen Lancelot und Ginevra durch einen Ring, den sie ihm gab, aufgedeckt. Ginevra wird des Ehebruchs angeklagt und soll auf dem Scheiterhaufen verbrannt werden. Lancelot rettet sie mit einer Schar seiner Ritter und entführt sie auf seine Burg. Gawain und die Ritter der Tafelrunde greifen Lancelots Burg an, Lancelot gibt Arthur die Königin zurück, sie geht ins Kloster. Lancelot zieht sich nach Frankreich zurück, doch Arthur und Gawain

---

356 Siehe auch die Nacherzählung und Neuinterpretation von Heide Göttner-Abendroth: „Der Heilige Gral", in: *Fee Morgane. Der Heilige Gral. Die großen Göttinnenmythen des keltischen Raumes,* Königstein 2005.

verfolgen ihn mit Krieg. In Frankreich erschlägt Lancelot Gawain im Zweikampf, der alternde Arthur kehrt einsam nach England zurück. Dort hat sich in seiner Abwesenheit sein Neffe Mordred auf den Thron gesetzt. Es kommt zur Entscheidungsschlacht zwischen Arthur und Mordred, in deren Verlauf Arthur Mordred erschlägt, aber selbst tödlich verwundet wird. Der tote Arthur wird von der Fee Morgane, seiner Schwester, auf die Insel Avalon geholt, wo er ewig weiterlebt.[357]

Mit Lancelot haben wir eine sehr alte Gestalt vor uns, die zurückreicht bis auf den vor-indoeuropäischen Gott Lug, den Partner der Erin, der Göttin des Landes Irland. Später wurde Lug keltisiert und hochberühmt und trägt seitdem auch einen überdimensionalen Speer. In mehreren Verwandlungen setzt sich diese Gestalt bis in die Epoche der Arthur-Erzählungen fort, wo sie zur berühmtesten ritterlichen Figur wird.

Noch in seiner zum Ritter stilisierten Gestalt hat Lancelot eine mysteriöse Jugend. Er wird von Nimuë, der Dame vom See erzogen, von der offen gesagt wird, dass sie eine Fee ist und ihr wunderbares Feenreich am Grund eines Sees liegt. Nimuë ist eine verjüngte Erscheinung der Wassergöttin Dana und steht damit mythologisch der Fee Morgane nahe. Lancelot ist also ein Feensohn und wird versteckt gehalten, wie schon der gefährdete Knabe Parcival. In dieser Jugend erhält er außerordentliche Eigenschaften von seiner göttlichen Mutter geschenkt: die absolute Überlegenheit im Kampf und eine hohe Fähigkeit zur Erotik im matriarchalen Sinn. Damit ist er prädestiniert zum besten Ritter und zum großen Liebhaber. Außerdem erhält er einen magischen Ring, der ihn alle Zauberei durchschauen lässt, das heißt, er ist auch in das spirituell-magische Wissen der Göttin eingeweiht. Als er die Menschenwelt betritt, erhält er von ihr Feenpferd und Feenwaffen, und er reitet immer in ihren Farben: Selbst schwarzhaarig, trägt er eine weiße Rüstung und ein Schild mit drei roten Querbalken; ein andermal wechselt er beim Turnier Pferd, Rüstung und Waffen von Weiß nach Rot zu Schwarz. Das ist ein Hinweis, dass seine Gestalt matriarchaler Herkunft ist und wesentlich älter als die keltischen Roten Ritter. Gawain – obwohl auch er ältere Züge besitzt – erscheint in diesen Romanen als keltisierter Ritter, denn er reitet in roten Waffen und mit goldenem Schild, typische spätere Sonnensymbole.

Lancelot hat zwischen seinen wechselnden Abenteuern und Liebesbeziehungen, besonders zu Arthurs Königin Ginevra, immer wieder Kontakt zur Anderswelt der Feen und zum Gral: Er ist nicht nur der Sohn der Göttin-Fee in Gestalt der Nimuë, sondern – konsequent nach der Struktur matriarchaler Mythologie – auch der Heros-Geliebte der Göttin-Fee in anderer Gestalt und ursprünglich nur der ihre. Er nähert sich nach klassischem Muster der Göttin durch eine Unterweltreise: Er kämpft mit ihrem Symboltier, dem Drachen, der hier als der Wächter der Göttin erscheint, und danach beginnt seine Jenseitsfahrt. Er liegt durch seine Verwundungen wie tot am Boden und erwacht erst unter den Händen der schön-

---

[357] Vgl. zur Interpretation R. S. Loomis: *Arthurian Tradition*, Teil 3.

sten Frau, die er je gesehen hat, Prinzessin Elaine vom Schloss Corbin. Sie heilt ihn von seinem totenähnlichen Zustand; in ähnlicher Weise heilt sie ihn bei der zweiten Begegnung vom Wahnsinn, den Ginevra verursacht hat, als sie ihn verstieß. Zweimal ist die Göttin in ihrer jugendlichen Gestalt seine Wiedererweckerin, das bedeutet zwei symbolische Wiedergeburten durch sie. Elaine hat die Macht dazu, denn ihr Name weist auf ihren Charakter als Mondfee hin. „Elaine/Hélène" (französisch) und „Helene" (deutsch) sind Varianten von „Selene", der Mondgöttin der griechischen Mythologie. In ihrer Gestalt spiegelt sich noch in dieser späten Zeit die archaische Weiße Göttin des Monds, denn stets tritt Elaine in Weiß und Silber auf, ist klar und licht wie der Mondschein, und dieser überirdische Glanz umgibt sie auch bei der Geburt ihres Kinds Galahad. Auch Galahad, der Mondsohn, erscheint als junger Mann nur in reinem Weiß. Lancelot darf nach seinen Jenseitsfahrten und nach der Wiedererweckung durch Elaine als Gemahl der Göttin-Fee auf einer Glücklichen Insel im See mit ihr leben, und diese Insel ist erfüllt ist von Blumen, Vogelgesang, fruchtbaren Feldern und Obstbaumhainen. Dort findet er unendliche Freude und tiefen Frieden nach den Liebesqualen durch Ginevra. Es ist die elysische Anderswelt der Feen, wo er wohnt, dorthin ist er entrückt. Denn niemand am Artushof kann herausfinden, wo er weilt. Dieser glückliche Zustand währt allerdings nur vorübergehend, nämlich ein mythisches Jahr lang. In selten klarer Kombination finden wir also bei Lancelots Gemahlin Elaine alle Züge der Dreifaltigen Göttin verbunden: nicht nur die paradiesische Liebes- und Todesinsel als Jenseitswelt, sondern auch ihren Charakter als Weiße Mondgöttin. Ebenso klar erfüllt Lancelot das klassisch matriarchale Herosmuster: Er erlebt eine Initiation durch den Drachenkampf, er geht durch Tod und Wiederkehr und feiert danach die Heilige Hochzeit mit der Göttin-Fee. Tod und Wiederkehr treten hier als das typische Verwundungs-Heilungs-Motiv auf.

Das Schloss der Fee Elaine heißt „Corbin", eine Abkürzung von „Corbeni", das Schloss des „Gesegneten Hornes" also, was das Füllhorn oder den Gral der Göttin meint. Als „Vater" der Elaine wird König Pelles genannt, das heißt, er ist Lancelots Vorgänger-König. Pellias hieß aber bereits Lancelots „Vater" als Ziehvater bei der Dame vom See, ebenfalls sein Vorgänger-König, den er friedlich ablöste. Mit diesen Namen stellen sich nun die Identitäten heraus: Jedes Schloss „Cobenic" oder „Corbeni(e)" oder „Corbin" gehört der Fee Morgane, in ihrer Nähe hat der Gral die Form des Füllhorns, sie ist die Herrin aller paradiesischen Jenseitswelten. Elaine steht ihr deshalb mythologisch nahe und ist wohl die Dreifaltige Göttin-Fee Morgane in ihrer verjüngten Gestalt. Wie Morgane, die zauberkundige Ärztin, kann auch sie ihren Geliebten von jedem totenähnlichen Zustand heilen. Die Namen der Feenkönige „Pelles" oder „Pellias" verweisen auf den alten, matriarchalen Gott Bran, Morganes Herospartner, wie wir schon gesehen haben. Hinzu kommt, dass Lancelots wirklicher „Vater" den Namen „Ban" oder „Bron" gehabt haben soll und in der Bretagne in einem Schloss „Corbenic" mit Elaine von der Bretagne lebte. Lancelot ist daher der bretonische „Sohn" des Gottes und Feenkönigs Bran, wie Parcival dessen walisischer „Sohn" ist. Damit ist Lancelot der legitime junge

Feenkönig und Erbe des Füllhorns oder Grals als Heros der Göttin, genauso wie Parcival in Wales. Wir müssen deshalb davon ausgehen, dass es nicht nur ein einziges Gralsschloss gab, sondern mehrere dieser verborgenen Orte, wo der Gral und die matriarchale Kultur der Göttin noch lange in frühpatriarchal-keltischer Zeit weiter gehütet wurden: eins in Wales, eins in der Bretagne, vermutlich auch eins in Cornwall, in Schottland und an den vielen Orten in Südengland, wo die Göttin-Fee Morgane ihre geheimnisvollen Nebelinseln und Schlösser aus Glas besaß. Das würde auch erklären, warum der Gral nicht nur eine, sondern viele Formen hat, die man sich regional verschieden vorstellte. Im Lancelot-Zyklus tritt Parcival ebenfalls auf, doch er erscheint neben den Gralssuchern Lancelot und dessen Sohn Galahad hier subaltern, denn er ist lediglich Wächter des Grals.

Die Legitimation Lancelots als künftigen Feenkönig zeigt noch ein anderes, höchst interessantes Symbol: das magische Schwert Excalibur. Angeblich gehört es König Arthur, doch es gibt eine verräterische Geschichte, wie er es gewann. Es heißt nämlich, dass der Feenkönig Pellias an einem geheimnisvollen See im Wald der Wächter des magischen Schwerts war, das eigentlich den Feen gehörte. Denn von Excalibur wird gesagt, dass derjenige, der es besaß, nicht nur unbesiegbar, sondern auch König von ganz Britannien sei. Diese Würde konnte nach matriarchalem Gesetz aber nur die Göttin des Landes Britannien verleihen, die ihren Heroskönig selbst wählte. Auch die Eigenschaften des Schwerts sind verräterisch: Es besteht aus zwei goldenen Schlangen, aus deren Mäulern die Klinge fährt, und wenn man es hochhebt, blitzt es, wenn es niedersaust, donnert es. Darin zeigt sich seine Ähnlichkeit mit der archaischen Doppelaxt als Blitzsymbol, die ausschließlich in der Hand der Göttin war. Dieses Feenschwert reicht niemand anderes als die Dame vom See mit ihrem weißen Arm aus der Tiefe des Wasser heraus, wo sie es gehütet hat. Es würde Lancelot als Nachfolger von Pelles/Pellias gehören, mitsamt der damit verbundenen Königswürde über ganz Britannien. Doch der Eroberer Arthur mit seinem verschlagenen Zauberer Merlin treten dazwischen und gewinnen das magische Schwert durch Betrug und Gewalt – wie nicht anders zu erwarten war. Die Dame vom See muss es ihnen überlassen, doch nach Arthurs Tod nimmt sie es sogleich auf dieselbe Weise wieder in die Fluten zurück. (Die andere Geschichte hingegen, gemäß welcher Arthur als Knabe dieses Schwert in London aus einem Stein gezogen haben soll, ist eine erfundene patriarchale Version.) Dies erklärt, warum Lancelot, der als Jüngling die Kunst des Gebrauchs von Feenpferden und Feenwaffen, einschließlich des Schwerts Excalibur, von König Pellias lernte, nicht nur der unbesiegbaren Champion seiner Zeit ist, sondern als der geborene Verteidiger des Feenreichs zugleich der geborene Gegner des Keltenkönigs Arthur. Seine Gestalt reicht damit über die französische Bretagne, seine Heimat, hinaus, denn er ist der geborene Feenkönig von ganz Britannien – im Gegensatz zum Eroberkönig Arthur. Das Feenvolk betrachtet und wünscht ihn als seinen Befreier, wie schon der Gott Lug sein Volk von den Feinden befreite. Lug ist Lancelots Prototyp: Sein Erscheinen war spektakulär wie auch das von Lancelot; auch Lug ritt auf Feenpferden und besaß Feenwaffen und war dank seines Schwerts, das er von seinem Ziehvater Mananaan Mac Llyr, dem Meeresgott, erhalten hatte, unbesiegbar.[358] Mananaan Mac Llyr ist die irische Version von Bran oder König Pellias, dem Ziehvater Lancelots.

Damit sind die Verhältnisse klar. Doch dieser kulturgeschichtliche Hintergrund ist in den mittelalterlichen Romanen völlig verdunkelt worden und Lancelot, der hier zum loyalen Bundesgenossen von Arthur gemacht wurde, seiner hochpolitischen Rolle beraubt. Wie stimmt das jedoch damit überein, dass Lancelot nicht nur Arthurs Königin Ginevra in Liebe für sich gewinnt, sondern obendrein den völligen Zusammenbruch von Arthurs Herrschaft über Britannien verursacht? Hier tun sich unüberbrückbare „psychologische" Brüche auf, die in Wahrheit radikale politische Brüche sind. Sie zeigen sich insbesondere bei Lancelots mysteriösen Beziehungen zu den Feen, die bisher nie erklärt worden sind, sondern als „Märchenmotive" abgetan wurden. Doch wenn wir ihrer durchaus stimmigen Logik weiterhin folgen, tut sich der ganze Hintersinn dieses Romanstoffs auf.

Galahad ist der Sohn Elaines und Lancelots. Das heißt, er ist der matriarchale Nachfolger Lancelots bei der Göttin und im Feenreich, und als solcher erscheint er dann als der Gralssucher par excellence. Doch bevor er das Gralsschloss findet, hat er unerkannt ein kurzes Gefecht mit Lancelot. Bei diesem ist sein „Vater", Lancelot als Vorgänger-König, das erste und einzige Mal in seinem Leben unterlegen und wird von Galahad, seinem verjüngten Ebenbild, sehr schnell besiegt. Es ist der typische Vorgänger-Nachfolger-Kampf, der unweigerlich Lancelots Tod bedeutet hätte, wäre dieser nicht mit der noch offenen Geschichte von Arthur und Ginevra verknüpft. Gemäß der ältesten mythologischen Schicht, der matriarchalen, wäre Lancelots Geschichte mit seinem Vorgänger-Tod durch den „Sohn"-Nachfolger zu Ende. Doch stattdessen stirbt der junge Galahad: Er findet das Gralsschloss, erblickt den Gral, die Göttin, und sein Leben endet bei diesem Anblick in Verklärung. Das ist ein seltsames Motiv, denn hier sollte die Heilige Hochzeit statt des Todes folgen. Jedoch erklärt es sich aus dem ungelösten, politischen Konflikt in Britannien. Noch ist das Feenvolk durch Lancelot nicht befreit, so dass Galahad nicht der nachfolgende Feenkönig werden kann. Diese Aufgabe muss Lancelot erst vollbringen, und bevor dies geschehen ist, gibt es keine Feenkönige mehr. Daher ist der Weg Galahads eigenartig unwirklich, nämlich fern vom politischen Geschehen und ohne Erfüllung. Eine dunkle Trauer liegt darüber, denn schon seine Mutter, die Fee Elaine, starb bei seiner Geburt.

Um nun herauszufinden, wie es Lancelot gelingt, das Reich Arthurs in Britannien zum Einsturz zu bringen, folgen wir seinem Weg weiter. Dazu betrachten wir nach der Gruppe Lancelot–Elaine/Morgane–Galahad die andere Gruppe Arthur–Ginevra–Gawain. Diese Gruppe war anfangs getrennt von der Lancelot-Mythe, denn der Liebhaber der Königin hieß ursprünglich nicht Lancelot, sondern Gawain. Gawains Prototyp ist Gwri oder Cuchulainn, der später keltisierte Sonnen-

---

358 Vgl. Kapitel I 7.1.3 dieses Buchs.

heros; dessen Partnerin ist die Frühlings- und Blumengöttin Blathnat. Ginevra mit dem Goldhaar ist Blathnats Nachbild, daher die legitime Partnerin Gwri-Gawains. Gawain ergeht es in den mittelalterlichen Romanen dann wie Lancelot: Er wird in die keltische Ritterschar Arthurs eingereiht und damit dessen Vasall und treuer Bundesgenosse vom Typ des Roten Ritters.

Doch Arthur kann sich des Besitzes seiner Gattin nicht recht erfreuen. Öfter finden sich in den Geschichten um Ginevra andere Liebhaber, die sie gewinnen oder rauben. Das wirft die Frage nach Ginevras mythologischer Bedeutung auf, die nicht völlig erloschen zu sein scheint. Als Nachbild der Frühlingsgöttin Blathnat ist auch sie ein Symbol des grünenden, erblühenden Landes. In diesem Sinn sieht man sie beim Blumenpflücken oder in einer feenhaften Kavalkade im Mai. Da König Arthur sich die Herrschaft über Britannien angemaßt hat, fungiert nun auch bei ihm Königin Ginevra als Symbol Britanniens. Darum dürfte er sie nie verlieren, sonst ist es mit der Herrschaft über Britannien vorbei!

Doch leider – oder glücklicherweise – gelingt ihm dies nicht ganz. Denn es taucht ein Entführer Ginevras auf, der junge Prinz Meleagant, der alle Züge eines Frühlingsheros oder Maibräutigams besitzt: Er ist mit Blumen geschmückt und Herr des Sommerlandes (sein Prototyp ist Melwas). Hier schimmert die mythologische Konstellation vom Sommerkönig und Winterkönig hindurch, die je nach Jahreszeit um die Landesgöttin kämpfen. Sie wechselt dabei in zyklischer Abfolge die Seiten und liebt einmal den Sommerkönig, einmal den Winterkönig. In dieser Situation sendet Arthur ausgerechnet seinen Ritter Gawain aus, um die geraubte Ginevra zurückzugewinnen. Das hätte er nicht tun sollen, denn – mythologisch gesprochen – denkt Gawain natürlich nicht daran, Ginevra an Arthur wieder zurückzugeben. Als das Nachbild eines Sonnenheros mit der Assoziation zum lichten Sommerkönig verdrängt er nun Meleagant aus dieser Rolle und liebt Ginevra selbst. So wird er zu dem, was er vorher schon war: der Geliebte und Heros der frühlingshaften Landesgöttin. Sicher dauert es ein halbes Jahr oder gar ein mythisches Jahr, bevor Arthur als der symbolische Winterkönig sie wiedergewinnt.

Diese Geschichte wird noch interessanter, als der Ritter Lancelot dazwischentritt und seinerseits Gawain aus der Rolle des Liebhabers der Königin verdrängt. Auf diese Weise werden die beiden anfangs getrennten Gruppen Lancelot–Elaine/Morgane–Galahad und Arthur–Ginevra–Gawain miteinander verknüpft, und das hat weitreichende Folgen. Gemäß dieser Version schickt Arthur nun seinen besten Ritter Lancelot auf den Weg, um die Königin zurückzugewinnen, und Gawain, der hier bereits zu einer schwachen Figur gemacht worden ist, will ihn begleiten. So reiten sie zu zweit gegen Meleagants Land, und zwischen Entführung und Rückgewinnung der Königin verstreicht genau ein mythisches Jahr. Meleagants Land ist ein schöner Ort: Es besteht aus „Inseln von Glas", wo es nicht zu heiß und nicht zu kalt ist, es gibt keine Unwetter und Stürme und keine Schlangen, das heißt, keine Krankheit und keinen Tod. Es ist ein Paradies mit Fruchtbäumen und einer Quelle, die aus dem Horn des Überflusses (Füllhorn) entspringt. Es herrschen ewiger Frühling und ewige Jugend, und jeder kommt von dort glücklich zurück. Dieses

Land ist eindeutig Morganes Paradies in der Anderswelt, und die Fee ist denn auch nicht weit.

Der Jenseitscharakter des Orts kommt durch seine Unzugänglichkeit zum Ausdruck. Die „Inseln von Glas" liegen in einem schwarzen, reißenden Strom und sind nur durch zwei praktisch unpassierbare Brücken zu erreichen, eine Wasserbrücke, die unter Wasser verläuft, und eine Schwerterbrücke, die aus einer riesigen, mit der Schneide nach oben zeigenden Schwertklinge besteht. Die Unterwasserbrücke weist darauf hin, dass diese Inseln vielleicht auch unter Wasser lagen wie das Feenreich am Grund von Seen. Gawain versucht sich auf der Wasserbrücke, aber dort kommt er nicht weiter und ertrinkt fast. Unterdessen kriecht Lancelot über die Schwerterbrücke und verletzt sich dabei schwer. Jenseits sinkt er ohnmächtig nieder und wird von einer zauberkundigen, schönen Frau geheilt und wiedererweckt. Es ist der symbolische Todesdurchgang beim Eintritt in die Jenseitswelt mit der Wiederkehr. Die schöne Frau heißt hier „Meleagants Schwester", ist aber niemand anderes als Fee Morgane, die Göttin der Glasinseln. Lancelot ist im Grunde ihr Liebhaber und Heros, dementsprechend verhält sie sich: Sie ist sehr liebevoll zu ihm und sperrt ihn in ein Glasgefängnis, um seiner sicher zu sein; wie alle Ritter Morganes kann er aus eigener Kraft nicht fort. Dies sind klassisch matriarchale Motive aus der Feenwelt, in die Lancelot immer wieder eintaucht. Eine späte Erfindung ist allerdings nun seine Verweigerung gegenüber ihren Liebesavancen, und zwar wegen Ginevra, in die er sich schon verliebt hat. Schließlich erbarmt sich die schöne Dame seiner, lässt ihn frei und schenkt ihm – charakteristisch für Morgane – Pferd und Waffen in ihren drei Farben. Danach kämpft Lancelot mehrfach gegen seinen Vorgänger Meleagant und siegt zuletzt im typischen Vorgänger-Nachfolger-Kampf. Er tötet Meleagant, was dem matriarchalen Mythenmuster entspricht, doch ganz gegen ritterliche Sitten verstößt. Eigentlich hat Lancelot jetzt „Meleagants Schwester" gewonnen, doch statt ihrer genießt er nun die Liebe mit Königin Ginevra – was der Verschränkung der beiden obengenannten Gruppen geschuldet ist.

Blieb es bei Gawains Liebe zu Ginevra noch bei der Anlehnung an die zyklische Naturmythe, ohne weitere Folgen, so tritt mit Lancelot als Liebhaber der Königin jetzt das politische Motiv stärker hervor. Denn Lancelot ist kein Frühlingsheros oder Sommerkönig, sondern der legitime Feenkönig des unterdrückten Volks, das er befreien will. Aus der Perspektive matriarchaler Mythologie bedeutet seine Liebe zu Ginevra daher, dass er in der Königin das Symbol der Landesgöttin Britannien zurückgewinnt. Er nimmt sie dem patriarchalen Arthur, der mit Göttinnen nichts anfangen kann, weg und zugleich dem schwachen Gawain, der sie nicht verteidigen konnte. Damit versetzt er Arthurs Ritterwelt – die er schon vorher als geheimer Rebell betreten hat – einen Schlag, was diesmal erhebliche Folgen hat. Dieser Schlag beruht nicht auf Waffengewalt, sondern auf seinem ekstatischen Eros und seinen Beziehungen zur Anderswelt der Feen, und diese beiden Kräfte zusammen haben den patriarchalen Rahmen sprengende Dimension.

Doch Ginevra ist keine Göttin mehr, sondern eine patriarchalisierte Königin, welche von Eifersucht geplagt wird. Vielleicht spürt sie, dass sie nicht die wahre Repräsentantin des Landes Britannien ist. Die wahre Göttin des Landes ist die Gralsfee Elaine, mit der sich Lancelot nach seiner Verstoßung verbindet – in ihr hat er den Gral gefunden. Dass er ihn als großer „Sünder" (Ehebruch mit der Königin) vergeblich zu erreichen versucht und der verchristlichte Gral an ihm vorüberschwebt, ist eine patriarchal-moralisierende Erfindung. Aber durch Lancelots häufige Abwesenheiten vom Hof wird Ginevra noch eifersüchtiger und Arthur nervös, er sendet ihm seine Ritter nach, um zu erfahren, wo er sich befindet. So muss Lancelot schließlich an den Artushof zurückkehren, und die Fee Elaine will ihn unbedingt begleiten. Doch das geht übel aus. Die zornige Ginevra schickt die hochschwangere Elaine fort, was schließlich auf der Rückreise zu einer plötzlichen Geburt und dem Tod Elaines führt. Lancelot verlässt damit den Artushof für immer und versinkt in Schmerz.

Diese Geschichte hätte jetzt keinen Fortgang mehr, wenn nicht die Fee Morgane eingegriffen hätte. Denn noch ist Lancelots politische Aufgabe nicht vollbracht. Sie deckt durch symbolische Gegenstände die Liebe zwischen Ginevra und Lancelot vor König Arthur auf. Ginevra wird von Arthur zum Tod auf dem Scheiterhaufen verurteilt, doch Lancelot rettet die bedrohte Königin in letzter Minute durch eine wilde Attacke und entführt sie. Damit vollzieht er nun vor aller Augen, was vorher schon im Geheimen geschah. Das löst eine langanhaltende, extreme Reaktion bei Arthur aus, denn er verfolgt Lancelot überallhin mit Krieg, obwohl er ihn nicht besiegen kann. Dies aber kann nicht allein mit der Rache des gekränkten Ehemanns erklärt werden, sondern Arthur scheint Ginevra genauso zu verstehen wie Lancelot: als das Symbol des Landes Britannien, das er, wenn er sein Königtum retten will, unbedingt zurückerobern muss. Unter der Bedingung, dass er ihr Leben schont, erhält Arthur die Königin tatsächlich zurück, doch sie entzieht sich ihm und geht „ins Kloster", das heißt, an einen den Kelten verborgenen Ort. Arthur führt jedoch den Krieg gegen Lancelot unablässig weiter, denn er hat nun erkannt, dass die Feenwelt in offener Rebellion gegen ihn steht. Das währt so lange, bis er seine besten Ritter und sogar Gawain, der sein Nachfolger werden sollte, verloren hat. Derart geschwächt verliert er zuletzt sein Königtum im eigenen Land, denn sein Reich geht in einem Akt des Verrats und der Selbstzerfleischung unter. Die keltischen Helden treten ab, wie sie angetreten sind, mit Krieg. Am Ende überleben nur Morgane, Lancelot und Ginevra – im schönen Land Britannien![359]

Das zumindest ist die unterschwellige Botschaft, die im Lancelot-Zyklus steckt, wenn wir ihn aus der Perspektive der matriarchalen Mythologie zu lesen verstehen. Er enthält zugleich die Vision des Feenvolks von einem erneuerten matriarchalen Britannien, nachdem die patriarchalen Invasoren untergegangen sind – eine Vision, die sich in der politischen Realität leider nicht erfüllte.

---

359 Siehe auch die Nacherzählung und Neuinterpretation von Heide Göttner-Abendroth: „Fee Morgane", in: *Fee Morgane. Der Heilige Gral*.

Dennoch blieb die Göttin-Fee Morgane noch im patriarchalisierten Britannien eine machtvolle Gestalt, was ebenfalls auf die leidenschaftlichen Verteidigungskämpfe des Feenvolks zurückgeht. Denn in den Mythen von Schottland gibt es einen Feenkönig Loth von Orkney, der das Reich der Göttin Morcades verteidigte. „Morcades", „Morgause" oder „Morgaise" ist die schottische Variante der Fee Morgane. So jung ihr Heros Loth ist, so berühmt ist er schon, denn der ebenfalls junge König Arthur kann ihn trotz vieler Schlachten nicht besiegen. Zuletzt jedoch überwindet Arthur den König Loth durch Merlins Hinterlist und tötet ihn, womit Arthur den schwelenden Hass der ganzen Feenwelt auf sich zieht. Das zwingt ihn zu einer Bündnispolitik und einem politischen Kompromiss, bei dem Morgane zu seiner relativ unabhängigen „Schwester" gemacht wird, der man jedoch eine Menge Falschheit nachsagt. Die „Falschheit" Morganes besteht darin, dass sie an ihren geheimen Anderswelt-Orten fortgesetzt auf den Untergang des Artusreichs hinarbeitet, was ihr zusammen mit Lancelot schließlich gelingt. Insofern gibt es auch eine mythologische Verbindungslinie zwischen Loth und Lancelot als den kämpfenden Verteidigern der Göttin-Fee. Lancelot ist ein später Nachfahre von Loth, was sich auch in seinem Namen ausdrückt: „Lance-lot" heißt „Lot/h mit der Lanze".

2 Die Tristanerzählungen
(Quellen: Die Romane von Béroul, Eilhart von Oberg, Thomas von Britannien, Gottfried von Straßburg)

Inhalt: Tristan ist der Neffe des Königs Marke von Cornwall. Für diesen kämpft er gegen den usurpatorischen Morholt aus Irland, der in Cornwall einfällt, und besiegt ihn. Die irische Prinzessin Isolt, Morholts Nichte, schwört dem Mörder ihres Onkels Rache. Aber Tristan ist selbst unheilbar verwundet. Er lässt sich in einem Boot ohne Ruder aufs Meer hinaustreiben, um zu sterben, landet aber zufällig in Irland. Isolt, die goldhaarige, heilt ihn, ohne zu wissen, wer er ist.

König Marke möchte heiraten und wünscht die Prinzessin mit dem Goldhaar zur Frau. Tristan sucht sie, landet abermals zufällig in Irland, tötet dort einen Drachen und wird erneut verwundet, wieder heilt ihn Isolt. Dabei entdeckt sie, wer er ist. Aus Dankbarkeit für die Drachentötung verschont sie ihn, Tristan wirbt um sie als Braut für König Marke und findet Gehör. Auf der Schiffsreise trinken Isolt und Tristan aus Versehen einen Zaubertrank, worauf sie sich ineinander verlieben. In der Hochzeitsnacht mit König Marke schiebt Isolt eine falsche Braut unter und weilt selbst bei Tristan.

Tristan bleibt ein Jahr am Königshof, bis er und Isolt verdächtigt werden. Marke weist ihn zornig fort, Tristan findet aber immer wieder Gelegenheit, Isolt heimlich zu treffen. Zuletzt werden sie jedoch überführt und zum Tod verurteilt. Tristan rettet sich durch einen Sprung von der Klippe, befreit Isolt und flieht mit ihr in den Wald, wo sie in der Wildnis ein glückliches Liebesleben führen.

Nach Jahren darf Isolt zu König Marke zurückkehren, Tristan wird verbannt. Er reist nach Frankreich, wo er ein Land von Feinden befreit und die Königstochter heiratet, die Isolt Weißhand heißt. Aber die Sehnsucht treibt ihn zurück nach Cornwall, wo er Isolt Goldhaar einmal in einer Jagdgesellschaft heimlich trifft, ein andermal als Mönch verkleidet, noch andere Male als Spielmann und als Narr. Nach Frankreich zurückgekehrt begleitet er seinen Schwager auf einem amourösen Abenteuer, wobei er von einem zornigen Ritter-Ehemann schwer verwundet wird. Er lässt Isolt von Cornwall rufen, damit sie ihn heilt; diese verlässt Marke und fährt nach Frankreich. Aber seine Frau Isolt Weißhand enttäuscht Tristan durch die Lüge, dass Isolt Goldhaar nicht kommt, und er stirbt. Isolt von Cornwall kommt zu spät und stirbt neben ihrem toten Geliebten. Sie werden von König Marke zusammen in Cornwall begraben.[360]

Im Verlauf der Geschichte von Tristan und Isolt ergeben sich Ähnlichkeiten zur Liebesgeschichte von Lancelot und Ginevra, allerdings sind die Tristanerzählungen weniger höfisch-christlich umstilisiert. Das scheint sie als die älteren Erzählungen auszuweisen, so dass von Literaturwissenschaftlern angenommen wird, die Lancelot-Ginevra-Geschichte habe viel von der Geschichte Tristans übernommen. Doch trotz der Ähnlichkeit einzelner Szenen, die mit Sicherheit übernommen worden sind, ist Vorsicht geboten, was die gesamte Konstellation betrifft. So gibt es Erzählungen, welche die Grundkonstellation sowohl der Lancelot-Geschichte wie der Tristan-Geschichte besitzen, aber viel archaischer sind als diese beiden: die altirischen „Aitheda", was mit „Fluchtgeschichten" übersetzt werden kann.

Bevor wir uns mit diesen beschäftigen, analysiere ich die Tristan-Geschichte. Ihre zweite Hälfte, welche die Verbannung Tristans und die Hochzeit mit Isolt Weißhand als der zweiten Isolt enthält, sowie den reichlich unmotivierten und aufgepfropften Schluss, lasse ich hier beiseite. Sie wird allgemein als eine triviale, aufgeschwellte Fortsetzung der Basiserzählung angesehen, denn in ihr reihen sich Liebesabenteuer mit Isolt Goldhaar ohne inneren Zusammenhang aneinander. In der ersten Hälfte, die Tristans Jugend, die Brautwerbung und die Liebesgeschichte bis zur Flucht in den Wald enthält, können wir sehr bald die matriarchalen Symbolmuster wiedererkennen.

Isolt ist eine wunderschöne, goldhaarige Prinzessin. Sie wohnt auf einer Insel jenseits des Meeres (Irland), die man offenbar nur unter seltsamen Umständen erreichen kann: in einem Boot ohne Ruder und durch Zufall. Genauso gelangt man zu den Andersweltinseln der Feen. Tristan macht seine Jenseitsreise denn auch als Todkranker und hat nur seine Harfe bei sich, auf der er wunderbar spielen kann. Auf der Jenseitsinsel findet ihn die blonde Fee, und er wird von ihr, die

---

360 Vgl. zur Tristan-Darstellung und Analyse der Stoffgeschichte Gertrude Schoepperle: *Tristan and Isolt. A Study of the Sources of the Romance,* Hg. R. S. Loomis 1960 (zuerst 1913); vgl. ferner Helaine Newstead: „The Origin and Growth of the Tristan Legend", I. L. Foster: „Culhwch and Olwen", F. Whitehead: „The Early Tristan Poems", W. T. H. Jackson: „Gottfried von Straßburg", alle in: R. S. Loomis (Hg.): *Arthurian Literature in the Middle Ages.*

eine sehr kluge, zauberkundige Ärztin ist, geheilt. Isolt kann sogar in Abwesenheit heilen wie die Feen Fand und Morgane. Verbunden mit der mysteriösen Inselfahrt, die gleich doppelt vorkommt, ist jedes Mal ein Kampf. Der erste findet gegen den Vorgänger-König Morholt, Isolts „Onkel", statt, auch wenn dies räumlich weit auseinander zu liegen scheint. Doch nach dem Kampf und Tristans Verwundung gelangt sein Boot genau zu Isolts Inselreich. Der zweite geht gegen den mythischen Drachen, den Wächter der Göttin-Fee, damit kein Ungebetener zu ihrer Insel gelangt. Jedes Mal wird Tristan nach diesen Kämpfen in einen totenähnlichen Zustand versetzt. Nach dem ersten Kampf gegen Morholt ist er todwund und dem Sterben nah, und seine Fahrt in einem Boot ohne Ruder ist eine Jenseitsreise. Nach dem zweiten Kampf gegen den Drachen ist er halb verbrannt und bewusstlos. Doch beide Male wird er von Isolt auf wunderbare Weise geheilt; beim zweiten Mal erweckt sie ihn sogar höchstpersönlich wieder. Nach dieser doppelten Initiation, verbunden mit dem doppeltem Tod-und-Wiederkehr-Motiv, darf Tristan zu Recht der Heiligen Hochzeit mit Isolt entgegen sehen. Diese folgt dann auch unweigerlich. Sie wird symbolisch eingeleitet durch die Überreichung eines Kelchs, des „Liebestranks", einer magischen Schale, die zwischen beiden getauscht wird. Damit ist die Göttin-Heros-Konstellation klar erkennbar.

Die Gruppe Marke–Isolt–Tristan, die den zweiten und größeren Teil der Basiserzählung ausmacht und so sehr an die Gruppe Arthur–Ginevra–Lancelot erinnert, ist ebenfalls nicht schwer zu durchschauen: Marke ist der spätere Eroberer-König, der dem Heros die Göttin – und damit das Land – weggenommen hat, worauf dieser sie durch verschiedene Einfälle zurückgewinnt. Das erinnert an die verschiedenen Formen des „Raubs" der Königin Ginevra. Die verschiedenen Einfälle Tristans, durch die er Marke listig überwindet, erinnern deutlich an die kampflosen Heiratsaufgaben als Klugheits- und Geschicklichkeitstests: Harfenspiel, Nachahmen von Vogelstimmen, Herstellen von kunstvollen Holzschnitzeln als Erkennungszeichen, das Schießen mit Zweigen, erstaunlich weite Sprünge und witzige Narrenstücke. Auf jede dieser Werbungen folgt eine glückliche Zusammenkunft mit Königin Isolt. Klugheits- und Geschicklichkeitstests sind viel altertümlicher als der Kampf mit dem Vorgänger-König. Verglichen mit dem höfischen Rittertum der Artuswelt erscheinen die Sitten in den Tristan-Erzählungen allgemein archaischer. So ist der Bau von Markes Schloss Tintagel altirisch, nicht französisch, und in ihm gibt es für das Königspaar und sämtliche Ritter nur einen gemeinsamen Schlafsaal. Darin spielen sich deftige und blutige Szenen ab, zum Beispiel, dass es Fußblöcke mit schneidenden Klingen vor dem Bett der Königin als Hindernisse für Liebhaber gibt. Tristan lässt sich dennoch nicht abhalten; aber weil sein blutbeflecktes Bett ihn verraten würde, schneiden sich seine Freunde absichtlich auch an dem Fußblock, so dass König Marke niemand konkret verdächtigen kann. Auch Tristans Art, Isolt zu umwerben, spiegelt nicht unbedingt höfische Sitten. Welcher Ritter würde sich als Spielmann, als Mönch oder gar als Narr verkleiden, um seine Dame zu treffen? Ferner sind Tristans ausgesprochen handwerkliche Künste, unter denen sogar eigene Erfindungen wie der unfehlbare Bogen sind, nicht gerade Merkmale für Rittertum. Denn die höfischen Ritter verachteten handwerkliche Arbeit. Sie sind jedoch sehr wohl Eigenschaften von altirischen Helden – wie wir schon an dem an handwerklichen Künsten reichen Gott Lug gesehen haben. Auch der paradiesische Ort des Liebeslebens, an welchem Tristan und Isolt Heilige Hochzeit feiern, erscheint viel weniger zivilisiert als die von Gärten umgebenen Schlösser in der Artusepik, denn es ist einfach die Wildnis des Waldes mit Hütte oder Liebesgrotte. Dorthin entflieht das Paar, und auch dieser Zug ist altirisch, ein fester Bestandteil der Aitheda, der Fluchtgeschichten von Liebenden. Die Aitheda enden stets mit dem Tod des sich tragisch liebenden Paares, und ein solches Extrem ist ganz und gar unhöfisch. Keine Minnebeziehung, und sei sie noch so gefährlich in Schuld und Wahnsinn verstrickt, geht in der Artusepik tödlich aus; sogar Lancelot und Ginevra überleben, wenn auch getrennt, den Tod Arthurs. Tristan und Isolt aber sterben, und in einer älteren Variante sogar sehr direkt und weniger künstlich: Sie werden mit falschen Versprechen aus dem Wald gelockt, König Marke lauert ihnen auf und verwundet Tristan tödlich, dieser findet Zuflucht in einem anderen Schloss. Isolt verlässt daraufhin Marke und kommt zu Tristan, der sie sterbend in die Arme nimmt und ihr die Rippen und das Herz zerdrückt – so sterben sie zusammen. Hier erscheinen nur die drei Hauptpersonen am Schluss, und die Rache kommt vom Ehemann selbst, unvermittelt und brutal, fern jeder höfischen Sentimentalität. Wir dürfen dies als den echten Schluss ansehen, denn genauso enden die Aitheda-Geschichten.

In diesen altirischen Aitheda – wie *Diarmaid und Grainne, Naisi und Deirdre, Aillill und Etain* – geschieht stets folgendes: Eine schöne, junge Prinzessin wird, ohne viel gefragt zu werden oder gar gegen ihren Willen, zur Gattin eines Königs gemacht. Deshalb hasst sie diesen und sucht sich bald seinen glänzendsten Vasallen als Liebhaber. Sie ist die Wählende, der Liebhaber der Erwählte, und dieser wird nun zwischen der Loyalität gegenüber dem König und der Liebe zur Königin hin- und hergerissen. Zuletzt gibt er der Liebe nach, und es folgt die Flucht in den Wald oder in eine Gegend außerhalb des Königreichs. Mit falschen Versprechen werden sie zurückgelockt, der Liebhaber getötet und die Königin in die Gewalt des Königs zurückgebracht. Dort stirbt auch sie auf die eine oder andere Weise.

Aus diesem Thema der „ungesetzlichen" Liebe zieht die altirische Literatur ihre tragischen Motive, worin sie die Artusepik an Kraft und Konsequenz übertrifft. Der Konflikt besteht immer zwischen einer ausgesprochen leidenschaftlichen Liebe, die magischen Charakter hat, und einer sozialen Ordnung. Oder genauer: zwischen zwei sozialen Ordnungen, der älteren matriarchalen und der jüngeren patriarchalen, die hier äußerst schonungslos aufeinanderprallen. Denn wir sehen in diesen Sitten bereits den vollzogenen Wechsel vom Matriarchat der Göttin-Feen und ihrer Heroen zum Patriarchat der frühen Kriegerkönige, der sich mit einer Deutlichkeit und Unerbittlichkeit auswirkt, die nichts zu wünschen übrig lässt. Zum Gesetz dieser patriarchalen Kriegerkönige gehört, die früher unabhängigen Erbprinzessinnen – die das Land erbten und verkörperten – gegen ihren Willen an sich zu binden, genau so wie sie das Land eroberten und nun durch Waffengewalt besitzen. Diese unfreiwilligen Königinnen müssen als Gattinnen bedingungslos treu sein, denn mit ihrem Verlust droht dem König der Verlust des Landes, dessen Symbol die Königin für das Volk noch immer ist. Der königliche Gatte betrachtet sie deshalb in jeder Hinsicht als seinen Besitz, genauso wie das Land, mit dem er tun kann, was er will, zum Beispiel eine untreue Gattin töten. Der Liebhaber ist nach diesem Gesetz ein Hochverräter und Verbrecher, der zu Recht mit dem Tod bestraft wird, denn er hat sich angemaßt, dem Kriegerkönig die Königin und das Land streitig zu machen.

Die ältere matriarchale Ordnung kommt dagegen im Verhalten der Liebenden zum Ausdruck: Die Frau ist diejenige, welche ihren Liebhaber wählt – so wie eine Göttin ihren Heros erwählt. Er kann nicht anders als sich ihr ergeben, denn ihre Liebeskraft ist die Lebenskraft schlechthin. Das leitende Prinzip ist nicht Besitz und Macht, sondern der Eros, der magische Kraft hat. Er gilt in matriarchalen Kulturen als das weltschöpferische und welterhaltende Prinzip, was in der Zeremonie der Heiligen Hochzeit zum Ausdruck kommt. Richtig handeln deshalb allein diejenigen, die dem Eros dienen, weil sie damit die Welt im Gleichgewicht halten. „Ungesetzlich" ist diese Liebe daher nur unter dem Blickwinkel der neuen Eroberer, der patriarchalen Kriegerkönige, wie sie zum Beispiel in Marke, Conor, Arthur Gestalt annehmen.

Alle Königinnen in diesen Aitheda-Geschichten, einschließlich der Tristan-Erzählungen und dem Lancelot-Zyklus, beugen sich nicht dem patriarchalen Gesetz, sondern verhalten sich gemäß ihren alten, matriarchalen Werten. Sie wählen ihren Liebhaber frei und geben sich mit ihm dem welterhaltenden Eros hin. Auffallend ist ferner, dass alle diese Liebhaber, im Gegensatz zu den patriarchalen Kriegerkönigen, feenhafte Merkmale haben, die ihren Heros-Charakter betonen. So besitzt Diarmaid magische erotische Anziehungskraft durch einen „Liebesfleck"; Naisi besitzt sie, weil er die drei Göttinfarben trägt: er ist von Angesicht weiß-rot und schwarzhaarig; Aillill hat als Double einen Fremden, der ein Feenkönig ist; Tristan kennt viele matriarchale Künste; Lancelot trägt wie Naisi die drei Göttinfarben. Das heißt, diese Helden werden zu Recht gewählt, denn sie sind die ursprünglichen Partner der Königinnen, vom Typ des matriarchalen Heroskönigs. So gesehen ist der spätere patriarchale König der „Hochverräter", denn er macht die matriarchale Göttin-Königin gegen ihren Willen zu seinem ehelichen Besitz und degradiert den matriarchalen Heroskönig, den er um die Göttin und das Land gebracht hat, zu seinem Vasall. Dass dies zu Anfang nicht ohne offene Gewalt vor sich ging, die sich im Erschlagen des Heroskönigs und in der Vergewaltigung der Sakralkönigin manifestiert, dafür gibt es zahllose Beispiele in den verschiedenen Mythologien.[361] Später wurde diese Gewalt im neuen patriarchalen „Gesetz" verankert.

Wenn dieser kulturgeschichtliche und sozialpolitische Hintergrund berücksichtigt wird, lässt sich die vollständige Aussage dieser Erzählungen von dem ganze

---

361 Siehe Kap. I dieses Buchs.

Reiche zerstörenden Eros genauer erschließen. Die Aitheda mit ihrer schonungslosen Deutlichkeit zeigen, dass die Liebesbeziehung zwischen Königin und „Vasall" als eine offene Revolte der älteren gegen die jüngere, gewaltsam usurpatorische Ordnung betrachtet wurde. Diese Revolte zerstört einerseits die Beziehung zwischen König und Königin und bringt damit den König um seinen dynastischen Nachfolger zur Reichserhaltung. Die Konstellation ist besonders tragisch für den König, weil es noch nicht um den leiblichen Sohn geht – die patrilineare Erbfolge Vater–Sohn hatte sich noch nicht durchgesetzt –, sondern legitimer Nachfolger ist der Neffe, der Schwestersohn, der matrilineare „Sohn" und Erbe. Aber genau diesen „Sohn" nimmt ihm die Königin weg. So verliert der König beide auf einmal, die Königin als Symbol des Landes und den Nachfolger für das Reich, was für ihn doppelt bedrohlich ist. Das sehen wir in der Konstellation Marke–Isolt–Tristan, Finn–Grainne–Diarmaid, Arthur–Ginevra–Gawain, der Arthurs Neffe durch seine Halbschwester Morcades ist. Die Konstellation Arthur–Ginevra–Lancelot ist zwar nicht von dieser Verwandtschaftsbeziehung geprägt, aber dennoch bringt Lancelot den König auch um beides, um die Königin und um den dynastischen Nachfolger, indem er im letzten Zweikampf Gawain, des Königs Neffe und legitimen Erben, tötet. Das bedeutet den Anfang vom endgültigen Untergang des Artusreichs. Hier tritt der andere Aspekt der Revolte des matriarchalen Eros gegen die neue, patriarchale Ordnung hervor: Sie zerstört andererseits auch die Beziehungen der Krieger des Königs untereinander, so dass dessen Reich zuletzt in einem Akt der Selbstzerfleischung auseinander bricht. Dies zeigt die Konstellation Lancelot–Ginevra und die Ritter der Tafelrunde, Naisi–Deirdre und die Ulster-Krieger.

Damit kommen wir zur Ausgangsfrage zurück: die Frage des Verhältnisses der Tristanerzählung und des Lancelot-Zyklus zu den altirischen Aitheda. Es ist deutlich, dass sich in der Grundkonstellation nicht so sehr die Geschichte von Tristan–Isolt und die Geschichte von Lancelot–Ginevra ähnlich sind, sondern eher die Geschichten von Tristan–Isolt und Diarmaid–Grainne und die Geschichten von Lancelot–Ginevra und Naisi–Deirdre. Denn bei der Tristanerzählung geht es wie bei der Diarmaid-Geschichte um die Königin-Neffen-Liebe, die der König am Ende kurz und bündig rächt, ohne dass sein Reich ins Wanken gerät. Demgegenüber spielt beim Lancelot-Zyklus und der Naisi-Geschichte stets eine ganze Staatsszenerie bei der Liebesgeschichte eine Rolle, die im Untergang des Reichs des Kriegerkönigs (König Arthur, König Conor) mündet. Auch Naisi ist wie Lancelot nicht der Neffe des Königs, dafür aber wie jener ein unschlagbarer Krieger mit zwei kampftüchtigen Verwandten: die drei Brüder als Söhne des Usnach. Auch Lancelot hat zwei nahe Verwandte, die mit ihm zusammen kämpfen: seine „Brüder" Lionel und Hektor (oder Bohort), zusammen ebenfalls drei. Obendrein trägt Lancelot wie Naisi die drei heiligen Farben Weiß-Rot-Schwarz, und beide fliehen mit ihrer Königin in ein anderes Land. (Bei Lancelot sind die Flucht mit der Königin und die Flucht in ein anderes Land getrennt.) Die feindlichen Könige Conor und Arthur verfolgen sie bis dorthin. Zuletzt gehen deren Reiche in einem Bruderkrieg unter, der durch Verrat ausgelöst wird (Mordred gegen Arthur, Fergus gegen Conor).

Bedenken wir dies, so können wir nicht mehr annehmen, dass die Grundkonstellationen der Geschichten Tristan–Isolt und Lancelot–Ginevra übereinstimmen und die letztere eine Nachbildung der ersteren, mithin eine „späte Erfindung" sei. Die Grundkonstellationen der Tristan-Erzählung und des Lancelot-Zyklus sind eben nicht ähnlich, sondern jede für sich geht zurück auf eine ihr entsprechende Aithed. (Für die Tristangeschichte und die Diarmaid-Geschichte ist das von der Forschung bereits anerkannt.) Das bedeutet aber, dass Lancelot nicht einfach eine später eingeschobene, einzelne Figur in der Konstellation Arthur–Ginevra–Gawain ist, sondern dass hier eine ganze Konstellation verändert wurde, die auf ein ebenso altes Vorbild in einer Aithed zurückgeht: Arthur–Ginevra–Lancelot auf Conor–Deirdre–Naisi. Mit dieser Konstellation wurde der politische Konflikt im Arthur-Stoff im Gegensatz zu der Gawain-Konstellation erheblich dramatisiert, ja trat überhaupt erst ans Licht: die offene Rebellion gegen die Zwänge des frühen Patriarchats durch den reichszerstörenden, matriarchalen Eros. Allerdings war dies den mittelalterlichen Dichtern nicht mehr bewusst.

3   Die Siegfriedsagen und das Nibelungenlied
(Quellen: *Das Lied vom Drachenhort, Die Vogelweissagung, Sigrdrifumal, Das Alte Sigurdlied, Thidrekssaga, Nibelungenlied*)

Inhalt: Siegfrieds Jugendgeschichte: Siegfried (Sigurd) wird in der Wildnis von einem Zwerg aufgezogen, er lernt von diesem die Schmiedekunst. Er schmiedet sich sein Schwert, mit dem er einen Drachen tötet. So gewinnt er den Drachenhort, einen Goldschatz, und eine Tarnkappe, die ihn unsichtbar macht. Auf einer weiten Reise kommt er zu einem sagenhaften Felsen, auf dem die Walküre Brunhild, eine bewaffnete Jungfrau in ihrem Panzerhemd, schläft. Er springt mit seinem Pferd durch die Waberlohe, ein Feuer, das den Felsen umringt, und weckt die Jungfrau auf, indem er ihr Panzerhemd durchschneidet. Er erhält von ihr einen Trunk aus einem Horn voll Met, und sie beschwören ihre Liebe mit einem Eid.

Nibelungenlied: Siegfried kommt als Prinz von Xanthen (Niederrhein) nach Worms am Rhein, wo der Burgundenkönig Gunther mit seinen Brüdern und seiner Schwester Kriemhild lebt. Siegfried und Kriemhild verlieben sich, doch bevor sie heiraten dürfen, soll Siegfried für Gunther um die Königin Brunhild werben. Siegfried und Gunther fahren in Brunhilds fernes Land, sie erkennt Siegfried wieder. Aber er wirbt für Gunther, da schlägt sie Kampfspiele gegen Gunther vor. Durch seine Tarnkappe unsichtbar, besiegt Siegfried Brunhild für Gunther. Sie zieht mit nach Worms, es gibt eine Doppelhochzeit. Aber selbst in der Hochzeitsnacht muss Siegfried an Gunthers Stelle die starke Brunhild bezwingen.

Die Königinnen Brunhild und Kriemhild geraten in Streit wegen ihrer Rangfolge, so verrät Kriemhild im Zorn den Betrug an Brunhild. Diese schwört daraufhin Siegfried Rache und gewinnt Hagen als Mörder. Auf einer Hirschjagd tötet Hagen Siegfried hinterrücks und versenkt in der Nacht seinen Schatz, den Drachenhort, im Rhein.

Kriemhild schwört Hagen und ihren Brüdern Rache und verlässt Worms, um bei dem Hunnenkönig Etzel (Attila) Königin von Ungarn zu werden. Nach einiger Zeit lädt sie ihre Brüder und Hagen dorthin ein. Diese werden durch Verrat von den Hunnen angegriffen. Es kommt trotz der Beschwichtigungsversuche Etzels zu schweren Kämpfen. In deren Verlauf sterben viele Hunnen, aber auch alle Burgunden. Als letzte werden Gunther und Hagen gefesselt Kriemhild vorgeführt. Kriemhild verlangt von Hagen Siegfrieds Schatz zurück, doch er verrät den Ort nicht. Da lässt Kriemhild Gunther töten und enthauptet Hagen mit eigener Hand. Zuletzt stirbt sie selbst durch das Schwert Dietrichs von Bern, der sie wegen ihres endlosen Mordens anklagt.[362]

Wie bei den anderen analysierten Stoffen unterscheide ich auch hier mehrere zeitliche Schichten von Anlagerungen: erstens eine mythisch-kulturelle Schicht vor-indoeuropäischer Herkunft, zweitens eine mythisch-kulturelle Schicht keltisch-germanischen Ursprungs, drittens eine historische Schicht, die eine Assimilation an historische Vorgänge und Personen enthält, viertens eine mittelalterliche Schicht, die höfische und christliche Züge darüber stülpt. Wir interessieren uns hier nur für die beiden ersten Schichten, soweit ihre Spuren in den Siegfriedsagen bis hin zum Nibelungenlied noch vorhanden sind, ferner wie sie zum Teil durch Archäologie und Volkskunde, zum Teil durch vergleichende Mythologie in ihrem Zusammenhang wiederhergestellt werden können. Als echte Siegfriedsagen werden in der Forschung angesehen: Jugend und Drachenkampf, Erweckung der Jungfrau auf dem Hindinfelsen, Tod auf der Jagd. Als später eingeschoben und zugefügt gelten: die Werbungssage (Siegfried wirbt im Auftrag König Gunthers um Brunhild), die Albenhortsage (Siegfried gewinnt den Schatz im Kampf mit Alben als starken Zwergen) und der gesamte Teil des Untergangs der Burgundenkönige; besonders dieser letzte Teil gilt als völlig unmythisch.

---

362 Siehe Quellen-Texte in: Felix Genzmer (Hg.): *Die Edda,* und ders. (Hg.): *Das Nibelungenlied,* Stuttgart 1955, Nr. 642–645. Vgl. zur Analyse der vor-indoeuropäischen und historischen Schicht im Nibelungenlied Otto Höfler: *Siegfried, Arminius und die Symbolik*; vgl. zur Analyse der keltischen Schicht in den Siegfriedsagen F. R. Schröder: *Nibelungenstudien,* 1921, und Jan de Vries: *Kelten und Germanen,* 1960; vgl. zur Analogie der Siegfriedsagen zu Vegetationsmythen M. W. J. Kroes: „Die Sage vom Nibelungenhort und ihr mythischer Hintergrund", in: *Fragen und Forschungen,* 1936, und Kroes: „Die Erweckung der Jungfrau hinter dem Flammenwall", Neophilologus 36, 1952; Hugo Kuhn: „Brunhild und das Kriemhildlied", in: Kurt Wais: *Frühe Epik Westeuropas und die Vorgeschichte des Nibelungenliedes,* 1. Band, 1953. Vgl. die Parallelisierung des gesamten Nibelungenlieds zur Artusstruktur, einschließlich Tristansagen, Hugo Kuhn: „Tristan, Nibelungenlied, Artusstruktur", München 1973, Vortrag Bayer. Akademie der Wissenschaften. – Der Ansatz von Hugo Kuhn, diese Epen in vergleichender Perspektive zu sehen, ist sehr interessant. Doch Kuhn berücksichtigt bei seinem Vergleich nicht, dass in allen Epen verschiedene Strukturen zeitlich überlagert vorkommen; er behandelt sie so, als hätten sie nur eine einzige simultane Struktur. Das liegt an den mangelnden Kenntnissen des kulturhistorischen und sozialgeschichtlichen Hintergrunds und mündet daher in einer formalistischen Konstruktion.

In den echten Siegfriedsagen gibt es also nur zwei Hauptpersonen, Siegfried (Sigurd) und Brunhild (Sigdrifa), und der Ablauf der Handlung zeigt eindeutig die matriarchale Mythenstruktur: Initiation durch den Kampf mit dem Drachen; Erweckung der Jungfrau und Heilige Hochzeit mit ihr; Tod auf der Jagd, verursacht durch eben dieselbe Jungfrau. Betrachten wir diese drei Teile etwas genauer: Siegfried ist ein wilder, herkunftsloser Knabe und wächst unter bedrohlichen Umständen auf (wie der walisische Parcival). Er kämpft gegen Alben als Zwerge mit riesenhaften Kräften (wie alle diese Helden), besonders aber gegen einen Drachen (wie Tristan und Lancelot).[363] In den Siegfried-Sagen scheint der Drache als Wächter örtlich weit von der zu gewinnenden Jungfrau entfernt; dieser Eindruck entsteht aber nur durch die verschiedenen Einschübe. Verräterisch sind zwei Züge beim Drachenkampf. Siegfried geht zwar nicht mehr durch einen totenähnlichen Zustand, aber er versteht durch einen Tropfen Drachenblut, den er vom Finger leckt, plötzlich die Sprache der Vögel, das heißt, er ist magisch inspiriert durch die Nähe der Todesgöttin[364] (vgl. Taliesin, der plötzlich alles magische Wissen hat, nachdem er ein paar Tropfen aus dem Kessel der Inspiration vom Finger geleckt hat). Die Weissagung der Vögel nennt ihm den Ort der Walküre Brunhild, die er durch die Überwindung des Wächter-Drachens erworben hat – dieser Ort ist eine Insel in der Anderswelt. Ferner findet Siegfried in der Drachenhöhle einen Goldschatz mit einem magischen Ring, der durch unaufhörliche Selbstvermehrung ein Reichtumsspender ist. Das Gold und dieser Ring sind mythische Symbole für den Reichtum der Fruchtbarkeit im Schoß der Erde, das heißt, in der Unterwelt (Höhle). So ist Siegfried von Todessymbolen umgeben, denn sein Initiationsweg zu der Walküre führt in die Anderswelt.

Nach dem Kampf mit dem Feuer und Gift speienden Drachen findet er die Jungfrau in ihrem Schloss auf dem „Hindinfelsen" (Hindarfjall). Doch dieser Ort ist extrem unzugänglich, denn die Felseninsel ist von einem Feuerwall, der Waberlohe, umgeben. So muss Siegfried noch einmal durchs Feuer hindurch, was seinen Todesdurchgang verdoppelt. Die Walküre liegt in tiefem Schlaf, und es heißt, dass Odin sie in diesen Schlaf versenkte. Doch sie ruht in voller Bewaffnung, hat also eindeutig amazonischen Charakter. Sie hatte sich einmal Odin widersetzt: gegen patriarchale Eheverhältnisse und zu Gunsten des matriarchalen Liebesverhältnisses von Siegfrieds Mutter, die ihren Bruder als Gatten wählte – ganz wie in der Mythologie der Wanengottheiten üblich.[365] Dafür wurde sie vom patriarchalen Gott bestraft und in diesen totenähnlichen Zustand verbannt. Ihr amazonischer Charakter weist auf den ersten Aspekt der Göttin hin, und ihre Kampffähigkeit war im Krieg gegen den Eroberergott Odin notwendig gewesen, der die matriarchale Kultur durch patriarchale Sitten zerstörte. Das weist deutlich auf die politische Komponente dieser Mythe hin. Siegfried, obwohl ihr ursprünglicher Heros, kann

---

363 Siehe *Die Edda,* S. 161–164.
364 Siehe *Die Edda,* S. 165–166.
365 Siehe Kap. I 7.1 dieses Buchs.

sich der Walküre erst nähern, nachdem er ihr Panzerhemd mit dem Schwert aufgeschnitten hat und in einer späteren Mythe in gefährlichen Kampfspielen gegen sie gewinnt.

Das Bild der schlafenden Göttin-Walküre in ihrem Feuerwall hat Ähnlichkeit mit der schlafenden Fee Morgane in ihren magischen, fruchtbaren Gärten, die durch einem hermetischen Luftwall abgeschlossen sind – auch noch mit Dornröschen in der undurchdringlichen Dornenhecke. Auch diese sind Orte der Anderswelt, wohin die Heroen nur durch einen Todesdurchgang gelangen. Die Ähnlichkeit wird noch deutlicher durch eine italienische Erzählung, in der Morgane sogar wie Brunhild im Feuer schläft, nämlich auf dem Gipfel des Ätna („Floriant et Florete"). Die sich drehende Flammenmauer um ein Schloss ist ferner das mythische Symbol des sich mit den Sternenfeuern drehenden Himmelsgewölbes; auch im Himmelsschloss gibt es eine eingeschlossene, schlafende Jungfrau: die Blumen- und Frühlingsgöttin Blathnat (Cuchulainn-Sage). So lange sie schläft, ist es Winter auf der Erde, und erst als der keltisierte Sonnenheros Cuchulainn sie befreit, grünt die Erde wieder. Das geschieht auch bei Brunhild und Siegfried, denn außer dem politischen gibt es einen viel älteren, naturmythischen Hintergrund dieser Sage. In diesem Sinn ist mit Brunhilds Panzer das Eis gemeint, unter dem sie schläft wie die Erde im Winter, und erst als der Sonnenheros Siegfried erscheint, schmilzt der Eispanzer in der Wärme. Kaum jedoch ist die Göttin-Walküre erwacht, segnet sie die „fruchtschwere Flur", genauso wie die Erde im Frühling aus dem Winterschlaf erwacht, um im Sommer Früchte zu bringen. Danach überreicht sie Siegfried ein Horn voll Met, angeblich als Gedächtnistrank, doch ist es die klassische Aufforderung zur Heiligen Hochzeit („Sigrdrifumal").[366] Dies zeigt, dass die Göttin-Walküre im Besitz des Füllhorns ist, des Symbols für den nährenden Reichtum der Erde, und mit dem Metgetränk erwählt sie ihren Heroskönig – wie schon Erin den Lug und die irischen Könige. Die Horn- oder Kelchüberreichung ist das Symbol für die Heilige Hochzeit selbst, und hier erscheint Brunhild als die Göttin im zweiten Aspekt, sehr ähnlich der Fee Morgane in ihren Schlössern mit dem Füllhorn. Wie Morgane ist auch Brunhild sehr weise, denn sie allein kennt Siegfrieds Herkunft und nennt sie ihm. Außerdem schenkt sie ihm zum Abschied das Wunderpferd Grani – so wie Morgane als Pferdespenderin auftritt – und einen Zauberring. („Thidrekssaga"). Dieser ist der sich selbst vermehrende Goldring, den Siegfried angeblich schon im Drachenhort fand. Doch ursprünglich gehört er zu Brunhild, und sie schenkt ihm diesen, wie so viele Heroen magische Ringe von den Feen erhalten (z. B. Lancelot). Dieser Ring symbolisiert die Erdgöttin als Reichtumsspenderin aus dem Jenseits, was noch einmal den zweiten Aspekt der Göttin-Walküre betont.

Alle diese Züge werfen Licht auf die vor-indoeuropäische Schicht in den Siegfried-Sagen, die zugleich vor-keltisch und vor-germanisch ist. Sie stimmt vollends mit der matriarchalen Göttin-Heros-Struktur überein. Umso auffallender ist es,

---

366 Siehe *Die Edda,* S. 167–168.

wenn wir den späteren, patriarchalen Kriegergott Odin dann im Besitz dieses sich selbst vermehrenden Goldrings mit dem Namen „Draupnir" sehen, den er von den Zwergen, das heißt, vom alten Volk erhalten haben will. Geschah dies etwa freiwillig? Hier stoßen wir erneut auf den politischen Gehalt dieser Mythen, denn es ist anzunehmen, dass er ihn dem alten Volk geraubt hat. Der Ring symbolisiert die Erde selbst und ihren unerschöpflichen Reichtum – so hat Odin im Symbol dieses Rings dem matriarchalen Volk die Göttin und das Land gewaltsam weggenommen. Offenbar haben sich Frauen des alten Volks dagegen kämpferisch zur Wehr gesetzt (Amazonen), weshalb sie von Odin, wie die Walküre Brunhild, in den totenähnlichen Zustand versetzt, das heißt, verbannt oder getötet wurden. Ihr Heroskönig, der den magischen Ring aus der Hand der Göttin als Zeichen der Heiligen Hochzeit empfangen hatte, wurde von Odin (oder von seinem Stellvertreter) hinterrücks erschlagen. Das ist die bekannte Methode, und genau diesen Hergang, wie der magische Ring seinen Besitzer wechselte, bestätigt die Mythe von Siegfrieds Tod, wenn sie vor dem damaligen sozialpolitischen Hintergrund gelesen wird.

Die Mythe von Siegfrieds Tod gehört noch zu den „echten" Siegfriedsagen, womit die älteste Schicht gemeint ist. Sie ist im „Nibelungenlied" enthalten, das in seinem ersten Teil noch eine Reihe mythischer Elemente besitzt, aber nicht mehr in seinem zweiten Teil. Im Nibelungenlied erscheint Brunhild noch immer als die übermenschlich starke Königin im fernen Island, die jeden Mann tötet, den sie in ihren Kampfspielen besiegt. Und keiner kann sie übertreffen außer Siegfried – was dann durch Betrug unter der Tarnkappe geschieht. Auch als sie in König Gunthers patriarchales Reich verschleppt wird, ist ihr amazonischer Charakter ungebrochen. Dort besitzt Brunhild noch immer Göttinattribute wie einen magischen Gürtel, der sie so stark macht, dass kein Mann sich ihr nähern kann. Das rückt Brunhild in die Nähe der vor-germanischen Göttin Freyja, die als Göttin des Todes in die Schlachten eingreift und das Schicksal der Gefallenen „kiest" (3. Aspekt); sie ist der Prototyp aller Walküren. Freyja besitzt einen magischen Gürtel oder Halsschmuck, der sie ebenfalls stark macht, denn er bringt ihre Zaubermacht und ihren Reichtum zum Ausdruck (2. Aspekt). Ihr Bruder, der „sonnige" Freyr, ist als Sonnen- und Fruchtbarkeitsheros der Prototyp von Siegfried. Doch Brunhild wird dieser Gürtel von Siegfried genommen, abermals durch Betrug unter der Tarnkappe, und sie wird von Gunther vergewaltigt.[367] Dieser zweifache Betrug geht jedoch letztlich nicht von Siegfried aus, sondern wir werden später sehen, wie sehr hier alte mythische Motive verändert wurden und was dies politisch zu bedeuten hat. In der späteren psychologisierenden Version des Nibelungenlieds weckt dieser doppelte Betrug, sobald sie ihn durchschaut, Brunhilds „Rachegefühle" und sie schwört Siegfried den Tod – obwohl sie ihn noch immer liebt. Hier tun sich wieder die bekannten „psychologischen Brüche" auf, anhand derer von den mittelalterlichen Dichtern über den angeblich widersprüchlichen, weiblichen Charakter gespottet

---

367 Siehe *Das Nibelungenlied*, S. 70–85, 98–115.

wird. Wie stets gehen sie jedoch auch hier ausschließlich zu Lasten des unverstandenen mythischen Musters, das dahinter steht. Denn in diesen Motiven kommt der dritte Aspekt der Göttin-Walküre zum Ausdruck, die wie Freyja das Schicksal des Helden „kiest", das heißt, die Macht hat, es zu bestimmen. Denn in jeder Variante dieser Geschichte verursacht Brunhild Siegfrieds Tod, zum Teil sehr direkt mithilfe ihrer „Hexenkunst" (Merowinger-Variante). Damit erfüllt sie jedoch nur – wenn auch in späterer Verkleidung – das mythische Muster. Abermals schickt sie ihn durchs Feuer in die Anderswelt – Siegfrieds Leiche wird verbrannt – und geht mit ihm dorthin: Sie springt in das Feuer des Scheiterhaufens und stirbt mit ihm (Variante).

Die indirekte Variante, wie Brunhild Siegfrieds Tod herbeiführt, ist komplexer. Darin stiftet sie den „finsteren" Hagen von Tronje an, Siegfried zu erschlagen.[368] Hagen ist zwar mit dem patriarchalen Kriegerkönig Gunther verknüpft und gilt als dessen getreuer Vasall, doch die Sachlage ist nicht so einfach. Denn wieder verbinden sich hier alte, naturmythische Motive mit späteren, verdeckt politischen Zusammenhängen; beide Stränge wollen wir herausarbeiten. In der ältesten Schicht verweisen die Gestalten Siegfrieds und Hagens auf das mythische Muster des lichten Sommerkönigs, den zyklisch der finstere Winterkönig tötet und für die dunkle Jahreszeit ablöst. Es handelt sich damit um den zyklischen Vorgänger-Nachfolger-Kampf, wie wir es schon in der keltischen Mythologie mit dem Paar Havgan, der Lichte, und Arawn, der Graue aus der Anderswelt, und in der germanischen Mythologie mit Baldur, dem Strahlenden, und Hödur, dem im Nebel Blinden, gesehen haben. Die Ähnlichkeit zwischen Siegfried und Baldur ist in der Forschung bestätigt worden, sie besteht aber auch zwischen Hödur und Hagen, womit Hagen eine viel ältere Gestalt ist als die burgundischen Könige.

Wir haben im Fall Siegfried–Hagen das Glück, dass sich tatsächlich ein uraltes, europäisches Kultspiel im Brauchtum auffinden ließ (auch archäologisch belegt), das genau dieses Ereignis zeigt und insgesamt unserem matriarchalen Muster entspricht: die Hirschspiele. Es handelt sich um ein Kultspiel in der Maske heiliger Tiere, insbesondere des Hirsches. Die Hirschspiele haben zwei Teile: ein erotisches Hirschspiel und ein Hirsch-Jagd-und-Tötungs-Spiel. Beim erotischen Spiel gewinnt der „Hirsch" die „Hindin" (Hirschkuh). Beim Jagd-und-Tötungs-Spiel wird der „Hirsch" zu Winteranfang vom wilden, grauen Jäger (Winterkönig) durch einen Pfeilschuss getötet und auf einem Schlitten durch die Gegend gezogen. Wir dürfen annehmen, dass die Tötung anfangs real, später symbolisch war, in beiden Fällen aber rituell.[369] – Die Verbindung ist klar: Siegfried als das Nachbild des Gottes Freyr, dem außer dem Eber auch der Hirsch heilig ist, wurde als „Hirsch" betrachtet. Der Hirsch ist das Symboltier des lichten Sommerkönigs, wie wir beim keltische Havgan sahen, der auch in Gestalt des weißen Hirsches auftrat. Die „Tarnkappe", die Siegfried mit dem Drachenhort gewann, ist wahrscheinlich

---

368 Siehe *Das Nibelungenlied,* S. 148–161.
369 Vgl. Otto Höfler: *Siegfried, Arminius und die Symbolik.*

eine Hirschmaske. In ihr wird er als Mensch unsichtbar und verwandelt sich in den mythischen Hirsch. Hier finden wir auch die Erklärung, warum er der „hürnene", das heißt, der „gehörnte" Siegfried heißt: nicht weil er eine Hornhaut hat, sondern weil er Hirschhörner trägt (wie der keltische Gott Cernunnos). Es spricht für sich, dass er einmal genau mit dieser „Tarnkappe", das heißt, mit dieser Hirschmaske Brunhild gewinnt, denn sie ist die Jungfrau auf dem „Hindinfelsen", eben die symbolische Hindin oder Hirschkuh selbst. Das entspricht dem erotischen Teil des Hirschspieles, in welchem der „Hirsch" die „Hindin" gewinnt. Das Hirsch-Jagd-und-Tötungs-Spiel finden wir in Siegfried und Hagen wieder. Hagen tötet Siegfried durch einen einzigen Speerwurf auf einer Hirschjagd, wobei „Hirsch" auf Siegfried gemünzt ist (siehe die Hirsch-Metaphorik um Siegfried im Nibelungenlied, die in blinden Motiven verläuft). Damit verhält er sich wie der „finstere" Winterkönig gegenüber dem „sonnigen" Sommerkönig und erfüllt ein weitverbreitetes naturmythisches Muster.

Diese Motive der Siegfriedsagen und noch im mittelalterlichen Nibelungenlied sind die älteste Schicht. Sie zeigen, trotz ihrer Zersplitterung in viele Bruchstücke, die ich hier wieder zusammenfügte, Brunhild und Siegfried in der typischen Konstellation des matriarchalen Göttin-Heros-Paares. Das macht deutlich, wie ungermanisch der „germanische Held" Siegfried eigentlich ist, wie viele Parallelen hier zur keltischen Mythologie bestehen, die in ihrer ältesten Schicht selbst wiederum nicht keltisch, sondern vor-keltisch ist.

Diese Schicht wird später fast völlig verdeckt, als der germanische Kriegerkönig Gunther mit seiner Sippe auf den Plan tritt und dasselbe tut, was alle patriarchalen Kriegerkönige taten: Er nimmt dem Heros die Göttin weg und macht sie, die nun sogar ihr Inselreich verlassen muss, als Ehefrau zu seinem Besitz (Brunhild). Ihren Heros degradiert er zu seinem Vasall (Siegfried). Die besondere Perversion dieser Geschichte liegt darin, dass der Heros als Vasall dem Kriegerkönig noch behilflich sein muss, seine Göttin zu gewinnen, durch Betrug und Verrat, bis in die Hochzeitsnacht hinein. Zynisch wird er deswegen als besonders treuherzig-naiv, um nicht zu sagen: dümmlich angesehen, und seiner großen Dummheit wegen muss er schließlich von Hagens Hand, der ebenfalls umfunktioniert wurde, sterben. Hagen wird in dieser patriarchalen Version zum treuen Bundesgenossen des Kriegerkönigs gemacht und oft grimmig und mit nur einem einzigen Auge dargestellt. Damit erinnert er an den patriarchalen Gott Odin, der auch nur ein Auge hat (das andere gab er als Pfand für magischen Wissen her). Damit ist es letztlich Odin, der in seinem Stellvertreter Hagen, dem Kriegerkönig Gunther zuliebe, den Heros erschlägt, um sich dessen Ring „Draupnir" anzueignen und damit die Göttin und das Land. Das ist die hintergründige politische Bedeutung der Geschichte, die wir schon bei den älteren Sagen um Siegfried und Brunhild erkennen konnten.

Die patriarchale Verdrehung der mythisch-matriarchalen Handlungsmuster ist keineswegs unbewusst, wie wir an der Rolle Kriemhilds sehen können. Sie ist Gunthers gehorsame Schwester, und sie wird rasch vorgeschoben, um den Heros

Siegfried die Göttin-Walküre vergessen zu lassen. Aber um dies zu können, muss sie deren wichtigstes Attribut leihen. So überreicht sie Siegfried eine Schale mit einem „Vergessenheitstrank", imitiert also Brunhild mit dem Horn und dem „Gedächtnistrank". Sogleich verliebt sich Siegfried in Kriemhild, was zeigt, dass die Magie der Kelchüberreichung offenbar ungebrochen ist. Auf diese Weise kommt es zu der absurden Doppelhochzeit zwischen matriarchaler Göttin-Walküre und patriarchalem Kriegerkönig einerseits, matriarchalem Heros und patriarchaler Königsschwester andererseits. Natürlich kann das nicht gut gehen. Zwischen der Königsgattin und des Königs bestem Vasall flammt unter diesen Bedingungen nicht einmal mehr der revoltierende matriarchale Eros auf (wie in den Aitheda), sondern nur noch der aus dieser Perversion geborene Hass. Hass ist aber in den Augen des frühen Patriarchats der einzige Grund, weshalb der Heros sterben muss, so wie Betrug das einzige Mittel ist, die Göttin zu gewinnen.

Diese neue Moral zeigt sich auch im zweiten Teil des Nibelungenlieds, dem Untergang der Burgundenkönige Gunther und seiner Brüder, der ein historisches Ereignis festhält. Die burgundisch-germanischen Kriegerkönige gehen genauso unter, wie sie groß geworden sind: in endloser, blutiger Schlachterei, die sich zuletzt gegen sie selbst richtet. Dabei zeichnet sich Kriemhild besonders aus. Aber sind ihre Motive nicht besserer Natur? Denn schließlich hält sie ihrem geliebten Mann Siegfried die Treue und lässt die Burgundenkönige als Rächerin untergehen. Deren Herrschaft stürzt zwar nicht wegen Siegfrieds rebellischem Eros (solchen hatte er nicht), aber immerhin wegen Siegfrieds Tod. So meint man mindestens und scheint das tragische Motiv der Kriemhild zu verstehen.

Doch wenn wir den Schluss des Nibelungenlieds ansehen, sind wir enttäuscht. Von Siegfrieds Tod ist gar nicht mehr die Rede, sondern nur noch von Siegfrieds unermesslichem Schatz, den er dem Drachen abgewann. Dieser bedeutet zwischen den Kontrahenten Hagen und Kriemhild nicht mehr mythische Fruchtbarkeit, sondern nur noch Geldwert, materiellen Reichtum, aus dem Macht gewonnen werden kann. Aus diesem Grund versenkte Hagen das Gold, aus demselben Grund will Kriemhild es wiederhaben. Als es ihr nicht gelingt, tötet sie Gunther und Hagen.[370] Wie wir sehen, bleibt sie ihrer patriarchalen Erziehung treu. Nehmen wir diese dichterischen Bilder vor dem geschichtlich-realpolitischen Hintergrund, vor dem sie stehen, so ernst, wie es ihnen zukommt, dann können wir sagen, dass hier zweifellos das frühe Patriarchat einen ersten Höhepunkt erreicht hat.

---

370 Siehe *Das Nibelungenlied*, S. 367–368.

Transformationen matriarchaler Mythologie in der Epik

Wir haben in den unterschiedlichsten epischen Stoffen des Mittelalters Parallelen gefunden, die ganze Symbolmuster zusammenbinden sowie ein generelles Formschema liefern, dem die Epen in ihrem Gesamtbau folgen.[371] Dieser Gesamtbau ist gekennzeichnet durch die drei Stadien Initiation, Heilige Hochzeit (Höhepunkt), Tod (Abstieg) und Wiederkehr des Helden. Sie sind untereinander verknüpft durch einen doppelten Abenteuer-Kursus (Handlungsgang). Darin sind sie genauso aufgebaut wie die Märchen mit ihrer doppelten Sequenz. Aber nicht nur der Gesamtbau, auch die große Mehrzahl der einzelnen Episoden folgt diesem Schema: Die diversen, aneinandergereihten Abenteuer der Helden um mysteriöse Schlösser bringen stets Initiationskampf, Gewinn von Liebe, Schloss und Land der Herrin und danach das problematische Verlassen der Dame. (Ich habe hier der Darstellung der Epen als Ganzer zuliebe auf die Analyse einzelner Episoden verzichtet.)

Solche auffallenden Übereinstimmungen in Symbolik und Aufbau, noch dazu parallel zum Aufbau der Märchen, sind kein Zufall. Wir haben darin im Großen wie im Kleinen die Struktur matriarchaler Mythologie erkannt und sie auf dem kulturgeschichtlichen und sozialpolitischen Hintergrund interpretiert. Andeutungsweise wurde dabei schon über „Schichtungen" von Symbolmustern geredet, die mit sozialgeschichtlichen Überlagerungen übereinstimmen. Die „Schichtungen" sind Transformationen der Symbolik, die zusammen mit bestimmten gesellschaftlichen Veränderungen auftreten. Diese Transformationsregeln verweisen uns auf die gesellschaftlichen Funktionen, welche die Transformationen eines älteres Weltbilds im Zusammenhang mit sich verändernden Gesellschaftssystemen haben. Soweit dies bisher nur implizit zur Sprache gekommen ist, soll es jetzt ausdrücklich geschehen.

Die verschiedenen Stufen der Transformation der matriarchalen Mythologie in der Epik hatte ich bereits mit vier kulturhistorischen Epochen verknüpft, die zum europäischen Mittelalter hinführen: 1. mit der vor-indoeuropäischen mythischen Schicht, der matriarchalen Schicht, 2. mit der keltisch-germanischen mythischen Schicht, der frühpatriarchalen Schicht, 3. mit der Schicht der Anlagerungen von Mythologien an historische Vorgänge und Personen, 4. mit der Schicht der mittelalterlichen Umformungen als a) epische Zusammenfügung, b) Christianisierung der Gehalte (Moralisierung), c) Höfisierung der Lebensformen (Rationalisierung und Psychologisierung sowie Anpassung an den höfischen Geschmack). Alle behandelten Epen haben diese Stadien durchlaufen und wurden dabei in charakteristischer Weise umgeformt, was die vergleichende Tabelle zeigt.

---

371 Zur Strukturfrage vgl. auch W. Haug: *Vom Imram zur Aventiure-Fahrt. Zur Frage nach der Vorgeschichte der hochhöfischen Epenstruktur,* 1970. – Haug kommt dem alten Mythen-Strukturschema sehr nahe; aber auch er bleibt, da ihm ein kulturhistorischer und sozialgeschichtlicher Hintergrund von der Tragweite, wie er hier nötig ist, fehlt, bei abstrakten Feststellungen stehen.

Transformationen	Lancelot-Zyklus	Arthur-Sagen	Parcival-Sagen	Tristan-Sagen	Siegfried-Sagen
1. Struktur: Vorindoeuropäische mythische Schicht (matriarchal)	**Landesgöttin-Heroskönig** Gralsthema als Suche und Kelchüberreichung an den Heroskönig und seinen Nachfolger: Fee Elaine und Lancelot, Galahad.	Gralsthema als Schloss mit Füllhorn: Fee Morgane und Lancelot u. a. Liebhaber; Fee Morcades und König Loth. Ywain und die Fee Laudine.	Gralsthema als Suche im Zentrum: Parcival als Nachfolger des Gralskönigs in der Mutterlinie, Gralsträgerin wesentlich.	Thema der magischen Schale mit dem „Liebestrank": Tristan und Isolt.	Thema der Überreichung des Horns voll Met: Brunhild und Siegfried; Thema der „Hindin" und des „Hirsch"-Heros mit dem Winterkönig als Jäger (Kultspiele)
2. Struktur: Keltisch-germanische mythische Schicht: a) frühe Patriarchalisierung	**Der Kampf um die Göttin des Landes** a) Königin Ginevra als König Arthurs „Besitz", die Heroen und Lancelot als seine Vasallen.	a) Arthur erobert Loths Land; Gawain, Sohn der Fee Morcades, als Arthurs Vasall; seine Umformung zum keltisierten Roten Ritter. Anlagerung der Fee Morgane als Arthurs „Schwester".	a) Parcival als Vasall Arthurs.	a) Königin Isolt als Markes „Besitz", Tristan als sein Vasall.	a) Königin Brunhild als „Besitz" König Gunthers, Siegfried als sein Vasall.
b) Rebellion dagegen	b) Entführung von Ginevra durch Meleagant, dann durch Lancelot; ihre Liebe führt zur Zerstörung des Artusreichs.	b) Gawain entführt und liebt Ginevra; Morgane als Arthurs Feindin.	b) Parcival tötet den Roten Ritter („Rache-Frage").	b) Tristans Liebe zu Königin Isolt.	b) Untergang des Reichs von König Gunther durch die Rache Brunhilds und zuletzt Kriemhilds.

265

Transformationen	Lancelot-Zyklus	Arthur-Sagen	Parcival-Sagen	Tristan-Sagen	Siegfried-Sagen
3. Struktur: Anlagerungen an historische Vorgänge u. Personen (unmythisch)	**Anlagerungen an historische Gestalten**				
	Anlagerung an die Artus-Runde	Anlagerung an einen historischen, „christlichen" Arthur als Sachsenbekämpfer.	Anlagerung an die Artus-Runde	Anlagerung an einen historischen König Marke von Cornwall.	1. Anlagerung an den historischen Arminius-Siegfried; 2. Anlagerung an das Königshaus der Merowinger; 3. Anlagerung an den Burgunden-Untergang in Ungarn.
4. Struktur: Mittelalterliche Umformungen a) epische Zusammenfügung	**Mittelalterliche Umformungen**				
	Bildung der Tafelrunde; Lancelot statt Gawain in der Rolle des Befreiers und Liebhabers der Königin; Lancelots Nachfolger Galahad als Gralsfinder; Kampf Arthur-Lancelot und Untergang des Reichs; Arthurs Tod: Einfügung der Avalon-Mythe. Verknüpfung von Ywain, Erec, Tristan, Parcival mit Arthurs Hof.		Parcival führt die Rache-Aufgabe durch und gewinnt mit dem Gral sein Königtum; verlängert durch den 2. Teil des Romans (Gawains Abenteuer)	Die Geschichte Marke–Isolt–Tristan wird verlängert durch den 2. Teil des Romans (Erzählung mit Isolt Weißhand).	Verbindung der Siegfried-Sagen mit dem Burgunden-Untergang im Nibelungen-Epos.

Transformationen	Lancelot-Zyklus	Arthur-Sagen	Parcival-Sagen	Tristan-Sagen	Siegfried-Sagen
4. Struktur:	Mittelalterliche Umformungen (Fortsetzung)				
b) Höfisierung	Hohe Minne-Thema bei Lancelot und Ginevra; Ywain büßt wegen der Vernachlässigung seiner Minnepflicht gegenüber Laudine.		Gawain wird als Kontrastbild des höfischen Ritters ein gefügt (2. Teil des Romans).	minimal, bis auf das Minne-Treue-Thema zwischen Tristan und Isolt.	minimal, bis auf das Minne-Treue-Thema zwischen Siegfried und Kriemhild.
c) Christianisierung	Der Gral wird zum christlichen Gefäß, Galahad zum keuschen Kreuzritter, Lancelot zum Sünder und Büßer.		Parcival wird zum kreuzritterähnlichen Gralskönig; seine Liebe zur keuschen Ehe; die Grals-trägerin ist ohne Namen. Belehrung durch den Einsiedler-Onkel wird christl. Religionsunterricht.	(minimal)	(minimal)

267

Die erste Struktur der Symbolik, welche die matriarchale Konstellation Göttin-Fee des Landes und ihr Heroskönig besitzt, ist die vor-indoeuropäische mythische Schicht. Hierher gehört die gesamte Gralsmythologie und -symbolik, deren Prototypen Erin, die Göttin des Landes Irland, und ihr Partner Lug sind. Die Kelchüberreichung macht Lug oder dessen Nachfolger zu Königen des Landes Irland durch die Heilige Hochzeit mit der Göttin. Ein anderes prototypisches Paar sind Modron, die Göttin des Landes Wales, und ihr Heroskönig Bran, dem auch ein Gefäß des Überflusses gegeben wird. Der Gral hat dabei viele Formen: Kessel, Schüssel, Kelch, Füllhorn, die Bedeutung bleibt jedoch stets dieselbe. Diese Gralssymbolik finden wir im Lancelot-Zyklus bei der Göttin-Fee Elaine und Lancelot, ebenso bei seinem Sohn Galahad (Herkunft aus der Bretagne). – In den Sagen um König Arthur ist die Göttin-Fee Morgane die Besitzerin von Zaubergärten und Schlössern mit einem Füllhorn (Corbenic, Corbeni/e, Corbin), wo sie mit ihren verschiedenen Liebhabern, insbesondere Lancelot, Heilige Hochzeit feiert (Südengland). In Schottland tritt sie unter dem Namen Morcades mit ihrem König Loth auf, daher ist anzunehmen, dass es auch dort das Grals- oder Füllhornthema gab. Auch die Ywain-Mythe gehört dazu, obwohl die Kelchüberreichung hier durch die magische Quelle der Fee Laudine ersetzt ist. – In den Parcival-Sagen tritt Parcival als der Nachfolger des Gralskönigs auf, der ein Nachbild des walisischen Bran ist, und diese Nachfolge gilt allein in der Mutterlinie. Er wird Gralskönig durch die Erkenntnis des Grals; der Name der Gralsträgerin sowie die Gralsüberreichung sind hier durch die christliche Verbrämung verwischt. – In den Tristan-Sagen kommt das Gralsthema als das Trinken des „Liebestrankes" aus der magischen Schale vor, das Tristan und Isolt einander in Liebe zugehörig macht, was in vielen Varianten ausgebreitet wird. Alle Todesdurchgänge und totenähnlichen Zustände, wie Verwundung, Verfluchung, Wahnsinn, Drachenkämpfe, welche die Heroen bei ihrer Suche nach der Göttin, ihrer Anderswelt und dem Gral erleiden, gehören ebenfalls zu dieser ältesten Schicht. – Auch in den „echten" Siegfried-Sagen überreicht die Göttin-Walküre Brunhild Siegfried ein Horn voll Met, womit sie ihn zu ihrem Heroskönig über ihr Inselreich macht. Doch er ist nicht bei ihr geblieben, sehr zu seinem Schaden! Ebenfalls sehr alt ist die Symbolik von Siegfried als Hirsch, der in der Jungfrau auf dem „Hindinfelsen" die Hirschkuh findet und mit ihr Heilige Hochzeit feiert, bis zu seinem Ende durch den Winterkönig, der den Hirsch jagt und rituell tötet (Hirsch-Kultspiele).

Die zweite Struktur der Symbolik gehört zur keltisch-germanischen mythischen Schicht. Die vor-indoeuropäischen Völker Europas wurden von verschiedenen Wellen kriegerischer, frühpatriarchaler Indoeuropäer überlagert, die gegen die alte, matriarchale Kultur kämpften: erst die Kelten, danach die Germanen, noch später die Slawen. Die Symbolik in unseren Epen spiegelt die Kämpfe als die immer wiederkehrende Konstellation zweier Parteien, die sich um die Landesgöttin oder Königin, die das Land symbolisiert, streiten. Der Raub der Göttin-Königin des Landes bedeutet die gewaltsame Eroberung ihres Landes und ihrer Heiligtümer. Anschließend setzten sich die indoeuropäischen Eroberer selbst an die Stelle der Heroskönige in die heiligen Rituale und in das Land ein, indem sie die jeweilige Göttin-Königin zwangen, ihre Gemahlin zu sein. Die Muster der alten Mythologie werden beibehalten, aber völlig pervertiert oder entleert. Denn das Land gehört jetzt nur dem einen Kriegerkönig und zwar auf Lebenszeit, deshalb wird die Göttin-Königin der alten Kultur nun auf Lebenszeit Ehefrau dieses einzigen Königs. Ihre „Untreue" wird schwer geahndet, denn sie bedeutet den Verlust des Landes. Die Gesellschaft erhält mit dem Vasallentum eine streng hierarchische Ordnung, an deren Spitze der Kriegerkönig steht. Jedoch schützt dies den neuen Kriegerkönig nicht vor Rebellion, die so weit geht, dass sie in einigen Fällen sein Reich zum Zusammenbruch bringt.

Auf diese Weise wird Königin Ginevra als Symbol des Landes zum alleinigen „Besitz" des Kriegerkönigs Arthur, und alle früheren Heroen von Göttinnen/Feen/Königinnen werden seine Vasallen, zum Beispiel Gawain und seine Brüder, ebenso Lancelot. Arthur ist sich jedoch der „Treue", das heißt, des Besitzes seiner Königin und des Landes nicht sicher, denn sie wird ihm öfters entführt, so durch Meleagant, durch Gawain und durch Lancelot. Im Lancelot-Zyklus führt die rebellische Liebe zwischen Lancelot und Ginevra zuletzt zur Zerstörung des Reichs von König Arthur (vgl. die Aithed von Naisi und Deirdre). – Im Arthur-Stoff ohne Lancelot ist es Gawain, der die Königin liebt. Gawain ist der Sohn der Göttin-Fee Morcades; Arthur erschlägt ihren König Loth nach langen Schlachten und erobert ihr Land. Gawain wird dann zum treuesten Vasall Arthurs, wobei er zum Roten Ritter umgeformt und keltisiert wird. Die rebellischste Gestalt ist hier die Göttin-Fee Morgane, die ihm feindlich gesonnen bleibt und ihn mit magischen Mitteln schädigt, wo immer es ihr möglich ist. Sie gilt deshalb bei Arthur als unberechenbar, boshaft, und heimtückisch. Doch gleichzeitig wurde sie zu Arthurs „Schwester" umfunktioniert, und so muss ihr Nimbus dazu herhalten, seinen Glanz ins Magische zu erhöhen. Zum Beispiel muss sie ihm einen magischen, runden Tisch für die Tafelrunde mit seinen Rittern bereitstellen, der von ihr stammt; ebenso kommt das magische Schwert Excalibur von ihr in Gestalt der Wasserfee Nimuë; auch ein Zauberzelt erhält Arthur von ihr, das ein ganzes Heer fassen kann, sich aber winzig klein zusammenfalten lässt. Zuletzt verleiht sie ihm durch die Avalon-Mythe, gemäß der sie ihn auf ihre jenseitige Apfelinsel holt, noch die Unsterblichkeit und seinem Volk den Glauben an seine Wiederkehr. Wir sehen, Arthurs gesamte Verklärung ist von den Feen entliehen. Dieser ungelöste Konflikt geht jedoch übel für Arthur aus, denn es ist die Fee Morgane, die bei dem Untergang des Artusreichs wegen der Liebe zwischen Ginevra und Lancelot wiederholt ihre Hand im Spiel hat. – In den Parcival-Sagen wird Parcival nur vorübergehend zum Vasall von König Arthur, weil ihn der Fluch der Gralsbotin schnell wieder von diesem Hof wegbringt. Die Rebellion besteht hier in der Erfüllung seiner Rache-Aufgabe, die sich gegen den keltischen Roten Ritter richtet, den er tötet. Denn seine nächsten Verwandten mütterlicherseits wurden durch die keltischen Ritter ins Elend gestoßen (seine Mutter Herzeleide und der Gralskönig, sein Mutterbruder) und das Gralsland durch sie verwüstet. – In den Tristan-Sagen behandelt König Marke seine Gemahlin, die Göttin-Königin Isolt, wie seinen „Besitz", dessen Entführung er mit dem Tod bestraft. Tristan ist ebenfalls zum Vasall dieses patriarchalen Königs herabgewürdigt. Dennoch kann sich Marke dieses „Besitzes" nicht erfreuen, denn er sieht sich konfrontiert mit dem Aufstand des totalen Eros, der seine nächsten Beziehungen zerstört. Die rebellische Liebe Tristans zu Isolt führt dazu, dass Isolt schließlich Marke verlässt, wobei das liebende Paar zuletzt den Tod findet (vgl. die Aithed von Diarmaid und Grainne). – In den Siegfried-Sagen finden wir dasselbe frühpatriarchale Muster, denn Königin Brunhild wird wie der „Besitz" des germanischen Kriegerkönigs Gunther behandelt, über den er betrügerisch nach Willkür verfügen kann. Der ehemalige Heroskönig Siegfried erscheint als sein treuherziger und zuletzt verratener Vasall. Dies geht für den Kriegerkönig und seine Sippe nicht gut aus. Er begegnet zwar nicht mehr dem glühenden Eros, aber dem schwelenden Hass, der genügt, um auch sein Königtum über Burgund vollends zu zerstören. Sein Clan und seine Herrschaft gehen zunächst durch Brunhilds und zuletzt durch Kriemhilds Rache zugrunde – wobei Kriemhilds „Rache" allerdings kein mythisches Motiv mehr ist.

Die dritte Struktur ist gekennzeichnet vom Ende der mythischen Denkweise. Die Sagen und Erzählungen werden nun an spätere historische Vorgänge und Personen angelagert, die ihnen eine Schein-Realität verleihen. Die mythischen Muster werden damit überdeckt und versinken weitgehend in Unverständnis; doch sie werden als blinde Motive oder gar „Märchenmotive" weiter mitgeschleppt. So wird die Gestalt des Königs Arthur mit einem historischen, angeblich „christlichen" Arthur verschmolzen, der viel später auftritt und die Kelten gegen die eindringenden Angelsachsen verteidigte. Das verkürzt die Sache jedoch um die frühpatriarchale, keltische Schicht, jene Zeit der ersten, indoeuropäischen Kriegerkönige im 7. bis 5. Jahrhundert vor u. Z. Damals besaßen die Kelten frühpatriarchale Reiche überall in Europa, und ihre Könige trugen die mythischen Bezeichnungen „Uther", „Ither", „Arthur" als Titel. Denn es handelt sich hier nicht um die Geschichte einer individuellen Person, sondern um eine kollektive Geschichte, die in Einzelgestalten symbolisiert wird – eben die Geschichte des Aufeinanderprallens des frühen Patriarchats der Kelten auf die alteuropäische, matriarchale Kultur. So könnte „Arthur" als Königstitel während der ganzen keltischen Epoche gebraucht worden sein, bis hin zu jener Zeit eines angeblich „christlichen" Arthur, der von den mittelalterlichen Dichtern zu einem Idealbild hochstilisiert wurde. Bezeichnend ist jedoch, dass die christliche Amtskirche den Arthur-Stoff nie als christlich anerkannt hat und das Anhören dieser Geschichten für beichtpflichtig hielt. Nach der Erfindung dieses idealen Artushofs wurden dann die Sagenkreise der anderen Helden mit König Arthurs Tafelrunde verknüpft: die Erzählungen um Lancelot, um Ywain und Erec, ebenso die Parcival-Sagen. Sogar die Tristan-Sagen werden oberflächlich mit dem Artushof verbunden, konsequent jedoch mit einem historischen König Marke von Cornwall. – Die Siegfried-Sagen haben eine mehrfache Anlagerung an historische Vorgänge und Personen erfahren, nämlich erstens an die historische

Arminius-Gestalt, den Sieger über die Römer beim Teutoburger Wald, bzw. wurde der historische Arminius mit mythischen Motiven aus den Siegfried-Sagen ausgestattet.[372] Eine zweite Anlagerung der Siegfried-Sagen fand an das Königshaus der historischen Merowinger statt. Drittens wurde diese Geschichte noch mit dem Untergang der Burgundenkönige in Ungarn verbunden.[373]

Zur vierten Struktur: Im Zuge der mittelalterlichen, höfischen Kultur wurden diese Sagenkreise und Erzählstoffe nochmals umgeformt. Die Dichter fügten sie zu teils riesigen Epen zusammen und verschränkten sie untereinander, und weil dies nicht ohne Schwierigkeiten vonstatten ging, wurde nun „rationalisiert" und „psychologisiert". Die Verchristlichung mit ihrem veränderten Rollenbild von Mann und Frau tat noch ein übriges dazu, obwohl die christliche Tünche in der Regel oberflächlich blieb. Denn durchweg alle Könige, Herrinnen und Helden in diesen Stoffen verhalten sich keineswegs dem christlichen Moralkodex entsprechend, zum Beispiel sind sie „Ehebrecher/innen" oder Todesurteile verhängende Könige. Auch entsprechen solche tragischen Ausgänge wie der Doppeltod des liebenden Paares (z. B. Tristan–Isolt in der Urfassung) nicht dem höfischen Geschmack, sie werden abgeschwächt. Entweder lässt man das ehebrecherische Paar als Sünder und Büßer überleben (z. B. Lancelot–Ginevra), oder – noch einfacher – man schwellt den Stoff durch Aneinanderreihung immer weiterer Episoden auf, so dass das Paar schon aus Gründen des Fortsetzungsromans überleben muss. Wenn es schließlich doch stirbt, weiß niemand mehr so recht über die Motive Bescheid (z. B. Tristan–Isolt). Diese epische Zusammenfügung der Stoffe mildert demnach nicht nur die patriarchale Doppelstrafe, sondern verwischt auch die Linien der beiden älteren, mythischen Schichten und ihre für das Verständnis entscheidende Bedeutung: die vor-indoeuropäisch matriarchale Schicht und die keltisch-germanisch frühpatriarchale Schicht. Auf diese Weise entsteht im ursprünglichen Sinngefüge eine Reihe von „Brüchen", mit denen die Literaturwissenschaftler bis heute ringen: zum Beispiel Tristans verspäteter, unmotivierter Tod (nach dem zweiten Teil des Romans); oder Siegfrieds unbestimmt gewordene Beziehung zu Brunhild durch das Auslassen der „Verlobung" mit ihr (im Nibelungenlied); oder das Auseinanderklaffen von Rache-Frage und Gralsfrage bei Parcival, verlängert durch den unmotivierten zweiten Teil des Romans mit Gawains Abenteuern; oder Laudines zweifelhafter Charakter im Ywain-Roman und Erecs zweifelhaftes Verhalten gegenüber Enite im Erec-Roman. Die glücklichste epische Zusammenfügung finden wir im Lancelot-Zyklus mit der Verschränkung vom Lancelot-Stoff mit dem Arthur-Stoff (wobei man sich jedoch auch durch eine Reihe wirrer, überladener Romane arbeiten muss); hier entstand das wohl großartigste epische Gebilde des europäischen Mittelalters. Denn hier ist Sinn mit Hintersinn vollendet verschränkt, obwohl nicht absichtlich. Ich habe diesen Doppelsinn auf dem geschichtlichen sozialpoli-

---

372 Vgl. Otto Höfler: *Siegfried, Arminius und die Symbolik*.
373 Vgl. Hugo Kuhn: *Dichtung und Welt im Mittelalter* ; ebenso Hugo Kuhn: „Brunhild und das Kriemhildlied".

tischen Hintergrund des Kampfs zwischen der alteuropäischen matriarchalen Kultur und der Lebensform des frühen Patriarchats bereits herausgearbeitet.[374]

Außer der epischen Zusammenfügung sind die Höfisierung und die Christianisierung dieser Sagenkreise die zwei weiteren Transformationen im Mittelalter. Die Höfisierung hat in erster Linie die Funktion, den matriarchalen ekstatischen Eros, der im Frühpatriarchat der Kriegerkönige immerhin noch als eine unberechenbare, revoltierende Kraft bekannt war, zur neuen Sittlichkeit der „Hohen Minne" (Hohen Liebe) zu zähmen. Einst der weltschöpferische Eros in der matriarchalen Mythologie, wird er nun ersetzt durch ein künstliches System, in welchem sich „Minne" und „Treue" ein ausgeklügeltes Maß halten müssen. „Zucht" und „Ehre" sind daher die neuen Leitbegriffe des Rittertums, aber nicht mehr der Wunsch, die erotische Entrückung bei einer Göttin-Fee jenseits der Zeit zu erleben. Dieser Trend zur „Rationalisierung" und „Psychologisierung", was im Grunde nur einen Wandel zur Künstlichkeit meint, ist noch relativ schwach in der Geschichte von der Tristan-Isolt-Liebe, sie gilt deshalb auch nicht als höfisch im Sinn des Hohen Minne-Systems. Im Nibelungenlied ist ebenfalls von Sittlichkeit und Zucht kaum etwas zu bemerken, denn die Leidenschaften toben. Der ekstatische Eros ist hier zum ekstatischen Hass pervertiert; nur die Siegfried-Kriemhild-Beziehung erhielt das dürftige Mäntelchen eines Minne-Verhältnisses umgehängt. Der Gesinnung nach stehen beiden Epen noch in der Zeit der patriarchalen Kriegerkönige, wobei die Tristanerzählung die Perspektive der Besiegten einnimmt und das Nibelungenlied die Perspektive der Sieger.

Anders ist es bei der Artusepik, sie wurde starker Höfisierung unterworfen: Zur klassischen Figur des Ritters der Hohen Minne wird ausgerechnet Lancelot gemacht; seine Beziehung zu Ginevra wird der Minne-Kasuistik unterworfen, immer wieder rechtet die Königin mit ihrem Ritter über „Minne" und „Treue". Kein Wunder, dass ihn das verblüfft, auch hält er sich nicht an die Spielregeln. Kein Hohe Minne-Verhältnis darf den Untergang eines Reichs nach sich ziehen! Auch Ywain und Erec werden mit den Augen des neuen Minnesystems gesehen, nur will dazu das „Unmaß" in Laudines Verhalten gegenüber Ywain und in Erecs Verhalten gegenüber Enite so gar nicht passen. Dafür wird Gawain zum typischen höfischen Ritter stilisiert: Immer tapfer und immer galant eilt er im zweiten Teil der Parcival-Romane von Abenteuer zu Abenteuer und von Dame zu Dame, so dass man den wahren Helden darüber fast vergisst. Auf diese Weise passt er aber weder zur alten Auffassung vom Eros, noch zur neuen von der Hohen Minne, denn Liebe verkommt hier zur losen Abfolge von Begegnungen. Gibt es für Gawain zwischen „Minne" und „Treue" aus Oberflächlichkeit keinen Konflikt mehr, so wird das Problem bei Parcival mithilfe der christlichen Moral zum anderen Extrem hin gelöst: „Minne" und „Treue" fallen als eheliche Liebe in eins. Aber auch das bedeutet den Zusammenbruch des Hohe-Minne-Systems. Da sich die epischen Helden

---

374 Siehe auch die mit einem kulturhistorischen Kommentar versehene Nacherzählung „Fee Morgane", in: Heide Göttner-Abendroth: *Fee Morgane. Der Heilige Gral.*

ihrer Altertümlichkeit wegen so spröde zeigten, wurde das System der Minne-Kasuistik nur in der mittelalterlichen Liebeslyrik wirklich durchgeführt. Dort löste es sich allerdings von jedem realen gesellschaftlichen Zusammenhang und degenerierte bald zur reinen „l'Art pour l'Art".

Die Verinnerlichung der einmal gesetzten patriarchalen Normen geht im Christentum viel weiter als im höfischen Minne-Ehre-System. Wurde hier Erotik, wenn auch nur in domestizierter Form, noch als wertvoll anerkannt, so verfällt sie im Christentum zugunsten des mönchischen Abstinenzprinzips der negativen Beurteilung. Die weitverbreiteten, patriarchalen Werte von „Reinheit" und „Keuschheit", die Lebensfeindlichkeit meinen, gewinnen die Oberhand. Erotik und das Weibliche schlechthin sind „böse", denn Sünde und Verführung gehen von der Frau aus, sofern sie nicht auf Erotik verzichtet (Eva/Lilith-Mythologie, die Frau als „Hexe"). Will sie Anerkennung erwerben, hat sie sich dem Keuschheitsprinzip bis zur Aufopferung zu unterwerfen (Maria-Mythologie, die sie einerseits zum gehorsamen Gefäß macht, andererseits als unreale Erscheinung im Himmel verschwinden lässt). In unseren Epen finden wir da, wo die Christianisierung sich ausgewirkt hat, dieselbe Ambivalenz gegenüber den weiblichen Gestalten wieder. Am stärksten tritt diese Umdeutung in den Gralserzählungen in Erscheinung, denn genau sie stellten mit ihrer unverhüllten, magischen Erotik die größte Herausforderung für das mittelalterliche Weltbild dar. So wurde der Gralskelch zum Abendmahlskelch gemacht, aus dem nicht das natürliche und wirkliche, sondern das übernatürliche, jenseitige Leben kommt. Das Füllhorn wurde vom „Cor beni" zum „Corps beni", zum Leib Christi, gemacht, und der Gralsspeer oder die Lanze, die manchmal mit dem Gral verbunden vorkommt, verwandelte sich in die Lanze, mit der Christus am Kreuz verletzt wurde. Entsprechend diesen christlichen Reliquien verwandelten sich die Menschen in ihrer Umgebung: Die Gralssucher wurden von Göttinsuchern zu Gottessuchern transformiert. Gemäß der rein männlichen, kirchlichen Priesterschaft treten die Frauengestalten in den Hintergrund und werden bedeutungslos. In den Parcival-Romanen gibt es zwar die Gralsträgerin noch, aber sie ist nun eine keusche Jungfrau und hat weder Namen noch Macht, während der Gralskönig den ganzen Raum einnimmt. Im Leben Parcivals spielen Frauen kaum noch eine Rolle, denn Blanchefleur (Troyes) bleibt unerreichbare Geliebte und Kondwiramurs (Eschenbach) keusche Ehefrau ohne Kontur und ohne Gesicht; selbst als junge Gralskönigin ist sie nicht mehr als eine Statistin. Parcivals Cousine Signue wird Einsiedlerin und scheint nur zum Sterben da zu sein (Eschenbach), während die einzige bemerkenswerte Frauengestalt, die weise Gralsbotin Kundrie, in die Nähe einer abstoßend hässlichen „Hexe" gerückt wird. Die anderen Gralssucher-Geschichten um Lancelot und Galahad werden ebenfalls strikter Christianisierung unterworfen. Galahad tritt nun als Kreuzritter auf und verhält sich noch rigider, er kennt überhaupt keine Frau mehr. Wie er bleiben auch die anderen „Reinen" um den Gral als Ritter-Mönche lieber unter sich. Auf der anderen Seite wird ein Mann wie Lancelot, der noch am alten Eros teilhat, zum großen Sünder und Büßer gemacht, der seinen keuschen Sohn Galahad nur unwissentlich gezeugt haben darf

(Troyes). Doch seine Sünde ist nicht so groß wie die der Ginevra. Zwar entkommt die untreue Königin knapp dem Tod auf dem Scheiterhaufen – die Todesart für „Hexen" –, dafür geht sie zum Schluss reumütig ins Kloster. An ihrem Beispiel wird deutlich demonstriert, wodurch alle Übel, alles Schlechte, die ganze Unordnung in die Welt kommt: durch das Weib. Das ist dieselbe Ideologie, die das Bild der Pandora mit ihrer „Büchse", aus der angeblich alle Übel kommen, und das Bild der Eva, die schuld ist an der Vertreibung aus dem Paradies, gezeichnet hat. So schließt sich für Jahrhunderte das patriarchale System – unter Ausschluss der Frau.

Doch selbst unter der dicksten Schicht von Ideologie findet sich noch ein hoffnungsvolles, visionäres Element. Es liegt im Bild vom Zusammenbruch der patriarchalen Reiche durch ihr eigenes Prinzip, den Krieg, und zugleich im Bild ihrer Überwindung durch den matriarchalen Eros. Wir fanden es in der vielschichtigen Gestalt des Lancelot, die auf den vorkeltischen Gott Lug zurückgeht. Lug seinerseits hat einen mächtigen, mythologischen Bruder, den Rebellen in der germanischen Mythologie: Loki, der in der „Götterdämmerung" das Reich der patriarchalen Asen untergehen lässt. Lug und Loki gehören zu Mythologien, die heute nicht mehr lebendig sind. Aber es gibt einen noch heute nachwirkenden mythologischen Verwandten von ihnen: Lucius-Lucifer aus der christlichen Mythologie, der dem patriarchalen Gott ungehorsame Engel. In der Tradition der antiken Gnosis, die von der patristischen Richtung in der Kirche unterdrückt wurde, ist er eine machtvolle, lichte Gestalt: „Luci-fer", der „Lichtträger", wie sein Name besagt. Auch Loki galt als Träger des Feuers (Licht), und Lug trug immerhin einen Feuerspeer. Dasselbe gilt für Prometheus, der den Menschen das Licht des Himmels brachte und der Rebell gegen den griechischen Zeus war. Entsprechend der patristisch-patriarchalen Anschauung innerhalb der Kirche, die durchgesetzt wurde, pervertierte man Lucifer später vom Engel zum Teufel. Doch die Apokalypse (Bibel) wahrt noch Relikte des anderen Bilds, wenn auch als abschreckende Warnung gemeint. Denn am Ende der Zeiten reißt sich Lucifer aus den Fesseln der Hölle oder der Unterwelt los, wohin ihn der christliche Gott verdammt hat, und tritt diesem als mächtiger Rebell entgegen. Das bedeutet den Untergang von dessen Reich im Himmel und auf Erden. Die weibliche Partnerin von Lucifer ist aber keine dämonische „Hexe", sondern eine hohe Herrin, der er gehorcht: „Hagia Sophia", die Heilige Weisheit selbst, die Mutter des Universums. Sie steht mitten im Himmel, und ihr Haupt ist von Sternen bekränzt.

Kurt Derungs

Zur Wirkungsgeschichte von „Die Göttin und ihr Heros"

Es ist eigentlich erstaunlich, dass nach 150 Jahren Diskussion über das „Mutterrecht" des Altertumsforschers Johann J. Bachofen der Ausdruck „Matriarchat" für viele immer noch ein Reizwort ist. Ebenso schreibt man in manchen Fachkreisen lieber von einer „Gottheit" als von einer „Göttin". Diese irrationale Abwehrreaktion gehört offenbar zur westlich-abendländischen Kultur, indem ethnologische und kulturgeschichtliche Erkenntnisse ignoriert, herabgestuft oder ideologisiert werden. Andererseits wird zum Beispiel auch in Asien über matriarchale Gesellschaften gesprochen. Zwar wird ein „Matriarchat" von den dort lebenden Gebildeten oft als „primitiv" erachtet, aber eine matriarchale Gesellschaft ist Teil der eigenen Kulturgeschichte oder eine Gesellschaftsform bestehender Ethnien im eigenen Land. Ironischerweise gilt Bachofen als Begründer der Mutterrechtsforschung, obwohl er selbst gewiss kein Matriarchatsforscher war. Er wollte das Patriarchat evolutionistisch erklären und stieß auf verschiedene Spuren matriarchaler Kulturen, die er in seinem Forschungsgebiet der damaligen Zeit beschreiben konnte. Dabei versetzte er dem patriarchalen Selbstbewusstsein des 19. Jahrhunderts indirekt einen erheblichen Stoß. Außerdem betrachtete er Mythen nicht als schöngeistig-romantische Erzählungen, sondern als geschichtliche Überlieferungen, die auf ihre eigene Art sozialhistorische Vorgänge schildern. Diese kulturhistorische Lesart von Mythen ist zum Beispiel in der Skandinavistik oder Keltologie immer noch legitim und bietet im Vergleich mit anderen Wissenschaften eine Fülle von Erkenntnissen, die sonst nicht mehr greifbar wären. Jedoch schreibt Bachofen häufig obskur, und seine Theorien sind aus heutiger Sicht überholt. Gerade in seinem Dualismus eines „stofflich-weiblichen" und „geistig-männlichen" Prinzips bleibt er dem abendländisch-patriarchalen Trennungsdenken eng verbunden. Ebenso in der Verwendung des Begriffs „Gynaikokratie" (Frauenherrschaft), der dem Patriarchat der griechischen Gelehrten entstammt, jedoch kein soziologisches Faktum darstellt. In diesem Sinn sind die herkömmlichen Ausdrücke wie *Gynaikokratie* oder *Matriarchat als Frauenherrschaft* ideologische Begriffe des Patriarchats, ohne jedoch eine ethnologische Realität zu besitzen. Ihre indoktrinäre Funktion geht aber dahin, nicht-patriarchale Gesellschaften zu dämonisieren und in der platten Umkehr von *Patriarchat* die bestehenden Herrschaftsverhältnisse zu legitimieren. In diesem Sinn ist auch Bachofens Schrift durchaus zwiespältig. Was bleibt, sind völkerkundliche Hinweise auf semi-matriarchale Kulturen der Antike, die dadurch in das geschichtliche Bewusstsein Europas treten, sowie die kulturhistorische Interpretation von Mythen. Zudem haben Bachofens Theorien nachhaltig gewirkt, und zwar nicht nur in den Wissenschaften (Ethnologie, Archäologie, Theologie, Psychologie, Mythenforschung), sondern auch in der breiten Öffentlichkeit, wo sich das falsche

Bild eines *Matriarchats als Frauenherrschaft* bis heute fest eingeprägt hat. Dieses ideologisch aufgeladene Zerrbild einer matriarchalen Gesellschaft ist typisch patriarchal und wird von manchen bis ins 21. Jahrhundert weiter getragen. Paradoxerweise ist Bachofen daher zum Begründer einer patriarchalen Matriarchatsforschung geworden, die in der Endzeit des etwa 4000-jährigen Patriarchats einen wirklichen Paradigmawechsel verhindern soll. Somit muss mit Bachofens Theorien endlich abgeschlossen werden, und es hat sich auch in den letzten 100 Jahren eine Fülle von Material ergeben, das neue Erkenntnisse liefern kann. Doch es sind vielfach Einzelstudien ohne eine neue Theorie zur Matriarchatsforschung und ohne klare Überwindung des patriarchalen Paradigmas, in dem sich die Interpretationen bewegen. Die gedankliche Überwindung des Patriarchats ist daher ein Schlüssel für eine neue Perspektive.

Es ist das Verdienst von Heide Göttner-Abendroth, in den 1970er Jahren die bisherigen Studien zur Matriarchatsforschung aufgearbeitet und ideologiekritisch analysiert zu haben. Sie selbst schreibt als Philosophin, Wissenschaftstheoretikerin und Literaturwissenschafterin. Hinzu kommt die Sensibilisierung für feministische Themen, die zu einer grundlegenden Patriarchatskritik führen. In diesem Zusammenspiel von akademischer Ausbildung, interdisziplinärem Denken und eigener Betroffenheit ist sie dazu prädestiniert, eine neue Matriarchatstheorie zu entwickeln. Sie tut dies durch philosophische Publikationen und 1980 mit einem eigenen Buch „Die Göttin und ihr Heros". Ihre Methode ist in diesem Werk implizit enthalten: Sie arbeitet historisch-vergleichend, strukturalistisch, kulturhistorisch, interdisziplinär und ideologiekritisch (patriarchatskritisch). Dieser Hintergrund ist für eine Fachperson leicht zu erkennen – wenn man ihn sehen will. Gewiss hätte man die einzelnen Kapitel durch mehr Fachliteratur breiter abstützen können, doch die Kernaussage der Abschnitte bleibt nachvollziehbar. Es ist auch naheliegend, dass sich die Autorin zunächst der Mythologie und Spiritualität widmete, denn hier gab es schon eine reiche Tradition, die darauf wartete, theoriekritisch aufgearbeitet zu werden. Anders als Bachofen oder die psychologistische Verwendung von Mythen entdeckt bzw. rekonstruiert sie eine Tiefenstruktur (Göttin-Heros-Struktur), die den kulturhistorischen Kern einer matriarchalen Mythologie bildet. Dazu definiert sie im Mythenvergleich eine erkenntnisreiche Ebene der Transformation. Daher betrachtet sie Mythen nicht als ewig gegeben, sondern als Produkt einer langen Vorgeschichte und späteren patriarchalen Verzerrung, die systematisch beschreibbar ist. Dies erlaubt ihr, jeweils von der patriarchalen Schicht der Erzählungen auf die matriarchale Ebene der Überlieferungen zu schließen. Die Autorin hat diese Schritte in einer lesbaren Weise gehalten, was ein Grund für den breiten Erfolg des Buchs ist. Ferner erkannte sie, dass eine neue Matriarchatstheorie nicht nur auf dem Boden von Mythologie, Archäologie und Kulturgeschichte entstehen kann, sondern vor allem in den sozialhistorisch-ethnologischen Wissenschaften. Die Frage, ob es matriarchale (egalitäre, geschlechtssymmetrische) Gesellschaften gibt oder gab, ist ja primär keine archäologische Frage, welche dies weder bejahen noch verneinen kann, sondern eine Sache der Ethnologie. Auch hier hat sich die Autorin intensiv eingearbeitet, ideologiekritisch analysiert und eine neue Matriarchatstheorie entwickelt. Denn eine alte Theorie (Bachofen, Morgan, Engels, Freud, Lévi-Strauss) kann man im Grunde nicht durch Argumente erledigen, sondern vor allem durch eine neue, bessere Theorie. Ich spreche daher von der Modernen Matriarchatsforschung, die seit 1980 von Heide Göttner-Abendroth begründet wurde.

In den folgenden Jahren wurde „Die Göttin und ihr Heros" nicht nur in der Frauenöffentlichkeit ein großer Erfolg. Und wie jedes erfolgreiche Buch gilt es als umstritten. Ebenso gab und gibt es den Versuch, die Brisanz des Themas zu entschärfen oder mit verschiedenen Mitteln niedrig zu halten. So gilt das Werk zum Beispiel als „unwissenschaftlich", weil sich die Autorin nur auf wenige (Fach-)Literatur stützt und ohnehin keine Fachfrau sei. Dem ist zu entgegnen, dass ein formal nicht-wissenschaftliches Buch durchaus bedeutende Erkenntnisse enthalten kann. Zudem arbeitet die Autorin vielfach mit denselben Methoden wie ihre Fachkolleginnen und -kollegen, die ihre eigenen Methoden nicht mehr erkennen wollen. Nur geht Göttner-Abendroth eben einen Schritt weiter, indem sie die Matriarchatsforschung einbezieht. Hätte sie eine rein strukturalistische Arbeit geschrieben, niemand hätte sich daran gestört. Außerdem schreibt sie als Wissenschaftstheoretikerin mit einer literaturwissenschaftlichen Ausbildung, so dass sie sehr wohl die akademischen Gepflogenheiten kennt. Es war auch nicht die Absicht, dieses Buch als Ägyptologin oder Keltologin zu schreiben, sondern als philosophische Theoretikerin auf einem hohen Aggregat, das nicht jeden Zweig beschreibt, jedoch die innere, logische Struktur der Mythen. Dass bei einer solchen Aggregats-Perspektive Fehler passieren, wissen wir alle, und jeder Spezialist wird seine Einwände einbringen. Dennoch steht das Ganze in einem logischen Zusammenhang und erklärt auch jeweils hinreichend die verschiedenen Ausformungen. Weiters wird aber gesagt, die Autorin entwerfe nur ein idealtypisches Bild einer matriarchalen Mythologie, das es so in der Gesamtheit nicht gegeben hätte. Wie kann aber eine Struktur so lange überdauern, wenn es sie und deren Inhalte nicht gegeben hat? Zudem ist ja das Idealtypische gerade der erklärende Kern der verschiedenen Formen – eine Methode, die seit Jahrzehnten in der Sprachforschung und Literaturwissenschaft erfolgreich angewendet wird. Ein weiterer Vorwurf ist der Eklektizismus, d. h. die Autorin arbeite selektiv und passe willkürlich Dinge zusammen. Auch dieser Vorwurf greift zu kurz, denn die vergleichende Methode ergibt sich aus der Sache selbst, da der einzelne Mythenstoff vielfach in ganz unterschiedlichen Formen und Varianten überliefert ist. Entsprechend ist eine Zusammenschau des zersplitterten Stoffs notwendig und hat nichts mit einem selektiven Vorgehen zu tun. Somit sind die fachlichen Einwände der Einzelwissenschaften gegen das Buch höchstens korrigierend, jedoch nicht widerlegend. Den Kern der Sache, die Strukturanalyse, betreffen sie nicht. Es ist auch bisher niemandem gelungen, diese zu entkräften oder eine andere Strukturtheorie vorzubringen. Genau das macht die Stärke des Buchs aus. Die Angriffe zielen ohnehin auf etwas ganz anderes, nämlich auf die Matriarchatsthese, die Göttner-Abendroth unumwunden ausspricht.

Nach Erscheinen des Buchs hat die Autorin anfänglich nicht gemerkt, welche Wirkungen sie damit erreicht. Auch ich habe mich oft gefragt, warum dieses originelle Werk der Mythologie soviel Bewunderung wie Feindschaft erfahren hat. So möchte ich einige grundlegende Züge der Schrift erwähnen. Das Strukturschema (Göttin-Heros-Struktur) ist relativ einfach verständlich, obwohl es in seinem Gehalt sehr komplex ist. Es ist die Stärke der Autorin, isolierte, oft zerstreute und vielschichtige Mythenmotive auf einen logischen Nenner zu bringen. Damit erreicht sie eine breite Öffentlichkeit, und zwar Frauen wie Männer, die sich ihrer patriarchalen Sozialisation und anerzogenen Denkweise allmählich bewusst werden. Mythologie ist eben nicht harmlos. Selbst der sich scheinbar von allem frei fühlende Mensch der Moderne wird dauernd mit patriarchalen Mythen versehen, um eine bestehende Herrschaftsstruktur aufrecht zu erhalten. Anders als Bachofen entlarvt die Autorin den patriarchalen Mythos der westlichen Welt, der geprägt ist vom griechischen, römischen, jüdisch-christlichen, keltischen und germanischen Gedankengut. Sie zeigt, dass aus einer matriarchalen Mythologie und Spiritualität über längere Zeit hinweg eine patriarchale Ideologie wurde, die bis heute vermittelt wird. Üblicherweise wurden matriarchale Mythen bisher oft in einem patriarchalen Kontext gedeutet, was natürlich zu Unverständnis oder Projektionen führen musste. Nicht so die Autorin. Sie interpretiert matriarchale Mythen in einem matriarchalen Kontext, den sie auch genau definieren kann. Damit erreicht sie einen gedanklichen Paradigmawechsel, den es vorher in seiner Prägnanz in der Mythenforschung nicht gegeben hat. Mit Bachofen, Freud und Jung und wie sie alle heißen, konnte der patriarchale Überbau gut leben, war das Mutterrecht doch nur „schollengebundene Frauenherrschaft" (Gynaikokratie), woraus das „geistig-überlegene" Patriarchat entstanden sei. Heide Göttner-Abendroth jedoch zeigt, dass die matriarchalen Mythen in ganz verschiedenen Gebieten existierten und aus einer hochstehenden Kultur stammen. Durch einen ideologischen Transformationsprozess, der entsprechend mit gesellschaftlichen Veränderungen einer geht, wurden diese zu patriarchalen Mythen, die mehr und mehr „sinnlos" werden und einer Zerfallserscheinung gleichkommen. Konsequenterweise bedeutet dies auch, dass eine matriarchale Mythologie (und Gesellschaft) unabhängig vom Patriarchat leben kann, jedoch eine patriarchale Mythologie (und Gesellschaft) nicht ohne matriarchalen Unterbau. Außerdem nimmt sich Göttner-Abendroth das Recht, in einer postmodernen Zeit Universalgeschichte zu betreiben, ohne welche die Veränderungsprozesse und patriarchalen Transformationen nur punktuell sichtbar werden. Das „Gefährliche" an diesem Buch und an der Modernen Matriarchatsforschung (aus der Sicht des Patriarchats) ist nicht, dass die Autorin Mythenforschung betreibt, und nicht einmal, dass sie Matriarchatsforschung unternimmt. Das haben andere vorher auch mehr oder weniger geschickt getan. Die Sprengkraft liegt darin, dass sie erstens das bewusst patriarchale Trennungsdenken und die Zersplitterung der Mythen überwindet. Und zweitens, dass das Buch auf dem Boden eines ganz anderen, gedanklichen Paradigmas steht, nämlich des matriarchal-herrschaftslosen, welches das bestehende patriarchale Paradigma in seinen Grundfesten in Frage stellt. Gemeint ist also die pointierte System- und Ideologiekritik der Matriarchatsforscherin, die eine wesentliche Seite der Autorin ist. Dies geht bis in die Sprache hinein, indem sie zum Beispiel die patriarchale Definition von *Matriarchat* als „Frauenherrschaft" auflöst und im Paradigmawechsel den Begriff als *Mater arché* „Am Anfang die Mutter" definiert. Vielleicht verstehen wir jetzt auch die teils emotionalen Reaktionen auf dieses Buch und allgemein auf die Moderne Matriarchatsforschung. Ebenso die Verhinderungstaktik der etablierten Wissenschaften, die das Buch als „unwissenschaftlich", „esoterisch" oder „romanhaft" abstempeln. Und zwar von Frauen und Männern jeder politischen Couleur.

Auch nach dreißig Jahren ist „Die Göttin und ihr Heros" immer noch erkenntnisreich und lesenswert. Es hat nichts von seiner Aktualität verloren und ist eine echte Alternative zu den üblichen Mythen-, Märchen- und Epeninterpretationen. Entsprechend vielfältig ist auch die Wirkungsgeschichte des Buchs. Sofern ich diese teilweise überblicke, möchte ich einige Beispiele exemplarisch besprechen. Nicht näher eingehen möchte ich auf laienhaft geschriebene Bücher, billige Kopien, zurechtgemachte Werke, die undifferenziert alles und jedes miteinander in Beziehung setzen (Psychologie, Theologie) oder tendenziöse Schriften, die nur existieren, um die Autorin zu diffamieren bzw. sich über ihr Grundlagenwerk zu belustigen. Somit sehe ich eine Gruppe A, die „Die Göttin und ihr Heros" positiv aufgenommen, sich vom Interpretationsgehalt inspirieren ließ und so angeregt eigene Untersuchungen angefangen hat. Ebenso zu dieser Gruppe zähle ich Personen, die schon Mythen-, Märchen- und Sagenforschung betreiben, jedoch durch Göttner-Abendroth einen weiteren Aspekt in der Erzählforschung kennen gelernt und ihn in ihre Betrachtungen positiv einbezogen haben. Eine andere Gruppe B steht dem Buch skeptisch gegenüber und versucht, es durch verschiedene Einwände zu relativieren. Zu ihr gehören auch die Spezialisten, die ihren Fachbereich zu wenig berücksichtigt finden. Eine weitere Gruppe C bilden Personen, die immer noch mit einem falschen Matriarchatsbegriff, nämlich als „Frauenherrschaft", operieren und entsprechend zu Aussagen kommen, die ethnologisch keinen Rückhalt haben. Gleichzeitig haben diese Personen diffuse Kenntnisse der Kulturanthropologie und definieren mit einem falschen Begriff matriarchale Gesellschaften hinweg. Zu dieser ahistorischen Gruppe gehören auch tiefenpsychologische Schriften, deren Autorinnen und Autoren die Göttin-Heros-Struktur auf triviale Weise in die Jungsche Psychologie einzwängen. Eine andere Gruppe D wiederum vereinnahmt stillschweigend den Erkenntnisgehalt des Buchs, obwohl offensichtlich ist, dass sie mit derselben Methode arbeitet. Hierher gehören auch Fälle, wonach Studierende von begleitenden Fachpersonen auf das Buch aufmerksam gemacht wurden, jedoch mit der Bedingung, es in der Literaturangabe nicht zu erwähnen. Eine Gruppe E bilden dann Personen, die mit einer ähnlichen strukturalen Methode arbeiten, jedoch scheinbar nichts von der Autorin und der Modernen Matriarchatsforschung wissen. Eine kuriose Gruppe F, die erst in den letzten Jahren aufgekommen ist, bildet die sogenannte „negative Matriarchatsforschung". Es handelt sich dabei vorwiegend um sich abgrenzende und profilierende Frauen an Universitäten, die im

Bereich Frauen- und Genderforschung dadurch „Matriarchatsforschung" betreiben, indem sie negativ und „kritisch" *die* Matriarchatsforschung – als ob es diese Einheitlichkeit gäbe – selbstherrlich anprangern, jedoch die erworbenen Erkenntnisse der Modernen Matriarchatsforschung insgeheim als Horizonterweiterung gerne aufnehmen.

Die Gruppe A, also diejenigen, die dem Buch positiv gegenüber stehen, ist sehr heterogen. Es sind aber Personen, die meistens außerhalb der etablierten Lehrinstitutionen stehen und eine eigenständige Forschungstätigkeit entwickelt haben. Personen der Gruppe B bis F wiederum lassen sich nicht immer genau nur einer Gruppe zuweisen, denn oft vereinen sie Merkmale aller Gruppenzugehörigkeiten. Gemeinsam sind ihnen aber Strategien, um die Moderne Matriarchats- und Mythenforschung zu verhindern. Diese scheinbar wie von unsichtbarer Hand gelenkte Verhinderungstaktik lässt sich genauer bestimmen. So wird zum Beispiel behauptet, man könne über Mythen und Matriarchat nichts genaueres wissen, oder es wird dadurch Verwirrung gestiftet, dass alle Quellen in Frage gestellt werden. Oder man bringt matriarchale Merkmale mit einer falschen Definition zum Verschwinden bzw. verkürzt diese Gesellschaftsform zur reinen Matrilinearität. Nicht selten werden ganze Teile der Modernen Matriarchatsforschung von finanzierten Fachgebieten vereinnahmt und mit deren patriarchalen Inhalten vermischt und verwässert. Dann wird fröhlich verkürzt, vereinzelt, zerstückelt und getrennt, bis hin zu platten Projektionen aus dem spätbürgerlichen Patriarchat. Wenn dies immer noch nicht genügt, wird transzendiert, d. h. es gäbe nur ein „psychisches Matriarchat", es sei nur eine Bewusstseinsstufe oder eine archetypische Idee – aber ja nicht eine historisch-ethnologische Realität. Solche Missdeutungen haben System, ebenso die Diskriminierung und Verhöhnung der Matriarchatsforschenden. Und zu guter Letzt stehen dann nicht mehr ihre Ergebnisse im Vordergrund, sondern die „pathologischen" Personen und deren Psyche. Man muss sich dann eben nicht mehr mit der eigenen, verlängerten Kulturgeschichte befassen. Und so hat die Verhinderungstaktik eine einzige, simple Funktion, nämlich dass das Thema Matriarchat egal wie aus der patriarchalen Welt verschwinden soll.

Ich möchte nun ein paar Beispiele zeigen, wo „Die Göttin und ihr Heros" direkt oder indirekt gewirkt hat und wo der inhaltliche Diskurs Verwendung findet. Es geht mir dabei auch um eine kritische Würdigung der Fachpersonen und um eine konstruktive Kritik ihrer Werke. So veröffentlichte Harald Haarmann ein Buch mit dem Titel „Die Madonna und ihre griechischen Töchter. Rekonstruktion einer kulturhistorischen Genealogie" (Hildesheim 1996). Haarmann ist ein anerkannter Sprachforscher und betätigt sich auch als Kulturhistoriker. In diesem Gebiet übernimmt er die Kulturtheorien der Archäologin Marija Gimbutas und versucht, diese fortzusetzen. Ebenso ist er von der „Emanzipation" und vom „Feminismus" beeinflusst, wie er durchschimmern lässt, wozu er offenbar auch das Buch „Die Göttin und ihr Heros" zählt. Obwohl er dieses in der Literaturangabe auflistet und mehrmals auf ein Göttin-Heros-Schema hinweist, erscheinen der Name der Autorin und das Buch im Text nirgends. Doch kommen wir zunächst zu ein paar interessanten Aussagen von Haarmann. Er fasst zuerst die Thesen von Gimbutas zusammen, nämlich dass in der Jungsteinzeit in Südosteuropa eine „matristische" Donauzivilisation existierte und den gesamten Balkan beeinflusste. Ebenfalls in der Jungsteinzeit wurde diese alteuropäische Zivilisation durch mehrere Schübe von patriarchalen Indoeuropäern aus der südrussischen Steppe überschichtet und zunehmend beherrscht. Die alteuropäische Göttinnenverehrung ging jedoch nicht unter. Sie ging entweder in den Untergrund oder konnte sich in der Ägäis und auf Kreta länger halten. Aber auch hier erreichte sie schließlich der Arm der Eroberer, bis die Göttinnen dem patriarchalen Götterhimmel der Griechen einverleibt wurden. Haarmann erwähnt dann die Namen der Göttinnen: Demeter, Persephone, Athene, Artemis, Aphrodite, Hestia, Kybele und Hekate, die auch sprachlich zu einer vorgriechischen Schicht gehören. Zudem ist diesen Göttinnen ein männlicher Partner (Heros) zugesellt, der vielfach in Tiergestalt (Stier, Widder) erscheint. Die griechische Mythologie ist sehr wertvoll, denn sie enthält einen großen Teil an vorindoeuropäischen Mythen. Ebenso finden sich im Ritual verschiedentlich Reste des alteuropäischen Göttinnenkults, so im Demeterkult der Thesmophorien oder im Herdfeuerkult der Hestia. Und auch das zyklische Denken wird von Haarmann hervorgehoben: „Der vollständige Lebenszyklus war den alteuropäischen Ackerbauern nicht nur in Gestalt der Pflanz- und Reifeperiode bekannt, sondern er spiegelte sich im Rhythmus der gesamten Vegetation vom ‚Erwachen' der Natur im Frühjahr bis hin zu ihrem teilweisen Absterben im Herbst und zum ‚Schlaf' im Winter. Dieser Zyklus des Keimens, des Wachsens und Fruchtbringens, des Absterbens und der Wiedergeburt der Natur findet seine symbolische Ausgestaltung ebenfalls in der alteuropäischen Kunst." (S. 34/35). Schließlich sieht Haarmann im Marienkult eine Fortsetzung des alten Göttinnenkults, jedoch verengt zu einem Mutterkult. Dies wäre das eigentliche Thema seines Buchs (siehe Titel) gewesen, es wird jedoch nur auf drei Seiten angetönt. Denn Haarmann will mehr. Er möchte Matriarchatsforschung betreiben, obwohl er dies nicht zugeben will.

Doch leider wird er diesem Vorhaben nicht gerecht. So finden wir gleich auf den ersten Seiten eine babylonische Begriffsverwirrung. Er schreibt einmal „matristisch", „matrifokal" und „Matriarchat" (S. 8) und dann „Gylanie" und „Androkratie" (S. 27) sowie „patriarchalisch" und „matriarchalisch". Unter Androkratie versteht er eine „Männerherrschaft", was er dem Begriff „Patriarchat" gleichsetzt. Dabei übersieht er, dass das Patriarchat eine Gesellschaftsform ist, bestehend aus Männern und Frauen, und nicht ein reiner Männerbund. Ebenso soll Gylanie – mit Gleichsetzung von matristisch oder matrifokal – einfach „Frau-Mann-Herrschaft" bedeuten; dabei bedenkt er nicht, dass matriarchale Gesellschaften keine Herrschaftsideologie kennen. Auch den Begriff „Autorität" finden wir nirgends genauer definiert. Wir lesen nur folgendes: „Die neueren Erkenntnisse über die sozialen Strukturen der ältesten Zivilisation Europas (Alteuropas) verdichten sich zu der Annahme, dass diese matristisch (bzw. matrifokal) geprägt waren, was nichts mit der Utopie eines von manchen angenommenen Matriarchats der Frühzeit zu tun hat. Matrifokale Gesellschaften, deren Existenz von der Ethnologie, Anthropologie und Archäologie nachgewiesen worden ist, sind gekennzeichnet durch ausbalancierte Autoritätsverhältnisse entsprechend den Geschlechterrollen." (S. 8). Nun geht Haarmann erstens von einer falschen Definition von Matriarchat aus, nämlich als „Frauenherrschaft", und zweitens bestimmt er eine matriarchale Gesellschaftsform verkürzt als „matrifokal" bzw. als „ausbalancierte Autoritätsverhältnisse entsprechend den Geschlechterrollen", was missverständlich ist und sogar für Patriarchate zutreffen kann. Krampfhaft versucht er, „patriarchalische" und „matriarchalische" Begriffe als sich ausschließende Gesellschaftsbezeichnungen zu vermeiden und verstrickt sich immer mehr in die oben genannten, unzulänglichen Ersatzbegriffe. Nur von daher ist folgender Satz zu verstehen: „Matrifokalität ist nicht mit Matriarchat zu verwechseln. Ein Matriarchat hat es in der Geschichte der Menschheit nicht gegeben [...] Matrifokale Gesellschaften zeigen eine symbiotische Verflechtung weiblicher und männlicher Autorität." (S. 27) Auch dieser Satz ist verfänglich, er könnte in jedem tiefenpsychologischen Lehrbuch à la C. G. Jung stehen. Denn auch der Familienvater und die mütterliche Hausfrau der bürgerlichen Patrisippe stehen in einer „symbiotischen Verflechtung". Matriarchale Gesellschaften hingegen kennen keine „weibliche" oder „männliche" Autorität, sondern die zwanglose, natürliche Autorität der Sippenmutter und des Mutterbruders im Matriclan. Haarmann stellt sich weiters eine „matrifokale" Gesellschaft wie folgt vor: „Von besonderer Wichtigkeit für die soziale Stellung der Frau sind eine matrilineare Orientierung in der Generationenfolge und das Recht der Frauen auf Besitz und Erbfolge. Entsprechendes gilt für Alteuropa, mit der Besonderheit, dass in jener frühen Zivilisation der Frau im rituellen Bereich ein Vorrang eingeräumt wurde. Mit der weiblichen Kontrolle des Kultlebens korreliert das Monopol der Grossen Göttin in den religiösen Vorstellungen der Alteuropäer." (S. 8/9) Mit Matrilinearität ist in dieser Aussage die Erbfolge in mütterlicher Linie gemeint, wobei die matrilokale Wohnfolge, also der Wohnsitz der Frauen und Männer im eigenen mütterlichen Clan, interessanterweise vergessen wurde. Auch musste niemand der Frau im rituellen Bereich einen Vorrang einräumen, denn sie übte immer schon die Funktion einer Clanpriesterin oder Hausschamanin aus. Und auch die Göttin hatte kein „Monopol", denn als lebensspendende Kraft war sie allen Dingen immanent. Entsprechend gab es auch keinen „weiblichen Hochgott" (S. 17), zumal „Hochgott" ein ideologischer Ausdruck der Missionsethnologie ist. Außerdem widerspricht sich Haarmann an manchen Stellen selbst. So bezeichnet er die Alteuropäische Kultur als „matrifokal" und „Matrifokale Gesellschaften [...] sind gekennzeichnet durch ausbalancierte Autoritätsverhältnisse...", während er diese dann als „hierarchische Gesellschaftsordnung mit einer Priesterelite" (S. 15) bezeichnet. Und ein paar Seiten vorher schreibt er wie oben erwähnt, dass „der Frau im rituellen Bereich ein Vorrang eingeräumt wurde." Wie passt also „ausbalanciert" mit „hierarchisch" und „Priesterelite" mit „Vorrang der Frau im Rituellen" zusammen? Zeigen doch neuere Forschungen, dass die Donaukultur ausgesprochen egalitär war. Falsch ist auch, dass er eine „matrifokale Sozialordnung" nur bei „Pflanzer- und Ackerbauergesellschaften" (S. 21) lokalisiert, während er im vorangehenden Jäger- und Sammlertum „die Dominanz einer männerorientierten patrifokalen Ordnung" sieht. Auf derselben Seite schreibt er aber, dass es damals „keinen Spielraum für Demonstrationen des männlichen Patronats über die Rechte der Frau" gegeben habe und bringt dann auf der nächsten Seite sogar das Beispiel einer egalitären Buschmanngruppe. Wobei er im Wildbeutertum von „gleichgewichtig" spricht und zugleich „matriarchalische Strukturen" verneint, jedoch „ausbalanciert" ein Merkmal von „matrifokal" sei. Hier hat sich jemand wirklich einen babylonischen Turm gebaut.

Und wie sieht es bei Haarmann in Bezug auf die Inhalte von „Die Göttin und ihr Heros" aus? Er schreibt, dass der junge Mann von der Göttin als Partner ausgewählt wird und dann mit ihr die Heilige Hochzeit feiert. Danach „schließt sich der Vegetationszyklus, die Natur altert und stirbt ab. Die scheinbar isolierten männlichen Darstellungen fügen sich damit funktional in dasselbe religiöse Kulturmuster und symbolisieren gleichsam auf einem rituellen Kontinuum die Phasen des Vegetationszyklus." (S. 41) Beim männlichen Partner handle es sich um einen „sterblichen oder göttlichen Partner" bzw. eine „der Göttin zu- und ihrer Autorität untergeordnete Begleitperson im Vegetationskult." (S. 40) Ebenfalls auf dieser Seite erwähnt er eine „Göttin-Heros-Beziehung", und dass der Jüngling den „Aspekt der Befruchtung des Ackerbodens im Frühjahr" versinnbildliche. Leider erklärt uns Haarmann nicht, woher er den Gedanken einer Göttin-Heros-Beziehung hat bzw. was er genauer darunter versteht. Hingegen finden wir wieder eine heillose Begriffsverwirrung. So spricht er gleichzeitig vom „männlichen Partner", „Heros" oder „Gott" bzw. von einem „Befruchter" der Göttin, der dann keine weitere Funktion mehr habe. Zudem schreibt er von einer „Dualität von Göttin und Gott" und weiter von einem sterblichen Partner und einer unsterblichen Göttin. Und sogar von einem „weiblichen Monotheismus" bzw. von einem „variierten Monotheismus-Konzept" ist die Rede. (S. 42) Bei Haarmann wird der Heros zu einem leidenden, untergeordneten und autoritätsabhängigen Befruchter der Scholle. Er erwähnt auch nur die Erde als Göttin – und die verschiedenen Himmels-, Mond- und Sonnengöttinnen? Diese erhält den Status einer Art Domina, die wie der sadistische Vatergott des Christentums wirkt. Und tatsächlich gebraucht Haarmann nicht nur den ideologischen Begriff „Monotheismus" der Missionsethnologie, sondern den schrägen Vergleich der Göttin und ihres Heros mit „Gottvater und dessen Sohn Jesus". (S. 42) Wie viele andere ist auch Haarmann besessen von einer Fruchtbarkeitsmanie, die er in die Kunst und Kultur der Frühzeit hineinlegt. Und so wird ihm die Heilige Hochzeit ausschließlich zu einem sexuellen Akt, zur Begegnung des „Weiblichen" und „Männlichen" bzw. eines untergeordneten „Befruchters" und einer Über-Erdgöttin. Er übersieht, dass die Göttin nicht nur die Erde ist, sondern der allumfassende Kosmos. Sie ist Frau Welt. Entsprechend ist sie das Ewige, Unsterbliche und Göttliche, welches das Leben hervorbringt, wandelt und wieder erneuert. Der Heros versinnbildlicht das Vergängliche, Sterbliche und das Menschliche. Er bringt die Vegetation nicht hervor, sondern ist das aus der Göttin Gewordene, meistens symbolisiert als Grüner Mann/Strohmann oder als aufgehende und untergehende Sonne. Während der Heiligen Hochzeit begegnen sich also das Göttliche, repräsentiert durch eine Priesterin, Sakralkönigin oder Schamanin, und das Menschliche, repräsentiert durch den Heros oder Sakralkönig, um die kosmisch-menschliche Ordnung zu erhalten. In der Vereinigung mit der Göttin sichert sich der Heros auch seine Wiedergeburt, denn genau diese Wiedergeburtsmythologie steckt hinter den sogenannten Fruchtbarkeitskulten. Die Naturverehrung (die Erscheinungsformen der Göttin selbst), die Ahnenverehrung und die Wiedergeburtsmythologie waren und sind zentrale Themen einer Göttinkultur. Des Weiteren gelangt auch Haarmann zu einem dreifachen Sinnbild der Göttin: „Gelangt man bei der Ausdeutung der Rollen [...] der weiblichen Figuren zu einem integrativen Gesamtbild, nämlich dem einer dreifaltigen Gottheit." (S. 152) Er verweist dann auf die „Dreifaltige Göttin in ihrer Gestalt als Mädchen, Nymphe und Altes Weib", ein Gedanke, den er offenbar nur bei Robert von Ranke-Graves' „Griechische Mythologie" entlehnt hat. Doch macht er sogleich einen unnötigen Vorbehalt: „Zwar ist diese Ausdeutung fantasiebeladen, doch trifft sie wohl den matristischen Kern der für die alteuropäische und noch altägäische Kulturstufe [...] agrarischer Rituale durch Frauen." (S. 153) Wie kann aber etwas „fantasiebeladen" sein und zugleich den Wesenskern agrarischer Rituale ausmachen? Leider verstrickt sich Haarmann immer wieder in Selbstwidersprüchen, in unpräzisen Benennungen und in nicht zu Ende gedachten Aussagen. Und selbst in seinem Epilog (S. 176) bleibt er widersprüchlich, indem er glaubt, die „respektheischende Autorität dieser [antiken] Göttinnen" den heutigen „Feministinnen" als Vorbilder zu empfehlen. Denn die Göttinnen der griechischen Zeit weisen ja schon zahlreiche patriarchale Züge auf, die man ihnen im Verlauf eines längeren Transformationsprozesses angedeihen ließ. Auch das weiß Haarmann sehr genau, wenn er öfters von „Transformation" spricht.

Das Buch von Harald Haarmann ist kein Einzelfall. Es ist überladen und auf der theoretischen Seite undurchdacht. Er jongliert beliebig mit Begriffen hin und her, ohne zu reflektieren, dass er damit patriarchale Normen und Werte einbringt. Haarmann zeigt zwar interessante Beispiele aus der Sprach- und Kulturgeschichte, geht aber über Marija Gimbutas oder Robert von Ranke-Graves nicht hinaus. Ebenso möchte er „matristische" Mythen und Gesellschaften beschreiben, verweigert sich aber sträflich der Modernen Matriarchatsforschung und ihrer ethnologischen Grundlagen. Dies ist überhaupt der schwächste Punkt bei Haarmann, und das noch im Jahr 1996. Gleichzeitig holt er sich gedankliche Anleihen aus „Die Göttin und ihr Heros", ohne dies offenzulegen, denn für ihn gilt dieses Buch als „feministisch". Und wiederum tut sich ein Widerspruch auf: Göttner-Abendroths Buch ist einerseits „feministisch", andererseits gut genug, um daraus brauchbare Ideen zu übernehmen. Eine solche Haltung ist leider der Normalfall geworden. Wäre Harald Haarmann – ein sonst durchaus interessanter Forscher – in seinem eigentlichen Gebiet der (vorindoeuropäischen) Sprachforschung und indoeuropäischen Kulturgeschichte geblieben und hätte sich mit der Modernen Matriarchatsforschung ausgetauscht, wäre sicher ein spannendes Buch entstanden. Doch offenbar muss er sich gegenüber dieser neuen Forschung im Hinblick auf die Fachwelt und die Kollegen immer wieder mit bekennenden Worten distanzieren.

Weniger Berührungsängste mit der Modernen Matriarchatsforschung zeigt die Psychologin und Philosophin Carola Meier-Seethaler in ihrem Buch „Ursprünge und Befreiungen" (Zürich 1988), das in vielen Bereichen von „Die Göttin und ihr Heros" beeinflusst ist. Jedoch verwendet sie den Begriff „matrizentrisch" und vermeidet das Wort „Matriarchat", weil dieses suggeriere, „in der vorpatriarchalen Gesellschaft hätten die Frauen ‚geherrscht' im Sinn eines hierarchischen Machtgefälles." (S. 23) Dies sei aber nur eine Rückprojektion des patriarchalen Herrschaftsstils in die Vergangenheit, jedoch mit umgekehrten Vorzeichen. Allerdings ist der Autorin klar, dass das griechische *arché* auch „Anfang, Ursprung" bedeutet: „Diese Kunst der Sprachmanipulation ist so alt wie das Patriarchat. Schon die griechischen Eroberer münzten den Wortstamm arche, der Anfang, Beginn, Ursprung bedeutet, in die ganz andere Sinngebung von Herrschaft, Amt, Obrigkeit und Oberbefehl um." (S. 277) Bedauerlicherweise lässt sich die Autorin das Wort *arché* bzw. *Matri-arché* immer noch nehmen und operiert mit dem undefinierten Ersatzbegriff „matrizentrisch". Es handle sich aber dann doch um „die gleichen historischen Phänomene" (S. 147) wie bei matriarchal – also um Göttner-Abendroths Definition. Des Weiteren schließt sich Meier-Seethaler den Forschungen zum Jahreskönig an, der am Beginn der Vegetationsperiode durch einen heiligen Wettstreit erkürt und für das laufende Jahr inthronisiert wurde, um dann nach der Ernte den Opfertod zu sterben. Den eigentlichen Höhepunkt des sakralen Jahres bilde die Heilige Hochzeit zwischen dem Jahreskönig und einer Priesterin, welche die Große Göttin vertrat: „Noch heute erinnern zahllose Volksbräuche an dieses längst verschwundene Jahreskönigtum, wenn im Frühling der Maikönig und die Maibraut gewählt und vorher der Winterkönig verbrannt wurde." (S. 155) Auf Kreta hieß dieser Vegetationsheros (Jüngling) zum Beispiel Velchanos. In Übereinstimmung mit „Die Göttin und ihr Heros" sieht Meier-Seethaler eine alte Mutter- und Tochtergottheit bzw. eine Mutter-Tochter-Dyade. Die Tochter erscheint zum Beispiel als jugendliche Kore „Mädchen" und als Frühlingsgöttin – und somit als verjüngte, wiederkehrende Mutter-Göttin. Der jugendliche Heros und das Frühlingsmädchen feiern dann zusammen die Heilige Hochzeit. (S. 173) Ebenso erweitere sich die Mutter-Tochter-Dyade zu einer Triade, wie sie für die alten Mondgöttinnen typisch sei. Die Autorin verweist ebenfalls auf eine alte Konstellation, nämlich auf eine Mutter-Tochter-Verbindung bzw. auf eine Mutter-Tochter-Sohn-Gruppierung: „Die Thesmophorien [...] riefen die Demeter um ihren Segen an, und die Eleusinischen Mysterien [...] feierten die geistige Erneuerung des Mysten durch Demeter/Kore und ihren Sohn Triptelemos/Dionysos." (S. 215) Was Meier-Seethaler hier eigentlich beschreibt – und was sie nicht deutlich genug ausspricht –, ist die matriarchale Kern-Sippen-Konstellation, die aus der Mutter-Tochter-, Mutter-Sohn- und Schwester-Bruder-Beziehung besteht. Die Gestalt des „Vaters" oder des „Ehemannes" taucht hier nicht auf, wie es die Autorin vielfach sucht, denn diese spielen erst in patriarchalen Gesellschaften eine Rolle. In der Überlieferungsgeschichte weist sie dann ebenfalls auf verschiedene Verfälschungen und Transformationen hin. In den Mythologien nahezu aller patriarchalen Hochkulturen spiele sich immer der gleiche Prozess ab: Die ursprüngliche Göttin und Mutter aller Götter werde zur Tochter oder zur Gattin eines aufsteigenden Gottes erklärt. (S. 272) Und zu den Kulturstiftern (Kulturgöttern) sagt sie: „Ganz offensichtlich soll mit diesen Figuren die schöpferische Rolle der Frau sowohl auf der Ebene der Schöpfungsmythen als auch auf der historisch-menschlichen Ebene verschleiert werden [...] sie bringen den Menschen jene Kulturinnovationen noch einmal, welche ursprünglich weibliche Errungenschaften sind, wie den Ackerbau, den Hausbau, die Heilkunst etc." (S. 275) Die Tragweite einer solchen Verzerrung ist der Autorin jedoch nicht ganz bewusst. Denn die literarische oder tiefenpsychologische Mythendeutung basiert größtenteils auf der verfälschten patriarchalen Mythenebene, die dann noch als allgemein menschlich (ontologisch) ausgegeben wird.

Damit kommen wir zum grundlegenden Problem von Meier-Seethalers Buch. Seine Stärke liegt zweifellos in der dankenswerten Beschreibung der neurotischen Zustände des Patriarchats. Hingegen ist erstens die Psychoanalyse des 19. und 20. Jahrhunderts (Jung, Neumann, Freud) ebenfalls patriarchal gefärbt und erklärt zweitens gerade nicht Begebenheiten, die nur im Kontext einer matriarchalen Gesellschaft und Mythologie verstehbar sind. Es ist eben nicht möglich, ein anderes Gesellschaftsparadigma mit den Kriterien des eigenen Paradigmas zu deuten. Es fehlt also eine präzise historisch-ethnographische Unterscheidung von matriarchalen, verfälschten und patriarchalen Phänomenen, so dass Vermischungen, Fehldeutungen und Projektionen unweigerlich sind. Ebenso ist es fraglich, ob man historisch-ethnologische Forschungen durch psychotherapeutische Aussagen ersetzen kann. So erklärt sich die Autorin das Aufkommen des Patriarchats durch ein zu rasches Bevölkerungswachstum und durch eine Klimaverschlechterung (S. 209), was zumindest ein sozialhistorischer Ansatz ist, vertritt aber dann eine psychologistische These, wonach der Mann „unabsichtlich" und „natürlich" in matrizentrischen Kulturen „untergeordnet", „zweitrangig" sei und einen „Minderwertigkeitskomplex" gegenüber den kulturstiftenden Frauen gehabt habe: „Die kulturhistorische Entwicklung von der matrizentrischen Gesellschaft zur patriarchalen Überherrschung lässt sich meines Erachtens überhaupt nur aus diesem anfänglichen Ungleichgewicht plausibel machen." (S. 26) „Dagegen ist besonders bei der Betrachtung matrilokaler Eheverhältnisse deutlich geworden, dass sich der Mann im Matriclan der Frau gewissermaßen als ‚Bürger zweiter Klasse' fühlen muss..." (S. 246) Es sind genau solche undifferenzierten Behauptungen, die das Buch durchziehen und schmälern. Wenn diese „Minderwertigkeit" bestünde, so fragt es sich, warum denn gerade auch Männer bei den Mosuo in China und Khasi in Indien die matriarchalen Gesellschaftsregeln verteidigen. Hier wären mehr ethnologische Forschungen gefragt, denn der Gedanke einer „Zweitrangigkeit" der Männer kommt bei den Mosuo von den patriarchalen Han-Chinesen und bei den Khasi von den christlichen Missionaren. Außerdem widerspricht sich die Autorin selbst, denn sie schreibt, dass die Männer in der matrizentrischen Frühzeit niemals unterdrückt oder diskriminiert worden seien: „Dennoch ist festzuhalten, dass alle uns bekannten matrizentrischen Kulturen aus Vergangenheit und Gegenwart den Mann nie aus den sakralen Funktionen ausschließen..." (S. 78) Wenn also Meier-Seethaler ein „anfängliches Ungleichgewicht" der Geschlechter postuliert, pauschal „blutige Opferrituale" in matrizentrische Kulturen hineindeutet, das „emotionale Leiden" der Väter in einer Gesellschaft hervorhebt, welche die biologische Vaterschaft gar nicht gewichtet, oder das matrilineare Exogamiegebot (die Heirat außerhalb des Matriclans) als „Vermeidung des Inzests" darstellt, dann ist sie trotz aller Kritik immer noch dem patriarchalen Paradigma verhaftet. Die psychologistische Rede von einem anfänglichen „Ungleichgewicht" oder von einer „Einseitigkeit" des Matriarchats stützt nämlich auf subtile Weise die patriarchale Unterdrückung und dessen herrschaftsorientierte Zirkelschlüsse. Deshalb hat die Psychoanalyse als moderne Stütze des Patriarchats diese Unterstellung auch nie aufgegeben. Es ist nämlich auffällig, dass das gegenwärtige Patriarchat mit „Ursprünge und Befreiungen" trotz der bestens gemeinten Kritik seitens der Autorin offenbar gut leben kann, während es die Moderne Matriarchatsforschung mehrheitlich ausgrenzt.

Diese Ausgrenzung widerfährt auch dem eigenständigen Buch „Das Matriarchat im Alten Israel" (Stuttgart 1989) von Gerda Weiler. Die Autorin nimmt sehr viele Anregungen aus „Die Göttin und ihr Heros" auf, so zum Beispiel das sakrale Königinnentum, den zyklischen Werdegang des Vegetationsheros, die Rolle der Priesterinnen und die Verfälschung matriarchaler Kulturtraditionen durch spätere patriarchale Redaktionen, die in der Bibel enthalten sind. Sie vergleicht diese Denkanstöße mit der altorientalischen Situation des Vorderen Orients, besonders aber mit den Aussagen der Bibel und mit dem kulturgeschichtlichen Hintergrund der israelitischen Stämme. Sie zeigt dabei, dass die jüdischen Stämme wie viele Völkerschaften des Fruchtbaren Halbmonds keinen Urmonotheismus kannten, sondern einst eine matriarchale Kultur besaßen. Diese sei jedoch in den Hintergrund getreten, habe sich aber dann nach der Einwanderung in Kanaan (das Gelobte Land) mit den ansässigen, matriarchalen Kulten vermischt und somit „reaktiviert". In diesem Zusammenhang verweist Weiler auf ein altes Ritualmuster: „Spätestens die Ausgrabungen von Ras-Schamra [Ugarit] haben erwiesen, dass Israel keine von seiner Umwelt abweichende Kultur und Tradition gehabt hat." (S. 31) „Der Mythos von der Himmelskönigin und ihrem irdischen Sohngeliebten, ihrem Bruder oder ihrem Gatten, erzählt ein Kultdrama, das überall in der Welt Parallelen hat [...] Höhepunkt der Jahreszeitenfeste war das Erwachen der Natur, das mit der Heiligen Hochzeit zwischen der Göttin und ihrem Geliebten feierlich begangen wurde." (S. 32) Die Autorin macht darauf aufmerksam, dass halbnomadisierende Beduinen – und damit auch die Israeliten – seit Jahrhunderten im Weidewechsel nach Palästina gekommen sind, wo sie sich mit den Ackerbau treibenden Völkern austauschten. Dabei existierte bei den Nomaden eine Besuchsehe (die Be'ena-Ehe), „bei der die Frau sesshaft bleibt, während der Mann mit den Herden unterwegs ist [...] Wir begegnen in der Bibel zahlreichen Männern, die mit den Herden ihrer Frauen unterwegs sind. Von einer patriarchalen Urgesellschaft mit einem männlichen Hochgott bleibt da nicht viel." (S. 100) Außerdem gebe es in der Bibel Spuren von Matrilokalität, wenn der Gatte in der Sippe der Frau uxorilokal wohne. Von besonderer Bedeutung ist die Wiederentdeckung der *Gebira*, „Herrin", die als Mutter-Königin, Thron-Garantin und Hohepriesterin durch eine Heilige Hochzeit mit ihr oder ihrer Tochter die jeweiligen Könige legitimiert und inthronisiert. Dies geschah in heiligen Hainen, auf Bergen, an Kultsteinen und geweihten Quellen, wo die Gebira als Priesterin auch die Landesgöttin repräsentierte. (S. 257 ff) Wurden solche matriarchalen Spuren in der Theologie vor fünfzig Jahren noch anerkannt: „Man wird wohl auch in Juda an ein älteres mutterrechtliches Element denken müssen." (Georg Molin in Weiler, S. 270), so werden diese Befunde heute im Zeitalter der Modernen Matriarchatsforschung von den Theologinnen und Theologen glattwegs unterschlagen. Das hindert diese aber nicht daran (z. B. Urs Winter, Othmar Keel, Silvia Schroer), in einschlägigen Publikationen zur Bibelkunde selbst ausführlich Göttinnenforschung zu betreiben und gleichzeitig die Matriarchatsforschung zu diskreditieren. Ferner macht Gerda Weiler deutlich, dass in Jerusalem vor 3300 Jahren eine Göttin Heba (die spätere Eva) und ihr Abdi-König (der spätere Adam) verehrt wurden, ebenso dort noch im 7. Jahrhundert vor u. Z. die Göttin Ashera als Schlangengöttin Nehustan. (S. 268) Zudem war auch Jahwe einmal ein Vegetationsheros, nämlich ein Regenmacher, ein Bergoder Stiergott, der als Partner der Göttin Ashera galt. (S. 146) Seltsamerweise soll nun diese inschriftlich belegte Ashera in Theologiekreisen keine Sakralkönigin und Göttin sein, sondern nur die Weisheit Jahwes, obwohl die Bilder auf dem gefundenen Tonkrug (Jahwe mit Phallus, Mutterkuh und Stierkalb) eine deutliche Sprache sprechen.

Gerda Weiler hat mit viel Fleiß wichtige Zeugnisse der Bibelforschung zusammengetragen. Das ist ihr anerkennenswertes Verdienst. Dennoch hat das Buch auch seine Schwächen. So fehlt diesem durch die ständigen Wiederholungen und moralischen Einschübe die theoretische Schlüssigkeit. Zudem gelingt es ihr nicht, ein deutlicheres Bild der matriarchalen Kulturen Kanaans und Ugarits einerseits und in den sich bildenden Wüstenregionen andererseits zu entwerfen. Hier wäre ein Blick in die Semitistik der vergangenen 150 Jahre sehr hilfreich gewesen, so dass das Ganze nicht nur auf einem biblischen Diskurs, sondern auch auf einem ethnologischen Boden steht. Der schwächste Punkt ist aber zweifellos ihre Entstehungstheorie. Denn zunächst schreibt Weiler, dass es zwischen den viehzüchtenden Beduinenvölkern (Halbnomaden) und den ackerbautreibenden Kulturen des Fruchtbaren Halbmonds eine „Symbiose" (S. 101) gegeben habe. Trockenheit und Wüstenbildung zwangen die Nomaden jedoch, immer wieder auszuwandern. Entsprechend dürften die israelitischen Stämme von Nordarabien nach Kanaan eingewandert sein. Aus dieser alten Heimat stammt auch der Jahwekult, der sich dann mit dem kanaanitischen Göttinnenkult vermischte. Diesen fundierten, sozialhistorischen Ansatz – nämlich die Theorie einer frühen geregelten Wanderung und einer späteren, chaotischen oder katastrophalen Auswanderung (Göttner-Abendroth) – verwirft Weiler dann aber gegen jede ethnologische Erkenntnis und entwirft eine psychologistische Behauptung. So suche der nach Heldenruhm dürstende patriarchale Führer (im Matriarchat?) nur nach einem äußeren Anlass, um seine Macht zu stabilisieren. (S. 275) Doch woher hat er diese Macht? Das Patriarchat beginnt bei Weiler durch „männliche Aggression", die nicht mehr den Lebenszusammenhängen diene. Doch woher kommt diese Aggression? Ebenso entstehe Patriarchat mit Geschlechterkampf (S. 272) – der aber typisch ist für schon patriarchale Gesellschaften. Die Autorin übernimmt hier unkritisch die unbewiesene These von Meier-Seethaler (siehe oben), die in matriarchalen Gesellschaften eine „Zweitrangigkeit" des Mannes und eine „unbewältigte Geschlechterspannung" lokalisieren will. Damit gehen beide Autorinnen der tiefenpsychologischen Meinung auf den Leim (Erich Neumann), wonach Matriarchate (falsch verstanden als „Frauenherrschaft") eben „einseitig" gewesen seien, so dass das geistig-lichte Patriarchat daraus entstehen musste, nur sei dieses heute auch einseitig. Gerda Weiler hätte eigentlich erkennen müssen, in welchen ahistorischen Zirkel sie hier geraten ist, denn sie hat den Psychologismus von C. G. Jung und Erich Neumann in ihrem Buch „Der enteignete Mythos" (München 1985) glänzend kritisiert. Das Beispiel zeigt aber, wie „sanft" und täuschend patriarchale Inhalte der Tiefenpsychologie sogar bei sehr kritischen Autorinnen immer noch nachwirken.

Die Matriarchatsforschung führt aber nicht nur im Alten Orient oder außerhalb Europas zu neuen Fragestellungen, sondern verlängert auch in Europa das geschichtliche Bewusstsein. Gerade durch die Anregungen von „Die Göttin und ihr Heros" hat man sich zum Beispiel in der Slawistik, Germanistik und besonders Keltologie wieder daran erinnert, dass es durchaus matriarchale Indizien gibt. Immer wieder haben Keltologen auf mutterrechtliche Spuren bei den keltischen Stämmen (vor allem Inselkelten) hingewiesen, so auch Helmut Birkhan in seinem Standardwerk „Kelten. Versuch einer Gesamtdarstellung ihrer Kultur" (Wien 1996/97). Ohne die „Herausforderung" der Modernen Matriarchatsforschung wäre allerdings der Autor nicht dazu gedrängt worden, in seinem Monument auch den „Exkurs zum keltischen Matriarchat" zu schreiben. (S. 1022) So ist also dieses spannende und in Vergessenheit geratene Forschungsthema wieder in der Diskussion. Dabei liefert uns Birkhan die besten Beispiele einer matriarchalen Unterströmung auch in Westeuropa, obwohl er eine skeptische Distanz bewahrt. Zunächst begeht er nicht den methodischen Fehler und beruft sich nur auf Bachofen, sondern zieht neuere ethnologische Merkmale hinzu, die eine mutterrechtliche Gesellschaft ausmachen. Dann schreibt er: „Auch wenn man an die alte Evolutionstheorie des 19. Jahrhunderts, nach der zunächst allgemeine Promiskuität, dann Mutterrecht herrschte, bis dieses vom Vaterrecht abgelöst wurde, nicht mehr glaubt, so ist doch die Frage, ob mutterrechtliche Verhältnisse bei den alten Kelten herrschten, legitim." (S. 1023) Birkhan weist darauf hin, dass nicht einzelne Züge auf ein Matriarchat hindeuten, sondern gemeinsame Merkmale, die zusammen vorkommen. Damit geht er auf die schwierige Quellenlage der Keltologie ein und meint eigentlich die historische und literarische Zersplitterung des Themas. Auf der soziologischen Ebene ergeben sich nur wenige Hinweise auf ein keltisches Mutterrecht, obwohl er auf einzelne Stammesfürstinnen, Priesterinnen (Druidinnen), die Entscheidungsbeschlüsse der Frauen über Krieg und Frieden in der Volksversammlung, die Bedeutung des Oheims mütterlicherseits (Mutterbruder) und auf eine mögliche, namengebende (Ahn-)Frau Galateia (Kelto) hinweist. In der Heldensage und Mythologie (der Inselkelten) gebe es aber zahlreiche Merkmale eines Mutterrechts: „Wenn es Hinweise auf einst bestehendes Mutterrecht gibt, so bei den Inselkelten, wo tatsächlich mehrere der oben von den Ethnologen namhaft gemachten charakteristischen Momente nachweisbar sind." (S. 1025) Diese Merkmale sind zum Beispiel eine enge Mutterbruder-Schwestersohn-Beziehung, d. h. eine „avunkulolokale Heiratswohnfolge" im Arthursagenkreis, vorab in der Gralsfamilie, indem Parzival der Nachfolger seines Mutterbruders im Gralsreich wird, hingegen „die Väter dieser Helden ganz in Bedeutungslosigkeit versinken." (S. 1026) Hinzu kommt die matrilokale (uxorilokale) Heiratsfolge, bei welcher der Mann (siehe z. B. Ywain) in das Haus der Frau einheiratet. Ferner findet Birkhan die matrilineare Deszendenz in der irischen Sage beachtlich, ebenso die Metronymika, die Benennung nach der Mutter, die wie bei „mac Nessa" auf Matrilinearität schließen lassen. Hinzu kommt die Aktivität der Königinnen und anderer Frauen bei der Partnerwahl: Man sieht, dass „die Aktivität bei der Partnerwahl von der Frau ausgeht, wofür man in den irischen Sagen eine Fülle von Beispielen findet." (S. 1027), sowie das „Dienen des Mannes bei den Brauteltern". In den Feensagen kommt außerdem die Abstammung von einer gemeinsamen Ahnfrau vor (siehe z. B. Melusine), jedoch sind diese Frauen, die gewöhnlich zur Anderswelt gehören, erst durch „die patriarchale Interpretation der Muttergöttin zu femmes fatales geworden." (Tetsuro Sano in Birkhan, S. 1028) Sind diese Merkmale schon beachtlich, so gibt es für den Autor ein unbestreitbares Indiz für das Mutterrecht, nämlich das Erscheinen der Landesherrin (Lady Sovereignty) als Königsmacherin: „Das stärkste Argument für diese Annahme [des Mutterrechts] ist in meinen Augen die gutbezeugte Vorstellung von der Mutter- und Landesgöttin und die schon erwähnte Auffassung, dass der Herrscher nur kraft eines hieros gamos [Heilige Hochzeit] mit dieser Göttin Herrscher ist." (S. 1028) Die Landschaft wird hier als göttliche Ahnfrau aufgefasst, die dem jungen Mann in einem Doppelaspekt erscheint, nämlich als alte Frau und als junges Mädchen, mit der er sich vereinigen muss. Durch diese göttliche Teilhabe wird er durch die Ahnfrau zum legitimen König auf ihrem Thron. Diese Lady Sovereignty der keltisch-irischen Tradition ist somit eine Art Gebira – Mutter – und Sakralkönigin des Landes und des Throns – wie wir dies oben in der altorientalischen Überlieferung gesehen haben. Genau dieses Ritual ist aber eine der Kernaussagen von „Die Göttin und ihr Heros", und es ist gänzlich matriarchal, wie auch Birkhan mit seiner Bemerkung „mutterrechtlicher Sinn" zugeben muss.

Es ist also in Westeuropa trotz keltischen Patriarchats mit einer matriarchalen Unterströmung zu rechnen. Diese lebt unter anderem in den Sagen, in der Vorstellung von der Anderswelt und in den Feengeschichten indirekt weiter, d. h. in der mündlichen und später schriftlichen Überlieferung. Doch wie sind diese matriarchalen Merkmale in die Fiktionalität geraten? Dass sie einmal einen realen, kulturhistorischen Bezug hatten, beweist schon der Vergleich mit ethnologischen Eigenschaften. Dazu macht Birkhan folgende spannende Aussage: „Wenn also in den literarischen Zeugnissen der inselkeltischen Traditionen Vorstellungskomplexe zu belegen sind, die sich gut mit mutterrechtlichen Daten vereinen lassen [...], so sind diese vermutlich nicht keltisches Erbe, sondern stammen von der vorkeltischen (vorindoeuropäischen) Ureinwohnerschaft der Britischen Inseln." (S. 1034) Und auch das ist eine Kernaussage von „Die Göttin und ihr Heros". Der Autor sieht dann „Überreste des mutterrechtlichen Substrats" (S. 1035) in der inselkeltischen Mythologie bzw. in der Metronymie der Götter – *Tuatha De Danann* (Volk der Göttin Dana) – und in der kymrischen Göttergenealogie mit den Zentralgestalten der Modron, Don und Aryanrhod. Der Autor verweist sogar auf verschiedene Ethnien, die Träger eines vorkeltischen Mutterrechts gewesen sein könnten: die Pikten in Schottland und die Silurer in Wales mit ihrem dunklen und kraushaarigen Erscheinen. Letztere wurden mit den Iberern und sogar mit den Berbern in Nordafrika zusammengebracht: „Ein iberisches Element wäre in diesem Zusammenhang besonders wichtig, denn Strabon entwirft von den iberischen (unkeltischen?) Kantabrern das Bild einer stark mutterrechtlich geprägten Kultur [...] Auch bei den iberisierten Keltiberern scheint es Ansätze des Mutterrechts gegeben zu haben." (S. 1035/36) Die gemeinsame Klammer für die Pikten in Schottland, die mediterranen Silurer in Wales, die Iberer in Spanien und die Berber in Nordafrika wäre dann die Megalithkultur Süd-, West- und Nordeuropas, die Birkhan ebenfalls erwähnt.

Diese aufschlussreichen Ausführungen schmälert der Autor aber dadurch, dass er sich nicht genauer mit der Modernen Matriarchatsforschung befasst, denn dort ist der Begriff „Matriarchat" auf mythologischer, ritueller, soziologischer und ökonomischer Ebene genauer definiert. Gerade die Göttin-Heros-Struktur passt sehr gut zur Interpretation des Laudine-Ywain-Stoffs oder der Mutter-Tochter-Souveränitätsgöttin (Landschaftsahnin, Mutterkönigin) als Königsmacherin. Dieses Strukturschema bejaht Birkhan durchaus, möchte es aber nicht mit dem Thema „Matriarchat" in Verbindung bringen. Diese Kritik greift jedoch ins Leere, denn erstens ist die Göttin-Heros-Struktur gerade durch die Moderne Matriarchatsforschung präzisiert sowie theoretisch erweitert worden, und zweitens ist eine Struktur ohne kulturgeschichtlichen Hintergrund nur eine schöngeistige Abstraktion. Es ist gerade die Stärke dieses literaturwissenschaftlichen Schemas, dass es mit historischen und ethnologischen Phänomenen verglichen werden kann und dessen Sinn erläutert. Das hat Birkhan selbst oben dargestellt. Außerdem denkt er seine Argumente nicht zu Ende. Denn was bedeutet es für die europäische Geschichte, wenn er von einem „mutterrechtlichen Substrat" spricht? Wäre dann das „vaterrechtliche" Superstrat (die Kelten) etwa keineswegs die erste, europäische Hochkultur, wie es ideologisch manchmal in der keltischen Wissenschaft verbreitet wird? Sondern müsste man nicht bei der Frage um die Anfänge Europas alle Forschungen auf dieses „mutterrechtliche Substrat" ausrichten, was ja nur von höchstem Interesse sein kann? Aber das ist eine andere Geschichte, die das patriarchale Weltbild Europas fundamental verändern würde.

Solche Ansätze gibt es tatsächlich, und zwar in der Archäologie, in der Europäischen Ethnologie und in der Sprachgeschichte. So veröffentliche zum Beispiel der renommierte Sprachhistoriker Wolfgang Meid ein etwas knappes, aber äußerst spannendes Büchlein mit dem Titel „Aspekte der germanischen und keltischen Religion im Zeugnis der Sprache". (Innsbruck 1991) Darin übernimmt er trotz aller „Auffassungsunterschiede im einzelnen" (S. 38) die bekannte Arbeitshypothese der interdisziplinär arbeitenden Archäologin Marija Gimbutas – eine These, die Meid für prinzipiell richtig hält. Zudem verarbeitet er implizit zahlreiche kulturgeschichtliche Anregungen, die er aus der Lektüre von „Die Göttin und ihr Heros" gewonnen hat: „Zum ganzen Problem der Überführung ursprünglich matriarchaler Mythologie in patriarchale Denkformen und der dabei sich abspielenden Umdeutungs- und Transformationsprozesse vgl. das interessante Buch von Heide Göttner-Abendroth ..." (S. 43). Meid schreibt, dass es vor den Griechen, Römern, Kelten und Germanen unterschiedliche vorindoeuropäische Kulturen gab, die sich sowohl archäologisch als auch sprachlich charakterisieren lassen. Den ursprünglichen Wohnsitz der Indoeuropäer, die eine halbnomadische, „patrifokale" Viehzüchterkultur besessen hatten, sieht er „nördlich des Schwarzen Meeres und des Kaukasus" (S. 36). Zu dieser These erschienen in den vergangenen Jahren weitere, genetische und archäologische Studien. In Südosteuropa entwickelte sich dann gleichzeitig eine hochstehende Ackerbaukultur, die sogenannte Donaukultur, die „matrifokal" organisiert war. Damit können wir auf unserem Kontinent schon zwei alteuropäische (= vorindoeuropäische) „Hochkulturen" lokalisieren, nämlich die oben erwähnte Megalithkultur Westeuropas und die Donaukultur in Osteuropa. In der Jungsteinzeit (vom 5. Jahrtausend an) erfolgen nun verschiedene chaotische und kriegerische Einwanderungen von Indoeuropäern in die alteuropäische Donaukultur. Die Indoeuropäer durchmischen sich mit der alteingesessenen Bevölkerung, behalten jedoch ihre Patriarchalität bei. Diese nun völlig durchwobene, indoeuropäisierte Hybridkultur mit ihrer Herrschaftskomponente expandiert dann weiter nach Süden, Norden und Westen: die eigentliche Indoeuropäisierung Europas. Das vorindoeuropäische Europa lebte aber in einer ganz anderen Kultur. Dazu schreibt Wolfgang Meid: „Die Figur der Grossen Göttin (in ihren Erscheinungsformen als Geliebte, Mutter und weise alte Frau, hauptsächlich aber in ihrer Rolle als Fruchtbarkeitsspenderin) war eine universale Erscheinung der alten Welt vor dem Eintreffen der [...] Indogermanen. Ihr Kult konnte sich auch nach der Indogermanisierung noch halten (besonders da, wo die Indogermanisierung, wie im Westen, erst relativ spät durchdrang) ... Die Göttin hatte einen jugendlichen Gatten und Liebhaber, der ihr periodisch entrissen und in die Unterwelt dahingerafft wurde, von wo er wiedererweckt wurde und neu auferstand – ein aus dem mediterranen Raum und dem alten Orient vielfach bekanntes kultisches Szenarium, das den sich stetig wiederholenden Jahreszeiten- und Fruchtbarkeitszyklus symbolisierte. Dieser jugendliche Gott wird auch ‚der Herr' genannt ..." (S. 24). Der

Autor weist in diesem Zusammenhang darauf hin, dass das semitische *Baal* (siehe Ugarit) einfach „Herr" und das altgriechische *Potnia* „Herrin" bedeuten. Ebenso in Nordeuropa (im Germanischen) *Freyr* „Herr" und *Freyja* „Herrin" – diese sind „quasi Erneuerungen dieser alten, bereits vorindogermanischen Idee mit indogermanischen Sprachmitteln." (S. 24) Zur vorindoeuropäischen Schicht zählt Meid in Nordeuropa die Vanen-Gottheiten Freyja, ihren Brudergatten Freyr und die Erdgöttin Nerthus, obwohl diese sprachlich schon indoeuropäisiert seien. Alteuropäische Ausdrücke für „Mutter, Nährmutter, Muttergöttin" sieht er in den Formen *Ana*, *An(n)a*, *Dana* oder deren gedankliche Übersetzungen ins Indoeuropäische als Matrona und Modron. Und noch im mittelalterlichen Irland vollzog der Königsanwärter mit einer Stute als Tiersymbol der Mutter- und Landesgöttin eine Heilige Hochzeit, wobei die „weibliche Seite die im Sinn der älteren (vorindogermanischen) Kultur die primär bedeutsame ist ..." (S. 44). Zu dieser alteuropäischen Kultur gehören auch „Reste der vorindogermanischen Sprachlandschaft", die zum Beispiel im Baskischen, Iberischen, Etruskischen, Rätischen und Piktischen greifbar seien (S. 38). Außerdem macht Meid eine interessante, soziologische Bemerkung zum weiteren Fortbestand der matriarchalen Muttergöttinnenverehrung, nachdem ihr Kult und ihre Menschen überschichtet wurden: „Der Kult der Großen Mutter, oder, als Pluralität, die Mütter (*Matres*), setzt sich fort in der Subkultur fast jeden indogermanischen Volks, und im Westen, auf keltischem und germanischem Boden, ist er nicht allein eine Erscheinung der Subkultur, sondern ist unübersehbar präsent in allen Bereichen." (S. 41)

Wolfgang Meid ergänzt auf eindrückliche und sachorientierte Weise nicht nur die Untersuchungen von Birkhan zum keltischen „Mutterrecht", sondern auch die Hauptthesen von Göttner-Abendroth. Er hat es nicht nötig, sich polemisch gegenüber der Modernen Matriarchatsforschung zu äußern. Er sieht deren kulturgeschichtliche Relevanz und bezieht sie in seine eigenen Forschungen zur Sprachgeschichte mit ein. Leider kommt Meid dabei nicht zu weiteren Synthesen. So ist zum Beispiel die Gestalt der Frau Holle (Göttin Hel) nicht nur sprachgeschichtlich von Interesse, sondern auch im Brauchtum Nord- und Mitteldeutschlands fassbar. Sie gehört zweifellos zur angesprochenen Subkultur fast jeden indoeuropäischen Volks, und das noch im 18./19. Jahrhundert, als die Brüder Grimm eine „deutsche" oder „germanische" Mythologie entdecken wollten, jedoch überwiegend alteuropäische Spuren einer Göttinnenkultur beschrieben, was ihnen damals natürlich verborgen blieb. Weil keine greifbare kulturhistorische Theorie zur Erklärung vorhanden war, erfanden die Romantiker dann eine schwammige „Volksseele", aus der ohne jeglichen sozialhistorischen Kontext Gestalten wie „Frau Holle" fließen sollen. Die ahistorische Tiefenpsychologie des 20. Jahrhunderts setzte diesem phantasievollen Treiben dann noch eins drauf und konstruierte kühn von jeglicher Historie entbundene „Archetypen", ohne wirklich zu fragen, woher denn diese „Urbilder" eigentlich stammen. Dabei gab es damals schon in der Sprachwissenschaft die Theorie des Substrats und in der Ethnologie diejenige der Subkultur, die der in die Transzendenz blickenden Tiefenpsychologie zur Verfügung gestanden hätten.

Ferner wäre es für Meid sicher spannend gewesen, den erwähnten Matronenkult im europäischen Brauchtum wieder zu entdecken, und zwar in Form des paganen und christlichen Dreifrauenkults und besonders im kulturübergreifenden Glaubensbereich der Drei Schicksalsschwestern. Dass solche Phänomene im Alltag der Menschen immer noch fortbestehen, zeigt sehr schön, wie eine matriarchale Unterströmung auch in Europa lebendig geblieben ist. Von größter Tragweite müsste es zudem sein, im angetönten Baskischen, Iberischen, Etruskischen, Rätischen und Piktischen usw. nach alteuropäischen Spuren zu forschen und dabei Relikte einer Göttinnenkultur sowie Züge einer „matrifokalen" Gesellschaft zu entdecken, wie Beispiele im Baskenland und in Galizien zeigen. Dadurch wäre aber auch die patriarchale Geschichtsschreibung Europas gänzlich auf den Kopf gestellt. In diesem Sinn wäre umgekehrt zu fragen, ob auch die Indoeuropäer einst einen matriarchalen Kulturhintergrund besaßen, und wenn ja, warum sich dieser veränderte und was sie zur Expansion nach Europa und Asien bewog. Einen guten Ansatz sehe ich hier im Syndrom, das aus Klimaveränderung, Austrocknung von Gebieten und Bevölkerungsdruck besteht. Wie wir oben gesehen haben, trifft diese Erklärung wahrscheinlich auch bei den auswandernden israelitischen Stämmen aus Nordarabien zu.

In der Nachfolge von „Die Göttin und ihr Heros" haben sich verschiedene Autorinnen und Autoren inspirieren lassen und zu einem lohnenden Forschungsthema publiziert. Es geht dabei um die Frage, inwieweit die „dreigestaltige Göttin" alteuropäisch-matriarchaler Herkunft im keltisch-römischen Matronenkult und im schon erwähnten Dreifrauenkult (Schicksalsfrauen) des europäischen Brauchtums eine zwar indirekte, aber doch kontinuierliche Tradition bildet. Zu diesem Thema hat sich Günther Thomann in seinem Artikel „Weibliche Heilige und Schicksalsgöttinnen" geäußert (Würzburg 1986, wiederabgedruckt in „Der Kult der drei heiligen Frauen", siehe unten). Ebenso hat Erni Kutter in „Der Kult der drei Jungfrauen" (München 1997) zahlreiches Material zusammengestellt. Und 1998 bzw. 2008 erschien dann von Sigrid Früh und vom Verfasser das Buch „Der Kult der drei heiligen Frauen". Die Drei Schwestern und mit ihnen die verwandten Parzen, Nornen oder Moiren usw. erscheinen im Brauchtum, in den Sagen, im Märchen und im Kinderlied der Europäischen Ethnologie, und zwar in vorchristlicher wie in verchristlichter Form. Hier in Mitteleuropa sind sie oft als Ambeth, Wilbeth und Borbeth bekannt, denen dann ein unscheinbares „Hl." vorangesetzt wurde, um die hochreligiöse Vereinnahmung anzuzeigen. Wurden diese Drei Bethen früher als „germanischer Bauernglaube" betrachtet, wissen wir heute, dass sie zu einer europaweiten Typologie der „verdrängten Göttin" gehören. Mindestens seit dem frühen Mittelalter leben die schützenden und kinderschenkenden Drei Schwestern in der Subkultur des Volks fort, was christliche Verbote belegen. Es ist naheliegend, dass der Dreifrauenkult in die alteuropäische Zeit reicht und diese Drei Ahnfrauen dann z. B. keltisiert, germanisiert, romanisiert und schließlich christianisiert wurden. In diesem Zusammenhang schreibt Günther Thomann: „Aufgrund einer Fülle von Indizien versucht er für den mitteleuropäisch-germanischen Raum wohl erstmalig eine frühgeschichtliche Religiosität herauszuarbeiten, die eine durchgehend matriarchale Struktur zeigt. Anders als die in einer spätgermanischen Mythologie befangenen Volkskundeforscher des 19. Jahrhunderts, hat Schöll das Phänomen der ‚verdrängten Göttin' gesehen und zu berücksichtigen versucht. Ihm fehlte allerdings der Blick dafür, dass diese Verdrängung und schließlich Eliminierung bereits im Lauf des ersten vorchristlichen Jahrtausends vorbereitet und im Christentum lediglich systematisch und konsequent zuende geführt wurde." (S. 264) „An dieser Stelle lässt sich nur andeuten, dass die Frage nach einer matriarchalen Religionsstruktur im Zusammenhang mit der gesamten Matriarchatsforschung zu sehen ist: dabei ergibt sich eine Forschungstradition, die von Joh. Jakob Bachofen über Robert Briffault [...] bis zu Heide Göttner-Abendroth reicht [...] Besonders wichtig ist hier der methodische Ansatz, Vorgeschichtsforschung und Erzählmotivforschung zu verbinden." (S. 309/10) Schon allein die Tatsache, wie massiv die Kirche gegen den „Aberglauben" und die Drei Schicksalsschwestern vorging, zeigt die feste Verankerung im Volksglauben sowie die Unausrottbarkeit der Göttinnentradition. So versuchte der Klerus, die paganen Schutzgöttinnen umzufunktionieren, indem er diese zu Fides, Spes und Caritas, zu drei Marien, zur Dreiheit Anna Selbdritt (Anna, Maria, Kind) oder zu den Schutzheiligen Katharina, Margaretha und Barbara machte. Ja sogar vor einer Vermännlichung schreckte man nicht zurück, wie das Einführen der drei heiligen Könige belegt. Das Beispiel des Dreifrauenkults zeigt, dass solche oft national besetzten Themen durch den Kontext der Modernen Matriarchatsforschung einen erweiterten, theoretischen und historischen Rahmen erhalten. Nur dadurch kann die lokale Sichtweise aufgehoben und die ganze Geschichte der Verdrängung, Unterströmung, Vereinnahmung und Verfälschung der göttlichen Ahnfrauen sichtbar gemacht werden. Eine gute Zusammenstellung aus philologischer Sicht bietet immer noch Rolf W. Brednich in seinem Buch „Volkserzählungen und Volksglaube von den Schicksalsfrauen" (Helsinki 1964), das einen weiten Bogen spannt. Der Autor steht aber dem Phänomen völlig rat- und theorielos gegenüber.

Sehr umfangreiche Studien zur Sprachlandschaft Europas veröffentlichte der Linguist Theo Vennemann in seinem monumentalen Werk „Europa Vasconica – Europa Semitica" (Berlin 2003). Er macht sich darin auch Überlegungen zur europäischen Kulturgeschichte und kommt offenbar unabhängig von der Modernen Matriarchatsforschung bzw. von „Die Göttin und ihr Heros" in einem Kapitel zu erstaunlichen Aussagen, welche die Göttin-Heros-Struktur betreffen. Vennemann versucht darin zuerst zu zeigen, dass sowohl die Vanen in Nordeuropa als auch die Pikten in Schottland keine Indoeuropäer waren, sondern Matrilinearität bzw. ein Mutterrecht wie die Hamiten Nordafrikas kannten. Die Kelten hätten bei ihrer Expansion in Westeuropa noch Gesellschaften mit einem starken Mutterrecht vorgefunden, was er anhand des matrilinearen Verwandtschaftssystems begründet. Dann kommt er auf die Tristan-Dichtungen zu sprechen, deren Ursprünge er in einer „vorindogermanischen Welt mit ihrer matrilinearen Gesellschaftsstruktur" (S. 381) sieht. Zu dieser Welt gehören als letzte Reste auf den Britischen Inseln die

Pikten, bei denen eine matrilineare Deszendenz belegt ist. Und aus dem Piktischen stammt wahrscheinlich der Tristan-und-Isolde-Stoff oder Teile davon: „Die Vermutung, dass die Geschichte von Drystan fab Tallwch und Essyllt [...] ungeachtet ihrer keltischen Umarbeitung mit der Verlegung der Handlung nach Wales, nach Cornwall und in die Bretagne letztlich aus piktischer Überlieferung stamme, ist nicht neu." (S. 381) Der Autor weist auf einen schriftlich belegten Namen *Drust* hin, der ein Sohn des piktischen Königs Tallorc gewesen sei. Seine Schlussfolgerungen sind: „Die Geschichte von Isolde, Tristan und Marke ist ein Vermächtnis der untergegangenen atlantischen [mutterrechtlichen] Kultur an das indogermanisierte Europa." (S. 382) Damit kommt er aber sehr nahe an die Ausführungen von Göttner-Abendroth heran. Zudem unterscheidet Vennemann die „patrilinearen" Asen-Gottheiten (Indoeuropäer) und „matrilinearen" Vanen-Gottheiten (Nicht-Indoeuropäer) der nordeuropäischen Mythologie. Darin gebe es „die Dreiergruppe aus getötetem Gott, seiner Schwestergemahlin und dem Töter als mythologische Struktur" (S. 386) wie zum Beispiel Freyr–Freyja–Surtr und Baldr–Nanna–Hodr bei den Nordgermanen, was sich vergleichen lässt mit Baal–Anat–Mot bei den phönizischen Kanaanäern (Ugarit) oder mit Osiris–Isis–Seth bei den Ägyptern. Diese Struktur wird dann folgendermaßen beschrieben: „Wendet man dies auf den klassischen Fall an, das matrilineare Dreieck aus einer Göttin (der ‚Herrin'), ihrem Bruder (dem ‚Herrn') und einem ‚Kämpfer', der den ‚Herrn' tötet, dann wird der Mythos als religiöse Widerspiegelung einer typischen gesellschaftlichen Konstellation verständlich: (1) Die ‚Herrin' erbt und vererbt Macht und Besitz. (2) Der ‚Herr' genießt Herrschaft und Vermögen in seiner Eigenschaft als Bruder und Gemahl der ‚Herrin'. (3) Der ‚Kämpfer' ergreift die einzige Möglichkeit, in diese Struktur einzudringen: den ‚Herrn' zu töten. (4a) Die ‚Herrin' ehelicht den ‚Kämpfer' [...] Von diesem Modell finden sich überall nur Bruchstücke. Das ist nicht verwunderlich; erstaunlich ist im Gegenteil, dass sich so eigentümliche Konzepte wie die Geschwisterehe und die ‚Herren'-Tötung überhaupt so lange über das Ende der Matrilinearität hinaus erhalten haben. Die komplette Fassung des Modells kann es natürlich in einer patrilinearisierten Welt nicht geben ..." (S. 387) Die komplette Fassung des Modells hätte der Autor aber doch gefunden, und zwar sehr schön in „Die Göttin und ihr Heros" dargestellt, wenn er dieses Buch gekannt hätte. Denn was Vennemann eigentlich skizziert, ist der Vorgänger-Nachfolger-Wettkampf der Heroen um die Göttin und ihren Thron sowie das zyklische Sterben und Wiederkehren des Heros im Nachfolger. Leider erkennt er dies nicht. Auch nicht, dass die zentrale Rolle dabei die Göttin spielt und die Heroen erst durch die Heilige Hochzeit mit ihr sakral werden. Und das „Töten" des „Herrn" durch einen „Kämpfer" macht auch nur Sinn, wenn es im Rahmen einer matriarchalen Wiedergeburt geschieht, die durch die Göttin und Sakralkönigin gewährleistet wird. Hier hat sich Vennemann bedauerlicherweise nicht mit der Modernen Matriarchatsforschung beschäftigt. Ferner sagt er, dass dieses Modell (Struktur) im Alten Orient und in Nordeuropa nicht einfach eine typologische Erscheinung oder eine Motivwanderung sei. Sondern es handle sich um eine Ausbreitung von nordafrikanisch-mediterraner Völker nach Osten und Westen (Atlantik), die in ihrer Gesellschaftsform mutterrechtlich waren. Dazu gehörten auch die Träger der westeuropäischen Megalithkultur. Wie dem auch sei, Vennemann hat damit eine interessante Theorie aufgestellt und eine kontroverse Diskussion angeregt.

Möglicherweise ist die Unkenntnis von Theo Vennemann darauf zurückzuführen, dass „Die Göttin und ihr Heros" weniger in der Mythen- als in der Märchenforschung diskutiert wurde. Dies immer wieder in den letzten dreißig Jahren, und die Auseinandersetzung hat sogar dazu geführt, dass ein Stichwort „Matriarchat" in der bekannten Enzyklopädie des Märchens aufgenommen wurde. Die inzwischen angewachsenen Pro-und-Kontra-Bemerkungen sind von unterschiedlicher Qualität: je nach Sachkenntnis und Begründung. Eines ist aber dabei auffallend: Viele Erzählforschende verhalten sich nun plötzlich so, als ob sie ihre eigenen Methoden nicht mehr erkennen würden. Ich meine damit zum Beispiel die kulturanthropologische oder die formal-strukturalistische Richtung innerhalb der Märchenforschung. Schon der russische Forscher Vladimir Propp hat in seinen epochalen Werken „Morphologie des Märchens" und „Die historischen Wurzeln des Zaubermärchens" in der ersten Hälfte des 20. Jahrhunderts auf allgemeine Strukturen, Trans- und Deformationen sowie auf „matriarchale Verhältnisse" im Zaubermärchen hingewiesen. In diesem Sinn ist „Die Göttin und ihr Heros" auch eine logische Konsequenz daraus, jedoch viel breiter abgestützt und auf einem hohen Abstraktionsniveau. So entzünden sich die Gemüter weniger an der Strukturanalyse von Göttner-Abendroth als an ihrer rhetorischen Sprache und am emotional besetzten Begriff „Matriarchat", bei dem nun alle auf einmal „Experten" sind, während sie vorher diesem Thema überhaupt keine Beachtung schenkten. So möchte ich beispielsweise auf den Sammelband „Die Frau im Märchen" (hg. von Sigrid Früh und Rainer Wehse, Kassel 1985) hinweisen. Darin behauptet die Beiträgerin Natascha Würzbach in allem Ernst, die „matriarchale Theorie" sei „Regression" und „Sexismus mit umgekehrten Vorzeichen" (S. 199) und propagiert dann – auf dem Boden des immer noch bestehenden Patriarchats – eine diffuse „androgyne Konzeption" (S. 201). Damit kommt die Feministin nicht über die Stereotypie „Matriarchat gleich Frauenherrschaft" hinaus. Ferner diskreditiert das Verdikt „Regression" generell die Geschichtswissenschaft. Und warum gilt dieses Vorurteil nicht gegenüber den Ritualisten, d. h. der Initiations- und Schamanismusforschung innerhalb der Narrativik? Allerdings möchte Würzbach dann doch nicht ganz auf die Matriarchatsforschung verzichten. Sie schreibt: „Das Verhältnis von matriarchalen Restbeständen und patriarchalen Deformationen im Märchen könnte jedoch einer wissenschaftlichen Klärung erst durch präziseren Variantenvergleich unter Berücksichtigung von Herkunft, Alter, Traditionsträgern, Verbreitung und Rezeption zugeführt werden." (S. 202) Mit dieser Aussage widerspricht sie sich aber selbst, denn vorher behauptet sie, dass der „Rückschluss vom Mythos auf reale Gesellschaftsformen" (S. 199) kaum möglich sei. Nun gibt es also doch eine Methode, und es ist die kritische, historisch-vergleichende Lesart von Mythen, die Göttner-Abendroth vielfach angewendet hat. Außerdem kann die wenig bedeutende Rolle des „männlichen Helden" (S. 202) bei gewissen Zaubermärchen nicht der Autorin angelastet werden, sondern ist eine funktionale Aussage der narrativen Form.

Noch befremdlicher ist der unqualifizierte Beitrag „Die Suche nach dem ‚Matriarchat' im Märchen" von Peter Wolfersdorf. Darin finden wir ebenfalls verschiedene Stereotypen wieder, so zum Beispiel die Gleichsetzung von „Matriarchat" als „Frauenherrschaft" und den geistreichen Gedanken, weil ein König auf einem Thron sitze und es eine arbeitsteilige Ökonomie mit männlichen Beamten gegeben habe, könne es auch kein Matriarchat geben. (S. 163) Er wischt also ein Thema weg, indem er es falsch definiert. Dennoch erwähnt Wolfersdorf auch andere „matrifokale" Eigenschaften wie die Matrilinearität und die Matrilokalität, die man im Zaubermärchen „deutlich nachweisen" kann (S. 164). Auffallend sind immer wieder die Selbstwidersprüche, so der folgende Gedanke: „Zugegeben, die isolierten Motive vieler Zaubermärchen mögen aus einer solchen Kultur herzuleiten und mit jüngeren patriarchalen Zügen verbunden worden sein; dennoch bleibt die Frage, weshalb es denn in der gesamten europäischen und mittelmeerischen Welt kein einziges geschlossenes Märchen gibt, aus dem sich ein bündiges mutterrechtliches System ableiten ließe." (S. 162) Offenbar kennt Wolfersdorf weder die Trans- und Deformationstheorie der Erzählforschung noch diejenige der Modernen Matriarchatsforschung. Und erwähnt er nicht selbst einen der Gründe, indem er auf „jüngere patriarchale Züge" sowie auf „eingefärbte Überlieferungen" hinweist? (S. 159) Außerdem bezeichnet er die strukturalistische Methode als „ahistorisch" und als ein „verfehltes Bemühen" – als ob es Propps Morphologie des Märchens nie gegeben hätte – und gibt dann wieder zu: „Die ältesten Motive sind so stark strukturbestimmend für das einzelne Märchen, dass mit dem Versuch, sie zu ändern, die Geschichte nicht mehr erzählt werden kann." (S. 158) Genau dies ist aber einer der Kernpunkte der strukturalistischen Märchenforschung, der Transformationstheorie und der Göttin-Heros-Struktur. Gegenüber Wolfersdorf hat Barbara Gobrecht in ihrem Beitrag „Die Frau im russischen Märchen" viel weiter gesehen. Sie schreibt: „Da die Kirche in früheren Jahrhunderten das Erzählen von Märchen als lästerlich, als für die Seele verderblich ansah und verbieten ließ, begann man erst relativ spät und zögernd mit der Aufzeichnung des alten, reichhaltigen Materials." (S. 89) Sehr differenziert erkennt die Märchenforscherin das große Interpretationspotential von „Die Göttin und ihr Heros" und erwähnt in diesem Zusammenhang die russische Baba Jaga: „Demnach birgt die russische Baba-Jaga in sich die alte, mythologische Vorstellung von einer allmächtigen, matriarchalischen Gottheit, der Beschützerin des weiblichen Geschlechts, in patriarchalischer Zeit dämonisiert, degradiert zur Kindsentführerin und Bilderbuchhexe. Ich halte es für möglich, dass sich sowohl das Bild einer Wächterin des Totenreichs als auch das einer weisen Göttin aus der Zeit des Matriarchats in der ursprünglichen Gestalt der Baba-Jaga verdichtet haben." (S. 107) „Überzeugend zeigt die Autorin [Heide Göttner-Abendroth] Reste eines Mythos von der zauberkundigen, Reichtum spendenden Göttin und der Initiation der Erbprinzessin im Märchen ‚Frau Holle' (KHM 24), zu der die beiden

Mädchen aus der realen Welt durch einen Sprung in die Tiefe gelangen, die es aber andererseits auf die Erde herabschneien lässt, also gleichzeitig Himmels- und Unterweltsgöttin ist. Wenn man derartig alte Mythen schon in der für ein kindliches und außerdem frommes deutsches Publikum zubereiteten Märchensammlung der Brüder Grimm nachweisen kann, um wie viel mehr müssen diese Mythen dann in den altertümlichen, kaum veränderten Märchen der Afanasjewsammlung zu finden sein? Vieles, was uns an den russischen Heldinnen unverständlich, ja geradezu exotisch vorkommt, erklärt sich meiner Meinung nach durch mythologische Vorstellungen aus der Zeit europäischer Matriarchate, die noch in unserem Jahrtausend überliefert, aber als solche kaum noch verstanden beziehungsweise überdeckt wurden von patriarchalischem und christlichem Gedankengut." (S. 108) Ich habe diesen grundlegenden Bemerkungen nichts beizufügen. Wie anregend und erkenntnisreich die strukturalistisch-anthropologische Methode von „Die Göttin und ihr Heros" war und ist, zeigen die fundierten Studien verschiedener Forschenden. Erwähnen kann ich hier nur Dagmar Burkharts Artikel „Aspekte des Weiblichen im bulgarischen Tier- und Zaubermärchen" (in Fabula 1982, 23) oder Gerlinde Glaser „Frauen im Makedonischen Zaubermärchen" (Wien 1989) sowie Richarda Becker „Die weibliche Initiation im ostslawischen Zaubermärchen" (Berlin 1990). Bedenklich ist, dass diese hervorragenden Studien, die in gewisser Weise zur Modernen Matriarchatsforschung gehören, in der aktuellen Diskussion überhaupt nicht zur Kenntnis genommen werden.

Zu dieser neuen Forschung darf sich auch der Verfasser zählen. Ende der 1980er Jahre war ich stark mit der Mythen-, Märchen- und Sagenforschung beschäftigt. Vor allem der strukturalistische Ansatz bot mir damals keine überzeugenden Antworten auf gewisse ethnologische Fragestellungen, denn eine abstrakte Form (Sequenz im Sinn Propps) muss auch einen kulturgeschichtlichen Rückhalt haben. Durch einen glücklichen Zufall stieß ich dann auf das Buch von Göttner-Abendroth, worin ich einerseits die interpretative Stärke ihres Strukturschemas erkannte und andererseits einen historischen Rahmen beschrieben sah (Matriarchatstheorie), der einem völlig anderen Paradigma entstammt. Ich hatte dann die Gelegenheit, auf dem Boden der neuen Erkenntnisse dieses innovative Forschungsthema weiter zu entwickeln. So veröffentlichte ich 1994 im Bereich der Europäischen Ethnologie die beiden Bände „Struktur des Zaubermärchens" sowie 1998 „Schwarze Madonna im Märchen" (mit Sigrid Früh) und 1999 die Herausgabe von „Die ursprünglichen Märchen der Brüder Grimm". Es blieb aber nicht bei der kulturhistorischen Märchenforschung. In den Natur- und Mythensagen fand ich immer wieder geographische Hinweise, in denen sich Reste des matriarchalen Ritualschemas erhalten haben. So beschäftigte ich mich intensiv mit ethnologischen Landschaftsthemen und musste feststellen, dass auch hier wie in der gängigen Matriarchatsforschung vor Göttner-Abendroth ein theoretisches Manko besteht. Ebenso merkte ich, dass in der anglo-amerikanischen „Anthropology of Landscape" matriarchale (Sub)-Kulturen oft einfach übersehen werden, obwohl die Forschenden überaus häufig von Ahnfrauen, Muttergöttinnen, weiblichen Ritualen, Schamaninnen, Mutterbergen sowie von weiblichen Bäumen, Steinen und Quellen sprechen. So war es mir ein Anliegen, die Prinzipien der Modernen Matriarchatsforschung und das immense Material der Anthropologie der Landschaft zusammenzubringen. Daraus entstand eine eigene Theorie- und Grundlagenforschung, die ich mit der Landschaftsmythologie begründete. Müsste ich diese bildhaft auf einen Nenner bringen, so ist diese vereinfacht: Was in „Die Göttin und ihr Heros" implizit an Theorie enthalten und explizit zum mythologischen Weltbild beschrieben ist, finden wir vielfach auch in der Kulturgeschichte von Landschaften. Dieses grundlegend neue Interpretationsmuster, nämlich Landschaften durch eine animistischmatriarchale Lesart zu betrachten, führt auch in der Anthropologie der Landschaft zu einem Paradigmawechsel. Das ist die völlig andere Sichtweise der auf einem ethnologischen Boden stehenden Landschaftsmythologie, was in der traditionellen Kulturanthropologie und von manchen Epigonen einfach ignoriert wird. Zudem ist die Erforschung der Matriarchalen Naturphilosophie genauso pionierhaft wie die Moderne Matriarchatsforschung oder die Kritische Patriarchatsforschung (siehe Claudia von Werlhof) und somit noch lange nicht abgeschlossen.

In diesem Sinn gilt auch für die Landschaftsmythologie: eine gute Theorie ist die beste Praxis. Diese liegt mit der Matriarchatstheorie und der Göttin-Heros-Struktur vor, obwohl Erweiterungen durchaus möglich sind. So wäre der Begriff „Göttin" aus der Sicht der matriarchalen Naturphilosophie zu ergänzen mit „Mutter, Stamm-Mutter, Großmutter, Ahnfrau", so dass ich in der Landschaftsmythologie den Ausdruck „Landschaftsahnin" bevorzuge. Ein schönes Beispiel dazu sind die im Alpengebiet noch vorhandenen Ahninnensteine, die „Muma Veglia" und somit „Alte Mutter" genannt werden. Ebenso wäre es hilfreich, beim Strukturmuster deutlicher auf eine Struktur der Heroin und eine Struktur des Heros hinzuweisen. Zudem ist die Gestalt des Heros sicher vielfältiger. So gibt es zum Beispiel in der europäischen Tradition den grünen, wilden und schwarzen Mann, den Maikönig sowie den Strohmann. Doch das sind alles nur Nuancen und tun den Prinzipien von „Die Göttin und ihr Heros" keinen Abbruch. Ich wünsche daher diesem Buch weiterhin anregende Wirkungen und kreative Umsetzungen von Leuten, welche dieses Werk im Kern verstanden haben.

Literatur

Einleitung

Bachofen, Johann Jakob: *Das Mutterrecht,* Stuttgart 1861, Neuausgabe in Auswahl durch H. J. Heinrichs, Frankfurt a.M. 1975

Eliade, Mircea: Schamanimus und archaische Ekstasetechnik, Frankfurt a. M. 1980

Frazer, James George: *Der goldene Zweig,* 2 Bde., Frankfurt a. M. 1977

Göttner-Abendroth, Heide: „Zur Methodologie der Frauenforschung am Beispiel einer Theorie des Matriarchats", in: *Dokumentation DJI*, München 1978, Tagungspapier.

Göttner-Abendroth, Heide: Die tanzende Göttin. Prinzipien einer matriarchalen Ästhetik, München 1982–2001 (6 Auflagen)

Göttner-Abendroth, Heide: „*Für die Musen*", Frankfurt a. M. 1988

Göttner-Abendroth, Heide: *Das Matriarchat I – Geschichte seiner Erforschung,* Stuttgart 1988–2010 (4 Auflagen)

Göttner-Abendroth, Heide: Das Matriarchat II,1 – Stammesgesellschaften in Ostasien, Indonesien, Ozeanien, Stuttgart 1991/1999 (2 Auflagen)

Göttner-Abendroth, Heide: Das Matriarchat II,2 – Stammesgesellschaften in Amerika, Indien, Afrika, Stuttgart 2000

Göttner-Abendroth, Heide: Matriarchat in Südchina. Eine Forschungsreise zu den Mosuo, Stuttgart 1998

Göttner-Abendroth, Heide: *Magie in matriarchalen Kulturen*, Vortrag auf der Bad Wildunger Psychotherapie-Tagung, März 2004, CD, Akademie HAGIA 2004

Göttner-Abendroth, Heide (Hg.): Gesellschaft in Balance. Dokumentation des Weltkongresses für Matriarchatsforschung 2003 in Luxemburg, Stuttgart 2006

Göttner-Abendroth, Heide (Hg.): Societies of Peace. Matriarchies Past, Present and Future. Selected papers of the World Congresses on Matriarchal Studies 2003 and 2005, Toronto 2009

Mann, Barbara Alice: *Iroquoian Women. The Gantowisas*, New York 2000

Morgan, Lewis Henry: *League of the Ho-de-no-sau-nee, or Iroquois*, 2 Bände, Rochester 1851/1871/1877, Neuausgabe New York 1965

Vaughan, Genevieve: *For-Giving. Schenken und Vergeben,* Königstein/Taunus 2008

Werlhof, Claudia von: „Das Patriarchat als Negation des Matriarchats", in: Göttner-Abendroth, Heide (Hg.): *Gesellschaft in Balance. Dokumentation des Weltkongresses für Matriarchatsforschung 2003 in Luxemburg,* Stuttgart 2006

Werlhof, Claudia von: „Das Patriarchat: ‚Befreiung' von Mutter (und) Natur?", in: Projektgruppe Zivilisationspolitik: *Aufbruch aus dem Patriarchat – Wege in eine neue Zivilisation?,* Frankfurt a. M. 2009

I   Die Göttin und ihr Heros

Amstadt, Jakob: Südgermanische Religion seit der Völkerwanderungszeit, Stuttgart 1991

Amstadt, Jakob: *Die Frau bei den Germanen,* Stuttgart 1994

Berger, Ruth: „Wie kamen die indogermanischen Sprachen nach Europa?" in: *Spektrum der Wissenschaft,* August 2010, S. 50–57

Burckhardt, Georg: *Gilgamesch,* Insel- Bücherei Nr. 203, Wiesbaden 1958

Dames, Michael: *Taliesin's Travels,* Loughborough 2006

Dérolez, René L. M.: *Götter und Mythen der Germanen,* Einsiedeln-Zürich-Köln 1963

Derungs, Kurt: „Die Natur der Göttin", Vorwort zu E. O. James: *Der Kult der Großen Göttin,* Bern 2003

Dexter, Miriam Robbins: *Whence the Goddess. A Source Book,* New York/London 1990, S. 115–120

Dexter, Miriam Robbins: „Reflections on the Goddess Donu", in: *The Mankind Quarterly,* 30/1–2, 1990, S. 45–58

Diederichs, Ulf (Hg.): *Germanische Götterlehre,* München 1997

Die Vier Zweige des Mabinogion

Dumézil, Georges.: L'Idéologie tripartie des Indo-Européens, Brüssel 1958

Engels, Friedrich: *Der Ursprung der Familie, des Privateigentums und des Staates,* Berlin 1983 (zuerst Hottingen-Zürich 1884)

French-Wieser, Claire: *Als die Göttin keltisch wurde,* Bern 2001

Früh, Sigrid (Hg.): Der Kult der drei Heiligen Frauen, Bern 1998

Genzmer, Felix (Hg.): *Die Edda,* Düsseldorf/Köln 1969

Gimbutas, Marija: *Die Sprache der Göttin. Das verschüttete Symbolsystem der westlichen Zivilisation,* Frankfurt a. M. 1995 (Original The Language of the Goddess, San Francisco 1989)

Gimbutas, Marija: Die Zivilisation der Göttin. Die Welt des Alten Europa, Frankfurt a. M. 1996 (Original: The Civilization of the Goddess, San Francisco 1991)

Göttner-Abendroth, Heide: Inanna, Isis, Rhea. Die großen Göttinnenmythen Sumers, Ägyptens und Griechenlands, Königstein/Taunus 2004

Göttner-Abendroth, Heide: Frau Holle. Das Feenvolk der Dolomiten. Die großen Göttinnenmythen Mitteleuropas und der Alpen, Königstein/Taunus 2005

Göttner-Abendroth, Heide: *Für Brigida. Göttin der Inspiration*, Frankfurt a. M. ²2000

Gordon, Cyrus Herzl.: *Ugaritic Handbook*, Rom 1947

Harrison, Jane Ellen: *Prolegomena to the Study of Greek Religion*, Original Cambridge 1908, Reprint bei General Books, www.general-books.net für Kantonsbibliothek Vadiana, St. Gallen

Harrison, Jane Ellen: *Themis*, Cambridge, 1912

Homer: *Ilias*

James, Edwin O.: *Der Kult der Großen Göttin*, Bern 2003 (Original: The Cult of the Mother Goddess, London 1959)

Jons, Veronika: *Ägyptische Mythologie*, Wiesbaden 1968

Kluge, F./Mitzka, W.: Etymologisches Wörterbuch der deutschen Sprache, Berlin 191963

König, Marie E. P.: Das Weltbild des eiszeitlichen Menschen, Marburg 1954

König, Marie E. P.: Am Anfang der Kultur. Die Zeichensprache des frühen Menschen, Berlin 1973

Kutter, Erni: *Der Kult der Drei Jungfrauen*, München 1997

Mellaart, James: *Chatal Hüyük, Stadt aus der Steinzeit*, Bergisch Gladbach 1967

Mellaart, James: *The Neolithic of the Near East*, London 1975

Mulack, Christa: Maria, die geheime Göttin im Christentum, Stuttgart 1985

Paetow, Karl: Frau Holle. Volksmärchen und Sagen, Husum 1986

Plutarch: *De Iside et Osiride* (Über Isis und Osiris)

Ranke-Graves, Robert von: *Griechische Mythologie. Quellen und Deutung*, Neuausgabe, Reinbek bei Hamburg 1994 (Original: The Greek Myths, New York 1955)

Ranke-Graves, Robert von: *Die weiße Göttin*, Berlin 1981

Scarre, Chris (Hg.): *Weltatlas der Archäologie*, München 1990 (Original: Past Worlds. The Times Atlas of Archaeology, 1988)

Schweiggert, Alfons: Winter- und Weihnachtsgeister in Bayern, Dachau 1996

Sigrist, Christian: *Regulierte Anarchie*, Frankfurt a. M. 1979

Tacitus: *Germania*
Thapar, Romila/ Spear, Percival: *Indien. Von den Anfängen bis zum Kolonialismus*, Zürich 1966

Vries, Jan de: *Der Mythos von Balders Tod*, Arkiv för Nordisk Filologie, Bd. 70, 1955, S. 41–60
Vries, Jan de: *Keltische Religion*, Stuttgart 1961, Nachdruck Grenchen 2005

Walker, Barbara: *Das geheime Wissen der Frauen*, 1983, München 1995
Waschnitius, Viktor: *Percht, Holda und verwandte Gestalten*, Kaiserliche Akademie der Wissenschaften, Band 174, Wien 1913
Weltatlas der Archäologie, München 1990
Wolfram von Eschenbach: *Parzival*
Wolkstein, Diane: *Inanna, Queen of Heaven and Earth*, New York 1983

II Die Prinzessin und ihre Brüder

Aarne, Antti/ Thompson, Stith: *The Types of the Folktale*, FFC 184, Helsinki ³1961

Bolte, Johannes/ Polivka, Georg: *Anmerkungen zu den Kinder- und Hausmärchen der Brüder Grimm*, Neudruck, Hildesheim 1963
Boor de, Helmut: Märchenforschung, Zeitschrift für Deutschkunde, 1928, S. 561–581

Göttner-Abendroth, Heide: Frau Holle. Das Feenvolk der Dolomiten. Die großen Göttinnenmythen Mitteleuropas und der Alpen, Königstein/Taunus 2005
Grimm, Jacob und Wilhelm: *Kinder- und Hausmärchen*, Göttingen1856

Jolles, André: *Einfache Formen*, Tübingen 41972

Lüthi, Max: Das europäische Volksmärchen, München 41974

Makilam: Zeichen und Magie der kabylischen Frauen, Münster/Hamburg 2003

Nitschke, August: *Soziale Ordnungen im Spiegel der Märchen*, Bd. 1: Das frühe Europa, Stuttgart 1976

Paetow, Karl: Frau Holle. Volksmärchen und Sagen, Husum 1986
Propp, Wladimir: *Morphologie des Märchens*, München 1972

Tamasese, Taimalie Kiwi, in: Heide Goettner-Abendroth (Hg.): Societies of Peace. Matriarchies Past, Present and Future. Selected papers of the World Congresses on Matriarchal Studies 2003 and 2005, Toronto 2009

Thompson, Stith: Motif-Index of Folk-Literature. A Classification of Narrative Elements, in: Vries, Jan de: *Forschungsgeschichte der Mythologie*, Freiburg/München 1961

III Die Herrin und ihr Held

Bumke, Joachim: *Wolfram von Eschenbach*, Stuttgart 1964

Foster, I. L.: „Culhwch and Olwen", in: Loomis, Roger S. (Hg.): *Arthurian Literature in the Middle Ages*, Oxford 1959

Genzmer, Felix (Hg.): *Das Nibelungenlied*, Stuttgart 1955

Göttner-Abendroth, Heide: Fee Morgane. Der Heilige Gral. Die großen Göttinnenmythen des keltischen Raumes, Königstein/Taunus 2005

Haug, W.: „Vom Imram zur Aventiure-Fahrt. Zur Frage nach der Vorgeschichte der hochhöfischen Epenstruktur", in: *Wolfram-Studien* 1/1970, S. 264–298

Höfler, Otto: Siegfried, Arminius und die Symbolik, Heidelberg 1961

Jackson, W. T. H.: „Gottfried von Straßburg", in: Loomis, Roger S. (Hg.): *Arthurian Literature in the Middle Ages*, Oxford 1959

Kroes, M. W. J.: „Die Sage vom Nibelungenhort und ihr mythischer Hintergrund", in: *Fragen und Forschungen im Bereich und Umkreis der germanischen Philologie*, Berlin 1956

Kroes, M. W. J.: „Die Erweckung der Jungfrau hinter dem Flammenwall", *Neophilologus* 36, 1952

Kuhn, Hugo: „Brunhild und das Kriemhildlied", in: Kurt Wais: *Frühe Epik Westeuropas und die Vorgeschichte des Nibelungenliedes*, 1. Band, Tübingen 1953

Kuhn, Hugo: „Tristan, Nibelungenlied, Artusstruktur", Vortrag Bayer. Akademie der Wissenschaften, München 1973

Kuhn, Hugo: Dichtung und Welt im Mittelalter, Stuttgart 1959

Loomis, Roger S.: Arthurian Tradition and Chrétiens de Troyes, New York 1949

Loomis, Roger S. (Hg.): Arthurian Literature in the Middle Ages, Oxford 1959

Markale, Jean: *Die keltische Frau*, München 1984

Newstead, Helaine: „The Origin and Growth of the Tristan Legend", in: Loomis, Roger S. (Hg.): *Arthurian Literature in the Middle Ages*, Oxford 1959

Schoepperle, Gertrude: *Tristan and Isolt. A Study of the Sources of the Romance*, hg. R. S. Loomis, New York 1960
Schröder, F. R.: Ni*belungenstudien*, Bonn 1921

Vries, Jan de: *Kelten und Germanen*, München 1960

Wapnewski, Peter: *Hartmann von Aue*, Stuttgart 1962
Whitehead, F.: „The Early Tristan Poems", in: Loomis, Roger S. (Hg.): *Arthurian Literature in the Middle Ages*, Oxford 1959

Bildnachweis

Abb. 1 © akg-images/Erich Lessing
Abb. 2 © Alinari Archives, Florenz
Abb. 3, 11, 12, 13, 17, 24, 16 © Bildarchiv Foto Marburg
Abb. 4, 5, 7, 10 © Hirmer Fotoarchiv, München
Abb. 6 © bpk/The Metropolitan Museum of Art
Abb. 8, 9, 20, 25 © bpk
Abb. 14 © akg-images/James Morris
Abb. 15 © bpk/Ägyptisches Museum und Papyrussammlung, SMB/Jürgen Liepe
Abb. 18 aus Emma Brunner-Traut: Die Alten Ägypter, Stuttgart 1987, Farbtafel IV, Foto: F. Teichmann, Stuttgart
Abb. 19 © Jürgen Liepe, Berlin
Abb. 21, 22, 27 Zeichnungen Gudrun Frank-Wissmann, Maiuz-Kastel
Abb. 23 Zeichnung James Mellaart 1963
Abb. 26 © akg-images/Bible Land Picture
Abb. 28 © akg-images/RIA Nowosti
Abb. 29, 30 © bpk/Museum für Asiatische Kunst, SMB/Iris Papadopoulos
Abb. 31 © akg-images/Irmgard Wagner
Abb. 32, 33 © Paul Devereux, Moreton-in-Marsh/UK
Abb. 34 Foto Privatbesitz
Abb. 35, 36 aus Oskar Almgren: Nordische Felszeichnungen als religiöse Urkunden, Frankfurt a. M. 1934, Zeichnungen James Bennett
Abb. 37 © Robert Wallis, London/UK

Register der mythologischen Namen

Adam (Abdiheba) 113, 170, 288
Adonis 51–53, 104, 106, 157, 164
Adrasteia 64 f.
Agni 120, 122, 124, 130
Ahura Mazda 116 f., 167
Aktaion 47, 49 f., 161, 164
Amaltheia 64 f.
Anahita 114–117, 166 f.
Anat (Asherat, Ashtaroth, Astarte) 108–113, 117, 164 f., 175 f., 296
Aphrodite 51–53, 56, 104, 106, 112, 114, 117, 129, 157, 164 f., 169–171, 175, 184, 188, 281
Apophis 74, 77, 164
Arawn 138, 140, 166, 261
Ares 51 f., 54, 66
Ariadne 73
Arinna 102–104, 164
Artemis 47–51, 53, 56, 66, 70, 106, 117, 161, 164 f., 169 f., 199, 281
Asklepios 56
Atargatis 108
Athene 51, 53–57, 70 f., 78, 105, 110, 116 f., 130, 163–165, 169 f., 281
Attis 52, 104, 106–108, 127, 164, 176

Baal 108–110, 112, 173, 293, 296
Baldur 146, 152 f., 159, 161 f., 166, 261
Beli 144
Blathnat 247, 259
Brahma 119–124, 127, 167, 169 f.
Bran 136, 139 f., 142, 144, 150, 166 f., 170, 238–240, 244, 146, 268
Branwen 139 f., 167, 240
Brigid 41, 132, 136, 167, 235
Britomartis 66

Cernunnos 157, 262
Chumbaba 72
Curoi 144, 225

Dagda 132, 134–136, 139 f., 143, 150, 166 f., 170

Dana 132–137, 139, 142, 147, 166 f., 143, 291, 293
Demeter 57–65, 86 f., 90, 106, 123, 154, 164 f., 169, 173–176, 178, 221, 281, 285
Diancecht 144
Diktyanna 65
Dionysos 51, 58 f., 60–62, 65, 73, 88 f., 94, 106–108, 163–165, 173, 177, 285
Dumuzi 92–98, 101, 103, 109, 164
Dyaus Pitar 118 f., 121, 167

Eileithyia 61
Erechtheus 53, 56, 164
Ereshkigal 92, 95, 104, 192
Erin 141–143, 166, 172, 235 f., 243, 259, 268
Eris 66
Eros 52, 114, 116, 169–171, 177, 226 f., 248, 254–256, 263, 270, 272–274
Eva (Hawwa, Jehwa) 113, 164 f., 170, 177, 273 f., 288

Fenrirwolf 146, 153
Freyja 106, 148 f., 152, 154–156, 159, 161 f., 166, 170, 210, 235, 240, 260 f., 293, 296
Freyr 145, 148 f., 154, 156 f., 159, 161, 166, 210, 260 f., 293, 296
Frigga 106, 146, 159–161, 166 f., 169 f., 176, 184

Gayatri 120–123, 129
Gaia 62–64, 73, 106, 118, 164
Gilgamesch 72, 96 f., 171

Hadad 108
Hades 57 f., 62, 165, 169
Hagia Sophia 172, 274
Hannahanna 102–104
Har-Siesis 88, 90, 92, 108, 176 f.
Hathor 78–80, 82–88, 90 f., 97, 100, 164 f., 170, 184
Hebatu (Kubaba) 100 f., 103 f., 164

Hebe 66, 70, 113
Heimdall 145 f., 149 f., 153, 166
Hekate 58, 281
Hephaistos 51, 53, 66
Hera 51, 57 f., 62–66, 68–71, 73, 77, 79 f., 85, 95, 106, 113, 121, 137, 159, 164 f., 169, 172, 175, 179, 184
Herakles 63, 70–73, 85, 134, 164 f., 171
Hermes 51
Hestia 62, 68, 281
Hödur 146, 152 f., 161, 166, 261
Horus 74, 77–79, 83, 85 f., 88–92, 94, 164, 174

Iakchos 57–61, 63, 89, 108, 164, 176
Iahu 114, 164 f., 176
Inanna 38, 92–97, 101, 103 f., 110, 164, 178, 192
Indra 120, 122, 124, 127–130
Io 60, 64–66, 77
Ishtar 92 f., 96 f., 101, 103, 108 f., 111, 117, 164, 175
Isis 60, 74, 77, 85–94, 97, 106, 108, 110, 123, 134, 164 f., 169, 173–177, 221, 296

Jahwe (Jehova) 112 f., 116, 165, 169–177, 288
Jörd (Njörd, Nerthus) 145–149, 151, 153, 157, 159, 161 f., 166 f., 172 f., 179

Kali 124, 166, 173
Kore 57–61, 169, 192, 285
Kronos 62–65, 73, 77, 106, 140, 164
Kybele 52, 104–108, 112, 117, 164 f., 173–175, 178, 221, 281

Lakshmi 121, 128–130, 163, 166 f., 169 f.
Loki 145–147, 151–156, 161 f., 166 f., 172 f., 274
Lucifer 274
Lug 141–144, 166, 170, 238, 243, 245, 253, 259, 268, 274

Mabon (Mabonagrin) 144, 166, 228–233
Marduk 96, 98, 132, 207
Mananaan Mac Lir 143, 167, 238, 246
Melissa 65
Metis 53 f.
Minos 71

Mitra (Mithras) 130, 178
Modron 136, 138, 144, 166, 229, 238 f., 268, 291, 293
Morrigain (Morgane) 136–138, 142, 166, 184, 192, 194, 229
Mot 108–110, 164, 296

Nanaia 114–116, 166 f.
Neit (Neith) 74, 77 f., 112, 164
Nephthys 60, 74, 85, 88
Nerthus (siehe unter Jörd)
Njörd (siehe unter Jörd)
Nornen 145, 147, 191, 202, 294
Nut 74–80, 83, 88, 90, 164

Odin (Wotan) 146–149, 153–155, 159, 161 f., 167, 170, 172 f., 258, 260, 262
Oengus 135
Ophion (Python, Typhon, Ladon) 65, 68, 170
Orpheus 140
Osiris 60, 74, 77, 85–92, 94, 106, 109 f., 134, 164, 169, 175, 296

Pan 47, 62, 65, 110, 177
Persephone 51, 53, 58, 60, 165, 169, 192, 281
Poseidon 51, 62, 165, 169, 172
Prithivi 118 f., 166 f., 169
Pwyll 138, 140, 166 f., 232

Re 74 f., 76–80, 83, 85 f., 88, 90 f., 164, 170, 174
Rhea 57 f., 60, 62–66, 73, 80, 88, 93, 106, 110, 140, 164
Rhiannon 138, 140, 167, 232
Rudra 120, 122, 127

Sachmet 78–81, 100, 111, 126
Sarasvati 119–123, 127, 129, 167, 169 f.
Semele (Selene, Helena) 60, 244
Seth 74, 77, 85–91, 106, 109, 164, 296
Shakti 123 f., 127, 166 f., 173
Shiva 123 f., 126 f., 166 f., 173
Siegfried 50, 192, 222, 256–263, 265–268, 270–272
Sigyn 146, 153
Sphinx 71

Tammuz 92 f., 96–98, 101, 103, 109, 164
Telepinu 102–104, 164
Teshub 100–103, 164
Thor (Donar) 146, 152 f., 155, 169 f., 235, 240
Tiamat 96, 98, 164, 207
Triptolemos 59 f., 87

Uranos 63 f., 73, 106, 164

Varuna 130
Vishnu 120–122, 124, 127–130, 163, 166 f., 170

Walküre 155, 170, 192, 256, 258–261, 263, 268

Yggdrasil 146 f., 162, 202

Zeus 47, 49, 51, 53, 55 f., 58, 61–66, 68–71, 73, 77 f., 80, 89, 95 f., 106, 110, 121, 130, 140, 163–165, 169–173, 176 f.